Paul Klee

In der Maske des Mythos
In the Mask of Myth

Haus der Kunst, München
1. Oktober 1999 – 9. Januar 2000

Museum Boijmans Van Beuningen, Rotterdam
19. Februar – 21. Mai 2000

HAUS DER KUNST
MÜNCHEN

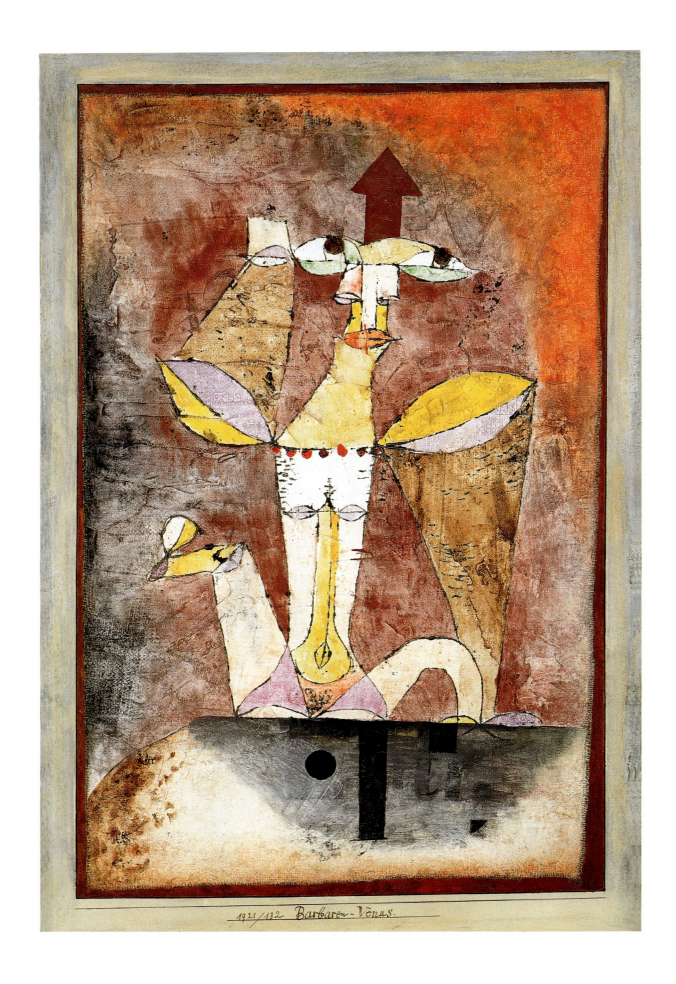

43 Barbaren-Venus • Barbarian Venus, 1921, 132

Paul Klee

In der Maske des Mythos
In the Mask of Myth

Herausgegeben von/Edited by
Pamela Kort

mit Texten von/with texts by
Stefan Frey, Pamela Kort, Gregor Wedekind, Otto Karl Werckmeister

DUMONT

Leihgeber/Lenders

Wir danken/We thank

Richard und Uli Seewald-Stiftung, Ascona
Fondation Beyeler, Riehen/Basel
Staatliche Museen zu Berlin, Nationalgalerie, Sammlung
    Berggruen
Sammlung E. W. K., Bern
Anne-Marie und Alexander Klee-Coll,
    Klee-Nachlassverwaltung, Bern
Paul-Klee-Stiftung, Kunstmuseum Bern
Sammlung A. Rosengart
Kunsthalle der Stadt Bielefeld
Sammlung Jorge und Marion Helft
Sammlung Alsdorf, Chicago
Columbus Museum of Art, Ohio
Kunstsammlung Nordrhein-Westfalen, Düsseldorf
Honolulu Academy of Arts
Indiana University Art Museum, Bloomington, Ind.
Los Angeles County Museum of Art, CA
The Museum of Modern Art, New York
The Metropolitan Museum of Art, New York
Morton G. Neumann Family Collection
The Solomon R. Guggenheim Museum, New York
Norton Simon Museum, Pasadena, CA
Philadelphia Museum of Art, PA
San Francisco Museum of Modern Art, CA
Sezon Museum of Modern Art, Tokyo
University Art Centre, University of Toronto
Ulmer Museum
Von der Heydt-Museum, Wuppertal

und den zahlreichen privaten Leihgebern aus Deutschland,
    Frankreich, Italien, der Schweiz, Spanien und den USA,
    die ungenannt bleiben möchten.

and numerous private lenders in Germany, France, Italy,
    Switzerland, Spain, and the United States, who wish to
    remain anonymous.

Besonderer Dank gilt den folgenden Personen
Special thanks is extended to the following individuals

Simone Abbühl, Biglen
Michael Baumgartner, Paul-Klee-Stiftung, Kunstmuseum Bern
Peter Dreesen
Heidi Frautschi, Paul-Klee-Stiftung, Kunstmuseum Bern
Stefan Frey, Bern
Gesina Kronenburg, Kunst- und Museumsbibliothek der Stadt
    Köln, Museum Ludwig und Wallraf-Richartz-Museum
Osamu Okuda, Bern
Claudia Neugebauer, Galerie Beyeler, Basel
Ursula Niggemann, Sotheby's, Köln
Karin Thomas
Vera Udodenko

und den Mitarbeitern der Paul-Klee-Stiftung,
    Kunstmuseum Bern

and to the staff of the Paul-Klee-Stiftung, Kunstmuseum Bern

Zum Geleit

Paul Klee bleibt unerbittlich geheimnisvoll. Er schafft Gemälde, Zeichnungen und druckgraphische Blätter, die einen klaren Bezug zu mythologischen Themen haben, und gestaltet damit einen kleinen Kosmos sagenhaften Geschehens. Er dichtet an der klassischen Mythologie griechischer und deutscher Herkunft und erfindet daneben seine eigenen, ganz privaten Mythen, die er oft hinter Allerweltstiteln versteckt und vergräbt. Von den über achttausend Werken, die die Kunstgeschichte als gesichert Klee zuschreibt, sind immerhin über dreihundert dieser Thematik gewidmet. *In der Maske des Mythos* ist deshalb der richtige Titel für diese Werkschau, die erstmals davon gegen 140 versammeln kann. Wir sind mehr als glücklich, die Ausstellung, die diesen kleinen, aber wichtigen Teil von Paul Klees Werk in so eindrücklicher Weise illustriert, in München zeigen zu können.

Viele Menschen und Institutionen haben beim Zusammentragen der Ausstellung geholfen. Ein erster ganz herzlicher Dank geht an die Paul-Klee-Stiftung im Kunstmuseum Bern, die allein über fünfzig Werke beisteuern konnte. Ebenso herzlich danken wir Paul Klees Enkel Aljoscha, der für die Leihgabe von weiteren zehn wichtigen Werken verantwortlich zeichnet. Die übrigen Werke stammen aus Museen und von Privatsammlern in der Schweiz, in Deutschland, Frankreich, Italien, Großbritannien, Spanien, Argentinien und den Vereinigten Staaten von Amerika, denen unser ebenso herzlicher Dank gilt. Zum Katalog haben zwei bedeutende Klee-Spezialisten, Otto Karl Werckmeister und Gregor Wedekind, Beiträge geleistet. Stefan Frey hat eine umfangreiche Chronologie über Klees Auseinandersetzung mit der Antike geliefert. Auch ihnen sind wir für ihre Mitarbeit zu herzlichem Dank verpflichtet.

Als Hohepriesterin und Circe der ganzen Unternehmung, Gestalterin der Ausstellung und Herausgeberin des Katalogs hat sich die amerikanische Kunsthistorikerin Pamela Kort, die seit Jahren diesen Spezialaspekt von Paul Klees Schaffen studiert, hervorgetan. Ihr schulden wir unseren besonderen, tiefen Dank.

In einer etwas kleineren Version wird die Ausstellung anschließend an München im renommierten Museum Boijmans Van Beuningen in Rotterdam gezeigt werden. Den Besuchern der Ausstellung in Deutschland und den Niederlanden wünschen wir ein hohes Vergnügen.

Christoph Vitali
Direktor
Haus der Kunst

Chris Dercon
Direktor
Museum Boijmans Van Beuningen

Foreword

Paul Klee remains unremittingly mysterious. He creates paintings, drawings and graphics which have a clear relationship to mythological themes, and thus creates a small cosmos of legendary events. He poeticizes myth of classical Greek and German origin and thereby invents as well his own, very private mythology, which he often hides under dime-a-dozen titles. Of the more than eight thousand works which art history ascribes to Paul Klee all in all, over three hundred after all are dedicated to this theme. *In the Mask of Myth* is therefore the right title for this show which for the first time brings together close to 140 of them. We are more than happy to be able to present in Munich this exhibition which illustrates a small but important part of Paul Klee's work in such an impressive way.

Many persons and institutions have been helpful in making this exhibition a reality. Our first deeply heartfelt gratitude is due to the Paul-Klee-Stiftung at the Art Museum in Bern which alone was able to contribute more than fifty works. We thank equally profoundly Paul Klee's grandson Aljoscha, who is responsible for the loan of ten more important works. The other loans come from museums and private collectors in Switzerland, Germany, France, Italy, Great Britain, Spain, Argentina, and the United States of America who deserve our profound gratitude. Two important Klee specialists, Otto Karl Werckmeister and Gregor Wedekind, have delivered contributions to the catalogue. Stefan Frey has also compiled an extensive chronology on Klee's relationship to antiquity. We are deeply grateful to them as well.

As a high priestess and Circe of the whole venture, the American art historian Pamela Kort, who studied this special aspect of Paul Klee's work for many years, has excelled. We are particularly and deeply grateful to her.

The exhibition will be shown after Munich in the renowned Museum Boijmans Van Beuningen in Rotterdam. We wish the visitors of our exhibition in Germany and the Netherlands a great pleasure with it.

Christoph Vitali
Director
Haus der Kunst

Chris Dercon
Director
Museum Boijmans Van Beuningen

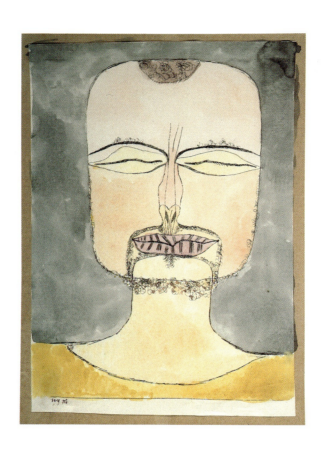

32 nach der Zeichnung, 19/75 • After the drawing, 19/75, 1919, 113

Inhaltsverzeichnis/Table of Contents

9   **Pamela Kort**
    Paul Klee und der Mythos
    Die rebellische Stimme der Kunst

    Paul Klee and Myth
    The Rebellious Voice of Art

39 Abbildungen
    Illustrations

62 **Gregor Wedekind**
    Metamystik
    Paul Klee und der Mythos

    Metamysticism
    Paul Klee and Myth

91 Abbildungen
    Illustrations

136 **Otto Karl Werckmeister**
    »Ob ich je eine Pallas hervorbringe?!«

    "Will I Ever Bring Forth a Pallas?!"

163 Abbildungen
    Illustrations

233 **Stefan Frey**
    Paul Klee und die Antike –
    Versuch einer Chronologie

264 **Ann-Katrin Günzel**
    Mythologisches Glossar

286 Verzeichnis der ausgestellten Werke
    Exhibition Catalogue

295 Verzeichnis weiterer Abbildungen von Werken Paul Klees
    List of further Illustrations of Works of Paul Klee

299 Bibliographie
    Bibliography

303 Register
306 Index

309 Fotonachweis
    Photographic Credits

311 Impressum

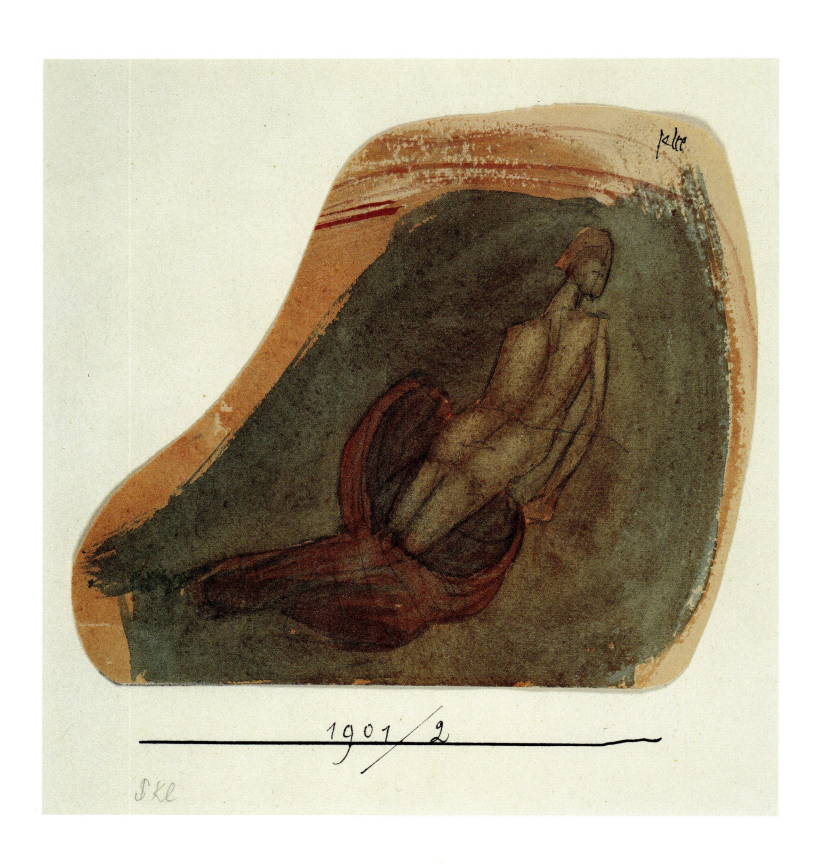

2 Schwebende Grazie (im pompeianischen Stil) • Hovering Grace (in the Pompeian style), 1901, 2

Pamela Kort

Paul Klee and Myth:
The Rebellious Voice of Art

A review of the more than 8000 works that Paul Klee titled, numbered, and recorded into his œuvre catalogue reveals that about 250 carry the names of gods, heroes, and other entities common to Greco-Roman, Germanic, and Oriental myth. To this group may be added approximately twenty other works that resemble nearby mythologically titled images in the catalogue, thereby expanding their meaning. Dating from the first days of his artistry (1901) and continuing until the year of his death (1940), they form one of the largest thematic groups within Klee's œuvre. Both large and small in scale, they encompass almost all the media in which Klee worked, including etchings, drawings, watercolours, and oil paintings.

Curiously enough, this important body of work has remained overlooked. The exhibition *Paul Klee – In the Mask of Myth* addresses this fundamental gap. The show offers both a comprehensive view of Klee's œuvre and a detailed examination of his unique approach to a theme that has preoccupied painters and sculptors since antiquity. Most importantly, because Klee's "work on myth" is actually a method rather than subject, it provides new and profound insights into Klee's aesthetic outlook.[1] Verging upon caricatures but in no sense illustrative, these images disclose Klee's profoundly rebellious aesthetic self at work, masked behind the insurgent order of anti-divinities that he brings into being.

Klee's allusion to the ancient world draws from his deep knowledge of the classics: he studied Greek and Roman literature in the original between 1894 and 1898 at the *Städtische Literarschule* in Bern and remained interested in philology throughout his life, reading the *Oresteia* in at least three different translations just a few months before he died.[2] This interest in language is also disclosed by the deep interrelationship of word and image in Klee's work. Written almost always directly beneath his drawings and watercolours, the titles not only identify content but also often give it an unexpected turn. In order to avoid the genuine peril of constructing an interpretative myth of this body of work, this exhibition includes only those works whose titles or motifs unequivocally designate them as mythological. For the purposes of this exhibition "myth" refers to the original meaning of the word in antiquity – "Inventions of the earlier ones" – which according to Xenophanes were "morally

interpretatorischen Mythenbildung in der Auseinandersetzung mit der hier erörterten Werkgruppe zu entgehen, berücksichtigt die Ausstellung ausschließlich jene Werke, die durch ihren Titel ausdrücklich als mythologische Darstellungen charakterisiert sind. Der Begriff »Mythos« wird hier zudem in der ursprünglichen Bedeutung verstanden, die er in der Antike hatte: »Erfindungen der Älteren«, die laut Xenophanes »moralisch verwerflich« waren.[3] Klee, der des Altgriechischen und Lateinischen mächtig war und sich schon früh mit philosophischen und religiösen Fragen beschäftigte, war sich dieser ursprünglichen Bedeutung zweifellos bewußt. Die Tatsache, daß er für seine erste Werkgruppe, eine Folge von Menschen- und Götterkarikaturen, den Titel *Inventionen* wählte und in einem frühen Brief an seine Verlobte Lily Stumpf wiederum das deutsche Wort »erfunden« mit griechischen Buchstaben schrieb (ἐρφουνδην), deutet darauf hin, daß er den Begriff »Mythos« tatsächlich in ebendiesem Sinn verstand.[4]

Bei Klees mythologischen Motiven handelt es sich überwiegend um weibliche Wesen, die mit Fruchtbarkeit oder mit der Unterwelt assoziiert sind. Dazu zählen Aphrodite, Diana, Gaia, Pomona und Skylla sowie Amazonen, Mänaden, Nereiden, Sirenen und Sphinxe. Weitaus seltener sind Werke, die sich auf männliche Gottheiten oder Helden wie Perseus, Orpheus, Mars und Zeus beziehen. Daneben schuf Klee mehrere Darstellungen von Wind-, Feuer-, Wasser- und Erdgeistern. Diese Mittlerfiguren zwischen der Welt der Menschen und der der Götter nehmen gelegentlich auch die Gestalt von Kobolden, Hexen und Dämonen an. Verankert im altüberlieferten deutschen Sagen- und Märchengut und daher von Natur aus ketzerisch, kamen sie den subversiven Zielen von Klees Arbeit am Mythos besonders entgegen. Ihre Geschichten als Ausgangspunkt für seine eigenen Bildideen verwendend, vergegenwärtigte er sie ausnahmslos als launische, schelmische, unfolgsame, vergnügliche Wesen in anthropomorpher Gestalt.

Klee kennt keine andere Religion als die leidenschaftliche Hingabe an sein aufrührerisches Künstlertum. Tatsächlich bildet seine Arbeit am Mythos eine Ergänzung zur Arbeit an einem angemessenen Selbstporträt, das ihm in den ersten zwei Jahrzehnten seines Schaffens ein wichtiges Anliegen war[5], Aspekte, die am Ende ineinander übergehen. Von den Bemühungen um ein solches Porträt zeugen nicht nur mehrere Werke – z. B. *Junger männlicher Kopf in Spitzbart, handgestützt* (1908, 42) (Kat.-Nr. 14), *Zchnng. zu e. Holzschnitt* (1909, 39) (Kat.-Nr. 15), *Denkender* (1911, 46) (Kat.-Nr. 16) und *Als ich Rekrut war* (1916, 81) (Kat.-Nr. 22) –, sondern auch seine Schriften und nicht zuletzt die Art und Weise, in der er sein Schaffen ordnete. Die mehrfach be- und überarbeiteten Fassungen seiner Tagebücher aus der Zeit zwischen 1898 und 1921, die acht autobiographischen Texte, die er zwischen 1918 und 1920 verfaßte[6], und die penible Auflistung seiner Werke in einem 1911 angefangenen und bis zu seinem Tod weitergeführten und stetig überarbeiteten Œuvrekatalog sind jeweils in diesem Zusammenhang zu sehen,

disgusting".[3] Klee was undoubtedly aware of this definition, not only because of his knowledge of Greek and Latin but also by virtue of his early concern with sorting out certain philosophic and religious questions. Moreover, his decision to name his first body of work (the series of mocking caricatures of men and the gods) the *Inventions,* and the fact that in an early letter to his fiancée Lily Stumpf he wrote out the word "erfunden" (invented) in Greek letters (ἐρφουνδην) suggest that he understood myth in precisely these terms.[4]

Klee's mythological images are primarily feminine entities associated with fecundity or the underworld. They include Aphrodite, Diana, Gaia, Pomona, Scylla, as well as amazons, maenads, Nereids, sirens, and sphinxes. Considerably less frequent are works referring to male gods or heroes such as Perseus, Orpheus, Mars, and Zeus. In addition, Klee made a number of images of wind-, fire-, water-, and earth-spirits. These mediators between the world of men and the gods also take the form of gnomes, witches, and demons. Anchored as they are in German folklore and therefore inherently heretical, they are particularly suited to the insurgent aims of Klee's work on myth. Using their histories as springboards for his own invention of form, Klee anthropomorphizes all of them into moody, mischievous, disobedient, amusing creatures.

Klee knew no religion other than an ardent devotion to his defiant artistry. Indeed his work on myth complements – and eventually transformed itself into – the fitting self-portrait that he sought so hard to achieve during the first twenty years of his career.[5] The goal of effectuating this portrait is not only attested by his art – for example, *Young man with goatee, resting his head in his hand* (1908, 42) (cat. no. 14), *Drawing for a woodcut* (1909, 39) (cat. no. 15), *Man thinking* (1911, 46) (cat. no. 16), and *When I was a recruit* (1916, 81) (cat. no. 22) – but by his writing and the organization of his work. This activity includes his drafting, editing, and revising of his diaries between 1898 and 1921, the eight autobiographical manuscripts he wrote between 1918 and 1920,[6] and his careful recording of selected works from childhood forward into an œuvre catalogue begun in 1911 and maintained and revised until 1940. Klee's prodigious endeavor to control the image of his artistry is significant. It suggests an aesthetic character given to representing the self by masking it.

As it turns out, in 1920, the very year that Klee completed the last of his autobiographical manuscripts, he ceased making likenesses of his person. In that year he brought to paper a mythological image, *Barbarian Venus* (1920, 212) (cat. no. 36) that closely resembles *Absorption* (1919, 75) (ill. p. 48), the last and most famous of a programmatic series of self-portraits he had completed just the year before.

What follows is an attempt to disclose how Klee's work on myth functions as a method of argumentation and as a masked self-portrait. The essay starts with a brief review of the secondary literature concerning Klee and mythology. It then explores Klee's early identification with Prometheus and his juxtaposing

wobei dieses Verzeichnis einschließlich der Kinderzeichnungen de facto eine Auswahl darstellt. Das ungeheure Kontrollbedürfnis, das Klee im Hinblick auf sein Image als Künstler an den Tag legte, ist vielsagend. Es läßt auf eine Künstlerpersönlichkeit schließen, die sich ständig maskiert.

Wie sich herausstellt, hörte Klee gleichzeitig mit dem letzten seiner autobiographischen Texte auf, sich selbst darzustellen. In diesem Jahr, 1920, wandte er sich mit *Zeichnung zur Barbaren-Venus* (Kat.-Nr. 36) einem mythologischen Sujet zu, formulierte es allerdings so, daß es große Ähnlichkeit mit der Bleistiftzeichnung *Versunkenheit* (Abb. S. 48) aufwies, dem letzten und berühmtesten einer programmatischen, erst im Jahr davor abgeschlossenen Folge von Selbstporträts.

Im folgenden soll versucht werden aufzuzeigen, wie Klees Arbeit am Mythos als ästhetische Strategie fungiert und zugleich Auskunft über sein Selbstverständnis gibt. Am Anfang steht ein kurzer Überblick über die Sekundärliteratur zum Thema »Klee und die Mythologie«. Anschließend sollen Klees frühe Identifikation mit Prometheus und seine Gegenüberstellung der Götterwelt der griechisch-römischen Antike und der der neueren christlichen Theologie einer näheren Betrachtung unterzogen werden. Klees Arbeit am Mythos verkörpert seine Auflehnung gegen beide Glaubenssysteme in dem Bestreben, die lebendige Schöpferkraft seines autodidaktischen, ketzerischen Ichs zu demonstrieren. Diese Haltung ist bereits offenkundig in Klees allererster mythologischer Darstellung, *Schwebende Grazie (im pompeianischen Stil)* (1901, 2) (Kat.-Nr. 2), deren Titel und Stil jene Vorstellung in Frage stellen, wonach die Hauptaufgabe des Künstlers darin besteht, das Schöne wiederzugeben statt originell zu sein.

Im zweiten Teil des vorliegenden Beitrages soll dann erörtert werden, wie Klee seine mythologischen Arbeiten aus der Zeit von 1903 bis 1921 allmählich als Maskierung erkannte, die es ihm am ehesten ermöglichte, den rebellischen Tenor seiner Kunst zu artikulieren.

Klees Arbeit am Mythos

Auch wenn Klees Werke mit mythologischen Titeln nicht gänzlich unbeachtet geblieben sind, ist ihre Bedeutung für das Verständnis seiner Kunst doch niemals ernsthaft reflektiert worden. Wenn sie überhaupt Gegenstand eingehender Betrachtung waren, wurden sie irreführend als spirituell, mystisch, magisch, übernatürlich oder kosmogonisch charakterisiert. Erschwerend kommt hinzu, daß nahezu alle Autoren im mythischen Charakter der Kleeschen Bilder etwas Religiöses sehen, das auf die Tradition der deutschen Romantik zurückgehe. Das Poetische, Traumhafte, Dynamische, das Klees Werk auszeichnet, bildet in ihren Augen eine Parallele zum Wirken der Naturkräfte, ob göttlichen Ursprungs oder nicht. Zahlreiche Stellen in Klees Schriften scheinen tatsächlich für diese Sicht zu sprechen.[7] Doch

of the ancient world of the Greco-Roman gods with those that belong to the theology of the modern Christian church. Klee's work on myth represents his revolt against both of these belief systems in order to demonstrate the inventive vitality of his autodidactic, heretical self. Such an attitude is already evident in Klee's very first mythological image, *Hovering Grace (in the Pompeian style)* (1901, 2) (cat. no. 2), whose title and style challenge the idea that the primary task of the artist is to render the beautiful rather than to be original. The second section of this essay discusses how Klee came to view his work on myth between 1903 and 1921 as a mask best suited to delineate the rebellious voice of his art.

Klee's Work on Myth

While Klee's mythologically titled works have not gone completely unnoticed, their significance to an understanding of his aesthetic has never been considered. Moreover, when attention has been focused upon them, they have often been analyzed somewhat misleadingly as spiritual, mystical, magical, supernatural, or cosmogonic. To complicate matters, almost all authors view the mythic quality of Klee's images as something religious that is indebted to the German romantic tradition. For them, the poetic, dreamlike, dynamic character of Klee's work likens it to the energies of creative forces, whether natural or divine. To be sure, many passages from Klee's writing seem to advocate this point of view.[7] And yet no matter how much Klee may have equated artistic power with the generative forces of the universe, his work on myth does not represent his response to the ideas of Johann Gottfried Herder or Friedrich Schlegel.

By the same token, the condensed formal language of Klee's work neither exemplifies "mythic thinking", nor functions as a "mythic personification" of something "non-human" expressed as an abstraction of a "possible world."[8] Just because an image looks hieroglyphic and is outfitted with an epigrammatic title does not make it mythopoetical.

Finally, though Klee's later work on myth seems to have anti-fascist dimensions, it remained above all a method that enabled him to assert the originality of his work. Therefore the assertion that "the mythic world will only truly emerge after Klee's exile" is simply false, not least because it discounts the many mythologically titled works that Klee made between 1901 and 1932.[9]

In short, the interpretation of Klee's mythological works leaves much to be desired.[10] Fortunately, there is one early and notable exception: Carl Einstein's chapters on Klee in the three editions of *Die Kunst des 20. Jahrhunderts* published in 1926, 1928, and 1931 as part of the *Propyläen Kunstgeschichte*. In the almost identical 1926 and 1928 versions, Einstein prizes Klee for his creation of an "in-between world" that is "scurrilously pious," an achievement he characterizes as a "private mytholo-

auch wenn Klee noch so sehr einer Gleichsetzung von künstlerischer Schöpferkraft und den Zeugungskräften des Kosmos das Wort redete – es wäre irrig, seine Arbeit am Mythos als eine Verarbeitung der Vorstellungen Johann Gottfried Herders oder Friedrich Schlegels zu verstehen.

Ebensowenig ist die verdichtete Formensprache des Kleeschen Werkes ein Beispiel für »mythisches Denken«, geschweige denn eine »mythische Verkörperung« von irgend etwas »Nichtmenschlichem« als abstrahierte Darstellung einer »möglichen Welt«.[8] Nur weil ein Bild hieroglyphisch wirkt und mit einem epigrammatischen Titel versehen ist, ist es noch nicht mythopoetisch.

Schließlich blieb Klees Arbeit am Mythos, auch wenn ihr später offenbar eine antifaschistische Dimension zuwuchs, vor allen Dingen eine Methode, die es ihm ermöglichte, die Originalität seines Werkes zu wahren. Deshalb auch ist die Behauptung, daß »die mythische Welt erst nach Klees Exil wirklich zutage treten wird«, schon wegen der zahlreichen Werke mit mythologischen Titeln, die Klee vor 1932 schuf, schlichtweg falsch.[9]

Die Interpretation von Klees mythologischen Werken läßt mit anderen Worten viel zu wünschen übrig.[10] Zum Glück gibt es eine frühe und wichtige Ausnahme, nämlich Carl Einsteins Kapitel über Klee in den drei 1926, 1928 bzw. 1931 erschienenen Auflagen des Bandes *Die Kunst des 20. Jahrhunderts* der Propyläen-Kunstgeschichte. In den nahezu identischen Fassungen der ersten beiden Ausgaben lobt Einstein Klee für die Schaffung einer »Zwischenwelt«, die »auf skurrile Weise pietätvoll« sei, und bezeichnet dessen Werk als eine »private Mythologie«. Alle drei Beschreibungen sind durchaus treffend: Klees mythologische Werke sind mehr als alles andere höchst persönlich und subversiv. Darüber hinaus sind sie insofern »Zwischenwelten«, als ihre Bedeutung sich als Reaktion auf das Fortdauern der Vergangenheit und die bedrückende Realität der Gegenwart entspinnt. »Mythos und Welt«, so Einstein, »lassen sich heute kaum mehr miteinander verbinden, vielmehr äffen sie einander in einem ironischen Kampf nach.«[11]

In der 1931 erschienenen Ausgabe des Bandes, die Klee besonders schätzte, führte Einstein diese Überlegungen weiter aus und gelangte zu der klugen Einsicht, daß Klee mit seiner Abwandlung älterer Mythen nicht diese wiederzubeleben versuche, sondern vielmehr gegen sie rebelliere.[12]

Der Künstler als streitlustiger Prometheus

Klees Arbeit am Mythos wurzelt in seiner Überzeugung, daß Erneuerung nur aus einer Gegenposition erfolgen könne. Diese Haltung wird daran erkennbar, daß er anderen gegenüber ständig in Opposition geht. Eines der frühesten und bezeichnendsten Beispiele hierfür bietet folgende Tagebucheintragung aus dem Jahr 1901:

gy." All three descriptions are quite close to the mark: Klee's mythological works are highly idiosyncratic and deeply subversive. They are also intermediary insofar as their meaning unfolds as a reaction to both the persistence of the past and the ponderous reality of the present. As Einstein put it: "Myth and world are hardly capable of being linked today, instead they mock one another in an ironical struggle."[11]

Einstein pursued and expanded this idea in the 1931 version. In this edition, deeply admired by the artist, Einstein brilliantly argues that Klee's concern with the metamorphoses of older myths is not an attempt to revive old legends but is a revolt against them.[12]

The Artist as a Contentious Prometheus

Klee's work on myth is anchored in his conviction that innovation could only exist as a counter-position. Such an attitude makes itself known in his constant pitting of himself against others. One of the earliest and the most telling examples of this disposition is this diary entry from 1901:

"A kind of Prometheus, I come before thee, Zeus, because I have the strength for it. [...] Often I have raised my eyes questioningly toward thee: in vain! So let the greatness of my derision knock at thy door. If I do not suffice, I shall leave thee this satisfaction: Thou art great, great is thy work. But great in the beginning only, not as an accomplishment. A fragment [...]. Only the man who struggles has my approbation. And the greatest among them is I, who struggle with the Godhead. In the name of my sufferings and those of many other men, I judge thee for having accomplished nothing. Thy best child judges thee, thy bravest spirit, at once related to thee and turned away."[13]

Klee's identification with the defiant Titan makes clear that for him art could only be a matter of rebellion. It was this position that eventually made it possible for him to overcome the crippling feelings of epigonism that at the beginning of his career threatened his ability to make art. Klee's diary entry also suggests the strategy that he would have to take: only by challenging Zeus' hegemony could he open up the possibility of his own. This recalcitrant stance suggests his endorsement of the idea that "it is only *against* a god that there are gods at all."[14]

The same holds true for his work on myth after he became a recognized artist and Bauhaus master in the 1920s and early 1930s. In those years his rivals were the artist "gods" of the avantgarde, who themselves often made use of mythological themes. Later his sense of rebellion would be heightened still further, when the National Socialists, denouncing modern art, decided to use the heritage of classical myth to advance their fascist ideology. Klee seems to have rebelled against this cultural about-face by making more travesties of the gods than ever before.

The diary entry above also suggests that Klee believed suffering and conflict are the necessary preconditions for aesthetic

»Eine Art Prometheus. Ich trete vor Dich, Zeus, weil ich die Kraft habe dazu. […] Oft hob ich fragend-bittend den Blick zu Dir: vergebens! So poche denn an Deine Tür die Größe meines Hohnes. Wenn ich nicht genüge, laß ich Dir diesen Stolz. Groß bist Du, groß ist Dein Werk. Aber nur groß im Anfang, nicht vollendet. Ein Fragment. […] Nur der Mensch, welcher ringt hat mein Ja. Und der größte unter ihnen bin ich, der mit der Gottheit ringt. Um meiner und vieler Schmerzen willen richt ich Dich, daß Du nicht vollbrachtest. Dein bestes Kind richtet Dich, Dein kühnster Geist, verwandt zu Dir und abgewandt zugleich.«[13]

Klees Identifikation mit dem trotzigen Titanensohn verdeutlicht, daß für ihn Kunst nur eine Frage der Rebellion sein konnte. Ebendiese Haltung ermöglichte es ihm schließlich, das lähmende Gefühl des Epigonentums zu überwinden, welches anfangs sein Künstlertum gefährdete. Die Tagebucheintragung deutet zudem an, welche Strategie Klee sich zu eigen machen wollte: Nur durch Infragestellung der Herrschaft des Zeus konnte er sich die Möglichkeit der eigenen Herrschaft eröffnen. Diese Aufsässigkeit läßt vermuten, daß er dem Gedanken zugestimmt hätte, wonach es nur *gegen* einen Gott überhaupt Götter gibt.[14]

Das gleiche gilt für seine Arbeit am Mythos in der Zeit, nachdem er in den zwanziger und dreißiger Jahren zu einem etablierten Künstler und Bauhaus-Meister avanciert war. In diesen Jahren waren seine Rivalen die Künstler-»Götter« der Avantgarde, die sich ihrerseits häufig mythologischer Themen bedienten. Später sollte sich sein Bewußtsein der Rebellion noch verschärfen, als die alle moderne Kunst verfemenden Nationalsozialisten sich darauf verlegten, das Erbe der klassischen Mythen der Verbreitung ihrer faschistischen Ideologie dienstbar zu machen. Klee schien gegen diese kulturelle Perversion zu rebellieren, indem er mehr Zerrbilder der Götter schuf als je zuvor.

Die oben angeführte Tagebucheintragung suggeriert zudem, daß Klee Leiden und Kampf als notwendige Voraussetzungen für große Kunst ansah. Der Mythos bedeutet für Klee mithin das mühsame Ringen um die Schaffung einer autonomen Welt unabhängig von den Grenzen künstlerischer und persönlicher Gegebenheiten. Er selbst mußte hart arbeiten, um als Künstler zu reüssieren. Obgleich ein begabter Zeichner, brauchte er lange, um sich als Maler zu vervollkommnen. Erst 1920, im Alter von 41 Jahren, erhielt er eine Professur, und sein Werk verkaufte sich im freien Kunsthandel besser. Der junge Klee suchte bewußt den Kampf mit Zeus, nicht weil er anmaßend war, sondern weil er sich seiner eigenen künstlerischen und persönlichen Unzulänglichkeiten bewußt war. Klees Arbeit am Mythos war eine Art Überlebensstrategie, die ihm nicht nur in seinen Anfängen die Kraft gab, Kunst zu machen, sondern es ihm auch nach 1933 ermöglichte, sich weiterhin künstlerisch zu betätigen.

Klees Selbstgleichsetzung mit Prometheus ist gleichzeitig seine Antwort auf Goethe, dessen großartiges Schaffen für ihn ebenso problematisch war wie die Kunst und Dichtung der An-

exploits. Myth for Klee, then, means the painstaking struggle to make an autonomous world independent of the limitations of aesthetic and personal actualities. He himself had to work hard at becoming a successful artist. Although a gifted draftsman, he was slow at developing his skills as a painter; it was not until 1920, when he was forty-one, that he obtained a professorship and finally started to become successful on the open market. The young Klee deliberately picked a fight with Zeus, not because he was cocksure, but because he was aware of his own artistic and personal deficiencies. Klee's work on myth was a kind of survival strategy that allowed him to build his first body of work and continued to enable him to make art after 1933.

Klee's alignment with Prometheus also represents his reply to Goethe, whose achievement was just as problematic for him as was that of ancient art.[15] As it happens, while he was formulating the above diary passage, Klee was reading Goethe's poem "Prometheus".[16] The dissatisfied tone of these particular lines probably caught and held his attention:

"When I was a child,
not knowing my way,
I turned my erring eyes
sunward, as if above there were
an ear to hear my lamentation,
a heart like mine
to care for the distressed.

Here I sit, forming men
in my own image,
a race to be like me,
to suffer, to weep.
to delight and to rejoice,
and to defy you,
as I do."[17]

But whereas the young Goethe longingly looked for a heart like his own among the gods, from the outset Klee rebelled against them. Goethe's Prometheus is calm and religious; Klee's self-equation with the Titan is mutinous and heretical. Moreover Klee's work on myth is in no sense elegiac. Rather than mourning the loss of the Hellenic age and its gods, as Goethe did, such works as *Destroyed Olympus* (1926, 5) (cat. no. 58), *Substitute for Zeus* (1933, 330) (ill. p. 172), and *Baroque Centaur* (1939, 283) (ill. p. 275) mock it. Indeed the majority of Klee's mythological images champion minor entities that have no place on Mount Olympus.

In August 1901, Klee traveled to Italy as had Goethe, whose *Italienische Reise* (Italian Journey) he took with him. Once there, he boasted, "Goethe arrived on the 1st of November, and so [with my arrival on 29 October] I could just comfortably join up with him."[18] The consequences of Klee's six-month Italian journey for his art were enormous. Ultimately his deep admira-

tike.¹⁵ Zufällig las Klee gerade Goethes *Prometheus,* als er die oben zitierte Tagebucheintragung niederschrieb.¹⁶ Insbesondere folgende Zeilen dürften in ihrem unzufriedenen Ton Klees Aufmerksamkeit auf sich gezogen haben:

»Da ich ein Kind war,
Nicht wusste, wo aus noch ein,
Kehrt ich mein verirrtes Auge
Zur Sonne, als wenn drüber wär
Ein Ohr, zu hören meine Klage,
ein Herz wie meins,
Sich des Bedrängten zu erbarmen.

Hier sitz ich, forme Menschen
Nach meinem Bilde,
Ein Geschlecht, das mir gleich sei,
zu leiden, zu weinen,
zu geniessen und zu freuen sich
Und dein nicht zu achten,
Wie ich!«¹⁷

Während aber der junge Goethe sehnsüchtig nach einem Herzen wie dem seinen in den Reihen der Götter Ausschau hielt, lehnte sich Klee von Anfang an gegen diese auf. Goethes Prometheus ist friedlich-gelassen und religiös, wohingegen bei Klee die Prometheus-Identifikation rebellisch und ketzerisch ist. Darüber hinaus ist Klees Arbeit am Mythos keineswegs elegisch. Statt wie Goethe den Verlust des griechischen Altertums und seiner Götter zu beklagen, machen Werke wie *zerstörter Olymp* (1926, 5) (Kat.-Nr. 58), *Zeusersatz* (1933, 330) (Abb. S. 172) und *barocker Kentaur* (1939, 283) (Abb. S. 275) sich über diesen Verlust lustig. Tatsächlich rücken Klees mythologische Darstellungen überwiegend unbedeutendere Wesen in den Vordergrund, die auf dem Olymp keinen Platz haben.

Im August 1901 reiste Klee wie Goethe vor ihm nach Italien, und zwar mit des Dichters *Italienischer Reise* im Gepäck. Nach seiner Ankunft in Rom am 29. Oktober brüstete er sich: »Goethe kam am 1. November an, und so konnte ich mich ihm gerade bequem anschließen.«¹⁸ Die Auswirkungen des sechsmonatigen Italienaufenthalts auf Klees Kunst waren außerordentlich. Seine tiefe Bewunderung für die Malerei und Bildhauerei des klassischen Altertums brachte ihn letztlich dazu, seine Kunst diesem Erbe entgegenzusetzen. Daß seine Arbeit am Mythos tatsächlich diesem Anliegen entsprang, wird aus einer autobiographischen Notiz ersichtlich, die er 1920 für Leopold Zahns Monographie über ihn niederschrieb. Bei diesem Text handelt es sich um die dritte überarbeitete Fassung einer Tagebucheintragung, die Klee ursprünglich 1902 unmittelbar nach seiner Rückkehr aus Italien zu Papier gebracht hatte:

»Fast unerträglich ist der Gedanke, in einer epigonischen Zeit leben zu müssen. In Italien war ich fast wehrlos diesem Gedanken ergeben. Jetzt versuche ich in praxi von allem dem ab-

tion for the painting and sculpture of classical antiquity drove him to pit his work against this heritage. That this concern generated his work on myth can be discerned from an autobiographical statement written in 1920 for Leopold Zahn's monograph on him. This text represents his third revision of a diary entry Klee initially wrote in 1902, immediately after returning from Italy: "The thought of having to live in an epigonal time is almost unbearable. In Italy I was almost defenseless against this idea. Now I am trying in practice to look away from it all and build myself up as a modest self-taught artist ... There are at the moment three things: a Greco-Roman antiquity (physique) with an objective outlook, earthly orientation, and an architectural emphasis and a Christian (psyche) with a subjective outlook and heavenly orientation and a musical emphasis. The third is to be self-taught, modest and ignorant, a tiny little me."¹⁹

This program might be considered Klee's aesthetic manifesto. For he had reformulated the passage twice by then and would return to it two more times.²⁰ The original diary entry, # 430, reads: "Points of view: I. Complex: Objective outlook, physical quality. Constructions, bodies, earth. This side, also the Gods (antiquity). II. Complex. Subjective outlook, spiritual quality. Activation of the soul and intellect. The beyond, also the material things (modernism). In the first complex there is no place for music."²¹

Klee's 1920 revision of his 1902 diary entry brings two facts into focus. First, the primary antithesis that concerned him was the juxtaposition of the ancient world of the sculpted Greco-Roman gods with those of the modern Christian church, an attitude also evidenced in his 1919 revisions of this passage.²² This is why works referring to the Old and New Testaments have not been included in this show.

Second, only by constructing an autonomous, rebellious, aesthetic self could he free himself from the overwhelming artistic legacy of antiquity and the depressing condition of the modern world with its new spiritualism. Just such an attitude is attested by these lines from a letter he wrote Lily on 2 February 1902: "Spiritually, ever since I entered Rome, I have been in a satirical mood, although this is not noticeable except in my work. I found a paradise in ancient art, a culture ... that was suppressed by Christianity, science, and power. The art of today is meaningless culturally."²³ Klee's work on myth rebels against both these belief structures as well as against their art.

For example, the blatant ugliness of Aphrodite in *Naughty [Aphrodite and the naughty Eros]* (1906, 4) (cat. no. 13) is Klee's rejoinder to the strange, perfect beauty of sculpted images of the goddess from antiquity.²⁴ His decision to make a perverse painting of the goddess in 1921 that he titled *Barbarian Venus* (cat. no. 43) takes issue both with the noble chaste beauty of her ancient sculpted effigy and with the attempt by the Christian church to dethrone her as a false pagan idol.

Each of these images is also a kind of self-portrait of Klee. On one hand, the mischievous Eros in the 1906 watercolour

zusehen und als Selbstlehrling bescheiden aufzubauen [...] Es gibt zur Zeit drei Dinge: eine griechisch-römische Antike (Physis) mit objectiver Anschauung, diesseitiger Orientierung und architektonischem Schwergewicht und ein Christentum (Psyche) mit subjectiver Anschauung und jenseitiger Orientierung und musikalischem Schwergewicht. Das dritte ist: bescheidener u. unwissender Selbstlehrling zu sein, ein winziges Ich.«[19]

Diese Notiz kann mit gewissem Recht als Klees künstlerisches Manifest angesehen werden, denn er hatte den Text nicht nur damals schon zweimal überarbeitet, sondern sollte später noch zwei weitere Male darauf zurückkommen.[20] Die ursprüngliche Tagebucheintragung lautet:

»Gesichtspunkte:

I. Komplex: Objektive Anschauung, physische Beschaffenheit. Konstruktionen, Körper, Erde. Diesseits, auch die Götter. (Antike)

II. Komplex: Subjective Anschauung, geistige Beschaffenheit. Seelische und geistige Belebung. Jenseits, auch die Dinge. (Moderne)

Im ersten Komplex findet die Musik keinen Raum.«[21]

Die neu formulierte Notiz von 1920 rückt zweierlei in den Mittelpunkt. Erstens zeigt sie, daß es Klee vor allem um die Gegenüberstellung der antiken Welt der in Stein gemeißelten griechisch-römischen Götter und jener der modernen christlichen Theologie zu tun war.[22] Aus diesem Grund wurden Werke, die sich auf das Alte und das Neue Testament beziehen, nicht in die Ausstellung aufgenommen.

Zweitens spricht aus ihr die Erkenntnis, daß er sich nur durch die Entwicklung eines autonomen, rebellischen Künstler-Ichs vom erdrückenden künstlerischen Erbe der Antike und dem deprimierenden Zustand der modernen Welt mit ihrem neuen Spiritualismus emanzipieren konnte. Von einer entsprechenden Haltung zeugen auch folgende Zeilen aus einem Brief vom Februar 1902 an Lily: »Geistig bin ich, seitdem ich Rom betreten habe, meist satirisch gestimmt, was man mir aber, außer in meinen Arbeiten, nicht anmerkt. Ein Paradies fand ich in der Antiken Kunst, eine durch Christentum, Chemie und Macht, in Neu(-Brücken-) Bau (usw.) verdrängte Kultur. Unsere Kunst spielt kulturell eine sehr belanglose Rolle.«[23] Klees Arbeit am Mythos rebelliert gegen beide Glaubenssysteme und deren Kunst.

So ist die krasse Häßlichkeit der Aphrodite in *Ungezogen (Aphrodite u. der ungezogene Eros)* (1906, 4) (Kat.-Nr. 13) Klees Antwort auf die seltsam vollkommene Schönheit dieser Göttin in der antiken und späteren Plastik.[24] Das perverse Bild dieser Göttin wiederum, das er 1921 malte und *Barbaren-Venus* (Kat.-Nr. 43) nannte, nimmt sowohl die erhabene, keusche Schönheit ihres Bildes in der antiken Plastik aufs Korn wie auch den Versuch der christlichen Kirche, sie als eine heidnische Abgöttin zu entthronen.

Diese Darstellungen sind zugleich so etwas wie ein Selbstporträt Klees. Im Aquarell von 1906 steht der ungezogene Eros stands for the nervy boy-artist Klee, impudently challenging the inviolable ideal of sculpted feminine beauty. Diminutive and impish, this Eros is the modest "tiny little me" articulated in Klee's 1920 statement. This disobedient Eros also alludes to Klee's audacity as a young artist. Not only did he refuse to comply with Franz von Stuck's methods and left his class in 1901, but he later isolated himself for nearly three years in his parents' home in Bern in order to develop autodidactically as an artist. On the other hand, by 1921 the blatant if mutant sexuality of the *Barbarian Venus* had come to stand for Klee's blasphemous and autonomous form-building power.

Both the 1902 diary entry and Klee's reformulation of it in 1920 contrast the physicality of ancient sculpture with the ethereality of modern images. Such an idea may refer to Charles Baudelaire's famous dictum: "By 'modernity' I mean the ephemeral, the fugitive, the contingent, the half of art whose other half is the eternal and the immutable."[25] However, Klee's dichotomy more probably cites the work of a writer much closer to his heart: Friedrich Schiller. For whereas Klee only began to read Baudelaire carefully in 1905, he was closely studying Schiller the year he first brought his own "manifesto" to paper. On 13 October 1902 – five months after returning from Italy – Klee wrote to Lily that he had recently discovered much wisdom about art and life within Schiller's verse.[26] Undoubtedly, Klee had by then become familiar with Schiller's poem *Die Götter Griechenlands*. That work was among the first – and certainly for Germany the most enduring – formulation of the dualism antiquity/modernity.[27] Yet the lamenting tone of Schiller's poem, informed by the Romantic desire to reconcile the world of antiquity with that of Christianity, is completely unlike the contentiousness of Klee's work.

Klee's tendency to profanize the gods as sensual, pitiful, demonic, and at times comical entities suggests the influence of Heinrich Heine. As is well known, Heine answered Schiller's poem with his own *Götter Griechenlands*. That work was the first articulation of the fundamental antagonism between the gods of antiquity and those of the Christian church. Unlike Schiller, Heine does not bemoan the disappearance of the old exalted gods. Instead he criticizes their demonization and banishment to the underworld by the Christian church. Defeated but not annihilated, they persist in this exiled realm, from which Heine wants to resurrect them.[28]

Klee was not only familiar with these ideas from reading Heine's *Elementargeister* and *Nordsee* poems, but he also deeply admired the author. On 6 January 1899 Klee wrote his parents from Munich, where he was studying to become an artist: "[I purchased] one volume of Heine for a mark as the completion of *Reisebilder*. I have already read a lot of it and find it a welcome augmentation to his admiration of Napoleon in *Le Grand*. Besides that I have discovered in it a new abundance of magnificently colourful images accompanied by satires of the gods. Heine is now my favourite and I believe he will remain so."[29]

für den frechen jugendlichen Künstler Klee, der das sakrosankte Ideal in Stein gemeißelter weiblicher Schönheit unverfroren in Frage stellt. Dieser zu kurz geratene, schelmische Eros ist das »winzige Ich«, von dem Klee in seinem autobiographischen Text von 1920 spricht. Zugleich spielt der unfolgsame Eros auf die Unbotmäßigkeit Klees während seiner Studien in München an: Klee hatte sich nicht nur geweigert, Stucks Methoden zu befolgen, und war aus dessen Klasse ausgeschieden, sondern zog sich später auch nahezu drei Jahre lang in das elterliche Haus in Bern zurück, um »als Selbstlehrling bescheiden aufzubauen«. Die eklatante, wiewohl mutationsbedingte Sexualität der *Barbaren-Venus* wiederum symbolisiert Klees blasphemische gestalterische Kraft.

Die Tagebucheintragung von 1902 und ihre Neuformulierung von 1920 setzen beide der Körperlichkeit der antiken Plastik die ätherische Qualität moderner Bilder entgegen, möglicherweise unter Bezugnahme auf das berühmte Diktum Baudelaires: »Mit ›Moderne‹ meine ich das Flüchtige, das Vergängliche, das Zufällige, jene Hälfte der Kunst, deren andere Hälfte das Ewige und Unwandelbare ist.«[25] Tatsächlich aber dürfte Klees Dichotomie eher auf das Werk eines Dichters zurückgehen, der ihm wesentlich näher stand, nämlich Friedrich Schiller. Während seine gründlichere Baudelaire-Lektüre erst 1905 einsetzte, las Klee Schiller im gleichen Jahr, in dem er sein »Manifest« erstmals zu Papier brachte. Am 13. Oktober 1902, fünf Monate nach seiner Rückkehr aus Italien, schrieb er an Lily, er habe in Schillers Gedichten neuestens »viel Weisheit über Kunst und Leben« gefunden.[26] Zweifellos war Klee spätestens bis dahin mit Schillers Gedicht *Die Götter Griechenlands* vertraut, das eine der ersten und, zumal in Deutschland, nachhaltigsten Formulierungen des Dualismus Antike–Moderne war.[27] Gleichwohl ist der elegische Ton von Schillers Gedicht, gespeist von der romantischen Sehnsucht, Antike und Christentum miteinander in Einklang zu bringen, mit der Streitlust des Kleeschen Werkes ganz unvergleichbar.

Klees Neigung, die Götter als sinnliche, erbärmliche, dämonische und gelegentlich komische Wesen zu profanieren, deutet auf den Einfluß Heinrich Heines hin. Bekanntlich hatte Heine als Antwort auf Schillers Gedicht seine eigenen *Götter Griechenlands* geschrieben und darin erstmals den grundsätzlichen Antagonismus zwischen den Göttern der Antike und denen der christlichen Kirche ausformuliert. Im Unterschied zu Schiller beklagt Heine nicht das Verschwinden der alten glorifizierten Götter, er prangert vielmehr deren Dämonisierung und Verbannung in die Unterwelt durch die christliche Kirche an. Besiegt, aber nicht ausgelöscht, leben sie fort in diesem Exilreich, aus dem Heine sie wieder in die Welt bringen möchte.[28]

Klee hatte Heines Essay *Elementargeister* (1837) und die *Nordsee*-Gedichte (1825/26) gelesen und war also mit dessen Denken vertraut. Er hegte eine tiefe Bewunderung für den Dichter. So schrieb er am 6. Januar 1899 von München, wohin er sich zum Kunststudium begeben hatte, an seine Eltern, er

As it happens, the opposition between antiquity and Christianity is an undercurrent of the Italian *Reisebilder* in particular, where the "richness of the past" is contrasted to the "impoverished condition of the present."[30] As may be recalled, Klee had described his sentiments in exactly these terms in the letter to Lily written from Rome dated 2 February 1902 cited above.

Immediately after returning from Italy (approximately two months before his 1902 diary entry) Klee took up Heine's work, now writing Lily: "By far superior [to the *Florentinische Nächte*] are the enchanting *Elementargeister*. I have just begun to read the *Rabbi [von Bacherach]* and it too looks promising […]."[31] There Klee would have certainly taken note of this statement: "[Heinrich Kornmann's] 'Mons Veneris' […] is the most important source for the entire theme, which I am here advancing. […] Indeed, that source about the elementary spirits obliges me to speak about the transformation of the old pagan gods. These are not ghosts, because as I have already repeatedly indicated they are not dead: they are uncreated, undying entities, which since the triumph of Christ have had to hide in the underworld, where they go about their demonic doings."[32]

Klee's interest in Heine did not abate. Two years later he wrote enthusiastically that he had returned to Heine. "His poetry! And *Deutschland ein Wintermärchen*."[33] Moreover, in 1908 he became friends with the philologist Fritz Strich, whose 1910 book *Die Mythologie in der deutschen Literatur von Klopstock bis Wagner* contained a chapter dedicated to Heine titled: "Griechentum und Christentum." In it Strich emphasized Heine's importance to Germany in these terms: "He [Heine] contributed to a new understanding of paganist Hellenism and led the conflict between Hellenism and Christianity out of the literary realm and into life. This conflict had coursed through German poetry since Schiller's *Göttern Griechenlands*; Goethe had fought for Hellenism and the Romantics for Christianity. Mythology began to play an new role."[34]

Klee's friendship with Strich, with whom he played music, continued for the rest of his life. Given his deep interest in literature, Klee must have glanced at the book or at least discussed its ideas with Strich.

Klee took up Heine's Italian *Reisebilder* once again in February 1932, while teaching at the Düsseldorf Kunstakademie. Little more than a year later, suspecting him of being a Galician Jew, the Nazi S.A. searched his residence in Dessau and confiscated his letters to Lily. After his dismissal from his post in Düsseldorf the following year, Klee began to work increasingly on myth. These images, more than any before them, champion rebellious, elemental, demonic spirits often resident in the underworld. It is tempting to conclude that he drew new parallels between his own exiled condition and those of these banished but undying entities, which best found expression in his work on myth. In order to grasp why this may be so, it is necessary to return to Klee's earliest artistic beginnings.

habe »einen Band Heine – 1 Mark – als Vervollständigung der *Reisebilder* [gekauft]. Auch hierin habe ich schon viel gelesen, und fand willkommene Ergänzungen zu seiner Napoleonschwärmerei im Buch ›Le Grand‹. Daneben eine neue Fülle farbenprächtiger Bildlichkeit und göttlichen satirischen Seitensprüngen. Heine ist einmal mein Liebling, und ich glaube, er wird es bleiben.«[29] Der Gegensatz zwischen Antike und Christentum ist, wie es der Zufall will, ein Leitmotiv insbesondere der italienischen *Reisebilder*, in denen der »Reichtum der Vergangenheit« der »Armut der Gegenwart« gegenübergestellt wird.[30] In seinem oben angeführten Brief an Lily hatte Klee ja seine Empfindungen in ganz ähnliche Worte gekleidet.

Unmittelbar nach seiner Rückkehr aus Italien, etwa zwei Monate vor seiner programmatischen Tagebucheintragung von 1902, wandte sich Klee wieder der Heineschen Dichtung zu und schrieb nun an Lily: »Weit höher [als die *Florentinischen Nächte*] stehen die entzückenden *Elementargeister* und auch der eben begonnene *Rabbi* [*von Bacherach*] geht vielversprechend an…«[31] Dort dürfte Klee folgende Aussage sicher nicht entgangen sein:

»Eben nach dem Beispiele [Heinrich] Kornmanns, habe auch ich bei Gelegenheit der Elementargeister von der Transformation der altheidnischen Götter sprechen müssen. Diese sind keine Gespenster, denn, wie ich mehrmals angeführt, sie sind nicht tot; sie sind unerschaffene, unsterbliche Wesen, die nach dem Siege Christi, sich zurückziehen mußten in die unterirdische Verborgenheit, wo sie mit den übrigen Elementargeistern zusammenhausend, ihre dämonische Wirtschaft treiben.«[32]

Klees Vorliebe für Heine blieb unvermindert stark. Zwei Jahre später schrieb er begeistert: »Auch bin ich wieder etwas zu Heine zurückgekehrt. Seine Gedichte! Und *Deutschland, ein Wintermärchen*.«[33] Zudem befreundete er sich mit dem Philologen Fritz Strich, dessen 1910 erschienenes Werk *Die Mythologie in der deutschen Literatur von Klopstock bis Wagner* ein Kapitel über Heine mit dem Titel »Griechentum und Christentum« enthielt. Darin hob Strich die Bedeutung Heines für die deutsche Literatur und Kultur mit folgenden Worten hervor:

»Er gab der neuen Weltanschauung das Gewand des heidnischen Griechentums und führte damit den Kampf von Griechentum und Christentum, der seit Schillers *Göttern Griechenlands* die deutsche Dichtkunst durchzogen hatte, den Goethe für das Griechentum und die Romantik für das Christentum kämpfte, aus der Literatur in das Leben über.«[34]

Klee blieb Strich, mit dem er gemeinsam musizierte, sein weiteres Leben lang freundschaftlich verbunden. Wenn man bedenkt, wie sehr er sich für Literatur interessierte, ist schwer vorstellbar, daß er sich nicht eingehender mit Strich über die Thesen des Buches austauschte.

Im Februar 1932, als er an der Düsseldorfer Kunstakademie lehrte, wandte sich Klee erneut Heines italienischen *Reisebildern* zu. Ein gutes Jahr später durchsuchte die SA aufgrund des Verdachts, er sei ein galizischer Jude, seine Wohnung in Dessau

It is far from coincidental that the very first three works Klee entered into his œuvre catalogue attest to the interrelatedness of his self-portraits and mythological images. The first work Klee accorded a year and number in that catalogue, *Myself* (1899, 1) (cat. no. 1) is a portrait of himself as a self-assured bourgeois artist.

The next entry is the engraving *Adventurous Fish* (1901, 2). Not its content – a Jugendstil-like fish – but its technique seems to have been the decisive factor for its inclusion in the œuvre catalogue. For it was as an engraver that Klee first established himself as an artist: this occurred in 1906 when he exhibited the ten etchings of his *Opus One* at the *Internationale Kunstausstellung des Vereins bildender Künstler Münchens "Secession."* As his earliest engraving, this work is another kind of badge of artistry.

Finally, the third entry, *Hovering Grace (in the Pompeian style)* (1901, 2) (cat. no. 2), is not only the first mythologically titled image in the catalogue, but also its first coloured sheet, and the first that he accorded a "special class" status.[35] These facts suggest that, even more than the other two, he considered this small watercolour, which caricatures one of the best known motifs in Pompeian painting, an emblem of the disputatious face of his artistry.

The Caricaturing of Grace

Hovering Grace (in the Pompeian style) is a small watercolour, whose irregular contours indicate that it has been cut out of a larger composition. In it Klee depicts a female nude in three-quarters profile. Truncated just above the knees, she seems to emerge out of a red cavity that partly obscures her lower legs. The thighs and buttocks of this *Grace* are tightly clamped together, and shading and a deeply incised line define her spinal column. Turned slightly around toward the viewer, her face has been reduced to a kind of cross that merely hints at a nose and mouth. Only her right arm is visible, pushed downward upon her palm, but resting on nothing visible. A swash of orange defines her hair, which is pulled back or perhaps cut short. This light-brown body seems to lift itself from the watery green background that surrounds it on all sides. The terracotta colour that borders the jagged shape of this highly epigrammatic drawing suggests it as a "fragment or shard of an ancient painting."[36]

This watercolour has been a riddle for a number of years, primarily because its date – 1901 – does not tally with the title words *in the Pompeian style*. Klee only visited Pompeii and the Naples Archeological Museum, with its rich collection of Pompeian wall paintings, in late March and early April 1902. So either he made a mistake when he assigned it the year 1901 when he later entered it into his œuvre catalogue or he deliberately backdated it.

Klee was an extremely precise man: his rewriting of his diaries, his organization and annotation of his œuvre catalogue,

und beschlagnahmte seine Briefe an Lily. Mit der Entlassung aus seiner Professur in Düsseldorf im Mai 1933 und dem Schweizer Exil intensivierte sich Klees Arbeit am Mythos. In seinen mythologischen Arbeiten traten zunehmend rebellische Elementargeister und Dämonen in den Vordergrund, die vielfach in der Unterwelt hausen. Man neigt zu dem Schluß, daß er neue Parallelen zwischen seiner eigenen Lage und der jener verbannten Wesen zog. Um zu verstehen, weshalb dies tatsächlich denkbar ist, müssen wir zunächst zu Klees künstlerischen Anfängen zurückkehren.

Es ist keineswegs zufällig, daß die ersten drei Arbeiten, die Klee in seinen Œuvrekatalog aufnahm, von der Wechselbeziehung zwischen seinen Selbstporträts und mythologischen Bildern Zeugnis ablegen. Die erste Arbeit, der Klee in seinem Verzeichnis eine Jahreszahl und eine Katalognummer zuordnete, *Selbst* (1899, 1) (Kat.-Nr. 1), ist ein Selbstporträt, das ihn als selbstbewußten bürgerlichen Künstler zeigt.

Die nächste Eintragung ist die Radierung *Abenteuerlicher Fisch* (1901, 2), die offenbar nicht ihres Bildmotivs – ein jugendstilhafter Fisch –, sondern vor allem der Technik wegen in das Werkverzeichnis Aufnahme fand. Klee hatte sich ja zunächst als graphischer Künstler etabliert, nämlich 1906 mit der Ausstellung von zehn Radierungen seines *Opus Eins* in der Internationalen Kunstausstellung des Vereins Bildender Künstler Münchens. Als seine früheste Radierung ist diese Arbeit so etwas wie eine Insignie der Künstlerschaft.

Schließlich ist die dritte Eintragung, *Schwebende Grazie (im pompeianischen Stil)* (1901, 2) (Kat.-Nr. 2), nicht nur das erste Werk im Verzeichnis, das einen mythologischen Titel hat, sondern auch das erste farbige Blatt und die erste Arbeit, der er das Prädikat »Sonderklasse« erteilte.[35] Diese Tatsachen deuten darauf hin, daß er das kleine Aquarell, das eines der bekanntesten Motive der pompeianischen Malerei karikiert, mehr noch als die beiden anderen Arbeiten als Sinnbild der Streitbarkeit seiner Kunst betrachtete.

Die Grazie karikiert

Schwebende Grazie (im pompeianischen Stil) ist ein kleinformatiges Aquarell, dessen unregelmäßige Ränder darauf hindeuten, daß es aus einer größeren Komposition ausgeschnitten worden ist. Dargestellt ist ein weiblicher Akt in Dreiviertelfigur. Die unmittelbar über den Knien beschnittenen Beine scheinen einer roten Hülle zu entsteigen, die Oberschenkel und die beiden Gesäßhälften sind eng zusammengepreßt, und die Wirbelsäule ist durch Schattierung sowie eine tief eingeschnittene Linie angedeutet. Das dem Betrachter leicht zugewandte Gesicht ist auf eine Art Kreuz mit bloßen Andeutungen von Nase und Mund reduziert. Nur der rechte Arm ist sichtbar und lastet auf der Handfläche, die sich ihrerseits auf nichts Sichtbares stützt. Ein Klecks Orange umreißt ihr kurzgeschnittenes oder nach hinten gebundenes

as well as his frequent changing of titles within it, indicate his deep concern with the production what might be termed a "total" self-portrait. Given the importance of his Italian journey to his art and the fact that this is the first coloured work he entered into his catalogue and accorded a "special class" status, it is not likely that Klee's dating of this work to 1901 is a mistake.[37] Rather, his decision to date it to this year suggests his desire to separate this watercolour – produced in direct confrontation with a painting from antiquity – from three ink drawings he made upon his return in 1902, which he entered into his catalogue with the annotation *"Rom."*[38]

The degree to which Klee admired Pompeian painting is indicated by this 1902 diary entry: "In the National Museum. I was fascinated most of all by the collection of paintings from Pompeii. When I entered I was profoundly moved. [...] And this art is very close to me at present. I had anticipated the treatment of silhouette. The decorative colours. I take all this personally. It was painted for me and dug up for me. I feel invigorated."[39]

1 Die drei Grazien. The three Graces, Le tre Grazie, Fresko/Fresco, 56 x 53,5 cm (Inv. 9236), Museo Archeologico Nazionale di Napoli

Later Klee wrote Lily that he returned from Naples with several sketches, among which probably numbered his *Hovering Grace*.[40] Klee's designation of the image as a *Grace* as well as his specification that is was done *in the Pompeian style* suggests that it was inspired by two well-known paintings of the Graces in the collection of the Naples Archeological Museum. And yet, although the deeply incised buttocks and spinal column of the middle Grace of *Le tre Grazie* (The three Graces) (ill. 1) resemble features of Klee's *Grace*, neither this work nor any of the other four that Jürgen Glaesemer names as possible prototypes seems actually to have been its model.[41] The problem with

Haar. Der hellbraune Körper scheint sich aus dem wäßriggrünen Hintergrund herauszuziehen, der ihn auf allen Seiten umgibt. Die Terrakottafarbe um die gezackten Ränder dieser höchst summarischen Zeichnung wiederum weckt die Vorstellung, es handle sich um das Fragment einer alten Malerei.[36]

Dieses Aquarell gibt seit vielen Jahren Rätsel auf, in erster Linie deshalb, weil sich das ihm zugeordnete Entstehungsjahr – 1901 – nicht mit dem »pompeianischen Stil« des Titels vereinbaren läßt: Klee besuchte Pompeji und das Archäologische Museum in Neapel mit dessen reicher Sammlung pompejanischer Wandmalereien erst Ende März, Anfang April 1902. Klee ordnete der Arbeit also entweder versehentlich die Jahreszahl 1901 zu, oder er setzte ihr Entstehungsdatum bewußt früher an.

Klee war die Genauigkeit in Person. Seine Überarbeitung der eigenen Tagebücher, die geordnete Eintragung seiner Werke in ein kommentiertes Werkverzeichnis und die häufigen Titeländerungen, die er darin vornahm, zeigen, wie sehr ihm an der Schaffung eines, wenn man so will, umfassenden Selbstporträts gelegen war. Wenn man bedenkt, welche Bedeutung die Italienreise für seine Kunst hatte und daß unser Aquarell die erste farbige Arbeit war, die er in seinen Œuvrekatalog aufnahm und der er das Prädikat »Sonderklasse« zuwies, so mag man nicht an ein Versehen bei der Datierung des Aquarells glauben.[37] Vielmehr läßt diese Datierung vermuten, daß er das tatsächlich unmittelbar nach einer antiken Malerei entstandene Aquarell von den drei Tuschezeichnungen getrennt halten wollte, die er 1902 nach seiner Rückkehr schuf und die er im Œuvrekatalog mit dem Vermerk »Rom« versah.[38]

Wie sehr Klee die pompejanische Malerei bewunderte, belegt folgende Tagebucheintragung von 1902: »Im Museo Nazionale fesselte mich die Pompei-Gemäldesammlung vor allem. Als ich eintrat, war ich auf höchste ergriffen. Malende Antike, z. Tl. Wunderschön erhalten. Zudem liegt mir gegenwärtig diese Kunst so nah! […] Ich nehme das persönlich. Für mich ward es gemalt, für mich ausgegraben. Ich fühle mich gestärkt.«[39]

Später schrieb Klee an Lily, daß er mit verschiedenen Skizzen aus Neapel zurückgekehrt sei, zu denen aller Wahrscheinlichkeit nach auch die *Schwebende Grazie* gehörte.[40] Die Bezeichnung der Figur als »Grazie« und der Zusatz, daß sie »im pompeianischen Stil« ausgeführt sei, lassen vermuten, daß die Arbeit durch zwei berühmte Gemälde der Grazien in der Sammlung des Archäologischen Museums von Neapel angeregt wurde. Jürgen Glaesemer nennt fünf mögliche Vorlagen für Klees Grazie, doch auch wenn zumindest bei der tiefen Gesäßspalte und dem Einschnitt der Wirbelsäule der mittleren Grazie von *Le tre Grazie* (Abb. 1) durchaus eine Ähnlichkeit gegeben ist, sind alle fünf schon deshalb problematisch und scheiden wohl als Kandidaten aus, weil die Figuren entweder stehend oder frontal dargestellt sind.[41] Angesichts dieser Tatsache, schlug Werner Hofmann seinerseits die Figur einer Novizin in der Villa der Mysterien in Pompeji, die sich in den Schoß der Priesterin wirft, als Vorbild für Klees Grazie vor.[42] Doch bei aller Ähnlichkeit

all of these candidates is that, unlike Klee's *Grace*, they are either standing or depicted frontally. Well aware of this, Werner Hofmann instead proposed the image of a novice who throws herself into the lap of the priestess in the Villa of the Mysteries in Pompeii as the prototyp for the *Grace*.[42] And yet, despite the similarity of the large red drape that veils the novice's lower body to the "garment" that veils Klee's figure, the novice is seen from the side, not the rear, and is bending downward rather than upward as is Klee's.

After examining the wall paintings in the Naples Archeological Museum during the summer of 1999 and studying the two-volume catalogue of its complete holdings, I would argue that Klee's *Grace* is instead based upon the bacchante in the *Infanzia di Dioniso* (Infancy of Dionysos) (ill. 2). This figure, like Klee's, is depicted from behind in three-quarters profile, leaning upon the palm of her right hand, and arching her buttocks and back toward the left while looking to the side over her right shoulder. Klee even went so far as to include a line indicating the bracelet on her upper right arm. Both the *Grace*'s and the bacchante's skin are rendered in a light-brown tone. Finally, the red robe with its clearly articulated folds, and the green lining of the robe that covers the bacchante to the feet, matches the placement and shades of the "garment" found in Klee's drawing. This work has seldom been reproduced (and certainly not before the second decade of the twentieth century), so Klee could have only have seen it firsthand, when he visited Naples in 1902.

There are, however, three important differences: the "garment" in Klee's work has a completely different shape from the

2 Kindheit des Dionysos: Infancy of Dionysos, Fresko/Fresco (Inv. 9270), Museo Archeologico Nazionale di Napoli

The Rebellious Voice of Art · Pamela Kort   19

lichkeit des großen roten Tuchs, das den Unterkörper der Novizin bedeckt, mit dem »Gewand« der Figur bei Klee ist auch diese Figur nicht von hinten, sondern von der Seite gesehen, und sie bückt sich, während Klees Figur sich aufrichtet.

Nach Besichtigung der Wandmalereien im Archäologischen Museum von Neapel im Sommer 1999 und nach eingehender Prüfung der beiden Bände des Bestandskataloges möchte ich die These vorbringen, daß Klees Grazie vielmehr auf die Bacchantin in der *Infanzia di Dionisos* (Abb. 2) zurückgeht. Diese Figur ist ebenfalls in Rückenansicht und als Dreiviertelfigur dargestellt, stützt sich auf die rechte Handfläche und krümmt Rücken und Gesäß nach links, während sie über die rechte Schulter zur Seite hin blickt. Klee zeichnete sogar einen Strich an der Stelle am Oberarm, wo sie ein Armband trägt. Die Haut der Bacchantin ist ebenso wie die der Kleeschen Grazie in einem hellbraunen Farbton gehalten. Schließlich entspricht das rote Kleid mit seinen klar herausgearbeiteten Falten und dem grünen Futter, das die Füße der Bacchantin bedeckt, sowohl in der Plazierung als auch in seinen Farbschattierungen dem »Gewand« in Klees Aquarell. Dieses Werk ist selten und mit Sicherheit nicht vor dem zweiten Jahrzehnt des 20. Jahrhunderts reproduziert worden, so daß Klee es nur aus eigener Anschauung während seines Neapel-Besuchs 1902 gekannt haben kann.

Allerdings gibt es drei wichtige Unterschiede: Das »Gewand« in Klees Aquarell hat eine völlig andere Form als das Kleid der Bacchantin. Im Unterschied zu diesem ist es stark gerieffelt und länglich, und es breitet sich oben gleichsam wie eine Schneckenmuschel stufenweise aus. Klees Grazie ist auch nicht in ihr Tuch gewickelt, sondern scheint diesem vielmehr zu entsteigen. Es ist, als trete sie aus einer Muschelschale hervor oder als entschlüpfe sie nach soeben abgeschlossener Metamorphose einem Kokon. Schließlich ist Klees Grazie im Gegensatz zu der – bei aller üppigen Körperlichkeit – anmutigen Bacchantin unansehnlich, fast schon mißgestaltet und alles andere als »graziös«.

All dies deutet an, worum es bei Klees Darstellung eigentlich geht: nicht um die Wiedergabe eines Motivs, sondern um eine Form der Auseinandersetzung, um Klees Bedürfnis, bestimmte Vorstellungen zu widerlegen, die einem der meistverehrten Bücher über ein Werk der antiken Kunst, nämlich Gotthold Ephraim Lessings *Laokoon,* zugrunde liegen. Lessing vertritt dort bekanntlich die Auffassung, daß die Dichtkunst der Malerei überlegen sei:

»Die Poesie [ist] die weitere Kunst, ihr [stehen] Schönheiten zu Gebote, welche die Malerei nicht zu erreichen vermag. […] Venus ist dem Bildhauer nichts als die Liebe; er muß ihr also alle die sittsame, verschämte Schönheit, alle die holden Reize geben, die uns an geliebten Gegenständen entzücken, und die wir daher mit in den abgesonderten Begriff der Liebe bringen. Die geringste Abweichung von diesem Ideal läßt uns sein Bild verkennen. […] Der Dichter allein besitzt das Kunststück, mit negativen Zügen zu schildern, und durch Vermischung dieser

bacchante's. Unlike the bacchante's robe, this deeply striated oblong form unfurls at the top like a kind of conch shell. And rather than sitting wrapped by a drape, Klee's *Grace* appears to be rising upward, sprung loose from this fold. In short, it looks as though she is being spawned from a shell or slipping free as something metamorphosed from a cocoon. Finally, unlike the comely, if fleshy, bacchante, Klee's *Grace* is awkward, somewhat deformed, and anything but graceful.

All of this points to what this image really is: a method of debate rather than a subject of depiction. At stake was nothing less than Klee's desire to refute certain ideas at the core of one the most revered books about an ancient work of art, namely Gotthold Ephraim Lessing's *Laocoon*. Lessing argued for the superiority of poetry to painting in these terms: "Poetry has a wider range, there are beauties at its command which painting is never able to attain […]. To the sculptor Venus is simply Love; hence he must give her all the modest beauty and all the graceful charm […] the slightest deviation from this ideal makes its form unrecognizable to us […]. The poet alone possesses the craft of description by negative terms, and, by mixing together the negative and positive, combining two appearances in one. No longer is she the graceful Venus …"[43]

Klee, who wrote poetry as a young artist and enjoyed analyzing the verse of Goethe and Schiller, had become familiar with Lessing's *Laocoon* in 1898 while at the *Städtische Literarschule* in Bern. In that year he wrote a short article for a satirical journal in which he commented that Aristotle's disciple Lessing had made a mistake in chapter six of his *Laocoon*.[44] As is well known, Aristotle viewed the arts as essentially imitative, distinguishing between dance, poetry, and music on one hand and painting and sculpture on the other. Chapter six of Lessing's book extends this point of view, arguing that art imitates poetry.

Klee returned to thinking about this issue no later than 1903, when he wrote to Lily: "Art never begins with a poetic feeling or idea, but instead by construction of one or more figures […] A poetic or philosophical idea can often be brought into play in an image, but only by means of the title." That Klee had Lessing on his mind while writing this is indicated by his mention of the author at the end of this passage, where he states that Lessing had "erred in certain details."[45] Among these must have been not only Lessing's insistence on painting's subservience to poetry, but also his assertion that because "beauty was his [the artist's] first and ultimate aim" his work need not be inventive or original.[46] It was Klee's rebellious attitude toward these established precepts – comeliness and imitation – that generated his first mythological work and informed his decision to term his first body of works the *Inventions*.

Coincidentally or not, the image that Klee eventually chose to become his first *Invention, Woman and beast* (1904, 13) (cat. no. 7; ill. 4) was, like his *Grace* based upon a prototype – in this case the Aphrodite of Sinuessa – which he first caught sight of in the Naples Archeological Museum (ill. 3). The mas-

3 Aphrodite von Sinuessa • Aphrodite of Sinuessa, Marmor/Marble, H. 182 cm, Museo Archeologico Nazionale di Napoli

4 Paul Klee, Weib u.Tier • Woman and beast, 1904, 13 (Kat.-Nr./cat. no. 7)

negativen mit positiven Zügen zwei Erscheinungen in eine zu bringen. Nicht mehr die holde Venus…«[43]

Klee, der in jungen Jahren selbst dichtete und gern die Gedichte Goethes, Schillers und anderer analysierte, hatte sich 1898 während seiner Studien an der Städtischen Literarschule in Bern erstmals in Lessings *Laokoon* vertieft. In jenem Jahr schrieb er einen kurzen Beitrag für eine satirische Zeitschrift, in dem er anmerkte, daß der Aristoteles-Jünger Lessing im sechsten Kapitel seines *Laokoon* irre.[43] Aristoteles hielt bekanntlich die Künste – er unterschied zwischen Tanz, Poesie, Musik einerseits und Malerei und Plastik andererseits – für im wesentlichen mimetisch. Im sechsten Kapitel des *Laokoon* spinnt Lessing diese Sicht weiter aus und behauptet, die bildende Kunst ahme die Poesie nach.

Dieses Thema beschäftigte Klee erneut spätestens 1903, als er Lily schrieb: »Die bildende Kunst beginnt niemals bei einer poetischen Stimmung oder Idee, sondern beim Bau einer oder mehrerer Figuren, bei der Zusammenstimmung einiger Farben und Tonwerte. […] Eine poetische oder gar philosophische Idee spielt auch oft bei einem Bild die einzige Rolle des Titels.« Daß Klee dabei Lessing im Sinn hatte, deutet die Erwähnung des Schriftstellers und Philosophen am Ende dieses Passus an, wo Klee sagt, Lessing habe sich »in manchem Detail geirrt«.[44] Damit

sive upper thighs, emphasized pubic triangle, prominent navel, and slightly distended belly of Klee's figure closely resemble those of the Naples Aphrodite. The same is true of the pose of the legs: not only does she squeeze her vestment against her upper thigh below her sex but her head follows the axis of the left, slightly inward tilting, freestanding leg, closely pressed in upon the supporting one.

Here the similarities cease. Klee's designation of his version of this Aphrodite as a *Weib* (female/woman) is a derogatory jab at the idea of Aphrodite as superhuman. At the same time, the total lack of sensuality of this image subtly takes issue with the attempt of the Christian church to transform the goddess into a devilish seductress. Indeed, this Aphrodite is so ridiculously ugly that her only suitor is an irreverently sniffing, phallic-nosed dog. Klee's decision to caricature the goddess of beauty, a long-standing symbol of aesthetic allegiance, exposes the central aim and fundamental tenor of his work on myth: an insurgent dismantling of canonical hierarchies to allow for the construction of one uniquely his own. With such an image, he persuasively turned the relationship of ideal beauty and caricature on its head. Instead of ensuring the primacy of "Beauty" by eliminating caricature, he sought out the ugly facets of beauty through its very vehicle.[47]

muß nicht nur Lessings Behauptung gemeint sein, daß die Malerei der Poesie untergeordnet sei, sondern ebenso die von ihm vertretene Auffassung, daß, weil Schönheit das vorderste und höchste Ziel des Künstlers sei, dessen Werk nicht eigenschöpferisch oder originell zu sein brauche.[45] Es war Klees Auflehnung gegen diese eingebürgerten Gebote – Anmut und Nachahmung –, der seine erste mythologische Arbeit entsprang und die ihn dazu bewog, die Radierungen seiner ersten Graphikfolge als *Inventionen* zu bezeichnen.

Die Radierung, die Klee schließlich als seine erste *Invention* bestimmte, *Weib u. Tier* (1904, 13) (Kat.-Nr. 7; Abb. 4), geht, ob zufällig oder nicht, ebenso wie seine Grazie auf ein Vorbild zurück – in diesem Fall die Aphrodite von Sinuessa –, das er erstmals im Archäologischen Museum von Neapel zu Gesicht bekommen hatte (Abb. 3). Die wuchtigen Oberschenkel, das betonte Schamdreieck, die Ausstülpung des Nabels und der leicht aufgeblähte Bauch finden eine enge Entsprechung in der neapolitanischen Aphrodite, ebenso die Haltung der Beine. Auch die Aphrodite preßt ihr Gewand an ihr Bein unterhalb der Scham, und die Haltung des Kopfes folgt der leichten Einwärtsbiegung des Spielbeins, das eng gegen das Standbein gepreßt ist.

Damit hören die Ähnlichkeiten jedoch auf. Mit der Bezeichnung seiner Aphrodite als »Weib« mokiert sich Klee über die Vorstellung von der Übermenschlichkeit Aphrodites. Gleichzeitig wird durch das Fehlen jeglicher Sinnlichkeit in dieser Darstellung auf subtile Weise der Versuch der christlichen Kirche angeprangert, die Göttin als teuflische Verführerin darzustellen. Tatsächlich ist diese Aphrodite dermaßen häßlich, daß ihr einziger Freier ein respektlos schnüffelnder Hund mit phallischer Schnauze ist. Aus der Tatsache, daß Klee die Göttin der Schönheit, ein uraltes Symbol des Bekenntnisses zur Kunst, zum Gegenstand einer Karikatur macht, werden das zentrale Ziel und der Grundtenor seiner Arbeit am Mythos ersichtlich: die rebellische Demontage etablierter Hierarchien, um den Aufbau einer neuen, ganz eigenen Werteordnung zu ermöglichen. Mit einem Bild wie diesem stellte er auf zwingende Weise das Verhältnis von vollkommener Schönheit und Karikatur auf den Kopf. Statt durch die Eliminierung von allem Karikaturhaften den Primat des »Schönen« zu wahren, nahm er an Hand der Personifikation des Schönen schlechthin dessen häßliche Kehrseite aufs Korn.[46]

Bekanntlich sind die Figuren der Grazien eng verbunden mit dem Mythos der Aphrodite, die ihrerseits als eine Präfiguration der Eva und, im erweiterten Sinn, der Heiligen Jungfrau gesehen werden kann.[47] Die Unterschiede in der Darstellung des Kleides, das den unteren Teil des Körpers der Kleeschen Grazie umhüllt, erhalten vor diesem Hintergrund ihren Sinn. Das Kleid gleicht eher einer Muschelschale und weckt Assoziationen nicht nur mit dem berühmten Gemälde der Geburt der Venus aus einer Muschelschale in Pompeji (Abb. 5), sondern auch mit der frühchristlichen Vorstellung von der Auferstehung aus einer Schneckenmuschel.[48] Klee verherrlicht mit dieser Dar-

As is well known, the Graces are deeply intertwined with the myth of Aphrodite, who can be understood as a prefigurament of Eve and by extension Mary. Here the differences in the "garment" that encloses the lower half of the body of Klee's *Grace* begin to make sense. More like a shell than a robe, it suggests both the well-known painting of the birth of Venus from a conch shell in Pompeii (ill. 5) and the early Christian conception of Mary's resurrection out of a conch.[48] However, Klee's image neither celebrates the antique goddess nor embraces a Christian idea. Instead it cites both belief systems so as to position itself against them as something anti-divine and therefore completely original. Klee's heretical disposition finds its best outlet in a caricature such as this. Ultimately, both this attitude and this style of working continued to fuel his future work on myth.

As early as 1898 Klee described his own "caricatures" as his most "original" and "modern" works of art.[49] And in 1901, just a few months before travelling to Italy, he wrote this telling statement in his diary: "Often I said that I served Beauty by drawing her enemies (caricature, satire). But that is not yet enough. I must shape her directly with the full strength of my conviction. A distant, noble aim. […] Perhaps the goal is longer than my life."[50]

As is generally known, there was a renewed interest in the nineteenth century in caricatures of the gods. In the graphic arts this tendency reached an apogee in Jean Ignace Isidore Gérard Grandville's 1829 *Galerie mythologique* and Honoré Daumier's *Histoire Ancienne*.[51] However, unlike these caricatures, which were frequently if not always directed against contemporary events, Klee's early travesties of the gods are the product of a private polemic with long-standing canons.

Despite Klee's deep appreciation of the caricatured images he regularly encountered in the pages of the satirical journal *Der Simplicissimus*,[52] his caricatures seem to have been influenced by a completely different source: the erotic drawings of Auguste Rodin. Immediately following his return from Naples and just prior to leaving Rome in 1902, Klee visited an exhibition of Rodin's drawings at the Galleria d'Arte Moderna, which he described in this 12 April 1902 diary entry: "Above all, Rodin's caricatures of nudes – caricatures! – a genre unknown before him. The greatest I have seen, astonishingly genial. Outlines are drawn with a few lines of the pencil, to which a flesh tone is added by a brush loaded with watercolour, and with another somewhat gray colour some clothing is suggested. That is all and its effect is simply monumental."[53]

Rodin's drawings have not been typically understood as caricatures. His writing the word *Karikaturen* in the margin of this diary entry further evidences Klee's understanding of them as such. Moreover, in his first 1919 autobiographical text for Wilhelm Hausenstein, Klee explicitly associated the style of caricature with the "modernity" of Rodin's works.[54] His decision, then, to render his "Grace" as a caricature is a first tenta-

stellung jedoch offensichtlich weder die antike Göttin, noch bekennt er sich zu irgendeiner christlichen Vorstellung. Er zitiert vielmehr beide Glaubenssysteme, um ihnen etwas Antigöttliches und durch und durch Originelles entgegenzusetzen. Nirgendwo findet Klees Ketzertum ein so gutes Ventil wie in dieser Karikatur. Ebendiese Haltung und ebendiese Arbeitsweise bildeten schließlich den Nährboden für seine weitere Arbeit am Mythos.

Bereits 1898 bezeichnete Klee seine eigenen Karikaturen als sein »Bestes, weil sie vollständig originell und modern sind«.[49] Und 1901, nur wenige Monate vor seiner Abreise nach Italien, hielt er folgende aufschlußreiche Aussage in seinem Tagebuch fest:

»Wenn ich sagte: Der Schönheit diene ich durch Zeichnung ihrer Feinde. (Karikatur, Satire) sagte ich des öftern. Aber das ist noch nicht alles. Ich muß sie auch direkt gestalten, mit voller Überzeugungskraft. Ein weites, erhabenes Ziel. Halb im Schlummer wagte ich mich schon auf diese Bahn. Es wird wach geschehn müssen. Sie ist vielleicht länger als mein Leben.«[50]

Bekanntlich erlebten im 19. Jahrhundert Götterkarikaturen eine Hochkonjunktur, die in der Graphik in Grandvilles *Galerie mythologique* von 1829 und Daumiers *Histoire ancienne* gipfelte.[51] Jedoch im Unterschied zu diesen Karikaturen, die fast immer das Zeitgeschehen aufs Korn nahmen, sind Klees frühe Göttertravestien die Frucht einer persönlichen Polemik gegen althergebrachte Kanons.

Tatsächlich wurden Klees Karikaturen, auch wenn er etwa die satirischen Zeichnungen im *Simplicissimus* durchaus schätzte[52], offenbar von einer völlig anderen Quelle beeinflußt, nämlich den erotischen Zeichnungen Auguste Rodins. Unmittelbar nach seiner Rückkehr aus Neapel und vor seiner Abreise aus Rom 1902 besuchte Klee eine Ausstellung von Rodin-Zeichnungen in der Galleria d'Arte Moderna, die ihn zu folgender Tagebucheintragung vom 12. April 1902 veranlaßte:

»Vor allem Rodin mit Aktkarikaturen – Karikaturen!, einer bis dahin an ihm unbekannten Species. Darin der Größte, den ich sah, verblüffend genial. Mit ein paar Blei-Zügen sind Umrisse gezogen, mit einem vollen Pinsel ist in Aquarell ein Fleischton hingesetzt, und mit einer andern etwa gräulichen Farbe sind etwa noch Gewänder angedeutet. Das ist alles und wirkt einfach monumental.«[53]

Rodins Zeichnungen sind in der Regel nicht als Karikaturen verstanden worden, Klee aber macht sogar am Rand seiner Eintragung noch einmal den Vermerk »Karikaturen!«. In seinem ersten autobiographischen Text für Wilhelm Hausenstein (1919) brachte Klee zudem das Karikaturhafte der Rodinschen Zeichnungen ausdrücklich mit deren »Wirkung der Moderne« in Verbindung.[54] Seine Entscheidung, die Grazie als Karikatur darzustellen, ist mithin ein erster Versuch, der rebellischen Stimme seiner eigenen modernen Kunst Gehör zu verschaffen. Mit der Ausnutzung der Möglichkeiten der Karikatur widersprach Klee zugleich einer Aussage im zweiten Kapitel von Lessings *Laokoon*, die er schließlich 1905 in seinem Tagebuch abschreiben sollte:

5   Haus der Venus, Pompeji, Venus mit Muschelschale • House of Venus, Pompeii, Venus with a conch shell, Fresko/Fresco

tive step at advancing the insurgent voice of his own modern art. By manipulating the possibilities of caricature Klee also took issue with a statement in Lessing's *Laocoon* that he eventually copied into his diary in 1905. "Artist-martyrs of antiquity (Laocoon, chapter 2, paragraph 3) [...] The authorities themselves did not deem it beneath their dignity to force the artist to remain in his proper sphere. It is well known that the law of the Thebans commanded idealization in art and threatened digression toward ugliness with punishment [...]. It [the Theban law] condemned the Greek *ghezzi,* that unworthy artistic device through which a likeness is obtained by exaggerting the ugly parts of the orginal – in a word: the caricature."[55]

By exploiting the possibilities of the proscribed style Klee rebelled against Lessing. However, he was far from content to let matters rest at this. As may be recalled, Klee believed that a title was capable of bringing a "philosophic idea into play."[56] In this case his decision to designate his image as a *Grace* enabled him to argue against not merely Lessing, but also against Johann Joachim Winckelmann. For Winckelmann the art of antiquity was inseparable from the concept of Grace, which like Venus could take two forms: "One is like the heavenly Venus ... The second Grace is like the (earthly) Venus, born of Dione ... The former Grace a companion of the gods, appears self-sufficient, and does not offer herself, but needs to be sought out; she is too sublime to make herself very available to the senses: for the 'highest' has, as Plato says, 'no image'."[57]

Klee's awkward *Grace* is the counter-image to the idea of the early Grace that Winckelmann equated with the "beautiful" style of ancient art. The almost comical ascending form of Klee's *hovering Grace* is also a denial of the superiority of the heavenly Venus, whom Winckelmann associated with the "high style" of antiquity. As such the designations *hovering* and *in the Pompeian style* pinpoint the very quality that Winckelmann so admired about Pompeian painting,[58] later prized by Jacob Burckhardt as the "high point of ancient art". In the sec-

»Die Obrigkeit selbst hielt es ihrer Aufmerksamkeit nicht für unwürdig, den Künstler mit Gewalt in seiner wahren Sphäre zu halten. Das Gesetz der Thebaner, welches ihm die Nachahmung ins Schönere befahl, und die Nachahmung ins Häßlichere bei Strafe verbot, ist bekannt. [...] Es verdammte die griechische Ghezzi, den Kunstgriff, die Ähnlichkeit durch Übertreibung der häßlichen Teile des Vorbildes zu erreichen, mit einem Worte: die Karikatur.«[55]

Mit der Hinwendung zur tabuisierten Karikatur rebellierte Klee also ganz direkt gegen die Lessingschen Lehren. Dies war ihm jedoch noch nicht genug. Klee war, wie wir uns erinnern, der Auffassung, daß Bildtitel eine philosophische Idee ins Spiel bringen könnten.[56] Der in diesem Fall gewählte Begriff der »Grazie« erlaubte es ihm nicht nur, Lessings zu spotten, sondern gleichzeitig auch eines Buches, das in Reaktion auf dessen *Laokoon* entstanden war, nämlich J. J. Winckelmanns *Geschichte der Kunst des Altertums* von 1764. Für Winckelmann war die Kunst der Antike untrennbar verbunden mit dem Begriff der Grazie, die wie die Venus zweierlei Gestalten annehmen konnte:

»Die eine ist wie die himmlische Venus... Die zweite Grazie ist wie die Venus von der Dione geboren... Jene Grazie aber, eine Gesellin aller Götter, scheint sich selbst genügsam und bietet sich nicht an, sondern will gesucht werden; sie ist zu erhaben, um sich sehr sinnlich zu machen: denn ›das Höchste hat‹, wie Plato sagt, ›kein Bild‹.«[57]

Klees unansehnliche Grazie ist folglich das Gegenbild zum Begriff der irdischen Grazie, den Winckelmann mit dem »schönen« Stil der antiken Kunst gleichsetzte. Die fast komische schwebende Gestalt der Kleeschen Grazie stellt zugleich eine Negation der Überlegenheit der himmlischen Venus dar, die Winckelmann mit dem »hohen Stil« der Antike assoziierte. Das Wort »schwebende« in Verbindung mit »im pompeianischen Stil« trifft genau das, was Winckelmann an der pompejanischen Malerei besonders schätzte[58] und was Jacob Burckhardt später veranlassen sollte, diese Malerei als »Höhepunkt der antiken Kunst« zu bezeichnen. Auch in den der pompejanischen Malerei gewidmeten Abschnitten seines *Cicerone,* der Klee in Italien immer wieder als Führer diente, rühmte Burckhardt insbesondere deren »schwebende« mythologische Motive.[59] Goethe wiederum ging sogar soweit, den Malern seiner Zeit zu empfehlen, zur Übung ebensolche schwebenden Figuren zu malen.[60]

Der Titel *Schwebende Grazie (im pompeianischen Stil)* zitiert also all diese Darstellungen, um sie einer Kritik zu unterziehen. Die Bacchantin, die sich in eine häßliche Grazie verwandelt hat, macht auch anschaulich, wie Klee einen vermeintlich »negativen«, von Lessing als in den schönen Künsten unzulässig bezeichneten Stil fruchtbar machen konnte. Das Rebellische seines Bildes liegt nicht zuletzt in der Behauptung, es stelle eine Grazie dar, obgleich tatsächlich eine Bacchantin, der Gegenpol einer Grazie, als Vorbild diente. Die Grazien sind zwar ebenso wie die Bacchantinnen mit Bewegung und Tanz assoziiert, die Lüsternheit, Ekstatik und Sinnlichkeit dieser Dionysos-Jüngerin-

tions devoted to Pompeian painting in his *Cicerone* (which Klee constantly consulted while in Italy), Burckhardt also singled out its "floating" mythological images for special praise.[59] This was also the quality that Goethe admired about this painting. He even went so far as to recommend to painters of his day that they practice making such floating images.[60]

The title *Hovering Grace (in the Pompeian style)* thus cites all these histories in order to take issue with them. As a bacchante metamorphosed into an ugly Grace, the work also demonstrates Klee's ability to make productive use of a purportedly "negative" quality, a technique that is, according to Lessing, not permissible in the visual arts. The contentiousness of this image also resides in its claim to be a Grace although it is based upon its polar opposite, a bacchante. For although the Graces resemble bacchantes in being associated with movement and dance, they know nothing of the wanton, ecstatic sensuality of these followers of Dionysus. As it happens, the bacchante in *Infanzia di Dionisos* today hangs directly opposite *Le tre Grazie* in the Naples Archeological Museum. If this was its position when Klee saw it in 1902, then he may have been drawn to it as a largely overlooked yet perfectly placed image to do battle with the Graces. Even if it was not there at the time, once he espied it he metamorphosed it into a negation of the beautiful Graces, thereby picking a fight with one of the museum's most famous paintings.

"A Kind of Double Portrait, *Friends,* Me and My Demon"[61]

A year after returning from Italy Klee made an unnaturalistic portrait of himself, *Comedian* (1903, 3) (cat. no. 3). Here he is positioned behind a mask wearing a beret similar to the one in his 1899 portrait *Myself* (cat. no. 1). The following year he reworked the motif, transforming the beret into a kind of winged helmet of Hermes that, unlike the first, links the mask and the head located behind it (cat. no. 5). Not satisfied with this second attempt, Klee made yet another version of the *Comedian,* which eventually became his fourth *Invention*. No other motif from this first series of work survives in so many etched versions, suggesting its importance to Klee. Indeed on 12 December 1903 Klee wrote to Lily about the first version: "This *Comedian* is my most personal work up to now, head serious, mask grotesque-humorous."[62] Though this 1903 self-portrait is not really a likeness of Klee, the tiny piece of clover (*Klee* in German) pinned to the head behind the mask discloses this work as an approximation of his aesthetic self, hidden behind the caricaturing style of his art.

Klee's identification with Hermes cannot be coincidental. To begin with, Hermes happens to be the leader of the Graces. And certainly Klee must have noticed the conspicuous Hermes (wearing a similar brimless helmet) that dominates the *Infanzia di Dionisos*. Be these coincidences or not, the inspiration for his *Comedians* came from his reading of Aristophanes' comedies *The*

nen ist ihnen jedoch völlig fremd. Wie der Zufall will, hängt die Bacchantin der *Infanzia di Dionisos* im Archäologischen Museum von Neapel heute unmittelbar gegenüber den *Tre Grazie*. Angenommen, dies war auch 1902 der Fall, als Klee sie sah, so dürfte das häufig übersehene Bild nicht zuletzt aufgrund dieser Hängung als perfektes Gegenbild zu den Grazien seine Phantasie angeregt haben. So oder so aber verwandelte er es, sobald er seiner ansichtig wurde, in eine Negation der schönen Grazien und nahm damit eines der berühmtesten Gemälde des Museums aufs Korn.

»Eine Art Doppelportrait *Freunde*, ich und mein Dämon«[61]

Ein Jahr nach der Rückkehr von seiner Italienreise schuf Klee mit dem *Komiker* (1903, 3) (Kat.-Nr. 3) ein nichtnaturalistisches Selbstporträt. Es zeigt ihn hinter einer Maske mit einer ähnlichen Mütze wie auf dem 1899 entstandenen Selbstporträt mit dem Titel *Selbst* (Kat.-Nr. 1). Im Jahr darauf überarbeitete er das Motiv und verwandelte die Mütze in eine Art Hermesschen Flügelhelm, der nunmehr Maske und Kopf verbindet (Kat.-Nr. 5). Immer noch nicht zufrieden, schuf Klee eine weitere, dritte Fassung des *Komikers*, die schließlich seine *Invention 4* wurde (Kat.-Nr. 8). Von keinem anderen Motiv dieser Graphikfolge sind – in Form von Radierungen – derart viele Fassungen erhalten, was darauf hindeutet, wie wichtig es für Klee war. Tatsächlich meinte er am 12. Dezember 1903 in einem Brief an Lily über die erste Fassung: »Dieser *Komiker* ist bis dahin meine persönlichste Arbeit. […] Kopf ernst, Maske grotesk-humoristisch.«[62] Schon die Fassung von 1903 stellt zwar kein Selbstporträt Klees im eigentlichen Sinn dar, aber das an den Kopf hinter der Maske geheftete, winzige Kleefragment macht sie als eine Annäherung an sein Künstler-Ich kenntlich, welches sich hinter der Maske seines karikaturistischen Stils verbirgt.

Klees Identifikation mit Hermes ist sicherlich kein Zufall, schon weil Hermes der Anführer der Grazien ist. Klee muß auch der auffallenden Hermes-Figur Beachtung geschenkt haben, die die *Infanzia di Dionisos* beherrscht. Und ob Zufall oder nicht: Inspiriert wurden seine *Komiker* von den Aristophanes-Komödien *Die Wolken*, *Der Friede* und *Lysistrate*.[63] Die Verwandlung des *Komikers* in eine Art Hermes-Figur (oder auch Perseus mit seiner Mütze) deutet darauf hin, daß inbesondere das Stück *Der Friede* Klee als Inspirationsquelle diente. Dort tritt ein respektloser Hermes als der oberste Gott auf, nachdem Zeus, der Athener überdrüssig, die Herrschaft über sie ihm übergeben hat.

Die ersten beiden Fassungen des *Komikers* lassen ein Bemühen erkennen, mit Mitteln der Physiognomie die Bedeutung eines ansonsten unergründlichen Bildes anschaulich zu machen. Daß die Physiognomie für Klee diesen Stellenwert erlangte, war offenbar vor allem dem Einfluß Ferdinand Hodlers zu verdanken. In Anbetracht der Bedeutung, die Klee der Schaffung eines *Clouds*, *Peace*, and *Lysistrata*.[63] His decision to transform the 1904 *Comedian* into a kind of Hermes (or alternatively, Perseus wearing his cap) in the 1904 rendition suggests that above all it was the play *Peace* that inspired the image. There a sacrilegious Hermes rules heaven instead of Zeus, who, disgusted with the Athenians, has departed and left Hermes in charge of them.

Klee's first two versions of the *Comedian* reveal his concern with manipulating the possibilities of physiognomic expression to suggest the meaning of an otherwise almost inscrutable image. His interest in physiognomy seems to be indebted to Ferdinand Hodler. Given Klee's interest in producing an appropriate self-portrait, he must have been aware of the fact that apart from Rembrandt almost no other artist worked so intensely on this genre of painting; Hodler produced more than 115 images of himself.[64] Moreover, like Klee's *Comedians*, these portraits rely upon physiognomic expression to communicate different states of mind concealed behind visages that often do not resemble the artist's physical appearance.

One of the earliest and best-known examples of this is Hodler's 1881 self-portrait *The Angry One*, acquired by the Bern Kunstmuseum in 1887. That work depicts not his person but his fierce and quarrelsome aesthetic disposition directed against the negative critical reception of his work. This frame of mind undoubtedly appealed to Klee, who was working in seclusion in Bern, trying to put together his first *Opus One*. When he finally exhibited this cycle of work in 1906 in the Munich Secession, he tellingly wrote Lily: "I am glad that Hodler is so splendidly represented; perhaps that will direct attention to my work, which within the framework of the exhibition must certainly appear related."[65]

Klee had first expressed his admiration for Hodler in a 1901 letter to Lily: "I find a distinct genuineness in Hodler's work that is misunderstood by many." Klee particularly valued Hodler's art for its idiosyncrasy, which Klee attributed to the fact that Hodler was Swiss. More telling is Klee's subsequent comment that his own artistry and person were more thoroughly Swiss than anyone would dare suspect.[66]

Here it should be noted that whereas the acquisition of *The Angry One* was hotly debated in 1887, by 1891 Hodler began to attain international recognition; in 1897 he was awarded a gold medal for *Night* and *Eurythmy*, when they were shown at the *Internationale Kunstausstellung* in Munich. These facts not only directed Klee's attention to Hodler but seemed to have resulted in his decision to model his very first self portrait, *Myself* (1899) (ill. 7) after a self-portrait by Hodler made just seven years before (ill. 6).

Hodler's fame continued to grow. *Night* and *Eurythmy*, along with another painting, *Day*, won another medal in 1900 at the World Exposition in Paris: the following year, together with *The Disappointed Ones*, these works were acquired by the Bern Kunstmuseum. In 1902 Klee described these paintings as the most "significant productions of the present day." While he ad-

angemessenen Selbstporträts beimaß, muß ihm bekannt gewesen sein, daß außer Rembrandt kaum ein anderer Künstler sich so intensiv dieser Bildgattung widmete wie Hodler, der insgesamt 115 Selbstbildnisse schuf.[64] In diesen Hodlerschen Selbstbildnissen dient die Physiognomie ebenfalls dazu, unterschiedliche Gemütsverfassungen sichtbar zu machen, und die verbergen sich hinter Gesichtsfassaden, die keineswegs immer eine Ähnlichkeit mit dem Künstler selbst aufweisen.

Zu den frühesten und bekanntesten Beispielen hierfür zählt Hodlers Selbstbildnis *Der Zornige* von 1881, das 1887 vom Kunstmuseum Bern angekauft wurde. Es ist dies keine Darstellung seiner äußeren Erscheinung, sondern vielmehr seiner trotzigen Selbstbehauptung als Künstler gegen die Kritik, auf die sein Werk stieß. Diese Einstellung sprach Klee, der in Bern zurückgezogen an seinem *Opus Eins* arbeitete, zweifellos an. Als er diesen Zyklus 1906 schließlich in der Ausstellung der Münchner Secession zeigte, schrieb er bezeichnenderweise an Lily: »Es freut mich, daß Hodler besonders glänzend vertreten ist, es wird vielleicht auf meine Arbeiten aufmerksam machen, die ja im Rahmen der Ausstellung gewiß verwandt erscheinen müssen.«[65]

Seine Bewunderung für Hodler hatte Klee erstmals 1901 in einem Brief an Lily bekundet: »Auch bei Hodler findet sich eine ausgeprägte Echtheit, die viele mißverstehen.« Klee schätzte an Hodlers Kunst besonders deren Eigenheit, die er der Tatsache zuschrieb, daß Hodler Schweizer war. Bezeichnenderweise meinte er anschließend: »Ich selbst verdanke meiner Scholle immer mehr und habe mehr Schweizerisches an mir, als mir niemand zutraut.«[66]

An dieser Stelle sei angemerkt, daß der Ankauf von Hodlers Bild *Der Zornige* im Jahr 1887 zwar umstritten war, Hodler aber um 1891 allmählich internationale Anerkennung fand und 1897 auf der Internationalen Kunstausstellung in München für *Die Nacht* und *Eurythmie* mit einer Goldmedaille ausgezeichnet wurde. Klee wurde dadurch nicht nur auf Hodler aufmerksam, sondern verwendete sogar, wie bereits gesehen, ein Selbstbildnis Hodlers von 1892 (Abb. 6) als Vorlage für sein allererstes Selbstporträt *Selbst* (1899) (Abb. 7).

Hodlers Stern stieg stetig weiter. Den Gemälden *Die Nacht* und *Eurythmie* wurde neben einem weiteren Gemälde mit dem Titel *Der Tag* auf der Weltausstellung 1900 erneut eine Goldmedaille zuerkannt, und im Jahr darauf kaufte das Kunstmuseum Bern diese drei sowie *Die Enttäuschten* für seine Sammlung an. Klee bezeichnete diese Bilder 1902 als »die bedeutendsten Produktionen der Gegenwart«. In den *Enttäuschten* sah er »auf monumentale Weise den inneren Menschen dargestellt«, während »die Köpfe der *Eurythmie* an die Apostelköpfe Dürers mahnen – was schon sehr viel heißt«.[67]

So überrascht es nicht, daß auch Klees zweites Selbstporträt, der *Komiker* von 1903, auf eines dieser Gemälde Hodlers zurückgeht, nämlich genauer auf den Kopf der zweiten Figur von rechts in *Eurythmie*.[68] Verglichen mit der naturalistischen Figur bei Hodler ist Klees *Komiker* zwar bis zur Unkenntlichkeit

mired *The Disappointed Ones* as a monumental representation of inner man, he praised the heads of the men in *Eurythmy,* for their resemblance to Albrecht Dürer's apostles, which, as he put it, "already says a lot."[67]

It is therefore not surprising that Klee also modeled his second self-portrait, the 1903 *Comedian,* after one of these paintings by Hodler, specifically the head of the second figure from the right in *Eurythmy*.[68] Never mind that Hodler's figure is naturalistic while Klee's *Comedian* is so distorted as to lose all resemblance to reality; Hodler's motif, like the myth of Prometheus, merely served as a springboard from which Klee proceeded to metamorphose form. It is just such a transformative process that is suggested by the second version of the *Comedian* (1904, 10) (cat. no. 5), sporting Hermes' helmet.

The prominence of the helmet suggests Klee's interest in its transformative qualities; he who dons it becomes invisible. In a certain sense, then, it effectuates a kind of *dedoublement* unique to the comic artist: he is both the self and the other.[69] Klee's concern with such an idea in connection with his *Comedians* is indicated by this 1905 diary entry: "One more thing may be said about *Comedian*: the mask represents art, and behind it hides man. The lines of the mask are the road to the analysis of art [...]. Dissertations could be written about the 'ugliness' of my figures."[70]

Klee's reference to the "lines of the mask" alludes to the biting etched lines of this comic work of art. They efface the actual visage of the heretical artist, who shapes them as a caricature. Such an idea is not only indebted to Aristophanes, and by extension to Heine – who was inspired by his example – but also to Baudelaire, whom Klee first began to read in this same year. Although it has generally been forgotten, Baudelare's conception of a *surnaturel* art as a comic law that lays bare the "sublime in the grotesque," the universal in the ugly, the universal in the trivial" was influenced by Heine.[71]

In 1905 Klee also brought to paper his third self-portrait, *Menacing head* (1905, 37) (cat. no. 11). Like his first two versions of the *Comedians,* it is a decapitated head. This fact, along with the designation of the first two as *Comedians,* suggests Klee's sympathy with the figure of the Pierrot. For it is Pierrot who is really the artist in Baudelaire's theory of absolute comedy. This is because of his ability to "transform his decaption into a new source of vitality, into a new comic role."[72]

The razor-sharp line that truncates Klee's *Menacing head* just below the neck, combined with the penetrating eyes and flat nose, also suggests Klee's invention of a new kind of male Medusa.[73] Never mind that the *Menacing head* lacks the conspicuous mask of the *Comedians*: the image in its entirety is, like the Medusa, a threatening mask. Moreover, the tightly compressed lips, the scrunched, deeply indented eyebrows, as well as the scowling face, resemble several images of the Gorgon common to Rome.[74]

Klee was indeed fascinated by the Medusa: the next mythological image that he entered in his catalogue (following the

6   Ferdinand Hodler, Selbstbildnis • Self Portrait, 1892, Öl auf Leinwand/Oil on canvas, 33 x 24 cm, Kunsthaus Zürich

verunstaltet, doch Hodlers Kopf diente Klee eben – ähnlich wie die Prometheuslegende – lediglich als Ausgangspunkt für einen Prozeß der Verwandlung. Darauf deutet auch die zweite Fassung des *Komikers* (1904, 10) (Kat.-Nr. 5) mit dem Helm des Hermes hin. Der auffallende Helm läßt darauf schließen, daß vor allem dessen Zauberkraft – er macht seinen Träger unsichtbar – Klee interessierte. In gewisser Weise ergibt sich so eine Art Verdoppelung, die dem Komiker im allgemeinen eigentümlich ist: Er ist sowohl das Ich und der Andere.[69] Daß Klee im Zusammenhang mit seinen *Komikern* tatsächlich derartigen Überlegungen nachhing, zeigt folgende Tagebucheintragung von 1905:

»Vom Komiker läßt sich noch sagen, die Maske bedeute die Kunst und hinter ihr verberge sich der Mensch. Die Linien der Maske sind Wege zur Analyse des Kunstwerks. [...] Über den Sinn der Häßlichkeit meiner Figuren könnten Dissertationen geschrieben werden.«[70]

Mit dem Hinweis auf die »Linien der Maske« spielt Klee auf die ätzenden Striche dieser humoristischen Radierung an. Sie radieren das wirkliche Gesicht des ketzerischen Künstlers, der sie zu einer Karikatur formt, aus. Der Einfluß von Aristophanes und, im erweiterten Sinn, Heine (der wiederum von Aristophanes beeinflußt war), aber auch von Baudelaire, den

7   Paul Klee, Selbst • Myself, 1899, 1 (Kat.-Nr./cat. no. 1)

second version of the *Comedian* [1904, 10] as Hermes, or Perseus wearing his cap) is *Perseus (wit has triumphed over grief;* 1904, 12) (cat. no. 6). The subtitle of this work suggests that it was indeed witticism – i.e., caricature – that enabled Klee to deal a deathblow to the monstrously profound beauty of ancient art and to carve out a place for his art in the appalling aesthetic vacuum of the contemporary world. This play with changing identities – part and parcel of Klee's work on myth – not only united his person with his art, but enabled him to attain a kind of freedom that he might not otherwise have been able to achieve.

The mythological quality of *Menacing head* is made explicit by the small monster that emerges from the crown of this head, described by Klee in a diary entry as a "sharply negative demon."[75] Klee's affiliation of his aesthetic persona with the negating power of the demonic suggests that he identified with an idea that became a fundamental tenet of Heine and Baudelaire's writing: "The heroes of aesthetic modernism are *contemplative devils.*"[76] Such works as *Barbarian Venus* (1921, 132) (cat. no. 43), *Mephisto as Pallas* (1939, 855) (cat. no. 114), and *Demonism of the fire* (1939, 137) (cat. no. 93) all suggest that Klee associated the extraordinary not with the god-like, but with the anti-divine.

Just as Klee pitted himself against antiquity so did he compare his own development as an artist to the fictional and factual recounting of other painters' and writers' lives. The process of identification and disputation Klee had begun with Goethe realized a new stage with his study of Friedrich Hebbel's diaries, given to him by Lily for Christmas 1904. It was their exam-

Klee im gleichen Jahr erstmals intensiv zu lesen begann, kommt darin unverkennbar zum Tragen. Baudelaires Begriff einer »übernatürlichen Kunst« als komisches Gesetz, welches das Erhabene im Grotesken und das Universale im Häßlichen und Banalen aufdeckt, war, oft vergessen, von Heine inspiriert.[71] Im Jahr 1905 schuf Klee sein drittes Selbstporträt, *Drohendes Haupt* (1905, 37) (Kat.-Nr. 11). Ebenso wie in den ersten beiden Fassungen des *Komikers* ist auch hier der Kopf abgeschnitten. Diese Tatsache sowie die Wahl des Titels *Komiker* deuten darauf hin, daß Klee sich mit der Figur des Pierrot identifizierte. Denn Pierrot ist der eigentliche Künstler in Baudelaires Theorie der absoluten Komödie, und zwar, weil er »aus seiner Enthauptung eine neue Quelle der Kraft, eine neue komische Rolle zu machen weiß«.[72]

Die messerscharfe Linie, mit der Klees *Drohendes Haupt* am unteren Hals abgeschnitten ist, deutet in Verbindung mit dem durchdringenden Blick und der flachen Nase zudem darauf hin, daß wir es hier mit einer neuartigen männlichen Medusa zu tun haben.[73] Auch wenn im *Drohenden Haupt* die Maske, die im *Komiker* unübersehbar war, fehlt, ist das Bild als Ganzes doch – wie die Medusa – als drohende Maske zu sehen. Hinzu kommt, daß die zusammengepreßten Lippen, die stark ausgezackten Augenbrauen und der finstere Gesichtsausdruck Ähnlichkeiten mit verschiedenen Gorgonenhäuptern in Rom aufweisen.[74]

Klee war von der Figur der Medusa tatsächlich fasziniert: Das nächste mythologische Bild, das er – im Anschluß an die zweite Fassung des *Komikers* (1904, 10) als Hermes, oder Perseus mit Helm – in seinen Œuvrekatalog aufnahm, war *Perseus. (der Witz hat über das Leid gesiegt.)* (1904, 12) (Kat.-Nr. 6). Der Untertitel dieses Werkes suggeriert, daß es tatsächlich der Witz, das heißt die Karikatur war, die es Klee ermöglichte, der monströsen, gewaltigen Schönheit der antiken Kunst einen Todesstoß zu versetzen und seiner eigenen Kunst im beängstigenden künstlerischen Vakuum der Gegenwart Platz zu verschaffen. Dieses Spiel mit wechselnden Identitäten – ein wesentlicher Bestandteil von Klees Arbeit am Mythos – koppelte nicht nur seine Person mit seiner Kunst, sondern ermöglichte es ihm auch, eine Freiheit zu erlangen, die für ihn sonst vielleicht unerreichbar gewesen wäre. Der mythologische Charakter des *Drohenden Hauptes* wird konkretisiert durch das kleine Ungeheuer, das dem Scheitel dieses Hauptes entspringt und das Klee in einer Tagebucheintragung als einen »scharf negierenden kleinen Dämon« bezeichnete.[75] Klees Verknüpfung seiner Künstlerpersönlichkeit mit der negierenden Kraft des Dämonischen läßt darauf schließen, daß er einer Vorstellung beipflichtete, die Heines und Baudelaires Schreiben wesentlich zugrunde liegt: »Die Heroen der ästhetischen Moderne sind *contemplative Teufel*.«[76] Werke wie *Barbaren-Venus* (1921, 132) (Kat.-Nr. 43), *Mephisto als Pallas* (1939, 855) (Kat.-Nr. 114) und *Daemonie der Glut* (1939, 137) (Kat.-Nr. 93) suggerieren, daß für Klee das Außergewöhnliche nicht mit dem Göttlichen, sondern mit dem Antigöttlichen verbunden war.

ple that led him to number his own diary entries.[77] It was also Hebbel who convinced Klee that autobiography was a way of both displaying and strengthening his personality.

Here it should be recalled that the basis of Klee's work on myth is his belief in his ability to shape his world as "a self-taught artist." Such a point of view suggests that Klee envisioned himself as an archetypal artist-prodigy, who, like the Renaissance artists heroized by Giorgio Vasari in *Le vite de' piu eccelenti architetti, pittori et scultori* (Lives of the Painters, Sculptors, and Architects') attempted to surpass the accomplishments of antiquity. Klee's increasing interest in biography corresponds to his intensified efforts to produce a fitting self-portrait. His concentrated effort to perfect his disguised self-portrait *Comedian* during 1904 coincides with his decision to use his journal as material for what he termed an "Autobiography."[78] In any event, by fall 1905 Klee declared himself as an autobiographer: "The demon: defensive struggle [...]. Your interest is sustained in order to discover how far you can go, and how, oh autobiographer, the relationship between man and artist will shape itself in time [...]. Autobiography as your main accomplishment????"[79]

This description evokes features of a self-portrait (now lost) he had been working on since February 1904 and with which he continued until November 1905: "A kind of double portrait, *Friends*, me and my demon."[80] The description "A kind of double portrait, *Friends*" suggests that he wanted to produce a new version of the nineteenth-century friendship portrait. The word "demon" refers to the inventive self described by Plato and Goethe, both of whom he was reading in 1904.[81] Like Plato, Goethe described the demon as an intrinsically positive, half-godly spirit.

In 1905 Klee also brought to paper a statement that makes explicit his desire to produce an "internal" image, masked as it were by the membrane of external appearance: "If I should ever paint a completely true self-portrait, one would see a peculiar outer skin. And one would have to make everyone aware that inside it, I sit like the kernel within the nut."[82] Masking his outer appearance in order disclose the visage of his aesthetic self had concerned Klee since at least 1901. It was this face that he wanted to get down in paint. "Thoughts about the art of portraiture. Some will not recognize the truthfulness of my mirror. He should remember that I am not there to reflect the surface (this can be done by the photographic plate), but must penetrate into the interior. My human faces are more truthful than real ones."[83] This suggests that already in 1901 likeness for Klee was not a matter of mimetic practice but of truth to the artistic self that shapes form. All these contexts inform Klee's 1919 self-portraits the only such cycle within his œuvre.

These images approximate aspects of his physical features and display a disposition like that of a German-Renaissance theoretician in order to ultimately denounce these long-standing traditions of artistic self-depiction. The series commences with *Thinking Artist* (1919, 71) (cat. no. 27). In this drawing

So wie Klee sich der Antike entgegensetzte, so verglich er auch seine Entwicklung als Künstler mit den fiktiven und faktischen Lebensgeschichten anderer Maler und Dichter. Der Prozeß von Identifikation und Opposition, der mit Goethe eingesetzt hatte, erreichte ein neues Stadium mit seiner Lektüre der Tagebücher Friedrich Hebbels, die Lily ihm Weihnachten 1904 geschenkt hatte. Nach ihrem Vorbild ging er dazu über, seine eigenen Tagebucheintragungen durchzunumerieren.[77] Und Hebbel überzeugte ihn davon, daß die Autobiographie ein Mittel nicht nur zum Ausdruck, sondern auch zur Festigung der Persönlichkeit sei.

An dieser Stelle sei daran erinnert, daß die Grundlage für Klees Arbeit am Mythos der Glaube an die eigene Fähigkeit war, als »Selbstlehrling« seine eigene Welt gestalten zu können. Dies läßt vermuten, daß Klee sich selbst als eine Art archetypisches Künstlergenie verstand und wie die Renaissancekünstler, die Vasari in seinen Künstlerviten heroisierte, angetreten war, die Kunst der Antike zu übertreffen. Klees zunehmendes biographisches Interesse korrespondiert mit seinen verstärkten Bemühungen um die Schaffung eines angemessenen Selbstporträts. Die konzentrierte Vervollkommnungsarbeit an seinem maskierten Selbstporträt *Komiker* im Laufe des Jahres 1904 fällt zeitlich zusammen mit seiner Entscheidung, sein Tagebuch als Material für eine, wie er es nennt, »Autobiographie« zu verwenden.[78] Im Herbst 1905 jedenfalls bekannte Klee sich als Autobiograph:

»Der Dämon: Defensiv-Kampf wie bei Katzen [...] Aufrecht erhält Dich das Interesse, wie weit Du dabei kommst, und wie, O Autobiograph, das Verhältnis des Menschem zum Künstler sich mit der Zeit gestaltet? [...] Die Autobiographie Dein Hauptwerk????«[79]

Diese Beschreibung beschwört Aspekte eines (verlorengegangenen) Selbstporträts, an dem er bereits seit Februar 1904 arbeitete und das ihn noch bis November 1905 beschäftigen sollte: »Eine Art Doppelportrait *Freunde,* ich und mein Dämon.«[80] Die Bezeichnung »Doppelportrait, *Freunde*« suggeriert, daß ihm eine Neuauflage des Freundschaftsporträts des 19. Jahrhunderts vorschwebte. Das Wort »Dämon« wiederum bezieht sich auf das schöpferische Wesen, das sich bei Platon und Goethe beschrieben fand, die er beide 1904 las.[81] Ebenso wie Platon schildert Goethe den Dämon als einen von Natur aus positiven Halbgott.

1905 brachte Klee ebenfalls eine Aussage zu Papier, aus der hervorgeht, daß er auf ein »inneres«, hinter der Maske der äußeren Erscheinung verstecktes Bild aus war: »Wenn ich ein ganz wahres Selbstportrait malen sollte, so sähe man eine merkwürdige Schale. Und drinnen, müßte man jedem klar machen, sitze ich, wie der Kern in einer Nuß.«[82] Die Maskierung seines Äußeren, um das Antlitz seines Künstler-Ichs freizulegen, beschäftigte Klee bereits spätestens seit 1901. Ebendieses Antlitz wollte er auf Leinwand bannen.

»Gedanken über Portraitkunst. Mancher wird nicht die Wahrheit meines Spiegels erkennen. Er sollte bedenken, daß ich nicht dazu da bin, die Oberfläche zu spiegeln (das kann die pho-

Klee leans his hand against his head and holds a pencil-like object in his hand. The image is reminiscent of the angel in Dürer's 1514 *Melancolia I,* who holds a compass (ill. 8). In that engraving Dürer monumentalized the idea of the philosophical artist, whose hand makes contact with his head, as in his *Self-Portrait* of 1491.

8 Albrecht Dürer, Melencolia I, 1514, Kupferstich/Engraving

In his next self-portrait, *Feeling Artist* (1919, 72) (cat. no. 28), Klee reiterated the hand-to-head gesture. The viewer is now able to see what the artist is working on: an opened-out folio. Both the title of the portrait and the pose link thinking with writing and drawing. Here Klee explicitly identified himself with the model of the artist-theoretician advanced by Leonardo da Vinci and Dürer and taken up by Wassily Kandinsky and Franz Marc in twentieth-century Germany. It was also this tradition that Klee sought to emulate in *Graphik,* his first concise aesthetic manifesto. The act of writing that essay about his drawing may have caused him to focus upon the meaning of the word *Handzeichnung* (drawing). There is no real English equivalent for this term. It stresses the trace of the artist's hand in terms pinpointed by Erwin Panofsky as the "divine mark of an individual chosen by God."[84] This same state of mind is communicated by Klee's next self-portrait, *Pondering Artist* (1919, 73) (cat. no. 29). Like Dürer's *Self-Portrait at the Age of Twenty-Two* (1493) (ill. 9), Klee displays his huge opened palm to the viewer. This gesture asserts that his works are inimitable and absolutely orig-

togr. Platte) sonderns ins Innere dringen muß ... Meine Menschengesichter sind wahrer als die wirklichen.«[83]

Bereits 1901 war somit das Porträt für Klee nicht eine Frage der mimetischen Praxis, sondern vielmehr der Treue zum rebellischen, Wirklichkeit gestaltenden Künstler-Ich. In der einzigen von seiner Hand stammenden Folge von Selbstporträts, an der Klee 1919 arbeitete, kommt all dies zum Tragen.

In diesen Selbstporträts, die sich letztlich vom traditionellen Künstler-Selbstbildnis distanzieren, sind Klees äußere Züge nur andeutungsweise erkennbar. Der Künstler nimmt vielmehr die Pose des Gelehrtenbildnisses der Renaissancezeit an. Das erste Selbstporträt der Folge ist *Denkender Künstler* (1919, 71) (Kat.-Nr. 27): Klee legt die Hand an den Kopf und hält etwas in der Hand, das wie ein Bleistift aussieht. Das Bild erinnert an den Engel in Dürers *Melencolia I* von 1514, der einen Zirkel in der Hand hält (Abb. 8). Dürers Stich, in dem die Berührung von Hand und Kopf, die auch auf Dürers Selbstbildnis von 1491 zu sehen ist, eine wichtige Rolle spielt, setzt dem Begriff des philosophischen Künstlers ein Denkmal.

In seinem nächsten Selbstporträt, *Empfindender Künstler* (1919, 72) (Kat.-Nr. 28), griff Klee erneut das Motiv der Berührung von Hand und Kopf auf. Der Betrachter kann jetzt den aufgeschlagenen Folianten einsehen, an dem der Künstler arbeitet. Titel und Pose dieses Porträts stellen eine Verbindung zwischen Denken, Schreiben und Zeichnen her. In diesem Fall stellte Klee sich in die Tradition des Künstler-Theoretikers nach dem Vorbild Leonardos und Dürers, an die auch Kandinsky und Marc anknüpften. Das gleiche tat Klee mit seinem Aufsatz »Graphik«, seinem ersten knappen künstlerischen Manifest. Bei der Arbeit an diesem Text dürfte er über die Bedeutung des Begriffs »Handzeichnung« neu nachgedacht haben, mit dem die »Hand« des Künstlers, das »Handschriftliche« betont wird. Mit Blick auf Dürer hat Erwin Panofsky in diesem Zusammenhang vom »göttlichen Zeichen eines von Gott auserwählten Individuums« gesprochen.[84]

Klees nächstes Selbstporträt, *Abwägender Künstler* (1919, 73) (Kat.-Nr. 29), vermittelt eine ähnliche Einstellung. Klee wendet in Anlehnung an Dürers *Selbstbildnis im Alter von 22 Jahren* (Abb. 9) dem Betrachter seine riesige geöffnete Handfläche zu. Diese Geste sagt aus, daß seine Werke absolut einzigartig und originell sind, was die Vorstellung vom Künstler als Demiurgen, dem mit Gott rivalisierenden Weltenschöpfer, beschwört.[85] Der Titel des nächsten Blattes, das den sitzenden Künstler mit Bleistift in der Hand zeigt, lautet *Formender Künstler* (1919, 74) (Kat.-Nr. 30). Ebenso wie in den anderen Selbstporträts impliziert Klees starrer Blick, daß die Worte oder Bilder, die er zu Papier zu bringen gedenkt, erst noch in der Schmiede seines Demiurgenhirns geformt werden müssen. Aus dem Titel spricht darüber hinaus der Wunsch, sich auf eine Stufe mit der rebellischen Formkraft des Urtöpfers Prometheus zu stellen.

Das letzte dieser Selbstporträts ist *Versunkenheit* (1919, 75) (Abb. S. 11 und S. 48). In dieser Zeichnung stellt Klee sich selbst

9 Albrecht Dürer, Selbstbildnis • Self-Portrait, 1493, Feder und Tusche/ pen and ink

inal, qualities that set him apart – from God.[85] The title of the next sheet, *Creating Artist* (1919, 74) (cat. no. 30), depicts him sitting and holding a pencil in his hand. Just as in the other portraits, Klee's fixed gaze implies that the image or words he intends to commit to the sheet must first be molded in the demiurgic forge of his head. Moreover, the title of the work articulates his interest in aligning himself with the insurgent form-building powers of the primal potter, Prometheus.

The last of these self-portraits is *Absorption* (1919, 75) (ill. p. 11 and p. 48). With *Absorption* Klee portrayed himself as an enlightened demonic genius capable of modernizing the linear tradition of German art founded by Dürer and pursued by Hodler. Klee was undoubtedly aware that Hodler's 1900 *Self-Portrait* (ill. 10) – made at the high point of his career, which in a sense 1919 was for Klee – took Dürer's famous 1500 *Self-Portrait* as its departure point. Like Dürer, Hodler presented himself *en-face* as a self-assured, arrived artist. However, his decision to boldly direct his gaze outward toward the viewer strongly contrasts with Dürer's remote expression of inner withdrawal.[86] With *Absorption,* Klee took both artists to task.

On one hand, Klee's image – placed at the culmination of a series of portraits that both resemble his appearance and make reference to Dürer's own drawn images of himself – like Dürer's

dar als aufgeklärtes dämonisches Genie, das fähig ist, die von Dürer begründete und von Hodler weitergeführte Traditionslinie der deutschen Kunst zu erneuern. Klee wußte zweifellos, daß Hodler für sein *Selbstbildnis* von 1900 (Abb. 10) – entstanden im Zenit seines Schaffens, was man ebenso von Klees *Versunkenheit* sagen kann – Dürers berühmtes Selbstbildnis von 1500 als Ausgangspunkt verwendet hatte. Hodler stellte sich wie Dürer en face als selbstbewußten, arrivierten Künstler dar. Im Gegensatz jedoch zum Ausdruck der inneren Einkehr, der in Dürers Blick liegt, richtet sich Hodlers Blick unmittelbar, fast anmaßend aus dem Bild heraus auf den Betrachter.[86] Mit *Versunkenheit* nahm Klee es mit beiden Künstlern auf. Einerseits ist Klees Bild, der krönende Abschluß einer Folge von Selbstporträts voller Anspielungen auf Dürer, ebenso wie Dürers Selbstbildnis von 1500 weniger realistisch als die vorausgegangenen Bilder besagter Selbstporträtfolge.[87] In *Versunkenheit* ist Klees Gesicht eben dargestellt als eine Maske, die statt der Fähigkeit zur realistischen Darstellung vielmehr die Kraft der Erfindung verkörpert. Während Dürers Bildnis die äußere Schönheit seines Schöpfers betont, ist Klees Antlitz nicht nur verzerrt, sondern auch trotzig verschlossen. Andererseits spielen Titel und maskenhafte Wirkung von Klees Selbstporträt auf subtile Weise auf eines der Markenzeichen der Hodlerschen Kunst, seine Schaffung von »Masken des introvertierten Menschengesichts«, an.[88] Klee hatte sich schon seit seinen frühesten Anfängen – wir erinnern uns an sein erstes Selbstporträt – mit Hodler gemessen. 1910 schrieb er in seinem Tagebuch: »Ohne mich mit jemand messen zu wollen, brauche ich wohl nur den bekannten Namen Hodler zu nennen, dessen Träger jetzt trotz [früherer Ablehnung durch das Publikum] Geschäfte macht.«[88] Klee versuchte hier, eine Parallele zwischen seiner eigenen Rezeption und Hodlers allmählich wachsendem Ruhm und schließlichem Aufstieg zu einem der am meisten geschätzten Künstler der Schweiz zu ziehen. Tatsächlich war Hodlers Kunst im Sommer 1917 Gegenstand einer Retrospektive im Kunsthaus Zürich, die insgesamt mehr als 606 Werke umfaßte. Im September 1918, wenige Monate nach Hodlers Tod (und etwa ein Dreivierteljahr bevor Klee die Arbeit an seiner Folge von Selbstporträts aufnahm), bekräftigte Karl Scheffler in einem Nachruf in *Kunst und Künstler,* daß Hodler »eine der ursprünglichsten Persönlichkeiten, einer der reinsten Künstler und eines der größten Talente war […] in der Schweiz als Nationalheld verehrt und in Deutschland nahezu ausnahmslos als treibende Kraft hinter einem neuen Kunststil anerkannt«.[89] Dieser Nachruf dürfte Klee, der spätestens seit 1908 ein aufmerksamer Leser von *Kunst und Künstler* war, nicht entgangen sein. Tatsächlich wendeten sich für Klee die Dinge binnen Jahresfrist nach Hodlers Tod zum Besseren: Er erhielt nun allmählich breite Anerkennung bei der Kritik, und seine Werke fanden immer häufiger Käufer.

Klee dürfte auch darüber im Bilde gewesen sein, daß Hodler sich 1916 mit neuem Eifer wieder dem Selbstporträt zugewandt und innerhalb eines Jahres 20 Selbstbildnisse geschaffen

10 Ferdinand Hodler, Selbstbildnis • Self-Portrait, 1900

1500 *Self-Portrait* is less mimetically precise than those that preceded it. This is because *Absorption* presents Klee's face as a mask that stands for inventive potency rather than imitative strength. Whereas Dürer's portrait champions its maker's physical beauty, Klee's visage is not only distorted but also wayward. On the other hand, its title and mask-like look subtly refer to one of the hallmarks of Hodler's artistry: his production of "masks of the introverted face of man."[87]

Klee had measured himself against Hodler since the beginning of his career, when he modeled his first self-portrait after one by Hodler (ill. 6 and 7). He continued to do so, writing in 1910 in his diary: "Without trying to compare myself to anyone, I need only mention the familiar name of Hodler, who now makes a handsome business in spite of earlier friction."[88] Here Klee attempts to link his own critical reception with Hodler's slow rise to fame until he eventually became one of Switzerland's most respected artists. Indeed, in the summer of 1917 Hodler had a one-man show at the Kunsthaus Zürich that included more than 600 works. In September 1918, just a few months after Hodler's death (and about nine months before Klee embarked on his own series of self-portraits), Karl Scheffler

hatte. In diesen Arbeiten stellte Hodler sich selbst als Künstlerphilosophen dar, der über Grundsatzfragen wie die nach dem Sinn des Lebens reflektiert. *Versunkenheit* ist mithin nicht nur Klees Antwort auf Dürers *Selbstbildnis* von 1500 und auf Hodlers *Selbstporträt* von 1900, das sich auf Dürers Vorbild bezieht, sondern auch auf die letzte Folge von Selbstbildnissen Hodlers.⁹⁰ Klees Zeichnung weist, wie andernorts bereits festgestellt, Ähnlichkeiten mit Hodlers Konterfei in einer weitverbreiteten Lithographie von 1916 auf (Abb. 12).⁹¹ Ebenso wie Hodler dort, erscheint Klee wie in einer Art gelehrten, selbstbewußten inneren Monolog versunken. Ob zufällig oder nicht, entschied Klee sich noch im gleichen Jahr, eine handkolorierte Lithographie von *Versunkenheit* zur Reproduktion in den *Münchner Blättern* anzufertigen (Kat.-Nr. 32).

Gleichwohl sind es vor allem die vielsagenden Unterschiede, die auf den Zusammenhang zwischen Hodlers Selbstporträts von 1900 und 1916 und Klees *Versunkenheit* hindeuten. Während Hodler sich selbst in beiden Bildnissen mit weit geöffneten Augen und starrem Blick darstellt, sind Klees Augen ruhig geschlossen. Hodlers Konterfei beschwört seine gesetzte, männliche Entschlossenheit, Klee hingegen stellt sich selbst als sanft, weiblich, fügsam dar. Und während an Hodlers Porträts vor allem das Asketische auffällt, macht die phallische Nase über den vulvaähnlichen Lippen bei Klee dessen Gesicht zu einer Chiffre der sexuellen Begegnung und, in der Konsequenz, zu einer Ikone der irreligiösen, autonomen, perversen Zeugungskraft des Künstlers.

In der zweiten Hälfte des Jahres 1918, nur wenige Monate vor Beginn der Arbeit an den Selbstporträts, brachte Klee folgende Aussage zu Papier, die den seltsam hermaphroditischen Charakter dieses letzten Selbstporträts erklären hilft:

»Die Einbeziehung der gut-bösen Begriffe schafft eine sittliche Sphäre. Das Böse soll nicht triumphierender oder beschämter Feind sein, sondern am Ganzen mitschaffende Kraft … Eine Gleichzeitigkeit von Urmännlich (bös, erregend, leidenschaftlich) und Urweiblich (gut, wachsend, gelassen) als Zustand ethischer Stabilität.«⁹²

Klees Bekenntnis zur schöpferischen Kraft des »Bösen« reicht zurück bis zu einer Tagebuchnotiz von 1905, die er in das erste autobiographische Manuskript aufnahm, das er 1919 Wilhelm Hausenstein übersandte.⁹³ Im folgenden Jahr schuf Klee die Zeichnung *Barbaren-Venus* (1920, 12) (Kat.-Nr. 36), die wie sein *Drohendes Haupt* von 1905 (Kat.-Nr. 11) sein Interesse am »Bösen« als etwas von Natur aus Positivem erkennen läßt. In der *Barbaren-Venus* wird darüber hinaus noch offenkundiger eine Verbindung zwischen Gesichtsorganen und Geschlechtsorganen hergestellt als in *Versunkenheit*. 1921 setzte Klee diese Zeichnung um in ein Gemälde gleichen Titels (Kat.-Nr. 43). Sowohl die Zeichnung wie auch das Gemälde dieser zugleich emporstrebenden und fest in der Erde verwurzelten Venus versinnbildlichen Klees eigene, sorgfältig aufgebaute künstlerische Balance. Sie erlaubte es ihm, sich als fruchtbar negierender Dämon Geltung zu verschaffen.

11 Paul Klee, Versunkenheit • Absorption, 1919, 75

wrote an obituary in *Kunst und Künstler* assessing Hodler's achievement in these terms: "He was one of the most original personalities, purest artists, and largest talents […] worshipped in Switzerland as a national hero and recognized in Germany almost without exception as the impetus behind a new style of art."⁸⁹ Klee, who had been closely "studying" *Kunst und Künstler* since at least 1908, must have taken note of the article. As it happens, Klee's luck changed within a year of Hodler's death, for the following year he finally started to attain widespread critical acceptance and really began to sell his work.

Given his long-standing interest in Hodler, Klee was most likely aware that in 1916 Hodler had returned to self-portraiture with a new zeal, making more than twenty of these works in a single year. In these works Hodler presented himself as a philosophic artist posing fundamental questions about life to himself. *Absorption* then is not only Klee's answer to Dürer's 1500 *Self-Portrait* and Hodler's 1900 *Self-Portrait*, which cites that work, but also to this last series of self-depictions.⁹⁰ As has been noted elsewhere, the work bears a resemblance to Hodler's visage in a popular lithograph from 1916 (ill. 12).⁹¹ For like it, in *Absorption* Klee depicted himself as conducting a kind of learned and self-confident inner monologue. Coincidentally or not, later that year Klee decided to make a hand-coloured lithograph of *Absorption* for inclusion in the *Münchner Blätter* (cat. no. 32).

12 Ferdinand Hodler, Selbstbildnis • Self-Portrait, (April) 1916, Lithographie/Lithograph, 34 x 28 cm, Genf, Privatsammlung/Private collection

Die *Barbaren-Venus* markiert gleichzeitig den Höhepunkt von Klees Verschmelzung des eigenen Abbildes mit dem eines mythologischen Wesens. Die beiden nächsten Arbeiten in seinem Œuvrekatalog (1919, 76 und 77) (Abb. S. 49 und Kat.-Nr. 31) tragen den Titel *Maske* und zeugen von dem Anliegen Klees, die Möglichkeiten der Selbstverhüllung hinter der Fassade seiner Kunst auszuloten. Klees in diese Zeit fallende Entscheidung, keine weiteren Selbstporträts mehr zu machen, läßt vermuten, daß er seine Arbeit am Mythos nunmehr als die für die rebellische Stimme seiner Kunst am besten geeignete Maske betrachtete.

Es kann kaum Zufall sein, daß Klee sich allem Anschein nach in ebenjenen Jahren 1920/21, in denen die gezeichnete und die gemalte Fassung der *Barbaren-Venus* entstanden (Kat.-Nrn. 36 und 43), entschied, seine *Schwebende Grazie (im pompeianischen Stil)* als seine erste farbige Arbeit in seinen Œuvrekatalog aufzunehmen. Bei genauerer Prüfung der von Sascha von Sinner abgeschriebenen Fassung von Klees Œuvrekatalog zeigt sich nämlich eine Veränderung in der Handschrift, die darauf hindeutet, daß das Werk zumindest bis 1918 nicht im ursprünglichen Katalog verzeichnet war.[94] Und ein noch deutlicherer Hinweis ist der winzige Schrägstrich zwischen Entstehungsjahr und Katalognummer, den Klee erst irgendwann in der Zeit 1920/21 einführte.[95] Falls Klee tatsächlich das Werk 1920/21 erstmals in den Œuvrekatalog aufnahm, so geschah dies in zeitlichem Zusammenhang mit der Übernahme des Postens am

Nevertheless the most telling feature of the relationship between Hodler's 1900 and 1916 portraits and Klee's *Absorption* is the manner in which they differ from one another. Whereas in both of his portraits Hodler depicts himself with wide-open, staring eyes, Klee's are calmly shut and resting. Hodler's visages suggest his staid masculine resolve, while Klee presents himself as gentle, feminine, and pliant. And though Hodler's portraits are nothing if not austere, the phallic nose perched above Klee's vulva-like lips suggest this face as a hieroglyph of sexual encounter. As such this portrait is a kind of icon of Klee's irreligious, autonomous, and perverse procreative power.

Some time late in 1918 – just a few months before Klee executed his cycle of self-portraits – he brought to paper a statement that helps clarify the strange hermaphroditic quality of this last self-portrait. "The inclusion of the good-bad concept produces a moral sphere. The bad should not be a triumphant or discraceful enemy, but an altogether cooperative power [...]. A simultaneity of primordial male (angry, excited, passionate) and primordial female (good, growing, tranquil) as the state of ethical stability."[92]

Klee's advocacy of the productive power of the "bad" dates back to an excised 1905 diary statement, which he included in the first autobiographical manuscript he sent to Wilhelm Hausenstein in 1919.[93] The following year Klee made a drawing, *Barbarian Venus* (1920, 212) (cat. no. 36), that, like his 1905 *Menacing head* (cat. no. 11), suggests his interest in the "bad" as something inherently positive. Moreover *Barbarian Venus* makes even more explicit the correlation of the facial organs with sexual ones first posited in *Absorption*. In 1921 Klee transformed this drawing into a painting with the same title (cat. no. 43). Both the drawing and the painting of these Venuses – simultaneously striving upward and firmly affixed to the earth – portray Klee's own carefully constructed aesthetic equilibrium, one that allowed him to assert himself as a productively negating demon.

Barbarian Venus also marks the apogee of Klee's merging of his physical likeness with that of a mythological entity. Klee's concern with exploiting the possibilities of masking himself behind the face of his art is recommended by the next two images in his œuvre catalogue, titled *Mask* (1919, 76 and 77) (ill. p. 49 and cat. no. 31). Their appearance, along with Klee's decision to make no further likenesses of himself, suggests that he had come to view his work on myth as the mask best suited to the rebellious voice of his art.

It cannot be coincidental that the very same years in which these drawings and paintings came into being (1920–1921) are the same ones that Klee decided to insert his *Hovering Grace (in the Pompeian style)* into his œuvre catalogue as its first coloured work. For an examination of the copy made of Klee's œuvre catalogue by Sascha von Sinner reveals a difference in handwriting, indicating that the work had not been in his original catalogue until at least 1918.[94] Even more telling is the tiny slash – 1901/2 – that separates the year from the œuvre catalogue number. Klee

Bauhaus und mit der Entscheidung, seine Tagebücher nicht mehr zu überarbeiten und keine Selbstporträts mehr zu machen. Offenbar betrachtete er, als er sich nunmehr endlich als Maler etablierte, die *Grazie* als ein programmatisches Werk, in dem der Weg, den seine Kunst nehmen sollte, bereits angedeutet war. Die Datierung des Werkes auf 1901 mag zudem ein gezielter Versuch gewesen sein, dessen Entstehung in ebendem Jahr anzusetzen, in dem er seine Italienreise antrat, eine Reise, der in den 1920 und 1921 erschienenen Monographien von Hausenstein und Zahn große Bedeutung beigemessen wird.[96] Der Aufenthalt in Weimar, der Höhle Goethes, wenn man so will, dürfte Klee in dem Wunsch, seine Vita zurechtzustutzen, noch bestärkt haben, hatte er doch nun endlich sein eigenes Arkadien erreicht.

Gegen Ende seines Lebens, im Jahr 1939, schuf Klee schließlich ein letztes maskiertes Selbstporträt, das offenbar von folgender Tagebucheintragung des Jahres 1901 inspiriert wurde: »Ich bin Gott. So viel des Göttlichen ist in mir gehäuft, daß ich nicht sterben kann. Mein Haupt glüht zum Springen. Eine der Welten, die es birgt, will geboren sein. Nun aber muß ich leiden vor dem Vollbringen.«[97]

Mit dem Demiurgenkopf in *brennend* (1939, 550) (Kat.-Nr. 106), aus dem Flammen emporsteigen, verbildlichte Klee genau diesen Zustand. 1901 war, wie wir uns erinnern, auch das Jahr, in dem Klee seine Identifikation mit Prometheus kundtat, der Zeus trotzte, indem er das Feuer entwendete und den Menschen gab. Daß Klee dieses Bild im Jahr 1939 schuf, in dem mehr als 40 Werke mit mythologischen Titeln entstanden, mehr als in irgendeinem anderen Jahr, läßt darauf schließen, daß er trotz fortschreitender Krankheit und Verfemung weiterhin, ja lautstärker noch die leidenschaftlich antiautoritäre Haltung an den Tag legte, die seine Arbeit am Mythos von jeher befeuert hatte.

Die Autorin dankt Stefan Frey, Wolfgang Kersten und Osamu Okuda für ihre Unterstützung.

did not use this system until sometime between 1920 and 1921.[95] If indeed Klee first entered this work into his catalogue between 1920 and 1921, then he did so exactly at the moment he stopped editing his diaries and making likenesses of himself and took up his post at the Bauhaus. Klee's insertion of this *Grace* into the catalogue at the precise moment he established himself as a painter suggests that he viewed it as a programmatic statement of the course his art eventually would take. Furthermore his decision to assign it the date 1901 may be a deliberate attempt to position it in the year he embarked on his Italian journey, one made legendary by Hausenstein's and Zahn's monographs in 1920 and 1921.[96] Being ensconced in Weimar, in Goethe's nest so to speak, could only have strengthened Klee's resolve to set the record to his liking, having finally arrived at his own version of Arcadia.

In 1939, near the end of his life, Klee made one final masked self-portrait that seems to have been in inspired by this 1901 diary statement: "I am God. So much of the divine is heaped in me that I cannot die. My head burns to the point of bursting. One of the worlds hidden in it wants to be born. But now I must suffer before I can bring it forth."[97]

Burning (1939, 550) (cat. no. 106), with its flames springing from the crown of a demiurgic head, depicts this exact condition. As may be recalled, 1901 was the year when Klee advanced his identification with Prometheus, who defied Zeus by stealing fire and giving it to man. The appearance of this image in 1939 together with over forty other mythologically titled works – more than in any single other year – suggests that despite his failing health and "degenerate" status, he stuck with and voiced even louder the ardent, anti-authoritarian disposition that had always fueled his work on myth.

The author is grateful for assistance provided by Stefan Frey, Wolfgang Kersten, and Osamu Okuda.

---

[1] Mit dem Begriff »Arbeit am Mythos« wird bewußt auf Hans Blumenbergs gleichnamiges Werk (Frankfurt/M. 1979) Bezug genommen.

[2] Will Grohmann, »Lieber Freund«, Künstler schreiben an Will Grohmann, hrsg. von Karl Gutbrod, Köln 1968, S. 84.

[3] A. Horstmann, Mythos, Mythologie, in: Historisches Wörterbuch der Philosophie, Bd. 6, hrsg. von Joachim Ritter und Karlfried Gründer, Basel und Stuttgart 1984, S. 281.

[4] Siehe Klees Brief an Lily Stumpf, 18. Juli 1903, in: Paul Klee, Briefe an die Familie 1893–1940, Bd. 1, hrsg. von Felix Klee, Köln 1979, S. 338. Zu Klees Interesse an Philosophie siehe Briefe vom 6. August 1901 und 2. Februar 1902, in: Briefe, Bd. 1, S. 143, 207.

[1] The designation "work on myth" makes deliberate reference to Hans Blumenberg's theory of myth. See Hans Blumenberg, Work on Myth, trans. Robert M. Wallace, Cambridge, Massachusetts, 1985.

[2] Will Grohmann, "Lieber Freund", Künstler schreiben an Will Grohmann, ed. Karl Gutbrod, Cologne 1968, p. 84.

[3] A. Horstmann, article: 'Mythos, Mythologie', in: Historisches Wörterbuch der Philosophie, ed. Joachim Ritter and Karlfried Gründer, Basel/Stuttgart 1984, vol. 6, col. 281.

[4] See Klee's letter to Lily Stumpf, 18 July 1903, in: Paul Klee, Briefe an die Familie 1893–1940, ed. Felix Klee, 2 vols., Cologne 1979, vol. 1, p. 338. Concerning Klee's interest in philosophy see Briefe, vol. 1, p. 143 (6 August 1901), p. 207 (2 February 1902).

5 Klee's concern with producing a self-portrait is attested in the following letters to Lily Stumpf: 5 March 1903, 30 November 1903, 7 December 1903, 27 December 1903, 4 February 1906, in: Klee, Briefe (as note 4), vol. 1, pp. 315, 366, 369, 374, 583.

6 See Paul Klee, Tagebücher 1898–1918, ed. Paul-Klee-Stiftung, Kunstmuseum Bern, compiled by Wolfgang Kersten, Stuttgart 1988: Dokument einer früheren Tagebuchfassung, Bern 1909/Juni–Oktober; Autobiographische Texte 1919, Wilhelm Hausenstein I; Autobiographische Texte 1919, Wilhelm Hausenstein II; Autobiographische Texte 1919–1920, Otto Zoff; Autobiographische Texte 1920, Leopold Zahn; and Autobiographische Texte 1920, Wilhelm Hausenstein III, pp. 482–530. Klee also prepared a one-page manuscript for Wilhelm Hausenstein, signed "Klee 1918", in London in the collection of Renée-Marie Parry-Hausenstein. Cited in Otto Karl Werckmeister, The Making of Paul Klee's Career 1914–1920, Chicago 1989, p. 129. There is also an autobiographical statement, "Paul Klee: Eine Biographische Skizze nach eigenen Arbeiten des Künstlers," in: Der Ararat, Zweites Sonderheft, Paul Klee, Katalog der 60. Ausstellung der Galerie Neue Kunst Hans Goltz, 1 May – Juni 1920, 1–3, reprinted in: Paul Klee, Schriften, ed. Christian Geelhaar, Cologne 1976, pp. 137–140.

7 See for example Klee's statement: "But chosen are those artists who penetrate to the region of that secret place where primeval power nurtures all evolution. There, where the power-house of all time and space – call it brain or heart of creation – activates every function; who is the artist who would not dwell there?" Paul Klee, Vortrag Jena, 26 January 1924, in: Paul Klee in Jena 1924, Der Vortrag, exhibition cat. Jena 1999, p. 66.

8 Kurt Hübner, Die Wahrheit des Mythos, Munich 1985, pp. 317, 318, 321.

9 Kathryn Elaine Kramer, Mythopoetic Politics and the Transformation of the Classical Underworld Myth in the Late Work of Paul Klee, Ph.D. Dissertation, Ann Arbor, U. M. I., 1993, p. 29.

10 A notable exception is the important article by Marcel Franciscono, Paul Klee's Italian Journey and the Classical Tradition, in: Pantheon 32, no. 1 (1974), pp. 54–64.

11 Carl Einstein, Die Kunst des 20. Jahrhunderts, Propyläen Kunstgeschichte, vol. XVI, Berlin 1926, pp. 142, 143.

12 For Klee's admiration of Einstein see Klee to Stumpf, 10 February 1932, in: Briefe (as note 4), vol. 2, p. 1175. For Einstein on Klee see Carl Einstein, Die Kunst des 20. Jahrhunderts, Propyläen Kunstgeschichte, vol. XVI, 1931, p. 209.

13 Paul Klee, Tagebücher (as note 6), # 180, pp. 72–73.

14 Blumenberg (as note 1), p. 547.

15 Gregor Wedekind, Paul Klee: Inventionen, Berlin 1996, p. 33f.

16 Klee to Stumpf, 6 August 1901, in: Briefe (as note 4), vol. 1, p. 143.

17 Johann Wolfgang von Goethe, "Prometheus", cited in Blumenberg (as note 1), pp. 427–428.

18 Klee to Stumpf, 25 November 1901, in: Briefe (as note 4), vol. 1, p. 169.

19 Klee, Autobiographische Texte 1920, Zahn, in: Tagebücher (as note 6), p. 521.

20 See Wolfgang Kersten, Texetüden über Paul Klees Postur – 'Elan Vital' aus der Gießkanne, in: Elan Vital oder Das Auge des Eros, exhibition cat. Munich 1994, p. 59.

21 Klee, Tagebücher (as note 6), # 430, p. 156.

22 See Klee, Autobiographische Texte 1919, Wilhelm Hausenstein I, and Autobiographische Texte 1919, Wilhelm Hausenstein II, in: Tagebücher (as note 6), pp. 488, 509.

23 Klee to Stumpf, 2 February 1902, in: Briefe (as note 4), vol. 1, p. 205.

24 The sculpture is based on the type "Aphrodite in a Grotto" known from ancient written sources and late Hellenistic statues. See "Aphro-

22 Siehe Klee, Autobiographische Texte 1919, Wilhelm Hausenstein I, und Autobiographische Texte 1919, Wilhelm Hausenstein II, in: Tagebücher (wie Anm. 6), S. 488, 509.

23 Klee an Lily Stumpf, 2. Februar 1902, in: Briefe, Bd. 1 (wie Anm. 4), S. 205.

24 Siehe zum Bildtyp, der als Grundlage für diese Darstellung diente, »Aphrodite auf Felsensitz«, in: John Boardman, Hans Christoph Ackermann und Jean-Robert Gisler (Hrsg.), Lexicon Iconographicum Mythologiae Classicae, Bd. II/1, Zürich und München 1984, S. 92.

25 Siehe Charles Baudelaire, Le Peintre de la vie moderne (1860), in: ders., The Painter of Modern Life and Other Essays, New York 1986, S. 13.

26 Klee an Lily Stumpf, 13. Oktober 1902, in: Briefe, Bd. 1 (wie Anm. 4), S. 277.

27 Hermann Friedmann, Die Götter Griechenlands: Von Schiller bis zu Heine, Diss. Berlin, Friedrich-Wilhelms-Universität 1905, S. 7.

28 Markus Küppers, Heinrich Heines Arbeit am Mythos, Münster und New York 1994, S. 52–62.

29 Klee an Ida, Hans und Mathilde Klee, 6. Januar 1899, in: Briefe, Bd. 1 (wie Anm. 4), S. 44.

30 Heinrich Heine, Sämtliche Schriften in zwölf Bänden, Bd. 3, hrsg. von Klaus Briegleb, München 1976, S. 364, 144, zit. nach Gerhard Höhn, Heine Handbuch: Zeit, Person, Werk, Stuttgart und Weimar 1997, S. 232.

31 Klee an Lily Stumpf, 25. Mai 1902, in: Briefe, Bd. 1 (wie Anm. 4), S. 240. Siehe auch Klee, Tagebücher (wie Anm. 6), Nr. 412, S. 150.

32 Heinrich Heine, Elementargeister, in: ders., Sämtliche Schriften, hrsg. von Klaus Briegleb, München und Wien 1996, S. 690f.

33 Klee an Lily Stumpf, 17. Juli 1904, in: Briefe, Bd. 1 (wie Anm. 4), S. 436.

34 Fritz Strich, Die Mythologie in der deutschen Literatur von Klopstock bis Wagner, Bd. 2, Halle 1910, S. 402.

35 Siehe zur Bedeutung des Prädikats »Sonderklasse« Jürgen Glaesemer, Paul Klee: Die farbigen Werke im Kunstmuseum Bern, Bern 1979, S. 9.

36 Franciscono (wie Anm. 10), S. 54.

37 Glaesemer (wie Anm. 35), S. 12f.

38 Dazu gehören *Windspielartiges Tier* (1902, 1), *Puppenartige Dame* (1902, 2) und *Zuhälterartiger Athlet* (1902, 3).

39 Klee, Tagebücher (wie Anm. 6), Nr. 391, S. 124.

40 Klee an Lily Stumpf, 30. März 1902, in: Briefe, Bd. 1 (wie Anm. 4), S. 226.

41 Glaesemer (wie Anm. 35) merkt an, zahlreiche pompejanische Fresken im Nationalmuseum in Neapel zeigten vergleichbare Formen und Farben, und verweist auf die Nummern 9245, 9379, 9556, 27695, 111484.

42 Werner Hofmann, Paul Klee: 50 Werke aus 50 Jahren (1890–1940), Ausst.-Kat., Hamburger Kunsthalle, Hamburg 1990, S. 36.

43 Gotthold Ephraim Lessing, Laokoon: oder über die Grenzen der Malerei und Poesie, in: ders., Werke und Briefe, Bd. 5/2, Frankfurt/M. 1990, S. 79–83.

44 Paul Klee, 10 Gebote, in: Die Wanze, 24. September 1898, wiederabgedruckt in: Paul Klee, Schriften (wie Anm. 6), S. 29.

45 Klee an Lily Stumpf, 30. September 1903, in: Briefe, Bd. 1 (wie Anm. 4), S. 350f.

46 Lessing (wie Anm. 43), S. 84.

47 Siehe Pamela Kort, The Ugly Face of Beauty: Paul Klee's Images of Aphrodite, Diss. Ann Arbor, U.M.I., 1994.

48 Manfred Lurker, »Muschel«, in: Wörterbuch der Symbolik, hrsg. von Manfred Lurker, Stuttgart 1991, S. 497.

dite auf Felsensitz," in: John Boardman, Hans Christoph Ackermann, and Jean-Robert Gisler, eds., Lexicon Iconographicum Mythologiae Classicae, Zurich/Munich 1984, vol. II, part 1, p. 92.

25 See Charles Baudelaire, Le Peintre de la vie moderne, 1860, in: idem, The Painter of Modern Life and Other Essays, trans. Jonathan Mayne, New York 1986, p. 13.

26 Klee to Stumpf, 13 October 1902, in: Briefe (as note 4), vol. 1, p. 277.

27 Hermann Friedmann, Die Götter Griechenlands: Von Schiller bis zu Heine, Inauguraldissertation, Berlin, Friedrich-Wilhelms-Universität 1905, p. 7.

28 Markus Küppers, Heinrich Heines Arbeit am Mythos, Munster/New York 1994, pp. 52–62.

29 Klee to Ida, Hans, and Mathilde Klee, 6 January 1899, in: Briefe (as note 4), vol. 1, p. 44.

30 Heinrich Heine, Sämtliche Schriften in zwölf Bänden, ed. Klaus Briegleb, Munich 1976, vol. 3, pp. 364, 144, cited in: Gerhard Höhn, Heine Handbuch: Zeit, Person, Werk, Stuttgart/Weimar 1997, p. 232.

31 Klee to Stumpf, 25 May 1902, Briefe (as note 4), vol. 1, p. 240. See also Klee, Tagebücher (as note 6), # 412, p. 150.

32 Heinrich Heine, Elementargeister, in: idem, Sämtliche Schriften, ed. Klaus Briegleb, Munich/Vienna 1996, pp. 690f.

33 Klee to Stumpf, 17 July 1904, in: Briefe (as note 4), vol. 1, p. 436.

34 Fritz Strich, Die Mythologie in der deutschen Literatur von Klopstock bis Wagner, 2 vols., Halle 1910, vol. 2, p. 402.

35 For the meaning of the ranking *Sonderklasse* see Jürgen Glaesemer, Paul Klee: The Colored Works in the Kunstmuseum Bern, trans. Renate Franciscono, Bern 1979, p. 9.

36 Marcel Franciscono (as note 10), p. 54.

37 Glaesemer (as note 35), pp. 12f.

38 These include *Whippet-like animal* (1902, 1), *Doll-like lady* (1902, 2) and *Pimp-like athlete* (1902/3).

39 Klee, Tagebücher (as note 6), # 391, p. 124.

40 Klee to Stumpf, 30 March 1902, in: Briefe (as note 4), vol. 1, p. 226.

41 Glaesemer notes: "Numerous Pompeian frescoes in the Museo Nazionale in Naples have similar forms and colors. Cf. Inv. Nos. 9245, 9379, 9556, 27695, 111484."

42 Werner Hofmann, Paul Klee: 50 Werke aus 50 Jahren (1890–1940), exhibition cat., Hamburger Kunsthalle, Hamburg 1990, p. 36.

43 Gotthold Ephraim Lessing, Laocoon: An Essay on the Limits of Painting and Poetry (1766), trans. Edward Allen McCormick, Baltimore/London 1984, pp. 52–54.

44 Paul Klee, 10 Gebote, in: Die Wanze, 24 September 1898, reprinted in Paul Klee, Schriften (as note 6), p. 29.

45 Klee to Stumpf, 30 September 1903, in: Briefe (as note 4), vol. 1, pp. 350f.

46 Lessing (as note 43), pp. 55, 64.

47 See Pamela Kort, The Ugly Face of Beauty: Paul Klee's Images of Aphrodite, Ph. D. Dissertation, Ann Arbor, U.M.I., 1994.

48 Manfred Lurker, "Muschel," in: Wörterbuch der Symbolik, ed. Manfred Lurker, Stuttgart 1991, p. 497.

49 Klee to Hans and Maria Klee, 5 November 1898, in: Briefe (as note 4), vol. 1, p. 28.

50 Klee, Tagebücher (as note 6), # 142, p. 62.

51 Hubert Falkner von Sonnenburg, Die antike Mythologie in der Malerei des 19. Jahrhunderts, Inauguraldissertation, Ludwig-Maximilians-Universität, Munich, p. 79. See also Klaus Herding, 'Inversionen': Antikenkritik in der Karikatur des 19. Jahrhunderts, in: Nervöse Auffangsorgane des inneren und äußeren Lebens, Karikaturen, ed. Klaus Herding and Günther Otto, Gießen 1980, pp. 131-170.

49 Klee an Hans und Maria Klee, 5. November 1898, in: Briefe, Bd. 1 (wie Anm. 4), S. 28.
50 Klee, Tagebücher (wie Anm. 6), Nr. 142, S. 62.
51 Hubert Falkner von Sonnenburg, Die antike Mythologie in der Malerei des 19. Jahrhunderts, Diss., Ludwig-Maximilians-Universität, München, S. 79. Siehe auch Klaus Herding, Inversionen: Antikenkritik in der Karikatur des 19. Jahrhunderts, in: Nervöse Auffangsorgane des inneren und äußeren Lebens, Karikaturen, hrsg. von Klaus Herding und Günther Otto, Gießen 1980, S. 131–170.
52 Zur Ähnlichkeit der frühen Karikaturen Klees mit denen im *Simplicissimus* siehe Jürgen Glaesemer, Paul Klee: Handzeichnungen I: Kindheit bis 1920, Bern 1973, S. 77f.
53 Klee, Tagebücher (wie Anm. 6), Nr. 397, S. 132.
54 Klee, Autobiographische Texte 1919, Wilhelm Hausenstein I, in: Tagebücher (wie Anm. 6), S. 487.
55 Klee, Tagebücher (wie Anm. 6), Nr. 643, S. 216.
56 Klee an Lily Stumpf, 30. September 1903, in: Briefe, Bd. 1 (wie Anm. 4), S. 351.
57 Johann Joachim Winckelmann, Geschichte der Kunst des Altertums (1764), Darmstadt 1993, S. 222.
58 Siehe Ludwig Curtius, Die Wandmalerei Pompejis, Leipzig, 1929, S. 4.
59 Jacob Burckhardt, Der Cicerone (1855) Stuttgart 1986, S. 685f.
60 Curtius (wie Anm. 58), S. 15.
61 Klee an Lily Stumpf, 27. Februar 1904, in: Briefe, Bd. 1 (wie Anm. 4), S. 403.
62 Klee an Lily Stumpf, 12. Dezember 1903, in: Briefe, Bd. 1, S. 370.
63 Klee, Tagebücher (wie Anm. 6), Nr. 517, S. 178.
64 Rudolf Koella, Zu Hodlers späten Selbstbildnissen, in: Ferdinand Hodler, hrsg. von Rudolf Koella, Ausst.Kat., Kunsthalle der Hypo-Kulturstiftung, München 1999, S. 11.
65 Klee an Lily Stumpf, 13. Juni 1906, in: Briefe, Bd. 1 (wie Anm. 4), S. 648.
66 Klee an Lily Stumpf, 6. August 1901, Briefe, Bd. 1, S. 142.
67 Klee an Lily Stumpf, 8. Mai 1902, Briefe, Bd. 1, S. 234.
68 Charles Werner Haxthausen, Paul Klee: The Formative Years, New York, 1981, S. 129–131.
69 Michele Hannoosh, Baudelaire and Caricature: From the Comic to an Art of Modernity, University Park (Pennsylvania) 1992, S. 5.
70 Klee, Tagebücher (wie Anm. 6), Nr. 618, S. 209.
71 Hannoosh (wie Anm. 69), S. 37. Siehe auch Oliver Boeck, Heines Nachwirkung und Heine-Parallelen in der französischen Dichtung, Göppingen 1972, S. 116f.
72 Hannoosh (wie Anm. 69), S. 61.
73 Wedekind (wie Anm. 15), S. 152f.
74 Siehe insbesondere »Gorgones Romanae« Nr. 27 in: Lexicon Iconographicum Mythologiae Classicae (wie Anm. 24), Bd. IV/2, S. 92. Diese Marmorskulptur befindet sich in den Vatikanischen Museen, wo Klee sie bei einem seiner häufigen Besuche 1901/1902 gesehen haben könnte.
75 Klee, Tagebücher (wie Anm. 6), Nr. 603, S. 207.
76 Dieser Gedanke wurden erstmals von Karl Rosenkranz in seiner Ästhetik des Häßlichen (1853) vorgebracht. Siehe Norbert Bolz, Das Böse jenseits von Gut und Böse, in: Das Böse, hrsg. von Carsten Colpe und Wilhelm Schmidt-Biggemann, Frankfurt/M. 1993, S. 260.
77 Christian Geelhaar, Journal intime oder Autobiographie?: Über Paul Klees Tagebücher, in: Paul Klee: Das Frühwerk 1883–1922, hrsg. von Armin Zweite, Ausst.-Kat. Städtische Galerie im Lenbachhaus, München 1979, S. 250.
78 Klee an Lily Stumpf, 16. April 1904, in: Briefe, Bd. 1 (wie Anm. 4), S. 413f.

52 On the similarity of Klee's early caricatures to those reproduced in *Simplicissimus* see Jürgen Glaesemer, Paul Klee: Handzeichnungen I: Kindheit bis 1920, Bern 1973, pp. 77–78.
53 Klee, Tagebücher (as note 6), # 397, p. 132.
54 Klee, Autobiographische Texte 1919, Wilhelm Hausenstein I, in: Tagebücher (as note 6), p. 487.
55 Klee, Tagebücher (as note 6), # 643, p. 216.
56 Klee to Stumpf, 30 September 1903, in: Briefe (as note 4), vol. 1, p. 351.
57 Johann Joachim Winckelmann, Geschichte der Kunst des Altertums (1764), Darmstadt 1993, p. 222.
58 See Ludwig Curtius, Die Wandmalerei Pompejis, Leipzig 1929, p. 4.
59 Jacob Burckhardt, Der Cicerone (1855), Stuttgart 1986, pp. 685 f.
60 Curtius (as note 58), p. 15.
61 Klee to Stumpf, 27 February 1904, in: Briefe (as note 4), vol. 1, p. 403.
62 Klee to Stumpf, 12 December 1903, in: Briefe (as note 4), vol. 1, p. 370.
63 Klee, Tagebücher (as note 6), # 517, p. 178.
64 Rudolf Koella, Zu Hodlers späten Selbstbildnissen, in: Ferdinand Hodler, ed. Rudolf Koella, exhibition cat., Munich, Kunsthalle der Hypo-Kulturstiftung, 1999, p. 11.
65 Klee to Stumpf, 13 June 1906, in: Briefe (as note 4), vol. 1, p. 648.
66 Klee to Stumpf, 6 August 1901, in: Briefe (as note 4), vol. 1, p. 142.
67 Klee to Stumpf, 8 May 1902, in: Briefe (as note 4), vol. 1. p. 234.
68 Charles Werner Haxthausen, Paul Klee: The Formative Years, New York 1981, pp. 129–131.
69 Michele Hannoosh, Baudelaire and Caricature: From the Comic to an Art of Modernity, University Park, Pennsylvania, Pennsylvania 1992, p. 5.
70 Klee, Tagebücher (as note 4), # 618, p. 209.
71 Hannoosh (as note 69) p. 37. See also Oliver Boeck, Heines Nachwirkung und Heine-Parallelen in der französischen Dichtung, Göppingen 1972, pp. 116–117.
72 Hannoosh (as note 69) p. 61.
73 Wedekind (as note 15), pp. 152–153.
74 See in particular *Gorgones Romanae* # 27 in: Lexicon Iconographicum Mythologiae Classicae (as note 24), vol. IV, part 2, p. 92. This marble sculpture is in the Vatican Museum, where Klee might have noticed it on one of his frequent visits between 1901 and 1902.
75 Klee, Tagebücher (as note 6), # 603, p. 207.
76 This idea was first advanced by Karl Rosenkranz in his Ästhetik des Häßlichen, 1853. See Norbert Bolz, Das Böse jenseits von Gut und Böse, in: Das Böse, ed. Carsten Colpe and Wilhelm Schmidt-Biggemann, Frankfurt/M. 1993, p. 260.
77 Christian Geelhaar, Journal intime oder Autobiographie?: Über Paul Klees Tagebücher in: Paul Klee: Das Frühwerk 1883–1922, ed. Armin Zweite, exhibition cat., Munich, Städtische Galerie im Lenbachhaus, Munich 1979, p. 250.
78 Klee to Lily Stumpf, 16 April 1904, in: Briefe (as note 4), vol. 1, pp. 413f.
79 Klee, Tagebücher (as note 6), # 692, p. 224.
80 Klee to Stumpf, 27 February 1904, Briefe (as note 4), vol. 1, p. 403.
81 Klee's comment that *Freunde* could be called "Faust und Mephisto" indicates that he particularly linked the work to Goethe's conception of the demonic. See Klee to Stumpf, 11 November 1905, in: Briefe (as note 4), vol. 1, p. 539. On Klee's reading of Plato's *Symposium* and Johann Peter Eckermann's *Gespräche mit Goethe* see Klee to Stumpf, 18 January 1904; 6 February 1904; 31 March 1904, in: Briefe, vol. 1, pp. 394, 399, 411. See also Klee, Tagebücher (as note 6), # 568, p. 188.
82 Klee, Tagebücher, # 675, p. 222.

79 Klee, Tagebücher (wie Anm. 6), Nr. 692, S. 224.
80 Klee an Lily Stumpf, 27. Februar 1904, in: Briefe, Bd. 1 (wie Anm. 4), S. 403.
81 Klees Anmerkung, man könne *Freunde* auch »Faust und Mephisto« nennen, deutet darauf hin, daß dem Werk speziell Goethes Verständnis des Dämonischen als Folie diente. Siehe Klee an Lily Stumpf, 11. November 1905, in: Briefe, Bd. 1 (wie Anm. 4), S. 539. Zu Klees Lektüre von Platons *Symposium* und Johann Peter Eckermanns *Gesprächen mit Goethe* siehe Klee an Lily Stumpf, 18. Januar 1904; 6. Februar 1904; 31. März 1904, in: Briefe, Bd. 1, S. 394, 399, 411. Siehe auch Klee, Tagebücher (wie Anm. 6), Nr. 568, S. 188.
82 Klee, Tagebücher, Nr. 675, S. 222.
83 Klee, Tagebücher, Nr. 136, S. 60.
84 Erwin Panofsky, The Life and Art of Albrecht Dürer, Princeton, New Jersey 1955, S. 284.
85 Zu Dürer siehe Joseph Leo Koerner, The Moment of Self-Portraiture in German Renaissance Art, Chicago und London 1993, S. 137f.
86 Jura Brüschweiler, Zu einigen Porträts und Selbstbildnissen: Entstehung, Deutung, Datierung, in: Ferdinand Hodler, Ausst.-Kat., Nationalgalerie Berlin 1983, S. 417–419.
87 Hans Mühlestein und Georg Schmidt, Ferdinand Hodler: Sein Leben und sein Werk, Zürich 1983, S. 281.
88 Klee, Tagebücher (wie Anm. 6), Nr. 884, S. 308.
89 Zur Datierung der Porträts siehe O.K. Werckmeister, The Making of Paul Klee's Career 1914–1920, Chicago und London 1989, S. 180. Zu Klees aufmerksamer Lektüre von *Kunst und Künstler* siehe Klee an Lily Klee, 23. Juli 1908, Briefe, Bd. 2, S. 673. Siehe auch Klee, Tagebücher, Nr. 809, S. 261. Karl Scheffler, Ferdinand Hodler †, in: Kunst und Künstler, XVI/10 (September 1918) Berlin, S. 403f., zit. nach Jura Brüschweiler, Hodler im Urteil der deutschen Presse, in: Ferdinand Hodler, Ausst.-Kat., München 1999, S. 228.
90 Siehe Oskar Bätschmann, Ausstellungskünstler: Zu einer Geschichte des modernen Künstlers, in: Kultfigur und Mythenbildung, hrsg. von Michael Groblewski und Oskar Bätschmann, Berlin 1993, S. 27. Bätschmann geht nicht näher auf die Bedeutung von Klees Bezugnahme auf Hodlers *Selbstporträt* von 1900 in *Versunkenheit* ein, sondern stellt beide Bilder lediglich einander gegenüber.
91 Koella (wie Anm. 64), S. 19.
92 Paul Klee, Beitrag für den Sammelband »Schöpferische Konfession«, in: Klee, Schriften (wie Anm. 6), S. 121.
93 Klee, Autobiographische Texte 1919, Wilhelm Hausenstein I, Tagebücher (wie Anm. 6), Nr. 629, S. 493.
94 Osamu Okuda, Paul Klee: Buchhaltung, Werkbezeichnung und Werkprozeß, in: Radical Art History: Internationale Anthologie, Subject O. K. Werckmeister, hrsg. von Wolfgang Kersten, S. 377f.
95 Ebd. Die Hinzufügung des Vermerks »Sonderklasse« wiederum erfolgte frühestens 1925, als Klee diese Bewertung einführte. Siehe Okuda (wie Anm. 94), S. 378, sowie Stefan Frey und Wolfgang Kersten, Paul Klees geschäftliche Verbindung zur Galerie Alfred Flechtheim, in: Alfred Flechtheim: Sammler Kunsthändler Verleger, Ausst.-Kat. Kunstmuseum, Düsseldorf 1987, S. 78f.
96 Leopold Zahn, Paul Klee: Leben, Werk, Geist, Potsdam 1920. Wilhelm Hausenstein, Kairuan oder eine Geschichte vom Maler Klee und von der Kunst dieses Zeitalters, München 1921.
97 Klee, Tagebücher (wie Anm. 6), Nr. 155, S. 65.

83 Klee, Tagebücher, # 136, p. 60.
84 Erwin Panofsky, The Life and Art of Albrecht Dürer, Princeton, New Jersey 1955, p. 284.
85 On Dürer see Joseph Leo Koerner, The Moment of Self-Portraiture in German Renaissance Art, Chicago/London 1993, pp. 137f.
86 Jura Brüschweiler, Zu einigen Porträts und Selbstbildnissen: Entstehung, Deutung, Datierung, in: Ferdinand Hodler, exhibition cat., Berlin, Nationalgalerie, 1983, pp. 417–419.
87 Hans Mühlestein and Georg Schmidt, Ferdinand Hodler: Sein Leben und sein Werk, Zurich 1983, p. 281.
88 Klee, Tagebücher (as note 6), # 884, p. 308.
89 On the dating of the portraits see Karl Werckmeister, The Making of Paul Klee's Career 1914–1920, Chicago/London 1989, p. 180. On Klee's study of *Kunst und Künstler* see Klee to Stumpf, 23 July 1908, in: Briefe (as note 4), vol. 2, p. 673. See also Klee, Tagebücher (as note 6), # 809, p. 261. Karl Scheffler, Ferdinand Hodler †, in: Kunst und Künstler, XVI Jg. Heft 10, Berlin, September 1918, p. 403f., cited in Jura Brüschweiler, Hodler im Urteil der deutschen Presse, in: Ferdinand Hodler, exhibition cat., Munich 1999, p. 228.
90 See Oskar Bätschmann, Ausstellungskünstler: Zu einer Geschichte des modernen Künstlers, in: Kulturfigur und Mythenbildung, ed. Michael Groblewski and Oskar Bätschmann, Berlin 1993, p. 27. Bätschmann does not comment upon the meaning of Klee's citation of Hodler, but merely juxtaposes his *Self-Portrait,* 1900, with Klee's *Absorption,* 1919.
91 Koella (as note 64), p. 19.
92 Paul Klee, Beitrag für den Sammelband "Schöpferische Konfession", in: Klee, Schriften (as note 6), p. 121.
93 Klee, Autobiographische Texte 1919, Wilhelm Hausenstein I, in: Tagebücher (as note 6), # 629, p. 493.
94 Osamu Okuda, Paul Klee: Buchhaltung, Werkbezeichnung und Werkprozess, in: Radical Art History: Internationale Anthologie, Subject O. K. Werckmeister, ed. Wolfgang Kersten, pp. 377f.
95 Ibid. Moreover, Klee's designation of it as a "Sonderklasse" work took place no earlier than 1925, when he formulated this ranking system. See Okuda, p. 378, and Stefan Frey and Wolfgang Kersten, Paul Klees geschäftliche Verbindung zur Galerie Alfred Flechtheim, in: Alfred Flechtheim: Sammler Kunsthändler Verleger, exhibition cat., Dusseldorf, Kunstmuseum, 1987, pp. 78f.
96 Leopold Zahn, Paul Klee: Leben, Werk, Geist, Potsdam 1920. Wilhelm Hausenstein, Kairuan oder eine Geschichte vom Maler Klee und von der Kunst dieses Zeitalters, Munich 1921.
97 Klee, Tagebücher (as note 6), # 155, p. 65.

1   Selbst • Myself, 1899, 1

14 Junger männlicher Kopf in Spitzbart, handgestützt • Young man with goatee, resting his head in his hand, 1908, 42

15 Zchnng. zu e. Holzschnitt • Drawing for a woodcut, 1909, 39

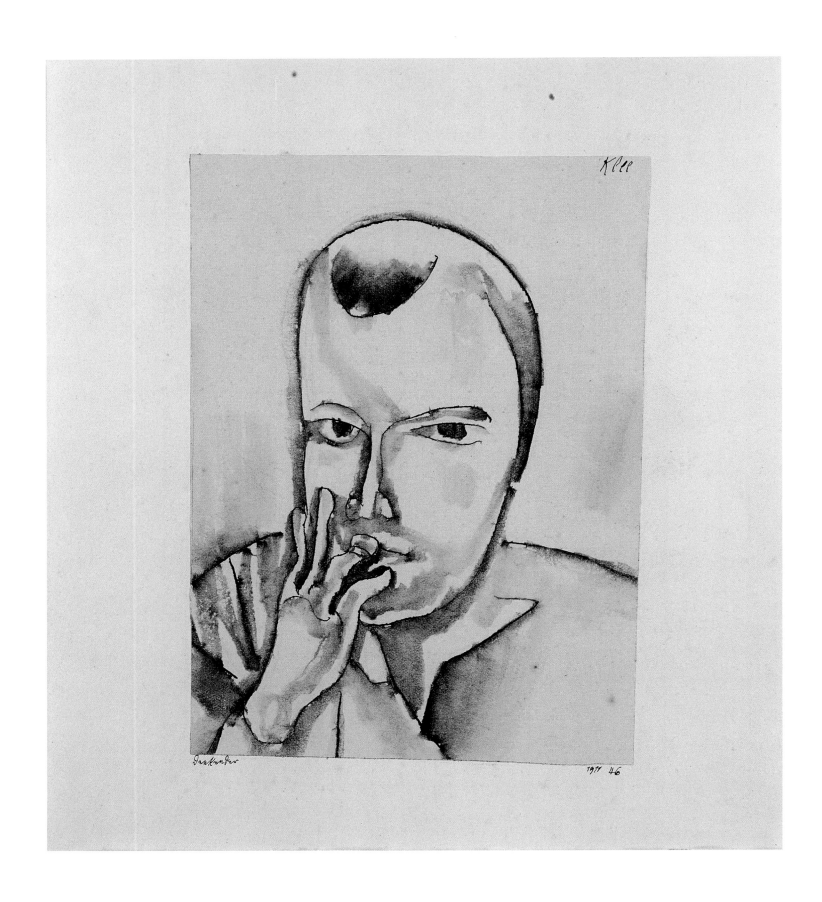

16 Denkender • Man thinking, 1911, 46

22 als ich Rekrut war • When I was a recruit, 1916, 81

27 Denkender Künstler • Thinking artist, 1919, 71

28   Empfindender Künstler • Feeling artist, 1919, 72

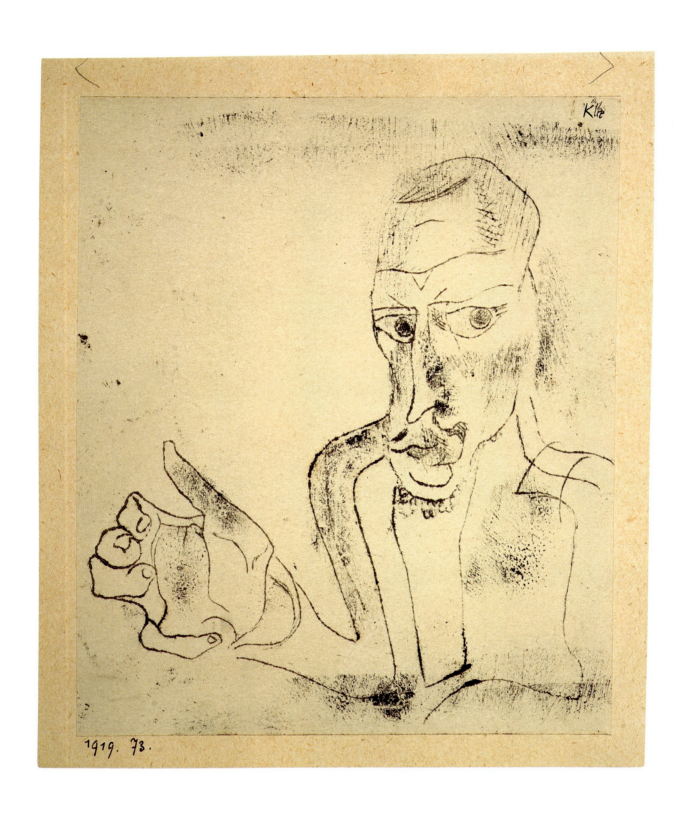

29 Abwägender Künstler • Pondering artist, 1919, 73

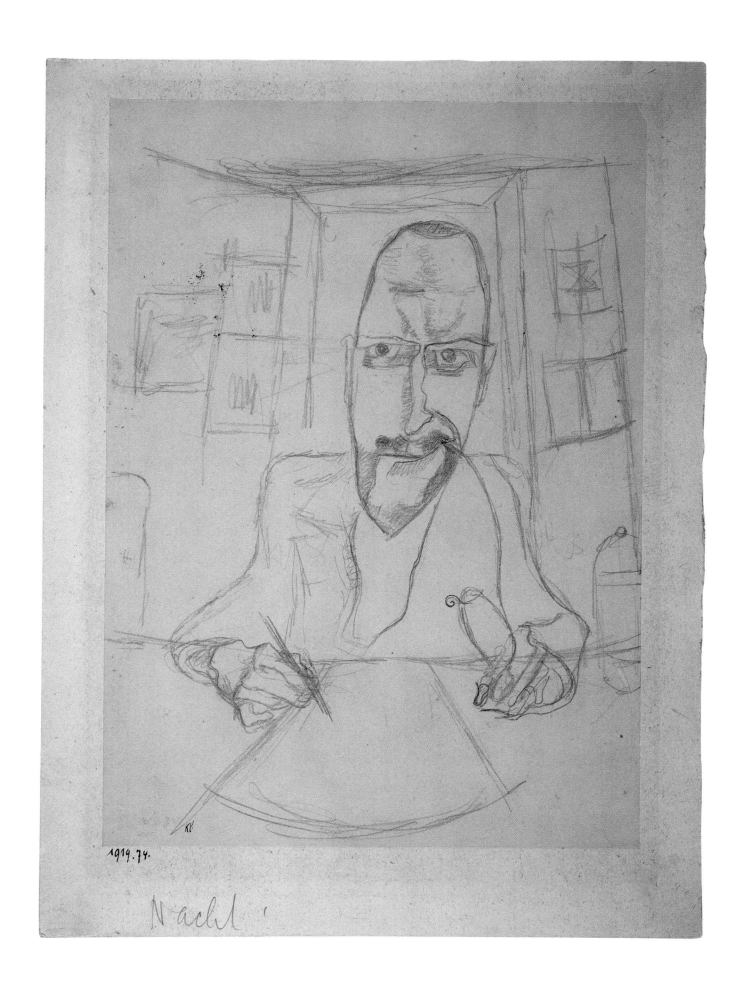

30 Formender Künstler • Creating artist, 1919, 74

Versunkenheit • Absorption, 1919, 75

Maske • Mask, 1919, 76

31 Maske • Mask, 1919, 77

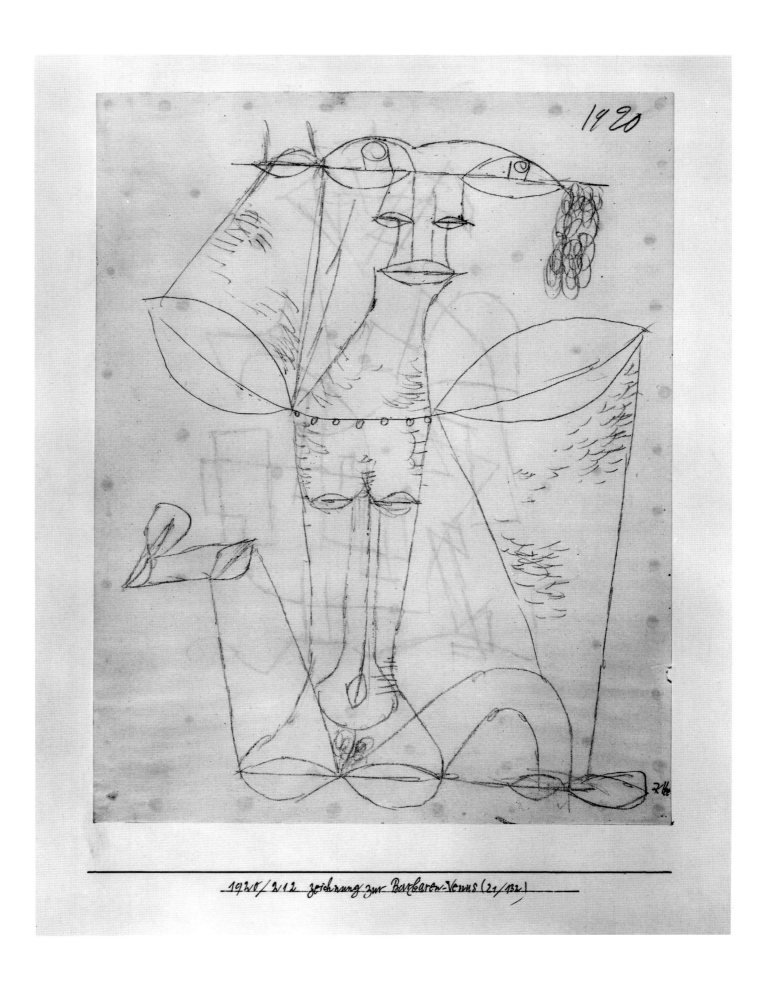

36   Zeichnung zur Barbaren-Venus (21/132) • Drawing for Barbarian Venus (1921, 132), 1920, 212

Paul Klee, Bern, September 1906 (Fotograf unbekannt/photographer unknown)

3   Der Komiker • Comedian, 1903, 3

5   Komiker • Comedian, 1904, 10

8   Komiker. (Inv. 4) • Comedian (Inv. 4), 1904, 14

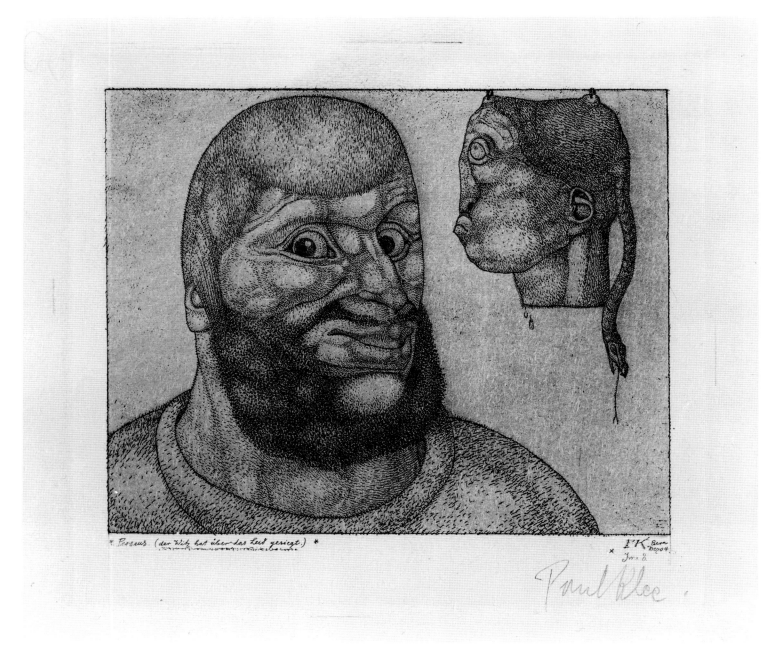

6   Perseus. (der Witz hat über das Leid gesiegt.) • Perseus (wit has triumphed over grief), 1904, 12

4   Erste Fassung »Weib u. Tier« • First version "Woman and beast", 1903

7   Weib u. Tier • Woman and beast, 1904, 13

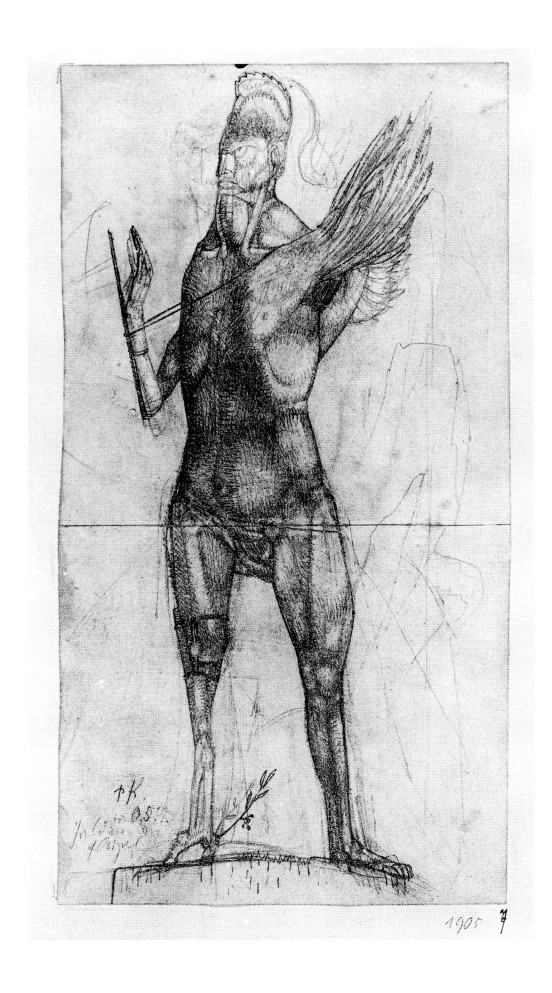

9 held m. flügel • Hero with wing, 1905, 7

10 Greiser Phönix (Inv. 9) • Aged phoenix (Inv. 9), 1905, 36

12   Der Held mit dem Flügel • Winged hero, 1905, 38

11 Drohendes Haupt • Menacing head, 1905, 37

Gregor Wedekind

Metamysticism
Paul Klee and Myth

Work is in progress on myth. At the close of the twentieth century, there is talk of myth on every side: hence, as we see, "Paul Klee and Myth." But it is not enough to say that myth as a subject is in the air. The word has many uses, and its reference is highly general. Paul Klee and myth? What myth? In Germany, the mention of myth is fraught with history. *Der Mythus des 20. Jahrhunderts* (The Myth of the Twentieth Century) was the title of the book by Alfred Rosenberg, published in 1930, in which he proclaimed the myth of the coming "Thousand-Year Reich". The House of Art (originally House of *German* Art, Haus der deutschen Kunst) that the Nazis built in Munich is a reminder in itself that the German discussion of myth led into that of national resurgence, of the Aryan race and of "Blood and Soil". The current widespread and growing interest in myth sometimes seems to involve an attempt to shake off this historical burden. This is the triumph of an innocent version of myth, largely free of Germanic elements. The favourite topic is not myth as such but good myth. What has the German history of myth to do with Paul Klee? Much of his life was lived in Munich, and when the House of Art was opened in 1937 he was excluded. His paintings were hung in the Hofgarten building, almost opposite, and branded "degenerate". That is the first part of the answer.

I.

To elucidate the discussion of myth in Germany, we must look back another century, to the beginning of the modern epoch. Friedrich Schlegel formulated the relationship between myth and the quest for meaning in his "Discourse on Mythology" (*Rede über die Mythologie*) of 1800. The poets of the day, said Schlegel, felt that they lacked "a firm foundation for their works […] a mother earth, a heaven, a living air". Each worked from within himself and in doing so remained isolated; every new work in its turn was a solitary creation *ex nihilo*. "I maintain that our poetry suffers from the lack of a centre, which is what the ancients possessed in the form of myth. The essential inferiority of modern literature to the antique consists in the fact that we have no mythology. But, I add, we are close to obtaining one; or, rather, it is high time we set to work to create one."[1]

The modern interest in myth,[2] as launched by Schlegel, has its origin in a state of discontent: an awareness of discontinuity, manifested as a lack: the lack of a centre, the lack of an idea

Die moderne Beschäftigung mit dem Mythos[2], so wie sie Schlegel projektiert, verdankt sich einem Unbehagen. Empfunden wird ein Bruch, der sich als Mangel darstellt. Mangel an einem Mittelpunkt, Mangel an einer Mensch und Welt übergreifenden Idee. *Neue Mythologie* ist als Kalkül und Willensangelegenheit eine Sache der Künstler. Ein Produkt der Kunst, das »künstlichste aller Kunstwerke«[3], wie es dort heißt, das alle anderen Kunstwerke umfassen solle. Weniger geht es bei der *Neuen Mythologie* darum, einen neuen, eigenen Kanon von mythischen Geschichten zu erdichten, als vielmehr darum, den ursprünglichen Gehalt von Mythos als eine Rückbindung an das Göttliche zu erreichen. Ziel und Grund der *Neuen Mythologie* ist die Selbsterkenntnis des Menschen über sich, die Welt und deren Ursprung: Dann könne »der Mensch inne werden, was er ist, und würde die Erde verstehn und die Sonne«.[4]

Im Laufe des 19. Jahrhunderts ist dieses idealistische Programm auf den unterschiedlichsten Ebenen umgesetzt worden. Das Aufspannen eines mythischen Horizonts als Aufgabe der Kunst wurde von philosophischen Explikationen des Mythos und wissenschaftlichen Expeditionen in überlieferte Mythen begleitet und abgestützt. Das romantische Projekt der *Neuen Mythologie* ist der »Versuch, aus den Mythologien aller Völker und Zeiten und den neuen Ideen der Philosophie und Religion sich eine neue Mythologie zu erschaffen«.[5] Das Phantastische und Ungereimte der überlieferten Mythen wird jetzt nicht mehr als Irr- und Aberglaube der Alten abgetan, noch wird Mythos länger vernünftig als das Werk betrügerischer Priester erklärt oder aber als poetische Verkleidung kulturgeschichtlicher Ereignisse zur Bildung empfohlen. Mythische Dichtung wird romantisch als Symbol verstanden: »Was sonst das Bewußtsein ewig flieht, ist hier dennoch sinnlich geistig zu schauen und festgehalten, wie die Seele in dem umgebenden Leibe, durch den sie in unser Auge schimmert, zu unserem Ohre spricht.«[6] Als das sinnliche Erscheinen des »höchsten Heiligen« kann die Poesie »den Gang und die Gesetze der vernünftig denkenden Vernunft« aufheben »und uns wieder in die schöne Verwirrung der Fantasie, in das ursprüngliche Chaos der menschlichen Natur« versetzen, für das Schlegel kein schöneres Symbol zu kennen angibt als »das bunte Gewimmel der alten Götter«.[7] Allerdings, was einst als Mythos gegebene Totalität war, ist jetzt Ideal.[8] Aus diesem Grunde kann *Neue Mythologie* – die »ästhetische Utopie einer mythologischen Fiktion«[9] – immer nur symbolisch sein. Und ein symbolischer Mythos ist eine mystische Anschauung.[10]

Das Verhältnis von Mythos, Religion und Aufklärung könnte man thesenhaft und schematisch so skizzieren: Mythos ist die Zeit, in der menschliche und göttliche Sphäre noch nicht getrennt waren. Dieser archaische Zustand erfährt durch die monotheistische Religion seine Kultivierung in Form einer Rationalisierung, die die Bestimmung und Abgrenzung beider Sphären vornimmt. Religion als rationalisierter Mythos. Aufklärung rationalisiert wiederum Religion. In diesem Prozeß geht auf jeder Stufe etwas verloren. Verloren geht Unmittelbar-

that transcends both man and world. The "New Mythology", as a conscious and calculated effort of will, is a matter for artists. Itself a product of art – "the most artificial of all works of art",[3] as Schlegel called it – it encompasses all other works of art. The "New Mythology" is less concerned with fashioning a new canon of mythical tales than with recovering the original substance of myth, as a link with the divine. The aim and rationale of the "New Mythology" is to give man an awareness of himself, of the world and of its origins. Only thus could man ever "know what he is and understand the earth and the sun".[4]

This idealism found expression on the most diverse levels in the course of the nineteenth century. Art assumed the task of exploring a mythical horizon; in so doing, it was accompanied and supported by the philosophical interpretation of myth and the scientific exploration of existing myths. This Romantic project of a "New Mythology" was the "attempt to create a New Mythology from the mythologies of all nations and all ages and from the new ideas of philosophy and religion".[5] The fantastic and inconsistent element in traditional myths was no longer dismissed as the deluded superstition of the ancients; nor was myth explained away either as a priestly fraud or as a poetic disguise for events in cultural history. The Romantics saw mythical poetry as symbolic: "What otherwise continually eludes the consciousness can here nevertheless be seen and sensed in the mind: it is like the soul within the confines of the body, through which it glimmers to the eye, and through which it speaks to our ear."[6] As the sensory manifestation of the "holy of holies", poetry can suspend the validity of "the laws and paths of rational thought" and transport us back to "the beautiful confusion of fancy, the original chaos of human Nature," for which Schlegel professes to be unable to give any finer symbol than "the colourful throng of ancient gods".[7] However, what once was a given totality (as myth) is now an ideal.[8] Which is why the "New Mythology" – the "aesthetic utopia of a mythological fiction"[9] – can only ever be symbolic. And a symbolic myth is a mystical vision.[10]

The relationship between myth, religion and Enlightenment might be adumbrated as follows: myth is the time when the human and divine spheres are not yet separate. Monotheistic religion cultivates this archaic state in the form of a rationalization, defining and delimiting the separate spheres. Religion is rationalized myth. Enlightenment, in its turn, rationalizes religion. At each stage in this process, something is lost: first immediacy, then the contact between man and the divine. Each stage of rationalization reduces the cohesive social force of the mythical or religious complex of meaning.

In the process of rationalization, the emotional immediacy of ethical and moral directives begins to crumble. Abstraction, whether in ecclesiastical doctrine or in the concept of natural religion, is a step away from the mythic legitimization of rules of conduct. This then loses its magic and thereby its emotional power. In religious times, the reaction to this loss is mysticism. Mysticism is the attempt to secure a personalized and intensified

keit, verloren geht die Berührung von Menschlichem und Göttlichem. Jeder Rationalisierungsschritt verringert damit zugleich die gesellschaftliche Bindekraft des mythischen oder religiösen Sinnkomplexes. Ergriffen von der Bewegung der Rationalisierung, wird die emotionale Unmittelbarkeit der ethisch-moralischen Direktiven porös. In der Abstraktion, sei es einer kirchlichen Lehre oder der Idee einer natürlichen Religion, rückt die mythisch legitimierte Handlungsanleitung gefühlsmäßig fern. Sie geht ihrer Magie und damit ihrer emotionalen Wirkkraft verlustig. Auf diesen Verlust reagiert zu Zeiten der Religion Mystik. Mystik als der Versuch einer personalisierten und zugespitzten Gotteserfahrung vor einem orthodoxen religiösen Hintergrund. Wenn nun die Religion der aufgeklärten Sichtweise nicht mehr standhält, dann nimmt sie jene Qualität an, die zuvor dem Mythos im Verhältnis zur Religion eigen war. Als eine (überwundene) irrationale Vorstufe sackt Religion auf die Ebene des Mythos zurück. So wie die Evangelien von der Bibelkritik als historisch unwahr erwiesen werden und damit auf den Status von Mythen zurücksinken. Christentum kommt als ein Mythos neben anderen Mythen zu stehen. Das religiöse Dogma verfällt der analytischen Kritik. Mit dem Deismus wird der Gehalt des Christentums verstanden als gleichbedeutend mit dem, was der Mensch an »natürlichem« religiösen Empfinden ohnehin hat. Was dazu nicht paßt, vor allem tradierte Kodifizierungen wie der Ritus, insbesondere das überwundene »jüdische Gesetz«, wird abgestreift. Die Aufklärung nimmt aus der christlichen Religion, die zur natürlichen Religion wird, das Mythische heraus. Hier setzt die *Neue Mythologie* der Romantik ein. Sie ist der mystische Reflex auf die Rationalisierung der Religion durch Aufklärung. Das religiöse Bedürfnis richtet sich nun auf den irrationalen Gehalt von Religion, der mystisch aufgenommen und aufgeladen wird. Von allen aufklärerischen und kritischen Operationen ist diese (Gefühls-)Wahrheit der Religion quasi unberührbar. Die Wunde, die durch die aufklärerische Spiritualisierung der Religion zu einer rein geistigen Idee aufgerissen wird, soll jetzt in der mystischen Anschauung der Mythologie geheilt werden. In Symbolen und Bildern soll die verlorene sinnliche Seite von Religion wieder verfügbar gemacht werden. Über göttliche Dinge läßt sich nur noch mythisch sprechen. So wird »der Mythos zur unaufhebbaren religiösen Ausdrucksform, die Theologie zur Mythologie«.[11] Mythos als Erzählung vom Ursprung, als Symbol der Einheit von Menschlichem und Göttlichem umgreift Religion und verspricht grundsätzlicher als diese eine Mittelpunkt schaffende Sinnsetzung.

Die neue Theologie der *Neuen Mythologie* ist das philosophisch-künstlerische Kalkül eines gesellschaftlichen Organismus. Dieser wird kulturell, national, schließlich biologisch verstanden, nicht aber staatlich. Im sogenannten *Ältesten Systemprogramm des deutschen Idealismus,* das das Vorbild auch für Schlegels *Rede über die Mythologie* abgibt und ihr unmittelbar vorausgeht, wird die Forderung nach einer »neuen Mythologie« als im

experience of God within the context of orthodox religion. When religion can no longer resist the forces of Enlightenment, it itself acquires that quality that mythology previously had in relation to religion. Now that it is itself an (outworn) preliminary stage, religion itself subsides to the level of myth. Once the Gospels have been proved historically untrue and reduced to the status of myth, Christianity itself becomes one myth among many. Religious dogma succumbs to analytical criticism.

Under Deism, the message of Christianity is equated with the "natural" religion that man is supposed to have possessed all along. Everything that fails to fit into this scheme, and especially such traditional codifications as ritual and most particularly the outworn "Judaic" law, is cast off. Enlightenment takes the mythical element out of Christianity and reduces it to natural religion. And this is where the "New Mythology" comes in: it is the mystical reaction against the Enlightenment's rationalization of religion. The need for religious experience redirects itself toward the irrational content of religion, which is now loaded with a mystical charge and perceived accordingly. This (emotional) truth of religion is virtually proof against all the efforts of the Enlightenment and the critics. The wound inflicted by the reductionist treatment of religion by the Enlightenment, which rendered it a purely mental idea, is now to be healed in the mystical vision of mythology. In symbols and images, the lost sensory side of religion once more becomes accessible. Only in mythic terms can the Divine now be spoken of. And thus, "myth becomes the irreducible form of religious expression, and theology becomes mythology".[11] Myth as the narrative of origins, as the symbol of the unity between the human and the divine, embraces religion and promises – more essentially even than the latter – an interpretation that gives life a centre of meaning.

The new theology of the "New Mythology" is the philosophical-artistic calculation of a social organism. This organism is interpreted in cultural, national, even biological – but not in institutional – terms. In the pamphlet known as *Ältestes Systemprogramm des deutschen Idealismus,* which appeared before Schlegel's *Rede über die Mythologie* and to some extent served as a model for it, the call went up for a "New Mythology" in the service of ideas: "The idea of humanity, first and foremost. I will show that there is no such thing as an idea of the State, because the State is a mechanical thing – any more than there is such a thing as the idea of a machine. Only that which is an object of freedom can bear the name of 'idea'. We must therefore transcend the State! For any State must necessarily treat free people as mechanical cogs; and that is wrong; and so the State must end."[12]

The antinomianism of early Romanticism, its discarding of the "whole miserable human machinery of State, constitution, government, lawmaking",[13] went hand in hand with the emergence of the Aryan myth. From Herder onwards, there were intellectual attempts in Germany to divorce the human race from the genealogy of the Jews, to shake off the descent from Noah.[14] India was now the preferred cradle of mankind. The issue of

»Dienste der Ideen« stehend begründet und daraus gefolgert: »Die Idee der Menschheit voran – will ich zeigen, daß es keine Idee vom Staat gibt, weil der Staat etwas mechanisches ist, so wenig als es eine Idee von einer Maschine gibt. Nur was Gegenstand der Freiheit ist, heisst Idee. Wir müßen also auch über den Staat hinaus! – Denn jeder Staat muß freie Menschen als mechanisches Räderwerk behandeln; u. das soll er nicht; also soll er aufhören.«[12]

Der frühromantische Antinomismus, die Überwindung des »ganzen elenden Menschenwerks von Staat, Verfaßung, Regierung, Gesetzgebung«[13], fällt dabei in eins mit der Ausbildung des arischen Mythos. Dazu versuchte man sich in Deutschland seit Herder von der jüdischen Genealogie des Menschengeschlechts freizumachen, die Abstammung von Noah abzuschütteln.[14] Als die Wiege des Menschengeschlechts wurde nun mit Vorliebe Indien angesehen. Diese neue Ursprungsgeschichte der Menschheit ist eng verbunden mit dem Problem des Ursprungs der Sprache. Nicht Hebräisch sollte dies länger sein, sondern Sanskrit. Orientalisten entdeckten nicht nur verblüffende Ähnlichkeiten des Sanskrit mit dem Griechischen und Lateinischen, was in die Theorie von der indogermanischen Sprachfamilie mündete. Auch konstatierte man nun enge Analogien zwischen der griechisch-römischen und der indischen Mythologie, wobei erstere in der Folge dann das Bindeglied zwischen Indern und Germanen abgab. Diesen orientalistischen Entdeckungen und Konstruktionen verlieh Friedrich Schlegel sofort einen anthropologischen Anstrich, indem er, »von der Sprachverwandtschaft ausgehend, auf eine Rassenverwandtschaft schloß«.[15] In seinem Essay *Über die Sprache und Weisheit der Inder* von 1808 schreibt er den neuen Ursprungsmythos, »diese für unsere vaterländische Geschichte sehr wichtige Frage«, fort.[16] Die indischen Germanenstämme seien nordwärts gewandert, wodurch dem Abendland die Kultur gebracht worden sei. Schon in seiner *Rede über die Mythologie* hatte Schlegel proklamiert: »Im Orient müssen wir das höchste Romantische suchen«, dabei aber keinen Zweifel daran gelassen, daß eine solche Erschließung nur dem Niveau deutscher Kultur möglich sei: »Welche neue Quelle von Poesie könnte uns aus Indien fließen, wenn einige deutsche Künstler mit der Universalität und Tiefe des Sinns, mit dem Genie der Übersetzung, das ihnen eigen ist, die Gelegenheit besäßen, welche eine Nation, die immer stumpfer und brutaler wird, wenig zu brauchen versteht.«[17]

Bei der Formierung einer neuen übergreifenden gesellschaftlichen Legitimation durch den Mythos gehen also kulturelle Mythen und Abgrenzungen mit nationalen wirkungsvoll Hand in Hand. Auch in anderen Ländern, so in den »mechanischen« Zivilisationen Frankreich und England, spielten nationale Mythen als Instrument und Produkt gesellschaftlicher Modernisierung eine ausgeprägte Rolle.[18] Doch sind sie dort nicht an einen emphatischen Kulturbegriff gebunden, wie er von Schlegel und den Romantikern transportiert worden ist.[19] Die programmatische Überwindung von jüdischer »Gesetzesreligion«

human origins was closely tied to that of the original source of language, which was now thought to have been Sanskrit rather than Hebrew. Not only had Orientalists found Sanskrit to bear astonishing similarities to Latin and Greek, which led to the theory of the Indo-European family of languages; they had also observed analogies between Greco-Roman and Indian myth, and they went on to define the former as the link between the Indic and Germanic worlds. Friedrich Schlegel gave the discoveries and constructs of the Orientalists an anthropological interpretation: he "concluded from the linguistic affinity that there must also be a racial affinity".[15] He elaborated the new myth of origin, "this vital issue in our national history", in his 1808 essay *Über die Sprache und Weisheit der Inder*.[16] The Indo-Germanic tribes had migrated northwards, bringing their culture to the West. Schlegel had already proclaimed in his *Rede über die Mythologie* that "we must seek the acme of Romanticism in the East", while leaving no room for doubt that only German culture was advanced enough to essay a reconstruction: "What new wellsprings of poetry might flow for us from India, if a few German artists, with their characteristic universality and depth of comprehension, and with their genius for translation, were to seize the opportunity that is now quite beyond the capacity of a nation that is becoming ever duller and more brutish."[17]

So, in the creation of a new all-encompassing societal legitimization through myth, cultural myths and distinctions go hand in hand with nationalistic ones. Elsewhere, too – and even in the "mechanical" civilizations of Britain and France – national myth played a significant role both as product and an instrument of the modernization of society.[18] There, however, it was not welded to any emphatic expression of culture, such as was conveyed in the work of Schlegel and the Romantics.[19] Under the Idealist approach to culture, the systematic elimination of the Judaic "religion of law" and of "justification by works" by mainly Protestant Christianity finds a direct counterpart in the elimination of the fetters of State organization and civilized life. For the bourgeois individual, society is nothing but a means to the end, that of evolving the human species towards a higher purpose. Only "culture" does justice to man's natural orientation towards moral perfection. "Civilization", on the other hand, represents no more than the control and regulation of human collective life: it is no better than an unavoidable compromise. As Kant put it: "The idea of morality is part of culture; the practice of that idea, however, which leads to nothing more than the simulacrum of morality that is the love of honour and outward decency, constitutes the mere civilizing process."[20]

In espousing the cause of "culture", the German bourgeoisie thus pursued something that was an attitude, a state of mind, a *Denkungsart* or way of thinking. The pursuit of morality is an effort "to discipline oneself, and thus, through hard-won proficiency, to bring the germs of [human] Nature to fruition";[21] whereas participation in society serves only to civilize. These metaphysical speculations postulate an ideal form of human exis-

und von »Werkgerechtigkeit« durch das vor allem protestantische Christentum findet für den idealistischen Kulturbegriff ihr Pendant in der Überwindung von Staatlichkeit und zivilisatorischen Fesseln. Gesellschaft ist dem bürgerlichen Individuum nur Mittel der Entfaltung der Gattung Mensch zum höheren Zweck. Nur »Kultur« wird der natürlichen Ausrichtung des Menschen auf seine moralische Vervollkommung gerecht. Die Zivilisation, als geregelte Beherrschung menschlichen Zusammenlebens, ist hingegen nicht mehr als ein zwangsläufiges Zugeständnis. Wie Kant formulierte: »Die Idee der Moralität gehört noch zur Kultur; der Gebrauch dieser Idee aber, welcher nur auf das Sittenähnliche in der Ehrliebe und der äußeren Anständigkeit hinausläuft, macht bloß die Zivilisierung aus.«[20] Eine Haltung also ist es, eine »Denkungsart«, die das deutsche Bürgertum einzunehmen bemüht war und sich als Kultur auf die Fahnen schrieb. Das Streben nach Moralität sucht »sich zu disziplinieren, und so, durch abgedrungene Kunst, die Keime der [menschlichen] Natur vollständig zu entwickeln«[21], während die Teilhabe an der Gesellschaft nur Zivilisierung hervorbringt. Diese metaphysischen Spekulationen postulieren ein ideales menschliches Sein als Gattungszweck jenseits der tatsächlichen Gesellschaft. Solche Vorstellungen von Gesellschaft nicht als der bestmöglichen Regelung menschlicher Angelegenheiten, sondern als der Verbesserung des Menschen in Richtung auf seine »natürliche Bestimmung«, hatten dabei einen sozialen Hintergrund. Denn der Gegensatz von Kultur und Zivilisation ist zunächst durchaus ein sozialer, »der allerdings«, wie Norbert Elias beschreibt, »den Keim des nationalen auf merkwürdige Weise in sich trägt: der Gegensatz zwischen dem vorwiegend französisch sprechenden, nach französischen Mustern ›zivilisierten‹, höfischen Adel auf der einen Seite und einer deutsch sprechenden, mittelständischen Intelligenzschicht, die sich vor allem aus dem Kreise der bürgerlichen ›Fürstendiener‹ oder Beamten im weitesten Sinne des Wortes rekrutiert und gelegentlich auch aus Elementen des Landadels, auf der anderen«.[22] Der Kulturbegriff des deutschen Bürgertums um 1800 hat sowohl die kulturgeschichtliche als auch die historisch-politische Entwicklung in Deutschland entscheidend beeinflußt. Es ist der Bereich der Kultur, der ideale Bereich, den die immer größere soziale Schicht des Bürgertums für sich beansprucht, zu dem Terrain erklärt, auf dem es seine Fähigkeit entfalten kann. Weitgehend von jeder Beteiligung an der Macht abgedrängt, nur ansatzweise in vagen politischen Kategorien denkend, bezieht das deutsche Bürgertum seine Legitimation aus geistigen, wissenschaftlichen und künstlerischen Leistungen. Die Unzufriedenheit mit der realen Gesellschaftsordnung wird mit dem Entwurf einer idealen Gemeinschaft beantwortet. Konkrete politische Bestrebungen wie der Wunsch nach einer nationalen Einheit werden metaphysisch überhöht. Es entsteht der nationale Mythos, die Nation wird zum sakralen Ideal. Seinen Ausdruck findet ein solcher idealer Entwurf wieder vor allem in der Kunst. Die gedanklichen Konstrukte der Philosophen erfahren hier ihre sinnliche Ausformu-

tence as the goal of the human species, transcending any existent society. Such notions of society, not as the best attainable ordering of human affairs, but as the improvement of man in the direction of his "natural destiny", did have social implications. For the antithesis between culture and civilization is first and foremost a social one – "which does, however," as Norbert Elias points out, "in some strange way bear within it the germ of nationalism: the opposition between the predominantly French-speaking – and in French terms 'civilized' – court aristocracy on the one hand, and on the other a German-speaking middle-class intelligentsia recruited mostly from the ranks of bourgeois 'court servants' or officials in the broadest sense, and also to some extent from the landed gentry".[22] Culture, as understood by the German bourgeoisie around 1800, decisively influenced the course of German cultural as well as political history.

Culture, the ideal, was the territory that the growing bourgeois class claimed as its own, the field within which to develop its abilities. Largely excluded from the exercise of power, initially vague in their political ideas, the German middle classes relied for their legitimacy on their own intellectual, scientific and artistic achievements. Dissatisfaction with the actual social order led to the imaginary image of an ideal community. Concrete political aspirations, such as the desire for national unity, became inflated with metaphysics. The national myth arose; the nation became a sacred ideal. Once again, it was primarily in art that the ideal found expression. The mental constructs of the philosophers here took shape within the sensory world. The paintings of Caspar David Friedrich demonstrate this intimate bond between national myth and the idealistic ethos. In them, the received depiction of a controlled Mediterranean landscape, that of the classical tradition, gives way to a vision of landscape as "German Nature". Friedrich's vision presents an alternative to society as it is, and to the dominion over Nature that is represented by "civilization". Nature is presented as the locus of an inner experience: as the sole possible expression of the idealistic yearning that arises from a "cultural" subjectivity. Nature is presented as the inexhaustible emotion felt by the artist and also by the hypothetical viewer.[23]

The nationalist overtones of the discussion of the "New Mythology" never disappeared at any time in the nineteenth century. The assumption of German cultural superiority, combined with metaphysical speculation, is to be found in Schelling and Hegel, as it is in the anthropological atheism of Feuerbach, or in Fichte's attempts to disengage Christianity from its Judaic genealogy and to establish an Aryan Christ. Jacob Grimm and his German Dictionary also deserves mention here. As is well known, the Germanic Nibelung myth of Richard Wagner is a restatement of the "cultural" indictment of capitalist/Jewish civilization and global hegemony.[24] In his essays *Kunstwerk der Zukunft* and *Religion und Kunst* Wagner pondered the mythology to come, which, like religion, was to be the product of a nation rather than of a solitary artist. In his own work, Wagner fell back

lierung. Caspar David Friedrichs Bilder sind Beispiele für diese innige Verwandtschaft von nationalem Mythos und idealer Gesinnung. Hier wird die tradierte Darstellung beherrschter klassisch-südlicher Landschaft abgelöst durch einen Blick auf Landschaft als deutsche Natur. Darin stellt sie einen Gegenentwurf zur Gesellschaft und zur zivilisatorischen Beherrschung der Natur dar. Natur wird hier als Ort einer innerlichen Erfahrung gegeben, die einzig und allein noch das idealische Sehnen des Kultursubjekts zum Ausdruck bringt. Als unausschöpfbares Gefühl sowohl des Künstlers als auch des impliziten Betrachters.[23]

Die nationale Bindung der Rede von der *Neuen Mythologie* hat im weiteren Verlauf des 19. Jahrhunderts zu keiner Zeit ihre Aktualität verloren. Die These von der angeblichen kulturellen Überlegenheit der Deutschen in Verbindung mit metaphysischen Spekulationen findet sich bei Schelling und Hegel, der anthropologische Atheismus Feuerbachs weist sie genauso auf wie Fichtes Versuche, die jüdische Genealogie des Christentums loszuwerden und einen arischen Christus zu etablieren. Jacob Grimm und sein *Deutsches Wörterbuch* dürfen in dieser Aufzählung nicht fehlen. Daß Richard Wagners germanischer Nibelungenmythos den kulturellen Einspruch gegen kapitalistisch-jüdische Zivilisation und Weltherrschaft repetiert, ist bekannt.[24] In den beiden Schriften *Kunstwerk der Zukunft* und *Religion und Kunst* hat Wagner über den kommenden Mythos reflektiert, der ihm gleichbedeutend mit Religion eine Schöpfung des Volkes und nicht eines einzelnen Künstlers sein sollte. Auf die tradierten germanischen Mythen greift Wagner um des utopischen Potentials willen zurück.[25] Ist der Mythos zu geschichtlicher Chronik und lebendige Religion zu dogmatischer Theologie und Philosophie erstarrt, ist es der Kunst vorbehalten, »den Kern der Religion zu retten, indem sie die mythischen Symbole, welche die erstere im eigentlichen Sinne als wahr geglaubt wissen will, ihrem sinnbildlichen Werte nach erfaßt, um durch ideale Darstellung derselben die in ihnen verborgene tiefe Wahrheit erkennen zu lassen«.[26] Auch hier finden wir also jenes Bemühen um den Ursprung der Religion, den die Religion selbst nicht mehr zu bewahren imstande ist.

Friedrich Nietzsche hat in der *Geburt der Tragödie* den griechischen Mythos als Fundament der Kunstentwicklung interpretiert und seinen Vorbildcharakter für die Gegenwart betont. Gegen Rationalität und Wissenschaft und die sokratische Kultur des theoretischen Menschen wird die tragische Erkenntnis der schrecklichen Weisheit des Dionysos gesetzt, die als Schutz und Heilmittel die Kunst braucht. Seine Diagnose lautete: »Und nun steht der mythenlose Mensch, ewig hungernd, unter allen Vergangenheiten und sucht grabend und wühlend nach Wurzeln, sei es dass er auch in den entlegensten Alterthümern nach ihnen graben müsste. Worauf weist das ungeheure historische Bedürfnis der unbefriedigten modernen Cultur, das Umsichsammeln zahlloser anderer Culturen, das verzehrende Erkennenwollen, wenn nicht auf den Verlust des Mythus, auf den Verlust der mythischen Heimat, des mythischen Mutterschoosses?«[27] Gegen

upon the extant German myths because of their utopian potential.[25] When myth ossifies into historical chronology, and living religion into dogmatic theology and philosophy, it remains for art to "rescue the kernel of religion by taking the mythic symbols, which the former requires to be believed as intrinsically true, in terms of their value as parables, and through an ideal presentation revealing the deep truth hidden within them".[26] Here, again, we find the quest for the origin of religion, which religion itself has lost the ability to preserve.

In *Die Geburt der Tragödie,* Friedrich Nietzsche interpreted Greek myth as the basis of the evolution of art and stressed its exemplary value for the present. Against rationality and science and the Socratic culture of "theoretical man", Nietzsche proclaimed the tragic awareness of the terrible wisdom of Dionysus, which needs art as protection and as therapy. His diagnosis was as follows: "There is man, mythless, starving, in the midst of all past times, grubbing and delving for roots, ready to dig for them even in the remotest antiquities. What is the meaning of the insatiable need for history within modern culture, the collecting of countless other cultures, the consuming desire for knowledge – if not the loss of myth, the loss of the mythic home, the mythic womb?"[27] Nietzsche's response to this rationalist and historicist present was to proclaim the "rebirth of German myth" in art.[28] What Greek tragedy had achieved through the pairing of Dionysian wisdom with Apollonian outward appearance, the music of Richard Wagner would achieve for the German nation. Just as German philosophers, in their "immense courage and wisdom", had set limits to the optimism hidden in the essence of logic by affording a glimpse into the abyss of the human condition, so now the German artist, Wagner, stood progress on its head and opposed the "culture of opera" with the musical art of tragedy: the "renewal and purification of the German spirit through the magic fire of music".[29] Modern man, said Nietzsche, yearns for a landfall. And yet it is his onward rush across desolate seas of knowledge that defines him as modern. "Without myth, any culture will forfeit its natural creative force: only a horizon ringed with myth encloses a culture into a unity."[30]

After his break with Wagner, and in his later works, Nietzsche enlarged upon the aesthetic justification of existence and proclaimed the advent of the Superman and the re-evaluation of all values. Now, instead of talking about myth, "to the best of his ability he is making a myth – the myth of 'life'".[31] As is well known, the German nationalist interpretation of late Nietzsche, as promoted by his sister Elisabeth Förster, led directly to the Nazi concept of the German Superman; it is equally well known that to equate Nietzsche's philosophy with the National Socialist Party manifesto is an impermissible oversimplification and indeed a falsification of history. However, as with the early Romantics, the response to Nietzsche is a historical fact in itself. Of course, we cannot draw direct conclusions about Nietzsche the philosopher from the history of his influence; but all the same there can be no doubt that Nietzsche's

diese rationalistische und historische Verfassung der Gegenwart setzt Nietzsche die »Wiedergeburt des deutschen Mythus«[28] in der Kunst. Was in der griechischen Tragödie das Bruderpaar von dionysischer Weisheit und apollinischem Schein leistet, soll für das deutsche Volk nun die deutsche Musik Richard Wagners bieten. Wie es deutsche Philosophen waren, die mit dem Einblick in den tiefen Abgrund des menschlichen Daseins in ihrer »ungeheuren Tapferkeit und Weisheit« dem im Wesen der Logik verborgen liegenden Optimismus die Grenze wiesen, so ist es der deutsche Künstler Richard Wagner, der die Entwicklung umdreht und der »Cultur der Oper« die Tonkunst der Tragödie entgegensetzt, die »Erneuerung und Läuterung des deutschen Geistes durch den Feuerzauber der Musik«.[29] Der moderne Mensch verlangt nach einer Küste, wie Nietzsche formuliert. Doch gerade sein Dahinstürmen über die weiten wüsten Wissensmeere ist es, was ihn zum modernen Menschen macht. »Ohne Mythus aber geht jede Cultur ihrer gesunden schöpferischen Naturkraft verlustig: erst ein mit Mythen umstellter Horizont schliesst eine ganze Culturbewegung zur Einheit ab.«[30] Nietzsche hat nach dem Bruch mit Wagner und in seinen späteren Schriften die ästhetische Rechtfertigung des Daseins ausgeweitet und mit der Umwertung aller Werte das Übermenschentum ausgerufen. Nun »spricht er nicht mehr über ihn [den Mythos], sondern entwirft im Rahmen seiner Möglichkeiten selbst einen Mythos, nämlich den des ›Lebens‹«.[31] Es ist bekannt, daß die deutschnationale Interpretation des späten Nietzsche, angeleitet durch seine Schwester Elisabeth Förster, unmittelbar in das nationalsozialistische Konzept des deutschen Übermenschen mündete, wie auch bekannt ist, daß eine Identifizierung von Nietzsches Philosophie als NS-Parteiprogramm eine unzulässige Verengung und historische Verfälschung ist. Doch wie bei den Frühromantikern stellt die Rezeption Nietzsches eine historische Realität dar. Wenn auch von der Wirkungsgeschichte deswegen nicht einfach auf den Ausgangspunkt, den Philosophen Nietzsche, rückgeschlossen werden kann, so kann es doch keinen Zweifel daran geben, daß Nietzsches Absage an die wilhelminische Gesellschaft, daß seine Absage an Moral und Christentum, daß seine Umwertung der kulturellen Grundlagen in genau der Perspektive stehen, die das frühromantische Konzept der *Neuen Mythologie* eröffnet. Er teilt mit den Frühromantikern die Diagnose, und er reagiert wie diese mit einer mythisch verfaßten Antwort. Auch Nietzsche möchte eine neue Moral, auch Nietzsche sucht deren Letztbegründung. Gleichwohl muß am Ende des 19. Jahrhunderts diese Antwort anders ausfallen bzw. eine zeitgemäße Modifikation erfahren. Nietzsches Beitrag besteht darin, von den Konzepten der *Neuen Mythologie* gleichsam die falschen Idealisierungen und Moralisierungen abzustreifen. Er reinigt also und radikalisiert erneut die geistige Bewegung des autonomen Subjekts. Nietzsches Schriften, sein vitalistisches Totalitätskonzept sind am Ende des Jahrhunderts das nächste Treppchen zum Olymp der Moderne.

rejection of Wilhelminian society, his rejection of morality and Christianity, his revision of basic cultural values, belongs within precisely the same context as the early Romantic concept of the "New Mythology". His diagnosis was the same as that of the early Romantics, and his response, like theirs, was couched in mythic terms. Nietzsche, too, wanted a new morality, and set out to seek its ultimate justification. Nevertheless, at the end of the nineteenth century the answer had to be a different one, in tune with the times. Nietzsche's contribution was to strip the "New Mythology" of its falsely idealizing and moralizing tendencies. He thus refined and radicalized the intellectual cult of the autonomous individual. Nietzsche's writings, with their vitalist concept of totality, represented one more step in the ascent of the Olympus of modernity.

II.

Paul Klee moved to Munich in 1906. He had already lived there as a student from 1898 to 1901, but he now settled for a much longer period. The same year, 1906, saw the *Jahrhundertausstellung deutscher Kunst*, the Centennial Exhibition of German Art, in Berlin, in which the work of Caspar David Friedrich reemerged from a century of obscurity in which the course of German politics had been such as to offer little opportunity for its appreciation. The crisis of the turn of the century made his art relevant once more. A century after Schlegel – one *fin de siècle* later – the crisis was still about religion and power. Above all, it had become the crisis of the answers to these crises. The proposed solutions – historicism, rationalism, modernity – were now themselves in crisis. Nietzsche was "in the air";[32] myth was a burning issue once more.

For all of this, Klee's new home, Munich, was a case in point. The city's intellectual and artistic milieu was a hotbed of mythical projects. In 1893 Alfred Schuler, Ludwig Klages, Ludwig Derleth, Stefan George and Karl Wolfskehl formed a bohemian discussion group called the *Kosmiker,* dedicated to the contemporary relevance of the myths of antiquity.[33] Schuler, who had studied archaeology and art history, had no desire to be a merely academic scholar of myth, but interpreted his study of pagan antiquity as a way of breathing new life into the myths of the ancients.[34] Taking the (Indian) pagan swastika as the central symbol of his thought, he proclaimed Nero, about whom he planned to write a novel, to be the paramount figure of imperial Rome. Influenced by Nietzsche and Bachofen, he countered the humanistic vision of antiquity with an image of bloodthirsty, Dionysian ecstasy, which he interpreted not as decadence but as a cosmic celebration of life that might serve as a model for the pagan present. The elect of the new Paganism would experience their oneness with the cosmos through blood-rushes (the so-called *Blutleuchte* or blood light), which were supposed to represent the essence of life. Between 1915 and 1918, Schuler gave a series of lectures in various parts of Germany entitled *Vom Wesen*

II.

1906 zog Paul Klee nach München um. Nachdem er hier bereits vorübergehend zwischen 1898 und 1901 zur Ausbildung geweilt hatte, ließ er sich nun für lange Zeit in dieser Stadt nieder. 1906 ist auch das Datum der Jahrhundertausstellung deutscher Kunst in Berlin. Hier wurde die Kunst Caspar David Friedrichs wiederentdeckt, nachdem die politische Entwicklung Deutschlands im Verlauf des 19. Jahrhunderts der wirkungsvollen Wahrnehmung seines Werks wenig Gelegenheit geboten hatte. Nun, an der Jahrhundertwende, ist seine Kunst wieder aktuell. Es ist Krisenzeit. Ein Jahrhundert nach Schlegel, ein Fin de siècle später, ist die Krise noch immer die der Religion und die der Macht. Vor allem aber ist es nun auch die Krise der Antworten, die man auf diese Krisen zu geben versucht hatte. Die Bewältigung der Krise selbst, Historismus, Rationalität, Modernität sind in die Krise geraten. In dieser Situation liegt »Nietzsche in der Luft«[32], hat der Mythos erneut Konjunktur. Klees Wohnsitz München ist dafür das beste Beispiel. Das intellektuelle und künstlerische Milieu der Stadt ist ein Sammelbecken, eine Brauküche mythischer Projekte. Hier hatten sich nach 1893 Alfred Schuler, Ludwig Klages, Ludwig Derleth, Stefan George und Karl Wolfskehl zur Runde der Kosmiker zusammengefunden, einem Bohemezirkel, in dem den antiken Mythen höchste Aktualität zugemessen wurde.[33] Schuler, der zeitweise Archäologie und Kunstgeschichte studiert hatte, wollte sich nicht bloß als Mythenforscher betätigen, sondern faßte seine Beschäftigung mit der heidnischen Antike als eine Wiederbelebung der Mythen des Altertums auf.[34] Zum zentralen Symbol seines Denkens erhob er die Swastika, das heidnische (indische) Hakenkreuz, und beschwor als überragende Gestalt der römischen Kaiserzeit Nero, über den er auch einen Roman zu schreiben plante. Gegen das humanistische Antikenbild imaginierte er in Anlehnung an Nietzsche und Bachofen eine dionysisch-rauschhafte, blutrünstige Antike, in der er nicht Dekadenz, sondern kosmische Lebensfeier entdeckte, worin die heidnische Gegenwart ihr Vorbild habe. Die Auserwählten dieses Neuheidentums erfahren ihre Verbindung mit dem Kosmos und dem Ursprung durch Blutwallungen, der von Schuler sogenannten »Blutleuchte«, die essentielles Leben darstelle. Zwischen 1915 und 1918 hielt Schuler eine Vortragsreihe an verschiedenen Orten in Deutschland ab, die *Vom Wesen der ewigen Stadt* betitelt war. Rilke, der bei mehreren Vorträgen unter den Zuhörern war, bescheinigte, daß in Schulers Reden, »der Sinn unvordenklicher Mythen […] herbeizustürzen schien«.[35] Schuler propagierte darin den Mythos einer nicht entfremdeten Ganzheit des Lebens, das »offene Leben« der Urzeit, das kein Eigentum und keinen Geschlechterkonflikt kenne. Das römische Altertum wurde ihm so zu einem goldenen Zeitalter, der seitherige Verlauf der Weltgeschichte war ihm ein Verfallsprozeß der »Entlichtung«. Auslöser schien ihm der männliche Willen zur Macht zu sein, als dessen Verkörperung er das jüdische Christentum ansah. Juda wird ihm zum *der ewigen Stadt* (On the Nature of the Eternal City). Rilke, who attended several of them, reported that in Schuler's orations "the meaning of immemorial myths seemed to surge forth".[35] Schuler proclaimed the myth of an unalienated wholeness of life, the "open life" of primeval times, in which there was no private property and no conflict between the sexes. He saw Roman antiquity as a golden age and the subsequent course of history as a process of decay, of "deprivation of light". The cause of this process, in his view, was the male will to power, as embodied by Judeo-Christianity. For him, "Judah" was a blood-sucking Moloch that must be slain.[36] Schuler's pagan gnosis had turned into crude antisemitism.[37]

Under the influence of Schuler's personality, Ludwig Klages became a convert to "the faith in mythic forces".[38] In his book *Vom Kosmogonischen Eros* (On the Cosmogonic Eros) Klages told his contemporaries that Schuler represented the "utterly rare phenomenon" of the "wholly indisputable reappearance of a vital frisson experienced in a previous existence – or, to speak in clearer symbols, the re-embodiment of unextinguished sparks from the distant past".[39] In his monumental work *Der Geist als Widersacher der Seele* (The Mind as the Adversary of the Soul), Klages expounds a doctrine of the rekindling of primal, pagan fires, the recovery of a vital principle of Eros that had been destroyed by civilization. Bachofen's mythic, matriarchal prehistory was the source of his prophecy of the return of the maternal, female principle of life, the victory over the Logos.[40] Klages was later to place himself and his antirationalist cultural critique, together with that of Schuler, at the disposal of the Nazis. In 1940, in an introduction to a collection of Schuler's writings, he openly cited himself and Schuler as the precursors of the ideology of *Blut und Boden* (Blood and Soil).

Karl Wolfskehl's role in all this appeared to be particularly difficult, since he was himself a Jew.[41] The "Schwabing Altercation", which signalled the end of the *Kosmiker* in 1904, was primarily racist in nature,[42] with Schuler and Klages accusing Wolfskehl of having passed their cosmic secrets to the Jews. Even Stefan George and the *Blätter für die Kunst* were held to be under Wolfskehl's secret control and thus to form part of the Jewish world conspiracy.[43] Nevertheless, Wolfskehl himself was a believer in cosmic recollection and in the myth of the cyclic return of pagan primeval energy, and he described himself as a "Jewish Pagan".[44] He shared the view that Judaism embodied a destructive, anti-grounding tendency, but interpreted this as a corruption of the true Judaism that had existed prior to the return from Babylonian exile.[45] For Wolfskehl, there was no incompatibility between the cosmic myth and either his commitment to Zionism[46] or his membership of George's circle, which cultivated an elitist German identity as the West's only hope of salvation.[47] In common with the George circle, Wolfskehl anticipated an intellectual cleansing of Europe, which could take place, if at all, only through Germany: the secret Germany of the poets and thinkers.[48]

blutsaugenden Moloch, den es zu töten gilt.[36] Schulers pagane Gnosis schlägt in krassen Antisemitismus um.[37]

Ludwig Klages entschloß sich unter dem Eindruck von Alfred Schulers Persönlichkeit »zum Glauben an die mythischen Mächte«.[38] Im *Kosmogonischen Eros* bekennt er, daß den Zeitgenossen in der Person Schulers die »äußerst seltene Erscheinung« einer »ganz unbezweifelbaren Wiederkehr vormals schon gelebter Lebensschauer oder, um deutlicher symbolisch zu reden, der Neueinkörperung von unerloschenen Funken ferner Vergangenheiten« entgegengetreten sei.[39] In seinem monumentalen Hauptwerk *Der Geist als Widersacher der Seele* entfaltet er eine Lehre von der Wiedererweckung heidnischer Urgluten, ein vitales Prinzip des Eros, das durch die Zivilisation zerstört worden sei. Bachofens mythische mutterrechtliche Urzeit ist das Vorbild für die erwartete Wiederkehr des mütterlichen, weiblichen Lebensprinzips, den Sieg über den Logos.[40] Klages hat sich und seine irrationale Kulturkritik samt der Schulers in den Dienst der Nationalsozialisten gestellt. In seiner Einleitung zur Edition von Schulers Schriften reklamiert er 1940 unverhohlen dessen und seine Vorläuferschaft für die Blut-und-Boden-Ideologie.

Schwierig erschien da die Rolle Karl Wolfskehls, der Jude war.[41] Der Grund für den großen »Schwabinger Krach«, mit dem der Kosmikerkreis 1904 auseinanderbrach, war nicht zuletzt rassistischer Art.[42] Schuler und Klages warfen Wolfskehl vor, die kosmischen Geheimnisse an das Judentum verraten zu haben. Auch George und die *Blätter für die Kunst* seien unter Wolfskehls heimlicher Leitung Teil der jüdischen Weltverschwörung geworden.[43] Gleichwohl, Wolfskehl glaubte ebenfalls an die kosmische Rückbesinnung, an den Mythos der zyklischen Wiederkehr der heidnischen Urkräfte und verstand sich in diesen Jahren als »jüdischer Heide«.[44] Die Annahme einer erdfremden, zerstörerischen Tendenz des Judentums teilte er, doch deutete er sie als Zerfallsprozeß ursprünglichen Judentums, das seit der Rückkehr aus dem babylonischen Exil seiner Substanz verlustig gehe.[45] Der kosmische Mythos stand für Wolfskehl weder im Widerspruch zu seinem zionistischen Engagement[46] noch zu seiner Zugehörigkeit zum George-Kreis, wo elitäres Deutschtum als alleiniger Retter des Abendlandes kultiviert wurde.[47] Mit dem George-Kreis erwartete auch Wolfskehl eine geistige Läuterung Europas, die, wenn überhaupt, dann nur durch Deutschland, das geheime Deutschland der Dichter und Denker, zustande zu bringen sei.[48]

Klee hatte durch Gabriele Münter und Wassily Kandinsky 1912 die Bekanntschaft von Karl Wolfskehl gemacht und verkehrte in den nächsten Jahren in dessen Salon. In der Person Wolfskehls kam Klee mit einem Repräsentanten jener beiden Intellektuellenzirkel der Jahrhundertwende in Kontakt, von denen jeder auf seine Weise eine Remythisierung bzw. Reintroduktion des Kultischen propagierte. Ein besonderes Interesse Klees an dem nietzscheanisch inspirierten Neuheidentum des George-Kreises, dem Kult des Dichterpropheten, kann man

Klee first met Wolfskehl through Gabriele Münter and Wassily Kandinsky in 1912, and frequented his salon over the next few years. Through Wolfskehl, Klee was thus in contact with both of the turn-of-the-century intellectual groups that proclaimed the reactivation of myth and the revival of cultic ritual. However, there is no firm evidence that Klee either took a particular interest in the Nietzschean Neo-Paganism of the George circle, with its cult of the poet as prophet, or believed in the cosmic myth. Klee kept his distance from both undertakings, with their overtones of religiosity. There was a copy of *Vom Kosmogonischen Eros* in Klee's library; but this belonged to his wife Lily, who was far more interested than her husband in reading about theories of *Weltanschauung*. Before Klages, she had been a convert to the ideas of Otto Weininger and of Rudolf Steiner, and had sought to interest her husband in both. In both cases Klee had had his reservations about both, and in Steiner's case he made some highly derogatory remarks.[49] It is not certain whether he was even aware of Klages; but he had already rejected, on principle, all philosophies of this type, in which such terms as mind and soul are played off against each other as opposites. His concern was always to balance conflicting forces. Klee had no wish to follow any one principle, one truth, to the exclusion of others. He strove to achieve a standpoint that would transcend all dualism. On these grounds alone, he had no time for unreason and the cults of ecstasy; his aim was always tranquillity and repose.

In Munich, Klee met another mythmaker, Theodor Däubler, the author of an epic poem entitled *Das Nordlicht* (Northern Light), which was published in 1910 after ten years in the making; there was a second edition in 1921.[50] *Das Nordlicht* is gnosis in lyric form, a vision of the Earth reborn as a shining star. The symbolic light of redemption is an act of the spirit. Universal creation, cosmogony, gnosis: Däubler's intention in his epic of light was to give poetic form to the mythical growth and decay of man: to behold the primordial light once more.[51] The Christological symbolism of the work is manifest.[52] In the later edition, which reverts to Helladic classicism, Christ as light-bringer and sun god is accompanied by his solar forerunner, Apollo. The myths of antiquity thus prepare the way for the appearance of Christ as redeemer and light of the world. Däubler's private cosmogony ultimately leads him into mysticism, with the demand: "We want a new religion!" In his will he stated that he would die a "believing, Protestant Christian".[53]

The friendship between Klee and Däubler after 1915 manifests itself above all in three articles on Klee by Däubler, which were of great importance in Klee's career.[54] In 1918 Klee was also due to illustrate a deluxe edition of Däubler's prose poem *Mit silberner Sichel*. Although Klee produced a few pen and wash drawings, the project was never completed. There is no evidence of contact between the two after 1918, either before or after Däubler's departure for Greece in the 1920s. Klee was not party to Däubler's Gnostic speculations and did not adopt the *Nordlicht* myth.

aber genausowenig feststellen wie ein Glaubensbekenntnis zum kosmischen Mythos. Klee verharrte gegenüber diesen religiös aufgeladenen Stiftungsunternehmen in Distanz. In der Bibliothek Klees hat sich ein Exemplar des *Kosmogonischen Eros* erhalten. Es ist das Exemplar seiner Frau Lily, die weitaus intensiver als ihr Mann die Bücher einschlägiger Autoren mit Weltanschauungstheorien rezipierte. Außer für Ludwig Klages hatte sie sich in den Jahren zuvor bereits für Otto Weininger und Rudolf Steiner begeistert und versucht, diese Autoren auch Paul Klee nahezubringen. Klee hatte darauf eher verhalten und gegenüber den Schriften Steiners sogar mit stark abwertenden Bemerkungen reagiert.[49] Ob er Klages überhaupt zur Kenntnis genommen hat, bleibt ungewiß. Doch Anschauungen wie die von Klages, wo zueinander in Opposition stehende Begriffe wie Geist und Seele immer gegeneinander ausgespielt werden, hätte Klee schon aus methodischen Gründen abgelehnt. Geht es bei ihm doch gerade immer um den Ausgleich gegensätzlicher Kräfte. Klee wollte nicht einseitig einem Prinzip, einer Wahrheit folgen. Er strebte danach, einen allen Dualismen übergeordneten Standpunkt zu etablieren. Schon allein deswegen lehnte er jedweden Rausch und dessen Kult ab, immer war es ihm um Beruhigung und Stillstellung zu tun.

Noch einen anderen Mythenstifter lernte Klee in München kennen: Theodor Däubler, den Autor eines *Das Nordlicht* betitelten Epos, dessen erste Fassung nach über zehnjähriger Arbeit 1910 publiziert wird und in einer zweiten Ausgabe 1921 erscheint.[50] *Das Nordlicht* ist lyrische Gnosis, die Vision der Erde, die zu einem Lichtstern wiedergeboren werden wird. Das symbolische Licht der Erlösung ist Tat des Geistes. Weltschöpfung, Kosmogonie, Gnosis – Däublers Anspruch ist es, mit seinem Lichtgedicht das mythische Werden und Vergehen der Menschheit dichterisch zu gestalten, das Urlicht erneut zu erschauen.[51] Die christologischen Implikationen dieser Lichtsymbolik sind dabei manifest.[52] Christus als Lichtspender und Sonnengott bekommt in der späteren Fassung des *Nordlichts,* die eine Rückwendung ins Helladisch-Klassische vornimmt, Apollon als sonnenhaften Vorläufer zugesellt. Die antiken Mythen werden zu Vorbereitungen für die Erscheinung des Lichterlösers Christus. Letztlich betreibt Däubler mit seiner privaten Kosmogonie Mystik. »Wir wollen eine neue Religion!« lautet denn auch seine Forderung. In seinem Testament bekennt er, daß er als »gläubiger, evangelischer Christ« sterben werde.[53]

Die freundschaftliche Verbindung zwischen Klee und Däubler seit 1915 manifestierte sich vor allem in drei Artikeln Däublers über Klees Kunst, die große Bedeutung für Klees Karriere hatten.[54] 1918 sollte Klee zu einer Luxusausgabe von Däublers Prosagedicht *Mit silberner Sichel* Illustrationen beisteuern. Zwar begann Klee mit der Arbeit und produzierte einige aquarellierte Federzeichnungen, doch das Projekt wurde nie abgeschlossen. Ein Kontakt zwischen den beiden Männern über das Jahr 1918 hinaus und erst recht nach Däublers Weggang nach Griechenland in den zwanziger Jahren ist nicht belegt. Die gno-

Klee had thus some degree of contact with some of the myth-makers mentioned here, and generally they form part of the context of his work. This is therefore to be seen against the historical background of the myth boom peculiar to German culture in the first third of the twentieth century, a phenomenon that has been described as "more or less tangential to and defining Expressionism, Phenomenology, the German Youth Movement, and the Stefan George circle: removed from Christian tradition, anti-bourgeois, anti-rationalist, elitist and latently 'fascistic'".[55] All around Klee, and within his cultural milieu, myth was being industriously and variously manufactured. In weight and emphasis, these efforts to create and re-create myth were anything but uniform; some, indeed, were mutually antipathetic. They were, however, united in the perception that the social, technological and cultural evolution of the age threatened a catastrophe, and that this crisis required a response that would be conceived in mythic terms. Klee was remarkably consistent in his attitude to all these "mythologemes" and the projects that went with them. Cultivated intellectuality was extremely attractive to him; and this was the focus of his relationship with Kandinsky, Wolfskehl, Rilke and Däubler.[56] He was aware of countless attempts on the part of his contemporaries to construct mythical explanatory models of the world. Like them, he saw the present through the prism of idealism; like them he cherished the life of the mind and spirit; like them he despised the common run of humanity and put his faith in the elect few.[57] However, unlike them Klee did not pin his hopes on a mythical model of the world, nor did he seek to improve the world from the vantage point of the mind, not even in one of those versions that made an intellectual commitment to Eros as against intellect. Klee proclaimed no theory of redemption. He was content to be an artist; he was content with his own self. He wanted to be self-taught, "his own apprentice" (*ein Selbstlehrling*).[58] He favoured the small format; he sought a bourgeois seclusion; he constantly found himself cast back upon the individual. This did not preclude his participation in collective endeavours. He was a member of several groups of artists, but with a degree of reserve, and without ever subscribing to their expectations of salvation or healing. He kept his distance and took part in collaborative projects only on his own highly individual artistic terms.

The same applies to his association with one of the most influential collective undertakings of his lifetime. The Bauhaus, too, was a response to the fundamental crisis of values that came to a head during the First World War. It was Walter Gropius' attempt to summon a new dawn in answer to the definitive collapse of intellectual and cultural values that was represented by the war.[59] The educative function of the institution concerned not only art itself but what art had to teach society. Klee's participation in the project has been interpreted as a measure of adaptation to historical circumstance: he is said to have joined the Bauhaus at precisely the moment when the wartime climate of

stischen Spekulationen Däublers hat Klee in keiner Weise geteilt, den Nordlicht-Mythos hat er nicht adaptiert.

Klee hatte also teilweise persönlichen Umgang mit einigen der hier erwähnten Mythenstifter, und generell gehören sie zum Kontext seines Schaffens. Dieses ist folglich durchaus vor dem Hintergrund jenes Mythenbooms zu sehen, einer deutschen Sonderentwicklung in der Geistesgeschichte des ersten Drittels des 20. Jahrhunderts, die charakterisiert worden ist als »in etwa vom Expressionismus, der Phänomenologie, der Jugendbewegung, dem Stefan-George-Kreis tangential berührt und bestimmt; sie ist fern der christlichen Tradition, antibürgerlich, antirational; sie ist elitär, latent ›faschistoid‹«.[55] Überall im Umkreis von Klee, in seinem kulturellen Milieu, findet sich vielfältigste und emsigste Arbeit am Mythos. Die Akzente und Schwerpunkte dieser Mythisierungs- und Remythisierungsunternehmen sind unterschiedlich gesetzt und liegen teilweise weit auseinander. Geeint sind sie jedoch darin, daß die soziale, technische und kulturelle Entwicklung der Gegenwart als katastrophische Bedrohung und als Krise erfahren wird, die der mythisch konzipierten Antwort bedarf. Klees Verhalten gegenüber all diesen Mythologemen und den daran geknüpften Unternehmungen ist von bemerkenswerter Konsequenz. Kultivierte Geistigkeit zieht ihn in höchstem Maße an. Sein Verhältnis zu Kandinsky, Wolfskehl, Rilke oder Däubler hat darin seinen Fluchtpunkt.[56] Klee nimmt zahlreiche Versuche seiner Zeitgenossen, mythische Erklärungsmodelle zu verfertigen, zur Kenntnis. Wie diese hat er ein ideell gebrochenes Verhältnis zur Gegenwart, wie diese ist ihm Geistigkeit von höchstem Wert, wie diese verachtet er die gemeine Menschheit und glaubt an die Erwählung Weniger.[57] Im Unterschied zu ihnen setzt Klee aber seine Hoffnungen nicht auf ein mythisches Erklärungsmodell, beansprucht er nicht, die Welt vom Geistigen her zu verbessern – auch nicht in der Variante von Theorien, die intellektuell den Eros gegen den Geist einfordern. Klee propagiert keine Erlösungstheorie. Er bescheidet sich zum Künstler. Er bescheidet sich zum Ich. Ein »Selbstlehrling«[58] will er sein, er sucht das kleine Format, er sucht bürgerliche Abgeschiedenheit, immer findet er sich zurückgeworfen auf das Individuelle. Das schließt nicht aus, daß Klee sich an Gemeinschaftsunternehmungen beteiligt. Er war Mitglied verschiedener Künstlergruppen, doch mit innerem Abstand und ohne sich den jeweiligen Heil- und Heilungserwartungen anzuschließen. Klee bewahrt sich eine Reserve, und an Gemeinschaftsprojekten beteiligt er sich immer vom Standpunkt seines zugespitzt individuellen Künstlertums aus.

Das gilt auch für seine Mitwirkung an einer der berühmteren gemeinschaftsstiftenden Unternehmungen seiner Zeit. Auch das Bauhaus ist der Versuch einer Antwort auf die fundamentale Sinnkrise, die im Ersten Weltkrieg zu sich selbst gefunden hatte. Es ist Gropius' Versuch, dem durch den Krieg endgültig besiegelten geistigen und kulturellen Zusammenbruch ein neues Morgenrot entgegenzustellen.[59] Als eine pädagogische Anstalt soll es hier nicht nur um Kunst, sondern eben auch um

Expressionist subjectivity was transformed, through processes of revolution and regrouping, into the Bauhaus ideal of community.[60] Klee's identification with this collective ideal, in the search for a "community of the people" (*Volksgemeinschaft*), is exemplified by his address to the Kunstverein of Jena in 1924.[61] In this, he hypostasized an undertaking that would be immense in its scope, while at the same time admitting: "It is certain to remain a dream."[62] "Over there" at the Bauhaus, he said, they were in search of the Whole, but had found only parts of it. The ultimate strength was lacking; and the reason for this lay, according to Klee, in the absence of social integration: the *Volk* was not behind them. His words clearly express his identification with the Bauhaus, but also his reservations as to its achievements and capabilities. It was, he said, a start in the direction of true community, but it would never be more than a start.

In the very next year, 1925, Klee started to look for alternatives to his involvement with the Bauhaus and considered leaving the community.[63] As with the *Blauer Reiter* group, or the *Aktionsausschuß revolutionärer Künstler* in Munich, so at the Bauhaus, Klee was not against collective enterprises as such, nor did he raise objections to promoting a wider appreciation of art, and he was certainly not opposed to better earnings and production facilities; but a willingness to participate is not necessarily a faith in community.

Gropius' diagnosis following the First World War was that "the contemporary artist" lived in a "dogma-less age of dissipation (chaos)". Whereupon he concluded that the artist required "a dogma comprehensible to all, to aid him to devote himself to everyone. If he has to assemble the metaphysical equipment of his artistic language solely from his own ego, he will remain in lonely isolation, without an echo from society at large".[64] Following on from the early Romantic "New Mythology", Gropius set up the Bauhaus as an attempt to create aesthetically, within the collective of artists, a dogma that would become a foundation for the edifice of society. Throughout its existence, as is well known, the Bauhaus underwent recurrent crises caused by the uncertainty of its philosophical basis, which led to constant changes of course and re-interpretations of its functions. Klee belonged to the camp that held artistic endeavours to be fundamentally a mental activity, and thus the construction of an edifice of intellectual principles. This was the conviction on which Gropius based himself in creating the Bauhaus in the first place. "A state of mental community is needed, for the sake of the entire people, but it is the artists who must initiate it."[65]

Klee's Jena speech replies to this like an echo: "But a people is what we seek; and we have embarked on our search, over there at the State Bauhaus. There we have founded a community, to which we give everything that we have."[66] Taken as a whole, however, Klee's speech is geared towards the explanation of his own artistic individuality. Only at the very end does he shift his perspective and change to the first person plural, in acknowledgement of a community of artists in search of a people.

die gesellschaftliche Leitfunktion der Kunst gehen. Klees Beteiligung an diesem Projekt wurde als Anpassung des Künstlers an die historischen Umstände bewertet: Er sei in dem Augenblick ans Bauhaus gegangen, als die Konjunktur expressionistischer Subjektivität der Kriegszeit umschlug und in den Prozessen revolutionärer Anläufe und Neuformierungen ein Gemeinschaftsideal hervortrieb, das eben auch für die Gründung des Bauhauses ausschlaggebend war.[60] Als Klees Identifikation mit diesem Gemeinschaftsideal des Bauhauses auf der Suche nach der Volksgemeinschaft gilt vor allem seine Rede vor dem Jenaer Kunstverein von 1924.[61] Doch dem Werk von einer ganz großen Spannweite, das Klee darin hypostasiert, bescheidet der Künstler ausdrücklich: »Das wird sicher ein Traum bleiben.«[62] Am Bauhaus, »drüben«, sei man zwar auf der Suche nach dem Ganzen, habe aber nur Teile gefunden. Es fehle die letzte Kraft. Als Erklärung bietet Klee das Fehlen einer gesellschaftlichen Einbindung an. Das Getragensein durch das Volk. Wenn diese Sätze sicherlich auch eine Identifikation mit dem Bauhaus darstellen, so sprechen sie doch zugleich die Relativierung der Leistungen und Möglichkeiten des Bauhauses aus. Mit einer Gemeinschaft habe man da begonnen, heißt es dort, und mehr als ein Beginn wird nicht in Aussicht gestellt. Bereits im nächsten Jahr, 1925, begann Klee damit, sich nach Alternativen zu seiner Anstellung am Bauhaus umzusehen, und erwog, die Gemeinschaft zu verlassen.[63] Wie zur Zeit des Blauen Reiters oder des Aktionsausschusses revolutionärer Künstler in München, so auch am Bauhaus: Gegen Gemeinschaftsunternehmungen hatte Klee nichts einzuwenden, auch nichts gegen Förderung der Kunst in Hinsicht auf eine breite Rezeption, gegen bessere Verdienst- und Produktionsmöglichkeiten sowieso nichts. Nur ist eine Bereitschaft zu partizipieren noch lange nicht der Glauben an die Gemeinschaft.

Die Diagnose Gropius' nach dem Krieg lautete, daß »der heutige Künstler« in einer »dogmalosen Zeit der Auflösung (Chaos)« lebe, woraus er folgerte: »Er braucht ein Dogma, das alle verstehen, mit dessen Hilfe er sich allen zuwenden kann. Muß er sich das metaphysische Rüstzeug für seine künstlerische Sprachform allein ganz aus seinem Ich erschaffen, so bleibt er in vereinsamter Abgeschiedenheit und kann in der Gesamtheit kein Echo finden.«[64] Gropius' Anknüpfen an die *Neue Mythologie* der Frühromantik äußert sich in dieser Bestimmung des Bauhauses, als Versuch, ein Dogma im Künstler-Kollektiv ästhetisch zu verfertigen, das Grundlage der Gesellschaft werden soll. Mit dessen Ausformulierung hat das Bauhaus bekanntlich während der gesamten Dauer seiner Existenz aufgrund der Unbestimmtheit der geistigen Grundlage zahlreiche Nöte, die immer wieder zu Kurskorrekturen und Neuinterpretationen des eigenen Tuns führten. Klee teilte die Meinung, daß das künstlerische Schaffen grundsätzlich zu den geistigen Tätigkeiten gehört und damit ein Erbauen von geistigen Grundlagen darstellt. Aus dieser Überzeugung rief Gropius das Bauhaus ins Leben: »Gemeinsamkeit im Geistigen tut not, für das ganze Volk, aber die Künstler müs-

Klee nowhere states that he sees this overriding community as achievable, nor does he hold out any prospect of a formulation of the defining "dogma". He speaks of a search and a beginning, and of the lack of ultimate strength. Throughout the lecture, Klee insists that the artist must "assemble the metaphysical equipment of his artistic language solely from his own ego", to use Gropius' words once again. Klee thus acknowledges the same starting point as both Schlegel and Gropius, but he believes that this state of affairs is here to stay. And so, if the situation is such that art must be made in the absence of any myth-based framework, it is immaterial whether it is a lone artist or a group who undertakes "from the self outwards" to create works *ex nihilo*. This was how Klee was able to reconcile his artistic independence with his membership of the Bauhaus. At the point where the Bauhaus attempted to lay the foundations of aesthetic activity elsewhere than in an individual ideal, at the point where attempts were made to replace the creation of mental principles with production based in technology, function and economics, Klee and the Bauhaus parted company. His article for the Bauhaus journal of 1928 is a document of this estrangement and also a final attempt on Klee's part to define the mystic truth of art as an esoteric core of the exoteric rationalism then being propagated.[67]

This deliberate act of distancing on Klee's part led him to reject any concrete ideological emphasis, even though he agreed with his Bauhaus contemporaries on their cultural values and on their pessimistic diagnosis of contemporary culture. Just as Klee refused to identify himself with any of the art movements of his time – Expressionism, Surrealism, Constructivism and the rest – he refused to declare himself either a socialist or a monarchist, a democrat or an antisemite, a theosophist, a *Kosmiker*, a Christian, an atheist or a Buddhist. He is no one's disciple. In this sense, there is no "New Mythology" in Klee. Klee and myth? He keeps his distance. That is the second part of the answer.

III.

"Klee's paintings are filled with figures of birth and death, and the cycle of life; they weave man, beast, vegetation, mountain, river and sea into one cosmos. Everything non-human is personified as in myth, everything material is ideal, everything ideal is material, everything is numinous, a sign and a symbol, a reference to a higher order of things, to the very ground of being."[68] For the philosopher Kurt Hübner, Klee's work is the most convincing example of a modern form of painting that maintains "the survival of primeval myth";[69] if anyone can demonstrate mythical truth in this day and age, Klee can. In this, Hübner agrees with Hans Blumenberg, who also upholds Klee as the key exhibit in his investigation of the evolution of Aristotle's theory of the "imitation of Nature" in the West. The metaphysics of "following" Nature transforms itself into the factuality of "anticipating" Nature: "I have in mind the work of Paul Klee, so

sen beginnen.«⁶⁵ Klees Jenaer Rede antwortet darauf wie ein Echo. »Aber wir suchen ein Volk, wir begannen damit, drüben am staatlichen Bauhaus. Wir begannen da mit einer Gemeinschaft, an die wir alles hingeben was wir haben«⁶⁶, heißt es dort. Tatsächlich ist aber die gesamte Rede Klees auf die Darlegung seiner eigenen künstlerischen Individualität zugeschnitten. Erst ganz am Schluß nimmt Klee den perspektivischen Wechsel zum Wir vor, zum Bekenntnis des Beginns einer Gemeinschaft von Künstlern, die ein Volk suchen. Ein Gelingen dieser übergreifenden Gemeinschaft, eine Formulierung des verbindlichen Dogmas wird bei Klee nirgends in Aussicht gestellt. Von Suche und Beginn ist die Rede, von fehlender letzter Kraft. Klee beharrt mit seinem Vortrag darauf, daß der Künstler sich »das metaphysische Rüstzeug für seine künstlerische Sprachform allein ganz aus seinem Ich erschaffen« muß, um noch einmal die neu-mythologische Formulierung von Gropius zu bemühen. Klee erkennt dies als Ausgangslage an, geht aber im Gegensatz zu Schlegel und Gropius davon aus, daß dies auch so bleiben wird. Wenn die grundsätzliche Ausgangslage für Kunst aber bedeutet, ohne einen irgendwie mythisch fundierten Rahmen schaffen zu müssen, dann spielt es keine entscheidende Rolle, ob nun ein Künstler allein oder einige Künstler zusammen »aus sich heraus« eine Schöpfung aus dem Nichts vornehmen müssen. Insofern konnte Klee sich in voller Übereinstimmung mit seinem künstlerischen Selbstverständnis am Bauhaus beteiligen. In dem Moment, wo am Bauhaus der Versuch gemacht wurde, die ästhetische Fundamentierungsarbeit nicht länger auf ideell-individueller Basis zu errichten, in dem Moment, wo es zu Versuchen kam, die Schöpfung geistiger Grundlagen durch eine technisch und ökonomisch funktionale Produktion abzulösen, stand Klee dem Bauhaus grundsätzlich fremd gegenüber. Sein Artikel in der Bauhauszeitschrift von 1928 ist Dokument dieses Auseinandertretens und zugleich ein letzter Versuch Klees, die mystische Wahrheit der Kunst als esoterischen Kern der nun propagierten exoterischen Rationalität zu vermitteln.⁶⁷

Klees vorsätzliche Haltung der Distanz führt dazu, daß er trotz prinzipieller Übereinstimmung mit seinen Zeitgenossen, was die kulturellen Werte betrifft, was die kulturpessimistische Diagnose der Gegenwart betrifft, jede konkret bestimmte weltanschauliche Betonung zurückweist. Wie Klee sich zu keiner der künstlerischen Weltanschauungen seiner Zeit bekennt – sei es Expressionismus, Surrealismus, Konstruktivismus usw. –, so bekennt er sich auch nicht als Sozialist oder Monarchist, weder als Demokrat noch als Antisemit, nicht als Theosoph, Kosmiker, Christ, Atheist oder Buddhist. Keiner kann ihn zu seinen Jüngern zählen. *Neue Mythologie* ist in diesem Sinne bei Klee nicht anzutreffen. Klee und Mythos? Eine Distanzierung! Das ist der zweite Teil der Antwort.

exemplary in its awareness of its own sources, in which structures crystallize unexpectedly within the realm of free creation, demonstrating with renewed eloquence a primal ground of Nature's being that has existed for all eternity. Thus Klee's acts of naming are not the usual makeshifts by which abstract artists attempt to evoke familiar associations. Rather, they are acts of awe-struck recognition which proclaim, in the last resort, that there is one world in which to achieve a valid realization of possibilities of being, and that the path of unlimited potential was only an escape from the unfreedom of mimesis."⁷⁰

Blumenberg traces a transcendental arc from freedom of imagination back to a primal ground of Nature. In Klee's imaginative inventions, a "fundamental figure of existence", "the core of the evident", sheds a husk; though it may be freely acknowledged, it need no longer be taken as an inescapable, given fact.⁷¹

Klee and myth? Do they coincide? How does the philosophers' recognition of primeval depths in Klee's art relate to the artist's clear determination to keep his distance from all efforts at mythic explanation? When Blumenberg and Hübner refer to

1 Paul Klee, Fitzli Putzli, WODAN, Mohamed, INRI, ISIS, 1897

III.

»Klees Bilder sind erfüllt von Gestalten der Geburt und des Todes, des Kreislaufs des Lebens, und verweben Mensch, Tier, Pflanze, Berg, Meer und Fluß in einen kosmischen Allzusammenhang. Alles Nicht-Menschliche hier ist mythisch personifiziert, alles Materielle ideell, alles Ideelle materiell, alles ist numinos, zeichen- und symbolhaft, verweist auf Übergeordnetes, auf einen Urgrund des Seins.«[68] Für den Philosophen Kurt Hübner ist Klees Werk das überzeugendste Beispiel einer modernen Malerei, die das »uralt mythische Weiterleben«[69] bewahrt. Gilt es, die Wahrheit des Mythischen in der Gegenwart zu erweisen, ist Klee Hübners Mann. Darin folgt Hübner Hans Blumenberg, der in seiner Studie über das abendländische Schicksal der aristotelischen Theorie von der Nachahmung der Natur ebenfalls Klee zum Kronzeugen einsetzt. Die Metaphysik der Nachahmung transformiere sich in die Faktizität der »Vorahmung« der Natur: »Ich denke an ein in der Bewußtheit seiner Antriebe so paradigmatisches Lebenswerk wie das von Paul Klee, an dem sich zeigt, wie im Spielraum des frei Geschaffenen sich unvermutet Strukturen kristallisieren, in denen sich das Uralte, Immer-Gewesene eines Urgrundes der Natur in neuer Überzeugungskraft zu erkennen gibt. So sind Klees Namengebungen nicht die üblichen Verlegenheiten der Abstrakten, an Assoziationen im Vertrauten zu appellieren, sondern sie sind Akte eines bestürzten Wiedererkennens, in dem sich schließlich ankündigen mag, daß nur eine Welt die Seinsmöglichkeiten gültig realisiert und daß der Weg in die Unendlichkeit des Möglichen nur die Ausflucht aus der Unfreiheit der Mimesis war.«[70] Blumenbergs transzendentaler Zirkel schlägt den Bogen von der Freiheit der Phantasie zu einem Urgrund der Natur zurück. Im Spiel der Erfindungen Klees schäle sich doch nur wieder die eine »Grundfigur des Seins«, der »Kern von Evidenz« heraus, den man nun aber nicht mehr als unausweichlich Gegebenes hinzunehmen habe, sondern in freier Einwilligung anerkennen könne.[71]

Klee und der Mythos? Eine Koinzidenz? Wie verhält sich dieses Wiedererkennen eines Urgrunds in Klees Kunst durch die Philosophen zu der klaren Distanz des Künstlers gegenüber allen mythischen Begründungsunternehmen? Wenn Blumenberg und Hübner sich auf Mythos bei Klee beziehen, dann geschieht dies nicht mit Blick auf deutsche Mythos-Tradition, sondern vielmehr im allgemeinen Sinne auf Mythos als grundsätzliches Phänomen, dessen Funktionieren bei Klee angenommen und vorausgesetzt wird. Es erscheint daher nötig, noch einmal einen Blick auf Klees Bilder zu werfen. Denn dort soll ja nach Aussage der Philosophen der »Urgrund des Seins« zum Ausdruck kommen. Nach der ideengeschichtlichen Skizze der Bedeutung und Funktion des Mythos in Deutschland, nach der Einordnung Klees in den zeitgenössischen Mythoskontext soll nun werkimmanent gefragt werden, was Mythos für Klee bedeutete. Dies läßt sich zunächst mit Verweis auf seine Gymnasialzeit konkreti-

myth in Klee's work, this bears no reference to the Germanic tradition of myth, but rather to myth in general as a fundamental phenomenon, the operation of which, in the case of Klee, is accepted and taken for granted. This therefore seems to be the time to look at Klee's images once again, for that is where these philosophers say the "primordial depths" are to be encountered. Now that we have sketched out the ideological history of the significance and function of myth in Germany, now that we have located Klee in the context of myth of his time, it is time to pose, in terms inherent to the work as such, the question of the true meaning of myth to Klee.

The first concrete manifestation of myth in his work dates from his time at the *Gymnasium* (classical high school). Myth formed part of his humanist education: in this case, the cultural canon of myth found in the West and predominately dating from antiquity. History, Latin and Greek had made him familiar with the stories and characters of classical myth, a familiarity which he extended in later life by further reading of the classics. And yet he detested the "Latin milieu" in which he found himself as a *Gymnasium* student; as he saw it, "pallid humanism" afforded no nourishment for "primordial instinct".[72] Klee reacted by drawing caricatures and other marginalia in his schoolbooks. One pen and wash drawing in his history textbook, drawn in 1897,[73] reads as a counterblast to the classical pantheon (ill. 1). Without reference to the printed text, Klee has arranged on the page figures of "Fitzli Putzli," "Wodan," "Mohamed," "Inri" and "Isis". All are presented as gods seated upon thrones in a hieratic, frontal view. The consistent, almost ornamental symmetry of the construction of each figure makes it clear that these are idols. Thus, Fitzliputzli, Mohamed, Inri and Isis have arms that meet across the middle of the figure, like stiff handles. The thrones echo this, with wide, curved armrests enfolding the stiffly postured figures. Each deity has a massive headdress, as if to assert its status and its claim to power. Klee uses a varied application of hatching and ink wash, and varies the scale, to generate a variety of characterization. Thus, Wotan is depicted as a wild, sinister warrior in medieval armour, with a shield and a helmet with a voluminous crest. His spear extends all the way up the page to Fitzliputzli, whose name was a then-current corruption of that of Huitzilopochtli, the Aztec god of war, and reinforces the latter's resemblance to an African sculpture. But Fitzliputzli's egg-shaped head, professorial tufts of hair, drooping moustache, weedy body and slackly open mouth undermine the apotropaic magic of the gaping Aztec god, turning him into one absurd idol among others.[74]

There are three other, related works by Klee that show exotic and fabulous creatures in the style of a relief and are likewise a compound of caricature and imitation of primitive art.[75] As early as one year later, as an art student in Munich, Klee referred to works of this kind as "completely original and modern" and described them as his best.[76] The page described here tells us nothing directly about how Klee related to myth,

sieren: Mythos war ihm humanistisches Bildungswissen, das heißt die im abendländischen Kulturkanon vorhandene Menge von Mythen, vorwiegend antiker Herkunft. Geschichts-, Latein- und Griechischunterricht hatten ihn mit den bekannten Geschichten und Figuren der klassischen Mythologie vertraut gemacht, ein Stoff, dessen Kenntnis Klee nach der Schulzeit durch die umfängliche Lektüre von antiken Autoren erweiterte. Das »Latein-Milieu«, in das er sich als Gymnasiast versetzt sah, war ihm jedoch schwer erträglich, da seiner Meinung nach »der verblaßte Humanismus« einem »ursprünglichen Trieb« keine Nahrung gab.[72] Klee hielt sich mit Karikaturen und Randzeichnungen schadlos, die er in seine Hefte und Bücher zeichnete. Wie ein Gegenprogramm zum klassischen Kanon erscheint eine lavierte Tuschzeichnung in seinem Geschichtsbuch[73], angefertigt 1897 (Abb. 1). Ohne inhaltlichen Bezug auf den Text ordnet Klee die Gestalten von »Fitzli Putzli«, »Wodan«, »Mohamed«, »Inri« und »Isis« auf der Buchseite an. Alle sind als thronende Götter in frontaler, hieratischer Ansicht gegeben. Daß es sich um Idole handelt, macht die symmetrische und geradezu ornamentale Konsequenz im Aufbau der jeweiligen Figur deutlich. So werden die Arme von Fitzliputzli, Mohammed, Inri und Isis jeweils in der Körpermitte bogenförmig wie starre Henkel zusammengeführt. In Korrespondenz dazu treten die weit ausholenden Stuhl- bzw. Thronlehnen, deren ornamentaler Schwung die steife Haltung der Körper einfaßt. Der weit ausladende Kopfschmuck der Götter ist ein weiteres Mittel, die Macht heischende Repräsentanz der Götzenbilder zu übertreiben. Der unterschiedliche Einsatz von Binnenzeichnung und schwarzer Tusche sowie unterschiedliche Größenverhältnisse dienen Klee zu einer differenzierten Charakteristik. Wotan beispielsweise wird mit Schild und weit ausladendem Helmschmuck als ein finsterer und wilder Krieger in mittelalterlicher Rüstung vorgestellt. Sein Speer reicht die ganze Blattlänge hinauf bis zu Fitzliputzli – die Verballhornung des Namens von Huitzilopochtli, dem Kriegsgott der Azteken –, dessen teilweise an afrikanische Skulpturen erinnernde Erscheinung durch diese Beigabe noch verstärkt wird. Aber schon Fitzliputzlis hoher Eierkopf mit seinem professoral abstehenden Haar, dem hängenden Schnauzbart und dem kümmerlichen Körper unterläuft die apotropäische Gestaltung des Aztekengottes mit dem aufgerissenen Mund und macht auch aus ihm einen lächerlichen Götzen.[74]

Im Umkreis dieser Zeichnung entstanden drei weitere Zeichnungen Klees, die exotische Fabelwesen als Reliefs zeigen und ebenfalls eine Mischung aus Karikatur und Nachahmung primitiver Bildwerke darstellen.[75] Als Kunststudent in München schätzte Klee bereits ein Jahr später solche Arbeiten als »vollständig originell und modern« ein und bezeichnete sie als sein Bestes.[76] Für die Frage nach Klees Bezug auf Mythos gibt das hier beschriebene Blatt keine direkte Auskunft. Daß es dennoch in diesem Zusammenhang von Interesse ist, begründet sich zum einen durch seine anti-klassische Programmatik, zum andern durch die gleichrangige Anordnung der verschiedenen Götter,

but it is of interest here firstly because of its anticlassical stance and secondly because of the equality of status accorded to all the gods. The Germanic Wotan is flanked by the Prophet Mohammed, the founder of Islam; Christ appears alongside the Egyptian goddess Isis, and even the Aztec Huitzilopochtli takes his place in the procession. Exotic, Norse and pagan deities are associated with the representatives of monotheistic religion. Two more drawings further extend the spectrum, though the figures are not named and appear in less prominent positions: one is an Assyrian head in profile, and the other a Chinese face.[77] Even as a schoolboy, Klee looked scornfully upon the figureheads of the myths and religious explanatory systems of different cultures, treated them as interchangeable set pieces and juxtaposed them on an equal footing. Generally speaking, this was the starting position in which Klee found himself at the end of the nineteenth century and at the beginning of his own artistic career. As we have seen, Klee did not react to this by taking a neo-mythical project on board, or by attempting to illustrate Nietzsche: instead, he responded with satire. Indirectly, however, this in itself points to a deep-seated motivation on the artist's part. Behind it all lay the question raised by Georg Simmel in 1894: "What 'religion' is: the nature of the ultimate essence that is common to the religions of Christians and South Sea Islanders, of Buddha and Vitzliputzli."[78]

Klee's artistic development over the next few years is principally concerned with the myths of antiquity. After his stay in Italy, he began work on an Opus I, the series of etchings that he called *Inventions*. Klee's appeal to myth is satirical, however. He deploys the antique canon of mythical figures and subjects in order to accomplish his own emancipation from tradition, in terms of style as well as substance. The transformation of antique ideals into tragicomedy is a reflection of Klee's own awareness of the unattainability of the fixed ideal. He viewed Greek myth as a cultural storehouse on which he could draw in order to illustrate his own artistic agenda. The canon is invoked satirically, as a means of stating the artist's timely rejection of an idealizing form of art. Klee took as his theme the gulf between the human and divine, between the ideal and convention. His insight was that to present this gulf as unbridgeable was the only way in which he could ever link the two. And thus, with a reference to the Socratic maxim of knowing one's own ignorance, he defined the superior insight of the artist.

This, then, is one of the basic premises of Klee's creativity, sketched out in his *Inventions* and implicitly present in the whole of his work. In the *Inventions*, Klee is still establishing this position as a statement of principle. The refusal ever to depict the ideal, and the attendant emancipation of the artist, still appear in legible, epigrammatic form. Klee was to abandon this straightforward form of statement in subsequent years. He generated a form of art that was dedicated neither to the imitation of (God's) creation, nor to the creation of ideal configurations of the artist's own; instead, it refers the viewer to the superior awareness of the

2 Blumenmythos • Flower myth, 1918, 82

So wie der germanische Gott Wotan neben dem Stifter des Islam, dem Propheten Mohammed, thront, so erscheint Christus Seite an Seite mit der ägyptischen Göttin Isis, und auch der Aztekengott Huitzilopochtli bekommt seinen Platz in diesem Götteraufzug. Exotische, nordische, heidnische Gottheiten sind zusammen mit den Vertretern von monotheistischen Religionen dargestellt. Ein kulturelles Spektrum, das durch zwei weitere auf dem Blatt befindliche Skizzen noch erweitert wird, die zwar untergeordnet sind und von Klee auch nicht namentlich bezeichnet wurden und die einen Kopf mit assyrischem Profil und einen mit chinesischen Gesichtszügen zeigen.[77] Schon als Schüler warf Klee einen spöttischen Blick auf die Repräsentanten verschiedener Mythen und religiösen Begründungssysteme verschiedener Kulturen, handhabte sie als Versatzstücke und stellte sie egalitär nebeneinander. Das ist ganz generell die Ausgangssituation, wie sie sich für Klee zu Ende des 19. Jahrhunderts und am Beginn seiner Künstlerlaufbahn darstellte. Wie gezeigt, reagierte Klee darauf nicht, indem er sich einem der neomythischen Projekte anschloß oder versuchte, Nietzsche zu illustrieren. Klee reagierte mit Satire. Indirekt weist diese Relativierung jedoch bereits auf den tiefschürfenden Anspruch des Künstlers hin. Dahinter steckt, wie Georg Simmel 1894 formulierte, die Frage, »was ›Religion‹ ist, die letzte Wesensbestimmtheit, die den Religionen der Christen und der Südseeinsulaner, Buddhas und Vitzliputzlis gemeinsam ist«.[78]

Klees weiterer künstlerischer Werdegang stellt in den folgenden Jahren im wesentlichen eine Auseinandersetzung mit dem antiken Mythos dar. Nach seiner Italienreise begann er mit der Arbeit für ein Opus I, die Serie der Radierungen, die er *Inventionen* nannte. Klees Rekurs auf Mythos ist wiederum ein satirischer. Das antike Arsenal mythischer Figuren und Themen setzt er ein, um eine Ablösung sowohl von den stilistischen als auch von den inhaltlichen Vorbildern der Tradition vorzunehmen. In der Transformation antiker Idealität zu Tragikomik spiegelt Klee sein Bewußtsein, repräsentiert er seine Einsicht in die Unerreichbarkeit der idealen Fixpunkte. Der griechische Mythos ist ihm kultureller Fond, anhand dessen er sein Kunstprogramm erläutert. Der Kanon wird satirisch evoziert, um die zeitgemäße Absage des Künstlers an eine idealisierende Kunstform vorzunehmen. Klee thematisiert die Kluft zwischen Göttlichem und Menschlichem, zwischen Ideal und Konvention, zwischen Antike und Gegenwart als unüberbrückbar, was als Einsicht wiederum die einzige Möglichkeit ist, beide zu verbinden. Damit kennzeichnet er im Rekurs auf Sokrates' Maxime des wissenden Nichtwissens die überlegene Einsicht des Künstlers.

Es ist dies eine grundsätzliche Haltung Klees, die er in den *Inventionen* entwirft, die seinem gesamten Kunstschaffen vorausgesetzt ist und auf die es weisen soll. In den *Inventionen* erläutert Klee diese Haltung noch programmatisch. Die Absage an die Darstellbarkeit des Idealen und die damit verbundene Loslösung des Künstlers ist hier noch lesbares Epigramm. Diese Faßbarkeit

artist, proving him to be in possession of the laughing wisdom that knows its own ignorance. An art such as this neither revives old myths nor invents new ones. Any such attachment to the content of a myth would amount to the concretization of an ideal, and that was precisely what Klee mockingly rejected. Klee had to eschew any such concretizations of specific, legible meaning, lest his work become a merely imitative art of ideas. Art which afforded a concrete expression of myths was relegated, by that very fact, to the status of rationalization and criticism. The conclusion that Klee drew was to go back to basics.

One painting will serve to illustrate the point. It dates from 1918, and even the title alludes to the set of issues discussed here. The landscape *Flower myth* (ill. 2) is a watercolour on a chalk ground applied to a piece of gauze. A flower stands in the centre, on a background of glowing red, surrounded by pictograms of mountains, cliffs, fir trees and heavenly bodies. The plant is depicted in its entirety, with bulb, stem, leaf and bloom. A bird swoops from above towards the open flower. The childlike reduction of forms to signs evokes a fairy-tale world. The immediacy of the pictograms guarantees legibility. This is further reinforced by the circumstance that the painting in its upright format has a definite top, bottom, sides and centre. A harmless little watercolour, then; nor is this negated by its other, more complex aspects. The space is manageable; and yet it is not clear. The proportions of the things depicted are inconsistent. The flower is too large in proportion to the triangular mountain at the bottom edge, and to the pine trees and rocky ledges at the sides. And these themselves are considerably oversized in relation to the stellar bodies. Interpret this as spatial depth, and this is contradicted by the two fir trees rooted on the moon. Even our sense of up and down is baffled; the ends of a rainbow form a conventional frame at top left and right, but this is also the point where we find two firs growing downwards. This understated detail ties the illusionist potential of the pictogram back to the material rather than the symbolic picture plane. If the lower edge functions illusionistically as a forest floor on which trees grow, then logically so can any of the edges of the picture. This in turn means, however, that the logic of the painting is mingled with the logic of imitative pictorial illusion. The aesthetic representation constantly shifts between symbolic interpretation and formal substrate. Again, the triangular shapes are signs for a mountain and a crag, but at the same time they are also purely formal intrusions into the red pictorial space – which they serve to turn inside out, as it were, so that it is not only space but also volume. From this inverted perspective it now appears as a female torso. The plant is no longer floating in red space but has become part of the female (inner) anatomy. The central mountain at the bottom has become a pubic triangle; the spheres and curves in the upper area, breasts and shoulders. A picture, then, with an unstable reading. Ambivalence of picture plane and space, ambivalence of up and down, near and far, form and content. A picture of irresoluble meanings. But what is the "flower

seiner Bilder sollte Klee in den nächsten Jahren dann vollständig überwinden. Er generierte eine Kunstform, die sich weder der Nachahmung der einen Schöpfung (Gottes) noch der Schöpfung eigener ideeller Gebilde verschreibt, die vielmehr immer nur auf das überlegene Bewußtsein des Künstlers verweist, die das lächelnde Wissen des Nichtwissens unter Beweis stellt. Eine solche Kunst betreibt weder die Wiederbelebung älterer Mythen noch die Erfindung neuer Mythen. Eine solche inhaltliche Bindung an einen Mythos wäre die Konkretisierung eines Ideals, und die wird von Klee ja gerade spöttisch verneint. Klee muß sich solchen Konkretisierungen der inhaltlichen Eindeutigkeit und Lesbarkeit entziehen, soll seine Kunst keine epigonale Ideenkunst werden. Kunst als konkreter Ausdruck von Mythen würde dadurch auf einen Standpunkt festgelegt, welcher sofort der Rationalisierung und Kritik verfiele. Die Konsequenz, die Klee daraus zog, war, grundsätzlicher zu werden.

Dafür sei als Beispiel ein Bild herangezogen, das Klee 1918 malte und das schon von seinem Titel her der hier aufgeworfenen Problematik zugehört: *Blumenmythos* (Abb. 2). Das Aquarell auf kreidegrundierter Gaze zeigt eine Landschaft. Umgeben von Abbreviaturen für Berge, Felsvorsprünge, Tannen und Gestirne, erscheint im Zentrum des Bildes vor leuchtendrotem Grund eine Blume. Sie wird in ihrer ganzen Gestalt mit Zwiebel, Stengel, Blatt und Blüte gezeigt. Ein Vogel fliegt von oben herab auf die weit geöffnete Blüte zu. Die zeichenhafte Reduktion des kindlichen Stils evoziert eine märchenhafte Welt. Die Erkennbarkeit der Bildzeichen garantiert Lesbarkeit. Unterstützt wird diese durch den Umstand, daß das Hochformat ein gestaltetes Oben und Unten, Seiten und eine Mitte hat. Ein kleines harmloses Aquarell. Dem widersprechen andere, komplexere Aspekte des Bildes nicht. So ist Räumlichkeit zum einen nachvollziehbar, zum andern wird sie jedoch verunklart. Die Größenverhältnisse der zeichenhaft gegebenen Dinge sind nicht kohärent. Die Blume ist im Vergleich zu den dreieckigen Bergen des unteren Randes, den Felsvorsprüngen der Seiten und den Tannen überdimensioniert. Diese sind dagegen selbst von beträchtlicher Größe, vergleicht man sie mit den verschiedenen Gestirnen. Die Tiefenerstreckung des Raums, die sich dafür als Erklärung anbietet, wird an anderer Stelle durch das unmittelbare Verwurzeltsein zweier Tannen auf dem Mond nicht bestätigt. Aber auch das Oben und Unten wird irritiert. Zwar bietet der Ansatz eines Regenbogens links und rechts am oberen Rand einen konventionellen Bildabschluß, doch ausgerechnet hier wachsen nun zwei auf dem Kopf stehende Tannen von oben nach unten. Diese unauffällige Einzelheit bindet das illusionistische Potential der Bildzeichen an die materielle, nicht symbolische Fläche des Bildes zurück. Wenn der untere Bildrand illusionistisch als Erdboden fungiert, auf dem Bäume wachsen, dann kann dies konsequenterweise jeder Bildrand. Das aber bedeutet, daß die Logik des Bildes mit der Logik illusionistischer Nachahmung vermischt wird. Die ästhetische Repräsentation kippt jederzeit von ihrer zeichenhaften, symbolischen Bedeutung auf

myth" of the title? More fundamentally, what is mythical about this picture?

Commentators have reached a consensus that this work affords no certainty that is accessible to literary decipherment. It has been described as a parable of the interconnectedness of Nature and cosmos; movement is said to appear here as the cosmic cycle of day and night, life and death, growth and decay.[79] Or as a supremely optimistic image of generous fruitfulness and the harmony of Nature.[80] There has also been talk of a sacred plant in a consecrated garden, which would make the title into a masterpiece of understatement: "It signifies everything that we associate with vegetable life: fruitfulness, pregnancy, growth, harvest, death – those cyclical mysteries that are important to all religions."[81] All these interpretations remain no more than conjecture. Werckmeister draws a connection with Klee's war service at Gersthofen air base, where he witnessed a number of crashes.[82] Plummeting aircraft, he says, are the direct inspiration for the paper-plane-like birds that appear in Klee's work at this time. Werckmeister concludes that *Flower myth* is a public statement of the artist's self-awareness, in which Klee relates the idea of flying, in its ambivalence of flight and fall, to his own existence as an artist. Flying, childhood and sexuality meet in this response to the war as a personal allegory of artistic subjectivity. Werckmeister quotes from Klee's diary of 1906: "Dream. I flew home, where it all begins. It started with brooding and nail-chewing. Then I smelled or tasted something. The scent dissolved me. I was fully dissolved, all at once, and dispersed, like sugar in water. [...] If a deputation were now to come to me and ceremoniously bow before the artist, indicating his work with gratitude, it would hardly surprise me. For I have been in the place where it all begins. I have been with my adored Madame Germ Cell, and that means being fertile."[83] In the midst of a war, guided by the demand for a "cosmic" art – an art remote from present reality – to which his dealer Herwarth Walden catered, Klee achieved his dream of artistic productivity, says Werckmeister, by regressing to the "primal beginnings" of art.[84]

There is no doubt that Klee transformed his biographical experience of wartime aircraft crashes into the paper-aeroplane birds of his pictorial world. He was thus able to make free with the actual significance of the original inspiration. The series of aeroplane or bird motifs that appeared around the time of *Flower myth*, which Werckmeister has investigated, reveals that Klee can emphasize at will the element of aggression, destruction and death, or the motif of technology or construction, or again the neutral, harmless, childlike and peaceful aspects of Nature. For instance, the conjunction of the swooping bird and the plant in *Flower myth* is suggestive of pollination. The world of the picture is absolute. It has no need of logic, recognition or empathy. Klee can pursue his own logic; he can blend ideas, inspirations, stimuli of every kind, as he pleases. He can display a pictorial logic, which is as much a game as it is a logic of symbol and sign. In his words, "Genius has no principle other than itself."[85]

das formale Substrat zurück. Ebenso sind die farbigen Dreiecke zum einen Zeichen für Berg und Felsvorsprung, sind aber auch ganz formal farbige Einschnitte in den roten Bildraum. Dieser wird dadurch gleichsam umgedreht, er ist nicht nur Raum, sondern auch körperhaftes Volumen. In dieser umgedrehten Sicht erscheint er nun als Frauentorso. Die Pflanze schwebt nicht mehr im roten Raum, sondern wird Teil der weiblichen (inneren) Anatomie; der untere mittlere Berg wird zum Schamdreieck; die Kugeln und Abrundungen im oberen Bildbereich werden Brüste und Schultern. Ein Bild also, dessen Lesbarkeit changiert. Ein Bild der Ambivalenz von Raum und Fläche, von Oben und Unten, von Nähe und Ferne, von Form und Inhalt. Ein Bild der nicht auflösbaren Bedeutungen. Was aber ist dann der Blumenmythos? Oder noch grundsätzlicher: Was ist an diesem Bild mythisch?

In der Forschung besteht Einigkeit darüber, daß das Bild keine literarisch entzifferbare Eindeutigkeit aufweist. Es wurde als Parabel über die Zusammenhänge von Natur und Kosmos beschrieben: Bewegung erscheine hier als kosmischer Kreislauf von Tag und Nacht, Leben und Tod, Werden und Vergehen.[79] Oder als äußerst hoffnungsvolles Bild der freigebigen Fruchtbarkeit und Harmonie der Natur.[80] Von einer sakralen Pflanze in einem geweihten Garten war die Rede, und den Titel hat man als ein meisterhaftes Understatement bezeichnet: »er deutet alles an, was wir mit dem vegetativen Leben verbinden: Fruchtbarkeit, Schwangerschaft, Wachstum, Ernte und Tod – die zyklischen Mysterien, die in allen Religionen eine Rolle spielen.«[81] Diese beschreibenden Deutungen bleiben Konjektur. Werckmeister hat im Zusammenhang mit diesem Bild auf Klees Tätigkeit als Soldat auf dem Fliegerhorst in Gersthofen und die von ihm dort beobachteten Flugzeugabstürze hingewiesen.[82] Die abstürzenden Kriegsflugzeuge sind das unmittelbare Vorbild für die stürzenden, papierfliegerähnlichen Vögel, die zu dieser Zeit in Klees Bildern auftauchen. Für *Blumenmythos* folgerte Werckmeister, daß das Bild als programmatische Selbstreflexion des Künstlers zu werten sei. Die Idee des Fliegens in ihrer Ambivalenz von Fliegen und Stürzen beziehe Klee auf die eigene künstlerische Existenz. Fliegen, Kindheit und Sexualität kämen in diesem Gegenbild zum Krieg zusammen als persönliche Allegorie künstlerischer Subjektivität. Werckmeister bezieht dies auf einen Eintrag in Klees Tagebuch von 1906: »Traum. Ich flog nach Haus, wo der Anfang ist. Mit Brüten und mit Fingerkauen begann es. Dann roch ich was oder schmeckte was. Die Witterung löste mich. Ganz gelöst war ich mit einem Mal, und ging über, wie der Zucker ins Wasser. […] Käme jetzt eine Abordnung zu mir, und neigte sich feierlich vor dem Künstler, dankbar auf seine Werke weisend, mich wunderte das nur wenig. Denn ich war ja dort, wo der Anfang ist. Bei meiner angebeteten Madame Urzelle war ich, das heisst so viel als fruchtbar sein.«[83] Mitten im Krieg, angeleitet durch die Nachfrage nach »kosmischer«, gegenwartsvergessener Kunst, wie Klees Kunsthändler Herwarth Walden sie bediente, habe Klee seinen Traum

If the utterly subjective nature of Klee's work is beyond doubt, how does this connect with the "fundamental figures of being" that are addressed by Klee's art according to Hübner and Blumenberg? In terms of content, if we start to speculate as to the archetypal narrative contained in a flower, we are more likely to end up with Goethe than with the ground of all being. For Goethe's writings on the metamorphosis of plants embody a botanical narrative of primordial origins. His hypothesis of the real existence of an *Urpflanze,* an archetypal plant which was the blueprint for all other plants, was soon abandoned. But his subsequent theory that every plant was built out of sub-units, all equal in evolutionary status, "which evolve one after the other and, as it were, from the other", constitutes a veritable biological myth.[86] It is also one that Klee certainly knew. The idea of painting a "flower myth" therefore probably derives from Goethe. However, it is futile to read this image as an illustration of Goethe's theory of metamorphosis. Klee never stated, in this or any other context, that he had any desire to promote acceptance of Goethe's notion of the metamorphosis of plants. Klee adopts no position on the subject. Just as he is capable of transforming his biographical experience of plummeting aircraft into his own pictorial terms absolutely at will, he is also able to make Goethe's theory his own and subordinate it to the rules of his world. Klee is under no obligation to translate Goethe's ideas or to present them correctly or appropriately. For him they operate primarily as a stimulus to create a plant appearing in a pictorial field that bears a cosmic charge. The visual analogy between plant growth and female fertility; the association between sexuality, fertilization and pregnancy; the title itself: the viewer can infer Klee's debt to Goethe from all of these. Goethe's *Metamorphose der Pflanzen*, even his elegy on the "fertile womb"[87] from which all plants derive, may well spring to mind; this is one of the evocations with which Klee works. However, any attempt to pigeonhole the picture, to postulate one unambiguous iconographic reading of it, misses the point of Klee's artistic process and ignores his aesthetic structure. Klee's painting is not a mythic image in the sense of a literary reiteration of some narrative of cosmic origins. As a subjective creation, it stems entirely from "within" the artist and is thus a "creation *ex nihilo*" in the terms defined by the early Romantics. Even the material substance of the painting supports this. Textile mounted on cardboard, frayed edges visible and even incorporated into the image; the exposed structure of the materials and the painstakingly painted silver border: Klee leaves no doubt of the "made" quality of the picture. Indeed, he positively invites us to identify it as an artefact. Klee's image is thus not an explanation of a myth; does this mean that as an artefact it is itself the product of a mystical vision?

If we are to accept the artist's own oft-repeated testimony, the answer is Yes. Klee writes: "Now the relativity of visible things is made apparent, as an expression of the belief that in relation to the universe as a whole the visible is merely one isolated instance, and that other truths are potentially in the majority.

künstlerischer Produktivität durch Regression zu den »Uranfängen« von Kunst jetzt gleichsam verwirklichen können.[84]

Unzweifelhaft hat Klee in der Transformation von abstürzenden Kampfflugzeugen zu einem kleinen Papierflugzeugvogel ein biographisches Erlebnis in seine Bildwelt hineingezogen. Er kann mit den tatsächlichen Bedeutungen der ursprünglichen Anregungen dabei frei verfahren. Die Bildserie mit Flugzeug- bzw. Vogelmotiven im Umkreis von *Blumenmythos,* die Werckmeister untersucht hat, zeigt dies: Klee kann nach Belieben auf den tödlichen, aggressiven oder zerstörerischen Moment abheben, er kann das Technisch-Konstruktive seiner Motive betonen oder aber das Neutrale und Harmlose, das Kindliche und Friedliche, die Zugehörigkeit zur Natur und eben auch die Konstellation von Vogel und Pflanze in *Blumenmythos,* die an eine Befruchtung der Blüte durch den herbeifliegenden Vogel denken läßt. Die Welt des Bildes ist absolut. Es besteht in ihr keinerlei Notwendigkeit einer Logik, einer Nachvollziehbarkeit, einer Wiedererkennbarkeit. Klee kann ganz seiner eigenen Logik folgen, kann Ideen, Einfälle, Anregungen jeder Art beliebig mischen. Er kann eine Logik der bildnerischen Mittel inszenieren, die aber genauso Spiel ist wie die Logik der Symbole und Zeichen. Der Künstler, »das Genie«, wie Klee selbst formuliert, »hat kein Prinzip außer sich selbst«.[85] Wenn an der völligen Subjektivität von Klees Kunst so kein Zweifel besteht, wie vermittelt sich diese nun zu den »Grundfiguren des Seins«, die laut Hübner und Blumenberg in Klees Kunst eben doch berührt werden sollen? Fragt man sich inhaltlich, was denn die Ursprungserzählung einer Blume sein könnte, landet man weniger beim Urgrund als vielmehr unweigerlich bei Goethe. Tatsächlich hat Goethe mit seinen Schriften zur Metamorphose der Pflanzen eine botanische Ursprungserzählung vorgelegt. Seine Annahme einer tatsächlich existierenden Urpflanze, die allen anderen Pflanzen als Bauplan zugrunde liege, hat er zwar nur zeitweise verfolgt, aber auch seine danach entwickelte Theorie, daß jede Pflanze aus entwicklungsgeschichtlich gleichen Untereinheiten aufgebaut sei, »welche sich nach einander und gleichsam aus einander entwickeln«, ist ein veritabler biologischer Mythos.[86] Einer, den Klee mit Sicherheit kannte. Die Idee, einen Blumenmythos zu malen, rührt also aller Wahrscheinlichkeit nach von Goethe her. Es ist jedoch ganz vergeblich, das Bild gleichsam als eine Illustration von Goethes Metamorphosenlehre zu lesen. Das ist es nicht. Es gibt auch ansonsten von Klee keine Äußerungen der Art, daß es ihm ein Anliegen gewesen wäre, Goethes Vorstellung von der Metamorphose der Pflanzen zu propagieren. Klee verhält sich in keiner Weise wertend dazu. Wie er das biographische Erlebnis abstürzender Flugzeuge durch das Hereinziehen in seine Bildwelt absolut beliebig transformieren kann, genauso kann er Goethes Metamorphosentheorie durch Hineinnahme in seine Bildwelt sich gleichsam vollständig anverwandeln und unterwerfen. Es besteht keinerlei Notwendigkeit für Klee, Goethes Ideen in irgendeiner Weise zu übersetzen oder irgendwie korrekt bzw. angemessen wiederzugeben. Sie haben für ihn zu-

Things appear in an expanded and multiple sense, often seeming to contradict yesterday's rational experience. The aim is to essentialize the fortuitous."[88] If Klee sets out to "essentialize" – elsewhere he speaks of "internalized contemplation"[89] – then this can certainly be described as an impulse towards myth, in the sense of a symbolic vision. Elsewhere in his writings he gives further support to the philosophers' assertion that his art is an expression of "archetypal imagery" (*Urbildliches*). His vision of the artist and his work is itself based on myth. In his essay "Wege des Naturstudiums" he writes: "The artist of today [is] a creature upon the earth, and a creature within the whole: that is, a creature on one star among many stars."[90] In 1920 Klee noted, apropos of the allegorical quality in his work: "Abstract elements of form, combined into concrete beings or abstract objects such as numbers and letters, ultimately go to create a cosmos of form so similar to the Great Creation that a breath of wind is enough to actualize the expression of the religious, of religion."[91] Klee's autonomous, parallel creation presents a symbolic analogy to the "Great Creation". Mysticism is here defined not as concrete experience but as the interpretation of a deeper meaning in the existing language of artistic form. Klee's approach is not that of direct experience, recounted in breathless amazement, like that of the mediaeval mystics; rather, it is a deductive mysticism, derived from the accessible canon of everything on which culture and society support themselves in their quest for meaning. Ideal utterances, as handed down, are read as symbols for a cosmic, divine sphere. None of these utterances is capable of completely reproducing that sphere, which lies beyond the reach of human reason and human perception; all is allusion. The visible is regarded as no more than a single, specific surface beneath which there are countless other states and structures; and so, likewise, every sign, every form, is merely the minuscule, marginal, human/comic starting point of "imaginary projection lines" to "higher dimensions":[92] cosmic dimensions.

In this sense, the only mysticism in Klee is metamysticism. It is a speculative mysticism that has less to do with the ground of being than with the cultural canon. Klee subjects that canon to a process of mystification that conveys mysticism into the realm of abstraction. From the early Romantics, Klee has adopted the notion that myth must be elaborated symbolically by art. His pictorial world is not the attempt to construct something new. It sets out to express that which art has always wanted to express: contact with and knowledge of the divine, which is not directly knowable as such and can be revealed only through its emanations. Just as, in times gone by, the canon of religion had carried a charge of mysticism, so now the cultural canon – the cultural codes, signs and actions that had been rationalized and thereby robbed of their "ideal" magic – carried a charge of quasi-mysticism (that is, metamysticism). Here, again, rational knowledge was rejected in favour of the symbol of cosmic totality, which could be represented only as a mystical and thus suprarational truth. Viewed in mystical terms, all "rational

nächst den Status einer kreativen Anregung zur Gestaltung einer Pflanze, die in einem kosmisch aufgeladenen Bildfeld erscheint. In der visuellen Analogie von Pflanzenwachstum und weiblicher Fruchtbarkeit, in der Assoziation von Sexualität, Befruchtung und Schwangerschaft, in der Titelgebung: Klees kreative Umsetzung seiner Anregungen kann für den Betrachter durchaus auch wieder auf diese zurückweisen. Goethes *Metamorphose der Pflanzen,* auch seine Elegie auf den »befruchtenden Schoß«[87], aus dem alle Pflanzen sprießen, darf einem vor dem Bild durchaus einfallen. Es ist eine der Bedeutungsevokationen, mit denen Klee arbeitet. Aber das Bild darauf festlegen zu wollen, eine ikonographisch eindeutige Lesbarkeit zu postulieren, hieße, das künstlerische Verfahren, hieße, die ästhetische Struktur von Klees Bildern zu verfehlen bzw. zu mißachten. Klees Bild ist nicht ein mythisches Bild in dem Sinne, daß darin eine Ursprungserzählung, welche auch immer, in einem literarischen Sinne wiedergegeben würde. Als eine subjektive Schöpfung ist es ganz aus »dem Innern« des Künstlers heraus gearbeitet und in diesem Sinne eine »Schöpfung aus dem Nichts«, wie sie bei den Frühromantikern schon angesprochen wurde. Auch das Vorzeigen der Materialität des Bildes unterstützt dies durchaus: der auf einen Pappkarton montierte Stoff, dessen ausfransende Ränder sichtbar bleiben und in die Gestaltung einbezogen sind, wie überhaupt die exponierte Struktur der Materialien sowie die akribische Ummalung des Bildes mit einem silberfarbenen Rahmen – an der Gemachtheit seines Bildes läßt Klee nicht nur keinen Zweifel, er fordert vielmehr dazu auf, es als Artefakt zu identifizieren. Wenn Klees Bild also nicht die Darlegung eines Mythos ist, ist es dann als ein künstliches Gebilde selbst ein Produkt mystischer Schau?

Folgt man dem Anspruch des Künstlers, wie er in zahlreichen Äußerungen überliefert ist, muß man die Frage bejahen: »Jetzt wird die Relativität der sichtbaren Dinge offenbar gemacht und dabei dem Glauben Ausdruck verliehen, daß das Sichtbare im Verhältnis zum Weltganzen nur isoliertes Beispiel ist, und daß andere Wahrheiten latent in der Überzahl sind. Die Dinge erscheinen in erweitertem und vermannigfachtem Sinn, der rationellen Erfahrung von gestern oft scheinbar widersprechend. Eine Verwesentlichung des Zufälligen wird angestrebt.«[88] Wenn es Klee also um »Verwesentlichung« zu tun ist – an anderer Stelle spricht er von »verinnerlichter Anschauung«[89] –, dann könnte man dies durchaus als den Willen zum Mythos im Sinne einer symbolischen Anschauung bezeichnen. Auch sonst gibt er mit seinen schriftlichen Ausführungen den philosophischen Behauptungen, das seine Kunst »Urbildliches« zum Ausdruck bringe, durchaus recht. Seine Ansicht vom Künstler und seiner Kunst ist mythisch fundiert: »Der heutige Künstler« ist »Geschöpf auf der Erde, und Geschöpf innerhalb des Ganzen, das heißt Geschöpf auf einem Stern unter Sternen«, formuliert Klee in seinem Aufsatz *Wege des Naturstudiums*.[90] Und 1920 notiert er über den Gleichnischarakter seiner Kunst: »Aus abstrakten Formelementen wird über ihrer Vereinigung zu konkreten We-

explanation" must be inadequate in relation to the real, divine world. When this form of mysticism refers back to origins, it inevitably ends up with myth. In Klee's early work the point of reference is still classical; later, it is child art, primitivism, or the art of the insane.[93] The breakthrough to myth always takes place on the meta-level of culture.

Klee's approach thus goes back to basics in two ways. He evokes a link between artist and archetype, for example by utilizing a childlike style. But this is only one artistic option: one that is knowingly based on the high value attached to children's drawings by contemporary culture. Klee's art is by no means tied to it; in terms of method, his aloof stance allows him an enormous variety and adaptability. Just as he can put anything he encounters into his art, he can produce art equally well in a childlike or a Constructivist style. Within the vast scope of his œuvre, mathematically cool patterns appear alongside naturalistic impressions and expressive hieroglyphics. Nor is antiquity excluded. What is always the case is that the work is held in suspense by a calculated use of symbolism. Klee's intention is not to express a particular truth. Indeed, he eschews truth on principle. By abstracting himself from all dogmas, Klee ensures that his work is not the mystical expression of any one dogma. It is conceived in terms that are averse to all dogmas. This is the deeper reason for Klee's intercultural asceticism, the distance he keeps from all attempts to establish myths, religions or world-views of any kind. Klee has his "head in the clouds" as a matter of discipline and artistic necessity.[93] His art aspires to a far-reaching validity, and this requires detachment. Only thus is it possible to shift from one methodological level to another. He is not trying to give symbolic form to cultural ideals by imbuing them with mysticism: he is subordinating them to a method that he has borrowed from mysticism. His art sets out to operate by means of a process of abstraction. Anything can become an ingredient of his art; anything can be a symbol of the unutterable; but nothing must ever seem to be within our grasp. Only by thus maintaining the remoteness of the ideal can Klee preserve his own aspiration to the ideal, or stake art's claim to be a medium for contact with higher dimensions.

Kurt Hübner has accurately described the mythical potential of Klee's pictures: "By making the objects of myth arise from the abstract forms of subjectivity and merge with them, he allows the mythical, which is now inaccessible through outward reality, to 'take refuge' in the 'notional'."[95] Klee's art – and this is the third answer to the question of what Klee has to do with myth – is fundamentally, structurally, an art of mythic fictionality. It gives, as it were, the abstract of the "New Mythology". In this respect it is by nature more functional, wider in scope and more powerful than the work of the Surrealists, for example, who opted for Freud's psychoanalytical interpretation of myths. Not to mention the still more limited efforts of countless other artists of the time, who set out to promulgate a specific myth: an example is Otto Dix, with his Nietzschean life-instinct.

sen oder zu abstrakten Dingen wie Zahlen und Buchstaben hinaus zum Schluß ein formaler Kosmos geschaffen, der mit der großen Schöpfung solche Ähnlichkeit aufweist, daß ein Hauch genügt, den Ausdruck des Religiösen, die Religion zur Tat werden zu lassen.«[91] Klees autonome Parallelschöpfung steht in einer symbolischen Analogie zur »großen Schöpfung«. Mystik wird hier nicht als eine konkrete Erfahrung bestimmt, sondern als Ausdeutung tieferen Sinnes in der vorhandenen Formensprache der Kunst. Klees Zugang ist nicht der einer direkten Erfahrung, die stammelnd und staunend wiedergegeben wird, wie etwa bei den mittelalterlichen Mystikern, sondern ist gewissermaßen eine deduktive Mystik, gewonnen aus dem vorhandenen Kanon dessen, worauf sich Kultur und Gesellschaft in ihrem Sinnverlangen stützten. Die tradierten ideellen Äußerungen werden gelesen als Symbole für eine kosmische, göttliche Sphäre. Keine dieser Äußerungen ist in der Lage, diese Sphäre außerhalb des menschlichen Verstandes, außerhalb seines Wahrnehmungsvermögens vollständig wiederzugeben, sondern alles hat immer nur Hinweischarakter. Wie das Sichtbare nur als partikulare Oberfläche verstanden wird, hinter der sich eine unendliche Menge von anderen Zustandsformen und Gestaltungen befinden soll, so ist jedes Zeichen, jede Form nur der winzige, marginale, menschlich-komische Ausgangspunkt »imaginärer Projektionslinien« in »höhere Dimensionen«[92], ins Kosmische.

In diesem Sinne läßt sich bei Paul Klee von Mystik nur als Metamystik reden. Eine Mystik, die weniger auf den Urgrund spekuliert als vielmehr auf den kulturellen Kanon. Klees Mystifizierung des Kanons ist eine Potenzierung der Mystik ins Abstrakte. Klee übernimmt von den Frühromantikern die Vorstellung, daß Mythos von der Kunst symbolisch erarbeitet werden muß. Seine Bilderwelt ist nicht der Versuch, etwas Neues zu machen. Sie will das zum Ausdruck bringen, was Kunst schon immer zum Ausdruck bringen wollte: das Berühren und Erkennen des Göttlichen, das als solches nicht erkennbar ist und deswegen nur in seinen Emanationen aufgezeigt werden kann. So wie in früheren Zeiten der religiöse Kanon von der Mystik aufgeladen wurde, so werden nun in der Kunst der kulturelle Kanon, die kulturellen Codes, Zeichen und Handlungen, die rationalisiert, also ihres »idealen« Zaubers beraubt wurden, quasimystisch (eben metamystisch) aufgeladen. Auch hier findet eine Abwehr des rationalen Erkennens zugunsten des Symbols für das All-Ganze statt, das nur als mystische, das heißt überrationale Wahrheit darstellbar bleibt. Dagegen muß jede »vernünftige Erklärung« nach mystischer Anschauung in Hinsicht auf die reale göttliche Welt versagen. Greift diese Form der Mystik zu den Anfängen zurück, landet sie automatisch beim Mythos. Ist das Referenzobjekt im Frühwerk zunächst noch die klassische Antike, wird es dann Kinderkunst, Primitivismus sowie die Kunst der Geisteskranken.[93] Dieses Durchschlagen zum Mythos geschieht immer auf der kulturellen Metaebene. Grundsätzlicher wird Klee so auf zweifache Weise. Mit der Benutzung beispielsweise kindlicher Stilmittel evoziert er eine Verbindung des

The path from early Romanticism to Alfred Rosenberg is a perfectly logical progression. The path from early Romanticism to Paul Klee is another, albeit a very different one. Just as we can identify a proto-Fascist potential in early Romanticism, we can also establish that it does not have to lead to Fascism. By transferring the agenda of the "New Mythology" onto the plane of the abstraction of method, Klee became incapable of participating in mythic concretizations à la Rosenberg. He went a different way, thus establishing a genuine distinction: so much so that in 1933 he was kicked out of bounds as a degenerate artist. However, this does not mean that Klee's art is not entirely conservative, in the truest sense, preserving the fundamental values of western Christendom (and thus also of early Romanticism). The canon of values and ideas not only remains intact and intrinsic to his art; by being abstracted into a working process, it is placed beyond discussion. Embodied in this process of totalization is the hope of discovering and filtering the universal and primordial ground of myth. In fact, this totalization is the compulsion towards an "inclusive universalism" which recognizes nothing beyond its own truth as even thinkable, and which thus finally ends in "method" (destroying in the process all "exclusive truth", or doctrine). This appears to be the essential element within the Christian heritage. The mission progresses from body to mind and finally to method, which defines all (of humanity). In Klee's art, Christian values and ideas are intellectualized as absolutes and turned into an ostensibly neutral method of description: a fact that mostly passes unnoticed, finding its vindication in the universal response that the work evokes. But this is no reason why we should find ultimate definitions of being in his pictures.

Künstlers zum Ursprung. Aber auch dieses stilistische Mittel erscheint bei ihm lediglich als eine Option seines künstlerischen Verfahrens, eine, die sich im Einklang mit der kulturellen Wertschätzung der Kinderzeichnung weiß. Seine Kunst bleibt keineswegs daran gebunden. Vielmehr ist die abgehobene Haltung, die Klee einnimmt, methodisch ungeheuer variabel und anpassungsfähig. Wie er alles, was ihm begegnet, in seine Kunst hineinziehen kann, so kann er Bilder im Kinderstil produzieren genauso wie solche im konstruktivistischen Stil. In seinem weitgespannten Œuvre erscheinen mathematisch kühle Rasterbilder neben naturhaften Impressionen oder expressiven Hieroglyphen. Und auch Antikisches bleibt präsent. Immer aber hält sich seine Kunst in der Schwebe symbolischen Kalküls. Klee will nicht mehr eine bestimmte Wahrheit zum Ausdruck bringen, ja er verzichtet auf Wahrheit aus programmatischen Gründen. In Abstraktion von allen Dogmen stellt Klee sicher, daß seine Kunst nicht einem bestimmten Dogma mystischen Ausdruck verleiht. Sie ist als jedem Dogma abhold konzipiert. Das ist der tiefere Grund für Klees interkulturelle Askese, seine Distanz zu allen mythischen, religiösen und überhaupt weltanschaulichen Begründungsunternehmen. »Weltfern« ist Klee aus Disziplin und aus künstlerischer Notwendigkeit.[94] Der weitreichende Geltungsanspruch seiner Kunst setzt Distanz voraus. Nur dann ist es möglich, die methodische Ebene zu wechseln. Er versucht nun, die kulturellen Ideale nicht symbolisch mittels einer mystischen Durchdringung zu gestalten, vielmehr unterwirft er sie einer Methode, die er sich von der Mystik abgeschaut hat. Seine Kunst nimmt eine Abstraktion zum Verfahren vor. Alles kann Ingredienz seiner Kunst werden, alles kann zum Symbol für Unsagbares werden, aber nichts darf faßbar erscheinen. Erst in dieser Entrückung des Idealen kann Klee den Anspruch auf Ideales bewahren, kann er auch den Anspruch der Kunst als ein Medium der Berührung höherer Dimensionen sichern.

In diesem Sinne hat Kurt Hübner das mythische Potential von Klees Bildern zutreffend beschrieben: »Indem er die Gegenstände des Mythos aus den abstrakten Formen der Subjektivität herauswachsen und mit ihnen verschmelzen ließ, ›rettet‹ sich durch ihn das Mythische, das in der äußeren Wirklichkeit nicht mehr erfahrbar ist, in die bloße ›Vorstellung‹.«[95] Klees Kunst, und das ist der dritte Teil der Antwort auf die Frage, was Paul Klee mit Mythos zu tun hat, ist ganz grundsätzlich, nämlich strukturell, eine Kunst mythischer Fiktionalität. Sie gibt gleichsam das Abstrakt der Neuen Mythologie. Darin ist sie grundsätzlich funktionaler, weitreichender und also mächtiger als beispielsweise die Kunst der Surrealisten, die sich im Rekurs auf Freuds psychoanalytische Mythendeutung festlegen, von den noch begrenzteren Versuchen zahlreicher anderer Künstler der Zeit einmal ganz abgesehen, die in ihrer Kunst regelrecht einen bestimmten Mythos propagieren, wie beispielsweise Otto Dix den des nietzscheanisch verstandenen Lebenstriebes.

Der Weg, der von der Frühromantik zu Rosenberg führt, ist ein Weg. Ein durchaus konsequenter. Der Weg, der von der Frühromantik zu Klee führt, ist auch ein Weg. Einer, der sich von dem zu Rosenberg und Hitler unterscheidet. Wie man feststellen kann, daß die Frühromantik ihr protofaschistisches Potential hat, so kann man auch feststellen, daß sie nicht zwangsläufig im Faschismus enden muß. Indem Klee die Mission der *Neuen Mythologie* auf der Ebene der Abstraktion des methodischen Verfahrens übernimmt, kann er mythische Konkretisierungen à la Rosenberg nicht mehr teilen. Klee schlug einen anderen Weg ein, was durchaus einen Unterschied machte und dazu führte, daß er 1933 als entarteter Künstler im Aus landete. Das bedeutet jedoch in keiner Weise, daß Klees Kunst nicht als eine durchaus konservative, im wahrsten Sinne des Wortes die Wertgrundlagen des christlichen Abendlandes (und also auch der Frühromantik) bewahrende angesprochen werden muß. Der Werte- und Ideenkanon bleibt nicht nur völlig intakt und als Voraussetzung seiner Kunst inhärent, er wird vor allem in der Abstraktion zum Verfahren jeglicher Diskussion entzogen. Die Hoffnung dieser umfassenden Totalisierung ist es, den universellen mythischen Urgrund zu entdecken und zu filtrieren. Tatsächlich ist diese Totalisierung der Zwang zum »einschließlichen Universalismus«, der nichts außerhalb seiner Wahrheit auch nur als denkbar zulassen will und deshalb schließlich in der »Methode« endet (womit, nebenbei, jede »ausschließliche Wahrheit«, also Lehre, zerstört wird). Dies scheint das wesentliche Element des christlichen Erbes zu sein. Von der körperlichen zur geistigen schreitet man schließlich fort zur methodischen Mission, die alle (Menschen) definiert. Die Verabsolutierung spiritualisierter christlicher Werte und Anschauungen zu einer scheinbar neutralen Methode der Beschreibung wird als Voraussetzung von Klees Kunst meist gar nicht erkannt und findet in deren universeller Rezeption ihre Bestätigung. Ein Grund, in Klees Bildern letzte Wesensbestimmungen zu entdecken, ist das aber nicht.

---

[1] Friedrich Schlegel, Rede über die Mythologie, in: ders., Werke. Kritische Ausgabe, hrsg. von Ernst Behler, Bd. 2: Charakteristiken und Kritiken I (1796–1801), hrsg. von Hans Eichner, München, Paderborn, Wien 1967, S. 311–328, hier S. 312.

[2] Was hier im Folgenden als »Mythos« bezeichnet wird, korrespondiert grosso modo mit dem romantischen Wortgebrauch von »Mythologie«. Damit ist nicht ein einzelner tradierter Mythos oder eine bestimmte Mythologie gemeint, sondern eben das moderne Konstrukt einer sinngebenden Anschauung des Weltganzen. Vgl. zur Begriffsgeschichte Werner Betz, Vom »Götterwort« zum »Massentraumbild«. Zur

[1] Friedrich Schlegel, Rede über die Mythologie, in: idem, Werke. Kritische Ausgabe, ed. Ernst Behler, vol. II, Charakteristiken und Kritiken I (1796–1801), ed. Hans Eichner, Munich, Paderborn, Vienna 1967, pp. 311–328, here p. 312.

[2] What here is designated "Myth", corresponds on the whole to the Romantic use of the term "Mythologie". It refers not to any one myth from the canon, or to any particular mythology, but to the modern construction of a New Mythology in the sense of a purposeful perception of the world as a totality. On the history of the term cf. Werner Betz, Vom "Götterwort" zum "Massentraumbild". Zur Wortgeschich-

te von "Mythos", in: Mythos und Mythologie in der Literatur des 19. Jahrhunderts, ed. Helmut Koopmann, Frankfurt/M. 1979 (Studien zur Philosophie und Literatur des neunzehnten Jahrhunderts 36), pp. 11–24. Also cf. A. Horstmann, article: "Mythos, Mythologie", in: Historisches Wörterbuch der Philosophie, ed. Joachim Ritter and Karlfried Gründer, Basel/Stuttgart 1984, vol. 6, cols. 281–318.

3   Schlegel 1967 (as in note 1), p. 312.
4   Ibid., p. 322.
5   Fritz Strich, Die Mythologie in der deutschen Literatur von Klopstock bis Wagner, 2 vols., Halle 1910, vol. 1, p. 344. On Neue Mythologie see also Herbert Anton, Romantische Deutung griechischer Mythologie, in: Die deutsche Romantik. Poetik, Formen und Motive, ed. Hans Steffen, 3rd edition, Göttingen 1978, pp. 277–288, and also Manfred Frank, Der kommende Gott. Vorlesungen über die Neue Mythologie. I. Teil, Frankfurt/M. 1982; idem: Gott im Exil. Vorlesungen über die Neue Mythologie. II. Teil, Frankfurt/M. 1988; idem: Kaltes Herz. Unendliche Fahrt. Neue Mythologie. Motiv-Untersuchungen zur Pathogenese der Moderne, Frankfurt/M. 1989.
6   Schlegel 1967 (as note 1), p. 318.
7   Ibid., p. 319.
8   Cf. Strich 1910 (as note 5), vol. 1, p. 344.
9   Anton 1978 (as note 5), p. 284.
10 Cf. Strich 1910 (as note 5), vol. 2, p. 42.
11 Jan Rohls, Der Mythos nach dem Tode Gottes, in: Wege des Mythos in der Moderne. Richard Wagner "Der Ring des Nibelungen". Eine Münchner Ringvorlesung, ed. Dieter Borchmeyer, Munich 1987, pp. 75–95, here pp. 75f.
12 Das älteste Systemprogramm des deutschen Idealismus, cited in: Das Älteste Systemprogramm. Studien zur Frühgeschichte des deutschen Idealismus, ed. Rüdiger Bubner, Bonn 1973 (Hegel-Studien 9), pp. 261–265, here p. 263.
13 Ibid
14 Cf. Léon Poliakov, Der arische Mythos. Zu den Quellen von Rassismus und Nationalismus, Hamburg 1993.
15 Ibid., p. 217.
16 Friedrich Schlegel, Über die Sprache und Weisheit der Inder, in: idem, Werke. Kritische Ausgabe, ed. Ernst Behler, vol. 8: Studien zur Philosophie und Theologie, ed. Ernst Behler and Ursula Struc-Oppenberg, München, Paderborn, Wien 1975, pp. 105–433, here p. 293.
17 Schlegel 1967 (as note 1), pp. 319f.
18 See also Stefan Germer, Retrovision. Die rückblickende Erfindung der Nationen durch die Kunst, in: Mythen der Nationen. Ein europäisches Panorama, ed. Monika Flacke, exhibition cat. Deutsches Historisches Museum Berlin 1998, pp. 33–52, here p. 34.
19 Manfred Frank attempts in his lectures on the "New Mythology" to abolish the link between Nationalism and Idealism, or rather to explain it away. On the one hand he meticulously examines the birth of the "New Mythology" and all its ramifications as well as all its consequences for German nationalism; and this is why to his question "do we need a 'New Mythology'?" he has to reply in the negative. (Cf. Frank 1989 [as note 5], pp. 93–118.) Fortunately, one might add. Frank refutes the attempt to identify the early Romantics with antirational and nationalist ideas by pointing out that they called for a mythology of reason, but fails to consider that the Romantic concept of reason is a metaphysical one – the reason of an absolutely free being, defined as an absolute. It is precisely this concept of reason which is responsible for the antinomian and anti-societal affect, and for the consequent anchoring of the human sense of community in such ideal abstractions as race and nation. Frank indicates instead that the symbolic order that the "New Mythology" was supposed to bring about was a "social commu-

fekt und die daraus resultierende Verankerung menschlicher Gemeinschaft in ideellen Abstrakta wie Rasse und Nation. Frank verweist statt dessen darauf, daß die symbolische Ordnung, die die Neue Mythologie stiften möchte, eine »Kommunikationsgemeinschaft mit einem gemeinschaftlichen Horizont imaginärer Produktion« darstelle und sich so fundamental von einer »Biologisierung der gesellschaftlichen Bande« unterscheide, wie auch Novalis, Schelling und Schlegel keine rassischen, sondern »große übernationale Visionen« geträumt hätten. Frank möchte nicht wahrhaben, daß man es hier mit einer ganz bestimmten Vision zu tun hat, die auf alle ausgedehnt werden soll – die christliche universelle Tendenz, in der Frank sich befangen zeigt.

[20] Immanuel Kant, Idee zu einer allgemeinen Geschichte in weltbürgerlicher Absicht, in: ders., Werke in zehn Bänden, hrsg. von Wilhelm Weischedel, Bd. 9: Schriften zur Anthropologie, Geschichtsphilosophie, Politik und Pädagogik, Darmstadt 1983, S. 44.

[21] Ebd., S. 40.

[22] Norbert Elias, Über den Prozeß der Zivilisation. Soziogenetische und psychogenetische Untersuchungen, 2 Bde., Frankfurt/M. 1976, Bd. 1, S. 8.

[23] Vgl. dazu Roswitha Schieb und Gregor Wedekind, Rügen. Deutschlands mythische Insel, Berlin 1999, bes. S. 107–160.

[24] Siehe dazu Jakob Katz, Richard Wagner. Vorbote des Antisemitismus, Königstein/Ts. 1985.

[25] Vgl. Rohls 1987 (wie Anm. 11), S. 93.

[26] Richard Wagner, Religion und Kunst, in: ders., Sämtliche Schriften und Dichtungen, 6. Aufl., Leipzig o. J., Bd. 10, S. 211–253, hier S. 211.

[27] Friedrich Nietzsche: Die Geburt der Tragödie, in: ders., Sämtliche Werke, Kritische Studienausgabe in 15 Einzelbänden, hrsg. von Giorgio Colli und Mazzino Montinari, 2. durchgesehene Aufl., München 1988, Bd. 1, S. 9–156, hier S. 146.

[28] Ebd., S. 147.

[29] Ebd., S. 131.

[30] Ebd., S. 145.

[31] Peter Pütz, Der Mythos bei Nietzsche, in: Mythos und Mythologie in der Literatur des 19. Jahrhunderts, hrsg. von Helmut Koopmann, Frankfurt/M. 1979 (Studien zur Philosophie und Literatur des neunzehnten Jahrhunderts 36), S. 251–262, hier S. 252. Siehe auch Jörg Salaquarda, Mythos bei Nietzsche, in: Philosophie und Mythos. Ein Kolloquium, hrsg. von Hans Poser, Berlin, New York 1979, S. 174–198.

[32] Vgl. Paul Klee, Tagebücher. 1898–1918, Textkritische Neuedition, hrsg. von der Paul-Klee-Stiftung, Stuttgart, Teufen 1988, Nr. 68, 1899, S. 34.

[33] Zur Runde der Kosmiker siehe Hermann Wilhelm, Dichter, Denker, Femem̈order. Rechtsradikalismus und Antisemitismus in München von der Jahrhundertwende bis 1921, Berlin 1989, S. 9–35; Richard Faber, Männerrunde mit Gräfin. Die »Kosmiker« Derleth, George, Klages, Schuler, Wolfskehl und Franziska zu Reventlow, mit einem Nachdruck des Schwabinger Beobachters, Frankfurt/M., Bern, New York, Paris, Wien 1994 (Forschungen zur Literatur- und Kulturgeschichte 38).

[34] Zu Schuler vgl. die apologetische Einführung von Ludwig Klages in: Alfred Schuler, Fragmente und Vorträge aus dem Nachlass, hrsg. von Ludwig Klages, Leipzig 1940, S. 1–119. Außerdem: Ludwig Curtius, Deutsche und Antike Welt. Lebenserinnerungen, Stuttgart 1950, S. 246ff.; kritisch: Gerd-Klaus Kaltenbrunner, Zwischen Rilke und Hitler – Alfred Schuler, in: Zeitschrift für Religions- und Geistesgeschichte, Bd. 19, 1967, S. 333–347; Gerhard Plumpe, Alfred Schuler. Chaos und Neubeginn. Zur Funktion des Mythos in der Moderne, Berlin 1978 (Canon 2); Faber 1994 (wie Anm. 33), S. 85–100.

[35] Zit. nach Kaltenbrunner 1967 (wie Anm. 34), S. 333.

36 Vgl. Alfred Schuler, Vom Wesen der ewigen Stadt. Sieben Vorträge, in: Schuler 1940 (wie Anm. 34), S. 157–296.

37 Über die Nähe und die Distanz Schulers zu Hitler vgl. Kaltenbrunner 1967 (wie Anm. 34); Faber 1994 (wie Anm. 33), S. 85 ff.; Wilhelm 1989 (wie Anm. 33). Zur »Blutleuchte« siehe auch Johannes Székely, Franziska Gräfin zu Reventlow. Leben und Werk. Mit einer Bibliographie, Bonn 1979 (Abhandlungen zur Kunst-, Musik- und Literaturwissenschaft 276), S. 106ff.

38 Ludwig Klages, zit. nach Kaltenbrunner 1967 (wie Anm. 34), S. 334.

39 Ludwig Klages, Vom Kosmogonischen Eros, 9. Aufl. Bonn 1988 (zuerst 1922), S. 189.

40 Ludwig Klages, Der Geist als Widersacher der Seele, 4 Bde., Leipzig 1928–1932. Zu Klages allgemein: Hans Eggert Schröder, Ludwig Klages. Die Geschichte seines Lebens, 2 Bde., Bonn 1966/1972. Ludwig Klages 1872–1956, hrsg. von Hans Eggert Schröder, Ausst.-Kat. Klages-Gesellschaft Marbach 1972; Faber 1994 (wie Anm. 33), S. 51–85.

41 Zu Wolfskehl vgl. Edgar Salin, Um Stefan George. Erinnerung und Zeugnis, zweite, neugestaltete und wesentlich erweiterte Aufl., München, Düsseldorf 1954, S. 162ff.; Hans Eggert Schröder, Wolfskehl in der kosmischen Runde, in: Karl Wolfskehl Kolloquium. Vorträge – Berichte – Dokumente, hrsg. von Paul Gerhard Klussmann, Amsterdam 1983, S. 187–206; Faber 1994 (wie Anm. 33), S. 149–163.

42 Zu diesem auch als »Bruch« bekannt gewordenen Ereignis vgl. Schröder 1966 (wie Anm. 40), S. 354ff; Székely 1979 (wie Anm. 37), S. 118ff.; Wilhelm 1989 (wie Anm. 33), S. 23f.; Plumpe 1978 (wie Anm. 34), S. 168ff.; Faber 1994 (wie Anm. 33), S. 82ff. Baal Müller, Bildgeburten. George, Schuler und die »Kosmische Runde«, in: Schwabing. Kunst und Leben um 1900, Essays zur Ausst. im Münchner Stadtmuseum 1998, S. 41–55, versucht Klages' und Schulers Antisemitismus insofern zu relativieren, als »ihre judenfeindliche Haltung nicht rassistisch, sondern religionsphilosophisch motiviert« sei und sich generell »gegen die monotheistischen Religionen, deren Ursprung das in ihren Augen ›molochitische‹ Judentum darstellt«, richtete. Hätte Müller die Ausführungen von Faber 1994 zur Kenntnis genommen, hätte er dies nicht mehr behaupten können. Unbeschadet davon bleibt, daß die Anschauungen Schulers, Klages' und auch Georges nicht einfach mit der nationalsozialistischen Ideologie gleichgesetzt werden können. Zum Verhältnis des George-Kreises zum Nationalsozialismus vgl. Franz-Karl von Stockert, Stefan George und sein Kreis. Wirkungsgeschichte vor und nach dem 30. Januar 1933, in: Literatur und Germanistik nach der »Machtübernahme«. Colloquium zur 50. Wiederkehr des 30. Januar 1933, hrsg. von Beda Allemann, Bonn 1983, S. 52–89.

43 Noch 1940 insinuiert Klages, daß George in Wirklichkeit jüdischer Abstammung sei. Vgl. Schuler 1940 (wie Anm. 34), S. 76.

44 Vgl. Faber 1994 (wie Anm. 33), S. 152.

45 Ebd.

46 Wolfskehl war 1897 Mitbegründer der zionistischen Ortsgruppe in München. Ein Engagement, an dem er in den folgenden Jahren immer festhielt.

47 Vgl. Salin 1954 (wie Anm. 41), S. 112. Trotz zahlreicher Überlappungen waren die Kosmiker nicht Teil des George-Kreises. Zum Verhältnis der beiden Männerrunden siehe auch Friedrich Wolters, Stefan George und die Blätter für die Kunst. Deutsche Geistesgeschichte seit 1890, Berlin 1930, S. 240–274; Hansjürgen Linke, Das Kultische in der Dichtung Stefan Georges und seiner Schule, München, Düsseldorf 1960, S. 59–62; Stefan Breuer, Ästhetischer Fundamentalismus. Stefan George und der deutsche Antimodernismus, Darmstadt 1995, S. 95ff.

48 Vgl. Karl Wolfskehl, Die Blätter für die Kunst und die Neuste Literatur, in: ders., Gesammelte Werke, 2. Bd.: Übertragungen, Prosa, Düsseldorf 1960, S. 219–236, hier S. 236. Zum Nationalismus in der Bo-

37 For Schuler's affinities to and distance from Hitler, cf. Kaltenbrunner 1967 (as note 34); Faber 1994 (as note 33), pp. 85ff.; Wilhelm 1989 (as note 33). On "Blutleuchte" see also Johannes Székely, Franziska Gräfin zu Reventlow. Leben und Werk (with bibliography), Bonn 1979 (Abhandlungen zur Kunst-, Musik- und Literaturwissenschaft 276), pp. 106ff.

38 Ludwig Klages cited in Kaltenbrunner 1967 (as note 34), p. 334.

39 Ludwig Klages, Vom Kosmogonischen Eros, 9th edition, Bonn 1988 (originally 1922), p. 189.

40 Ludwig Klages, Der Geist als Widersacher der Seele, 4 vols., Leipzig 1928–1932. On Klages in general: Hans Eggert Schröder, Ludwig Klages. Die Geschichte seines Lebens, 2 vols., Bonn 1966/1972. Ludwig Klages 1872–1956, ed. Hans Eggert Schröder, exhibition cat. Klages-Gesellschaft Marbach 1972; Faber 1994 (as note 33), pp. 51–85.

41 On Wolfskehl see Edgar Salin, Um Stefan George. Erinnerung und Zeugnis, second, revised and enlarged edition, Munich/Düsseldorf 1954, pp. 162ff.; Hans Eggert Schröder, Wolfskehl in der kosmischen Runde, in: Karl Wolfskehl Kolloquium. Vorträge – Berichte – Dokumente, ed. Paul Gerhard Klussmann, Amsterdam 1983, pp. 187–206; Faber 1994 (as note 33), pp. 149–163.

42 On this event, the Schwabinger Krach (or Bruch, breach), cf. Schröder 1966 (as note 40), pp. 354ff.; Székely 1979 (as note 37), pp. 118ff.; Wilhelm 1989 (as note 33), pp. 23f.; Plumpe 1978 (as note 34), pp. 168ff.; Faber 1994 (as note 33), pp. 82ff. Baal Müller (Bildgeburten. George, Schuler und die "Kosmische Runde", in: Schwabing. Kunst und Leben um 1900. Essays on the exhibition in Munich Stadtmuseum 1998, pp. 41–55) attempts to qualify Klages' and Schuler's Antisemitism by saying that "their anti-Jewish attitudes" were "not racist, but motivated by philosophy of religion" and they were generally "opposed to the monotheistic religions, whose origins lay in what they saw as "Molochist' Judaism." If Müller had been aware of Faber's 1994 contribution, he would not have been able to argue this. It remains true, however, that the ideologies of Schuler, Klages and George cannot simply be equated with Nazi ideology. On the relationship of the George circle to Nazism see Franz-Karl von Stockert, Stefan George und sein Kreis. Wirkungsgeschichte vor und nach dem 30. Januar 1933, in: Literatur und Germanistik nach der "Machtübernahme". Colloquium zur 50. Wiederkehr des 30. Januar 1933, ed. Beda Allemann, Bonn 1983, pp. 52–89.

43 Klages was still insinuating in 1940 that George was really of Jewish descent. Cf. Schuler 1940 (as note 34), p. 76.

44 Cf. Faber 1994 (as note 33), p. 152.

45 Ibid.

46 Wolfskehl was co-founder of the Munich Zionistische Ortsgruppe in 1897. He retained this commitment in the years to follow.

47 Cf. Salin 1954 (as note 41), p. 112. Despite their considerable overlap, the *Kosmiker* as such were not a part of the George circle. On the relationships between the two groups see Friedrich Wolters, Stefan George und die Blätter für die Kunst. Deutsche Geistesgeschichte seit 1890, Berlin 1930, pp. 240–274; Hansjürgen Linke, Das Kultische in der Dichtung Stefan Georges und seiner Schule, München, Düsseldorf 1960, pp. 59–62; Stefan Breuer, Ästhetischer Fundamentalismus. Stefan George und der deutsche Antimodernismus, Darmstadt 1995, pp. 95ff.

48 Cf. Karl Wolfskehl, Die Blätter für die Kunst und die Neueste Literatur, in: idem, Gesammelte Werke, vol. 2, Übertragungen, Prosa, Düsseldorf 1960, pp. 219–236, here p. 236. On Nationalism among bohemians in general: Helmut Kreuzer, Die Boheme. Beiträge zu ihrer Beschreibung, Stuttgart 1968, pp. 339ff.

49 Cf. Klee 1988 (as note 32), nos. 1087 and 1105, p. 446 and p. 454. See

heme allgemein Helmut Kreuzer, Die Boheme. Beiträge zu ihrer Beschreibung, Stuttgart 1968, S. 339ff.

⁴⁹ Vgl. Klee 1988 (wie Anm. 32), Nr. 1087 und 1105, S. 446 und 454. Vgl. auch Paul Klee, Briefe an die Familie 1893–1940, hrsg. von Felix Klee, 2 Bde., Köln 1979, Bd. 2, S. 880ff. und 906.

⁵⁰ Theodor Däubler, Das Nordlicht, Florentiner Ausgabe, 3 Bde., München, Leipzig 1910. Ders., Das Nordlicht, Genfer Ausgabe, 2 Bde., Leipzig 1921–22.

⁵¹ Zu Däubler vgl. Hans Eggert Schröder, Geist und Kosmos bei Däubler, in: ders., Schiller, Nietzsche, Klages. Abhandlungen und Essays zur Geistesgeschichte der Gegenwart, Bonn 1974 (Abhandlungen zur Philosophie, Psychologie und Pädagogik 98), S. 24–41; Bernhard Rang, Theodor Däubler, in: Expressionismus als Literatur. Gesammelte Studien, hrsg. von Wolfgang Rothe, Bern, München 1969, S. 251–263; Theodor Däubler. 1876–1934, bearbeitet von Friedhelm Kemp und Friedrich Pfäfflin, Marbach 1984 (Marbacher Magazin 30); Theodor Däubler, Im Kampf um die moderne Kunst und andere Schriften, hrsg. von Friedhelm Kemp und Friedrich Pfäfflin, Darmstadt 1988; Thomas Rietzschel, Theodor Däubler. Eine Collage seiner Biographie, Leipzig 1988.

⁵² Darauf hebt bereits Carl Schmitt ab: Carl Schmitt, Theodor Däublers »Nordlicht«. Drei Studien über die Elemente, den Geist und die Aktualität des Werkes, Berlin 1991 (zuerst München 1916). Vgl. dazu: Stefan Nienhaus, »Denker und Sprecher und kosmische Strahlung«: Theodor Däubler in der Interpretation Carl Schmitts, in: Theodor Däubler – Biographie und Werk. Die Vorträge des Dresdner Däubler-Symposions 1992, hrsg. von Dieter Werner, Mainz 1996 (Germanistik im Gardez 5), S. 85–97. Zur Lichtsymbolik allgemein siehe Klaus Jeziorkowski, Empor ins Licht. Gnostizismus und Licht-Symbolik in Deutschland um 1900, in: The Turn of the Century. German Literature and Art 1890–1915, hrsg. von Gerald Chapple und Hans H. Schulte, Bonn 1981 (Modern German studies 5), S. 171–196.

⁵³ Rang 1969 (wie Anm. 51), S. 263.

⁵⁴ Vgl. Christine Hopfengart, Klee. Vom Sonderfall zum Publikumsliebling. Stationen seiner öffentlichen Resonanz in Deutschland 1905–1960, Mainz 1989, S. 28ff. Zum Verhältnis von Däubler und Klee vgl. weiterhin die Anmerkungen Geelhaars in Paul Klee, Schriften. Rezensionen und Aufsätze, hrsg. von Christian Geelhaar, Köln 1976, S. 176f.; Fritz Löffler, Theodor Däubler sowie Ida Bienert und Klee, in: Paul Klee. Vorträge der wissenschaftlichen Konferenz in Dresden 19. und 20. Dezember 1984, hrsg. vom Verband der Bildenden Künstler der DDR und den Staatlichen Kunstsammlungen Dresden 1986, S. 42–46, sowie Moritz Baßler, Die Entdeckung der Textur. Unverständlichkeit in der Kurzprosa der emphatischen Moderne 1910–1916, Tübingen 1994, S. 65f.

⁵⁵ Walter Burkert, Griechische Mythologie und die Geistesgeschichte der Moderne, in: Les Études Classiques aux XIXe et XXe Siècles: Leur Place dans l'Histoire des Idées, Genf 1980 (Entretiens sur L'Antiquité Classique 26), S. 159–199, hier S. 187.

⁵⁶ Vgl. Klee 1988 (wie Anm. 32), Nr. 963, 1915, S. 373: »Ich habe mit wirklichen Köpfen zusammen Blut geleckt. Däubler muss wieder mit ganzer Fülle in meiner Tür erscheinen. Das Irrlicht Wolfskehl muss wieder durch meine bescheidenen Räume flackern. Kandinsky soll mich wenigstens von der Wand grüssen. Der feine Rilke muss uns etwas aus Tunis erzählen.«

⁵⁷ Vgl. Klee 1979 (wie Anm. 49), Bd. 1, S. 153f. »Wir wollen aber trotz jener durch uns entfesselten Bestie mit dem ausgemachten Judenhaß zuwarten; jedenfalls ist es besser, sich durch einen edlen Menschen davon abhalten zu lassen, als über einen Schlechten hinweg sich demselben zuzuwenden. Gesindel ist schließlich die menschliche Allgemein-

also Paul Klee, Briefe an die Familie 1893–1940, ed. Felix Klee, 2 vols., Cologne 1979, vol. 2, pp. 880ff. and p. 906.

⁵⁰ Theodor Däubler, Das Nordlicht, Florentine edition, 3 vols., München,/Leipzig 1910. Idem, Das Nordlicht, Geneva edition, 2 vols., Leipzig 1921–22.

⁵¹ On Däubler cf. Hans Eggert Schröder, Geist und Kosmos bei Däubler. In: idem, Schiller, Nietzsche, Klages. Abhandlungen und Essays zur Geistesgeschichte der Gegenwart, Bonn 1974 (Abhandlungen zur Philosophie, Psychologie und Pädagogik 98), pp. 24–41; Bernhard Rang, Theodor Däubler, in: Expressionismus als Literatur. Gesammelte Studien, ed. Wolfgang Rothe, Bern, Munich 1969, pp. 251–263; Theodor Däubler. 1876–1934, ed. Friedhelm Kemp and Friedrich Pfäfflin, Marbach 1984 (Marbacher Magazin 30); Theodor Däubler, Im Kampf um die moderne Kunst und andere Schriften, ed. Friedhelm Kemp and Friedrich Pfäfflin, Darmstadt 1988; Thomas Rietzschel, Theodor Däubler. Eine Collage seiner Biographie, Leipzig 1988.

⁵² Carl Schmitt has already discussed this: Carl Schmitt, Theodor Däublers "Nordlicht". Drei Studien über die Elemente, den Geist und die Aktualität des Werkes, Berlin 1991 (originally Munich 1916). See also: Stefan Nienhaus, "Denker und Sprecher und kosmische Strahlung": Theodor Däubler in der Interpretation Carl Schmitts, in: Theodor Däubler – Biographie und Werk. Die Vorträge des Dresdner Däubler-Symposions 1992, ed. Dieter Werner, Mainz 1996 (Germanistik im Gardez 5), pp. 85–97. On Symbolism of Light in general see Klaus Jeziorkowski, Empor ins Licht. Gnostizismus und Licht-Symbolik in Deutschland um 1900, in: The Turn of the Century. German Literature and Art 1890–1915, eds. Gerald Chapple and Hans H. Schulte, Bonn 1981 (Modern German studies 5), pp. 171–196.

⁵³ Rang 1969 (as note 51), p. 263.

⁵⁴ Cf. Christine Hopfengart, Klee. Vom Sonderfall zum Publikumsliebling. Stationen seiner öffentlichen Resonanz in Deutschland 1905–1960, Mainz 1989, pp. 28ff. On the friendship of Däubler and Klee see also Geelhaar's annotations in Paul Klee, Schriften. Rezensionen und Aufsätze, ed. Christian Geelhaar, Cologne 1976, pp. 176f.; Fritz Löffler, Theodor Däubler sowie Ida Bienert und Klee, in: Paul Klee. Vorträge der wissenschaftlichen Konferenz in Dresden 19. und 20. Dezember 1984, ed. Verband der Bildenden Künstler der DDR and Staatliche Kunstsammlungen, Dresden 1986, pp. 42–46, and: Moritz Baßler, Die Entdeckung der Textur. Unverständlichkeit in der Kurzprosa der emphatischen Moderne 1910–1916, Tübingen 1994, pp. 65f.

⁵⁵ Walter Burkert, Griechische Mythologie und die Geistesgeschichte der Moderne, in: Les Études Classiques aux XIXe et XXe Siècles: Leur Place dans l'Histoire des Idées, Geneva 1980 (Entretiens sur L'Antiquité Classique 26), pp. 159–199, here p. 187.

⁵⁶ Cf. Klee 1988 (as note 32), Diary no. 963, 1915, p. 373: "I have lapped blood with some real minds. Däubler must once again wholly fill my door-frame. Will-o"-the-wisp Wolfskehl must once again flicker in my modest home. Kandinsky ought to greet me from the wall at least. The noble Rilke must tell us of Tunisia."

⁵⁷ Cf. Klee 1979 (as note 49), vol. 1, pp. 153f. "Let us look forward, despite the beast of antisemitism that we ourselves have unleashed. At all events, rather let oneself be deterred by one noble individual than succumb to it over a bad one. Mankind in general is rabble, after all. My – supposed? – love of humanity seems to be giving way to a respect for human individuality. I think that I respect the human species in a number of examples, while remaining wholly indifferent to the general mass. This is why the aspirations of social democracy will come to nothing. Here, you have my permission to go your own way. You will realize soon enough that where blessing would bring some benefit –

heit. Meine Menschenliebe – eingebildete? – scheint übrigens wieder nachzulassen zu Gunsten der Achtung vor der menschlichen Individualität. Ich glaube die menschliche Art in einigen Beispielen zu achten, um die Allgemeinheit wieder gleichgültig zu übersehen. Deshalb wird aus den socialdemokratischen Ahnungen nichts werden. Dir erlaube ich, hier Deine eigenen Wege zu gehen. Du wirst bald genug erkennen, daß da, wo Segen etwas eintrüge, nämlich bei dem höheren Menschentum, eine Hilfe nicht möglich ist. Dasselbe leidet am Konflikt zwischen den inneren und – äußeren Menschen. Der innere gewinnt dermaßen die Oberhand, daß man das Körperliche als Hemmnis empfindet. Hier fing für mich die Religion an. Ich würde meinen Körper hassen, wenn ich nicht wüßte, daß der bessere Teil davon abhängt. Ich verlangte Rechenschaft über die Fesseln des Irdischen, wenn ich wüßte, an wen mich wenden. Das Märchen von einer dereinstigen Freiheit der Seele scheint mir stark unglaubwürdig.«

58 Klee 1988 (wie Anm. 32), Nr. 430, S. 521.
59 Vgl. Konrad Wünsche, Bauhaus: Versuche, das Leben zu ordnen, Berlin 1989, S. 10. Weiterhin Marcel Franciscono, Walter Gropius and the Creation of the Bauhaus in Weimar: The Ideals and Artistic Theories of its Founding Years, Urbana, Chicago, London 1971.
60 Vgl. Magdalena Droste, Wechselwirkungen – Paul Klee und das Bauhaus, in: Paul Klee als Zeichner 1921–1933, Ausst.-Kat. Bauhaus-Archiv Berlin 1985, S. 26–40, hier S. 27.
61 Vgl. beispielsweise Christian Geelhaar, Paul Klee und das Bauhaus, Köln 1972, S. 19.
62 Zit. nach Paul Klee in Jena 1924. Der Vortrag, Ausst.-Kat. Jena 1999, S. 48–69, hier S. 69.
63 Vgl. Droste 1985 (wie Anm. 60), S. 30. Im September 1927 verlängerte Klee eigenmächtig seinen Urlaub und erschien nicht zum Unterrichtsbeginn, worauf Gropius und sämtliche Meister ihn brieflich aufforderten zurückzukommen. Darüber hinaus wurde er gebeten, sich zu rechtfertigen, weil er eigenmächtig den Unterricht in einen theoretischen und praktischen Teil geteilt hatte. Im praktischen Teil in der zweiten Semesterhälfte hatte Klee seine Schüler sich selbst überlassen. Als Erklärung führte er gegenüber Gropius an, daß er nur bei »Ferienurlaub in [...] entsprechendem Umfang« das Gleichgewicht zwischen seiner Produktionstätigkeit und der Lehrtätigkeit aufrechterhalten könne. Gegenüber seiner Frau bemerkte er: »von mir kann man nicht eine Regelmäßigkeit verlangen, weil ich auf regelmäßige Dinge nicht reagiere« (ebd., S. 34). Von ferne läßt Asmus Jacob Carstens grüßen, seine Erklärung, daß er als Künstler nur der Menschheit, nicht aber der Berliner Akademie Rechenschaft schuldig sei.
64 Zit. nach Wünsche 1989 (wie Anm. 59), S. 13.
65 Ebd.
66 Klee 1924/1999 (wie Anm. 62), S. 69.
67 Vgl. Paul Klee, Exakte Versuche im Bereich der Kunst, in: Klee 1976 (wie Anm. 54), S. 130–132.
68 Kurt Hübner, Die Wahrheit des Mythos, München 1985, S. 317.
69 Ebd., S. 323.
70 Hans Blumenberg, »Nachahmung der Natur«. Zur Vorgeschichte des schöpferischen Menschen, in: Studium Generale 10, 1957, H. 5, S. 266–283, hier S. 283.
71 Ebd.
72 Klee 1988 (wie Anm. 32), Nr. 60, 1898, S. 25f.
73 Es handelt sich um Heinrich Konrad Stein, Handbuch der Geschichte für die oberen Klassen des Gymnasiums und Realschulen, 3. Bd.: Die neuere Zeit, 4. verb. Aufl., Paderborn 1891.
74 Vgl. Paul Klee. 50 Werke aus 50 Jahren (1890–1940), Ausst.-Kat. Hamburger Kunsthalle 1990, S. 28, wo es heißt, die »Götzenversammlung des Schulbuches« sei »als Marginalien eines Aufsatzes über den

that is, among the higher humanity – help is not possible. The higher humanity suffers from the conflict between the inward and outward man. The inward man gains the upper hand to such an extent that the body is perceived as a hindrance. For me, this is where religion began. I would hate my body, if I did not know that the better part is dependent on it. I would demand redress for the shackles of earthly existence, if only I knew who to turn to. The fairy tale of a future freedom of the soul seems to me to be highly implausible."

58 Klee 1988 (as note 32), Diary no. 430, p. 521.
59 Cf. Konrad Wünsche, Bauhaus: Versuche, das Leben zu ordnen, Berlin 1989, p. 10. Also: Marcel Franciscono, Walter Gropius and the Creation of the Bauhaus in Weimar: The Ideals and Artistic Theories of its Founding Years, Chicago/London 1971.
60 Cf. Magdalena Droste, Wechselwirkungen – Paul Klee und das Bauhaus, in: Paul Klee als Zeichner 1921–1933, exhibition cat. Bauhaus-Archiv Berlin 1985, pp. 26–40, here p. 27.
61 Cf. e.g. Christian Geelhaar, Paul Klee und das Bauhaus, Cologne 1972, p. 19.
62 Quoted in: Paul Klee in Jena 1924. Der Vortrag, exhibition cat. Jena 1999, pp. 48–69, here p. 69.
63 Cf. Droste 1985 (as note 60), p. 30. In September 1927 Klee extended his vacation on his own authority, and was absent at the start of courses, whereby Gropius and the whole faculty wrote to him demanding his return. He was also asked to explain himself as to why he had divided his courses into theoretical and practical sections. In the practical section of the second half of the semester Klee had left his students to themselves. He informed Gropius that only with "vacations sufficient in quantity" could he maintain the equilibrium between teaching and his own production. He told his wife: "no one can expect regularity of me because I do not react to regularly occurring things." (Ibid., p. 34.) This is reminiscent of the Romantic artist Asmus Jakob Carstens' well known defence of his unauthorized extension of his Academy-financed trip to Italy: that as an artist he was beholden to humanity, not the Berlin Academy.
64 Quoted from Wünsche 1989 (as note 59), p.13.
65 Ibid.
66 Klee 1924/1999 (as note 62), p. 69.
67 Cf. Paul Klee, Exakte Versuche im Bereich der Kunst, in: Klee 1976 (as note 54), pp. 130–132.
68 Kurt Hübner, Die Wahrheit des Mythos, Munich 1985, p. 317.
69 Ibid., p. 323.
70 Hans Blumenberg, "Nachahmung der Natur". Zur Vorgeschichte des schöpferischen Menschen, in: Studium Generale 10, 1957, no. 5, pp. 266–283, here p. 283.
71 Ibid.
72 Klee 1988 (as note 32), no. 60, 1898, pp. 25f.
73 It is Heinrich Konrad Stein, Handbuch der Geschichte für die oberen Klassen des Gymnasiums und Realschulen, vol. III: Die neuere Zeit, 4th revised edition, Paderborn 1891.
74 Cf. Paul Klee. 50 Werke aus 50 Jahren (1890–1940), exhibition cat. Hamburger Kunsthalle 1990, p. 28, for the assertion that the "schoolbook collection of idols" are imaginable "as the marginal illustrations to an essay in Simplicissimus on the nonsense of religious idolatry". An underestimation in my view.
75 See Jürgen Glaesemer, Paul Klee Handzeichnungen I. Kindheit bis 1920, Bern 1973, no. 171–173, p. 64. Glaesemer assumes Klee probably used illustrations of Pre-Columbian or South-East Asian art as reference for his three drawings. Klee himself extracted these pages from his schoolbook and kept them carefully. Cf. ibid., p. 20. These have also been recorded in Paul Klee. Catalogue

Unfug des religiösen Bilderkultes im Simplicissimus« vorstellbar. Eine Unterschätzung, wie ich meine.

75 Vgl. Jürgen Glaesemer, Paul Klee Handzeichnungen I. Kindheit bis 1920, Bern 1973, Nr. 171–173, S. 64. Glaesemer nimmt an, daß Klee bei seinen drei Zeichnungen vermutlich Abbildungen präkolumbianischer oder südostasiatischer Kunst als Vorlage verwendete. Klee löste diese Skizzen selbst aus seinem Schulheft heraus und bewahrte sie gesondert auf. Vgl. ebd., S. 20. Aufgenommen sind diese auch in Paul Klee. Catalogue Raisonné, hrsg. von der Paul-Klee-Stiftung, Bd. 1: 1883–1912, Bern 1998, Nr. 107, S. 120.
76 Vgl. Klee 1979 (wie Anm. 49), Bd. 1, S. 28, und Glaesemer 1973 (wie Anm. 75), S. 25.
77 Im Katalog der Ausstellung »Paul Klee fino al Bauhaus«, Parma 1972, Nr. 24, wird das Blatt reproduziert. Der Kopf in der rechten unteren Ecke wird dort als »una maschera, che allude communque all'oriente« identifiziert, der andere als »un profilo di sapore assiro«.
78 Georg Simmel, Zur Soziologie der Religion, in: ders., Aufsätze und Abhandlungen 1894 bis 1900, hrsg. von Heinz-Jürgen Dahme und David P. Frisby, Frankfurt/M. 1992, S. 266–286. Simmels Aufsatz, der 1898 in der Neuen Deutschen Rundschau erschien, verfolgt selbst die Frage nach der Wesensbestimmung von Religion ausdrücklich nicht weiter.
79 Vgl. Ernst-Gerhard Güse, Klees Zwiesprache mit der Natur, in: Paul Klee. Wachstum regt sich. Klees Zwiesprache mit der Natur, hrsg. von Ernst-Gerhard Güse, Ausst.-Kat. Saarland Museum Saarbrücken, München 1990, S. 17–24, hier S. 22.
80 So Richard Verdi, Klee and Nature, London 1984, S. 51.
81 Jim M. Jordan, Garten der Mysterien. Die Ikonographie von Paul Klees expressionistischer Periode, in: Paul Klee. Das Frühwerk 1883–1922, Ausst.-Kat. Städtische Galerie im Lenbachhaus München 1979, S. 227–245, hier S. 238.
82 Siehe Otto K. Werckmeister, Klee im Ersten Weltkrieg, in: Ausst.-Kat. München 1979 (wie Anm. 81), S. 166–226, hier S. 202. Vgl. auch ders., The Making of Paul Klee's Career. 1914–1920, Chicago, London 1989, S. 112ff.
83 Klee 1988 (wie Anm. 32), Nr. 748, 1906, S. 234.
84 Vgl. Werckmeister 1979 bzw. 1989 (wie Anm. 82), S. 202 bzw. S. 115.
85 Klee 1928/1976 (wie Anm. 67), S. 131.
86 Vgl. Johann Wolfgang Goethe, Die Metamorphose der Pflanzen, in: ders., Sämtliche Werke nach Epochen seines Schaffens, Münchner Ausgabe, hrsg. von Karl Richter, Bd. 12: Zur Naturwissenschaft überhaupt, besonders zur Morphologie, hrsg. von Hans J. Becker u. a., München 1989, S. 29–68.
87 Ebd., S. 74ff.
88 Paul Klee, Beitrag für den Sammelband »Schöpferische Konfession«, in: Klee 1976 (wie Anm. 54), S. 118–122, hier S. 120. Der Beitrag erschien 1920, wurde aber von Klee bereits 1918 konzipiert.
89 Paul Klee, Wege des Naturstudiums (1923), in: Klee 1976 (wie Anm. 54), S. 124–126, hier S. 125.
90 Ebd., S. 124.
91 Klee 1920/1976 (wie Anm. 88), S. 121.
92 Klee 1988 (wie Anm. 32), Nr. 660, 1905, S. 220.
93 Schon 1912 hat Klee in einer Besprechung der Blauen-Reiter-Ausstellung diese drei Bereiche, welche für die gesamte Avantgarde der Zeit bedeutsam waren, als »Uranfänge von Kunst« positiv hervorgehoben. Vgl. Klee 1976 (wie Anm. 54), S. 97.
94 Vgl. den Entwurf eines Briefes an Hausenstein in Klee 1988 (wie Anm. 32), S. 528, wo es heißt: »Wenn ich weltfern eingestellt bin, so ist das von mir mehr eine für meine Production notwendige Disciplin, als reine Torheit.«
95 Hübner 1985 (wie Anm. 68), S. 321.

75 Raisonné, ed. Paul-Klee-Stiftung, vol. 1: 1883–1912, Bern 1998, no. 107, p. 120.
76 Cf. Klee 1979 (as note 49), vol. 1, p. 28, and Glaesemer 1973 (as note 75), p. 25.
77 The page is reproduced in the catalogue of the exhibition "Paul Klee fino al Bauhaus", Parma 1972, No. 24. The head in the lower right corner is identified as "una maschera, che allude comunque all'oriente", the other as "un profilo di sapore assiro".
78 Georg Simmel, Zur Soziologie der Religion, in: idem, Aufsätze und Abhandlungen 1894 bis 1900, ed. Heinz-Jürgen Dahme and David P. Frisby, Frankfurt/M. 1992, pp. 266–286. Simmel's essay, which appeared in the Neue Deutsche Rundschau in 1898 does not itself pursue the question of the ultimate definition of religion.
79 See Ernst-Gerhard Güse, Klees Zwiesprache mit der Natur, in: Paul Klee. Wachstum regt sich. Klees Zwiesprache mit der Natur, ed. Ernst-Gerhard Güse, exhibition cat. Saarland Museum Saarbrücken, München 1990, pp. 17–24, here p. 22.
80 According to Richard Verdi, Klee and Nature, London 1984, p. 51.
81 Jim M. Jordan, Garten der Mysterien. Die Ikonographie von Paul Klees expressionistischer Periode, in: Paul Klee. Das Frühwerk 1883–1922, exhibition cat. Städtische Galerie im Lenbachhaus, Munich, 1979, pp. 227–245, here p. 238.
82 See Otto K. Werckmeister, Klee im Ersten Weltkrieg, in: exhibition cat. München 1979 (as note 81), pp. 166–226, here p. 202. See also idem, The Making of Paul Klee's Career. 1914–1920, Chicago/London 1989, pp. 112ff.
83 Klee 1988 (as note 32), no. 748, 1906, p. 234.
84 Cf. Werckmeister 1979 and 1989 (as note 82), p. 202, p. 115 resp.
85 Klee 1928/1976 (as note 67), p. 131.
86 Cf. Johann Wolfgang Goethe, Die Metamorphose der Pflanzen, in: idem, Sämtliche Werke nach Epochen seines Schaffens, Munich edition, ed. Karl Richter, vol. 12: Zur Naturwissenschaft überhaupt, besonders zur Morphologie, ed. Hans J. Becker et al., Munich 1989, pp. 29–68.
87 Ibid., pp. 74ff.
88 Paul Klee, Beitrag für den Sammelband "Schöpferische Konfession", in: Klee 1976 (as note 54), pp. 118–122, here p. 120. The essay appeared in 1920 but Klee had first conceived it in 1918.
89 Paul Klee, Wege des Naturstudiums (1923), in: Klee 1976 (as note 54), pp. 124–126, here p. 124.
90 Ibid., p. 124.
91 Klee 1920/1976 (as note 88), p. 121.
92 Klee 1988 (as note 32), no. 660, 1905, p. 220.
93 Klee had already in 1912 in an address on the Blauer Reiter exhibition emphasized these three areas, which were very significant for the whole of the avantgarde of the time, as "Primal origins of art". Cf. Klee 1976 (as note 54), p. 97.
94 Cf. the draft of a letter to Hausenstein in Klee 1988 (as note 32), p. 528; he writes: "If my head is in the clouds, it is more a discipline necessary for my production than pure folly."
95 Hübner 1985 (as note 68), p. 321.

13   Ungezogen • Naughty, 1906, 5

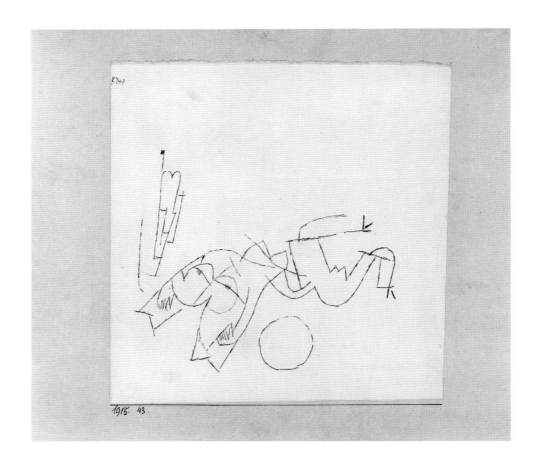

Zeus, sich in e. Schwan verwandelnd • Zeus changing himself into a swan, 1915, 95

18   <Venus in Convulsion> • <Venus in convulsion>, 1915, 43

17   Leda und d. Schwan • Leda and the swan, 1913, 76

Anatomie der Aphrodite • Anatomy of Aphrodite, 1915, 45

19 <Flügelstücke zu 1915 45> • <wings to 1915, 45>, 1915, 48

20 ‹metamorphose Vögel› • ‹metamorphosis of birds›, 1915, 122

21 Dämon über d. Schiffen • Demon above the ships, 1916, 65

(kakendaemonisch) • (cacodemonic), 1916, 73

23 Blick des Dämons • Stare of the demon, 1917, 1

25 Sphinxartig • Sphinx-like, 1919, 2

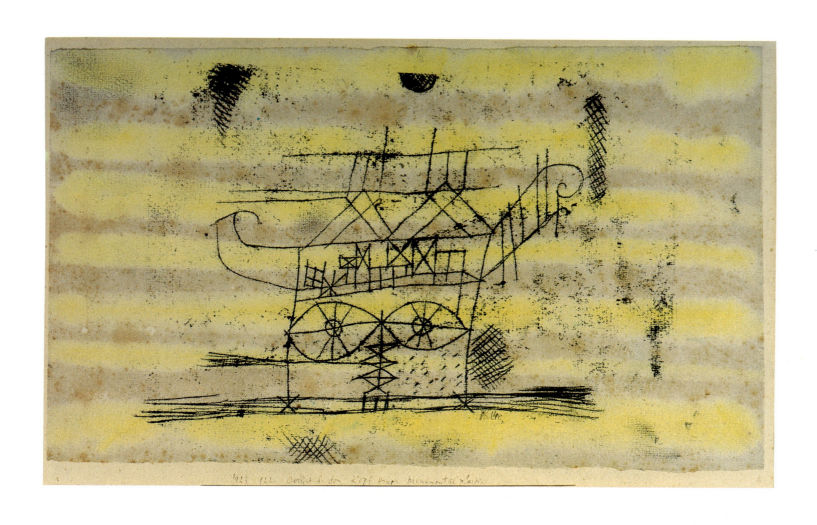

51 Gerüst f. den Kopf einer Monumentalplastik • Scaffolding for the head of a monumental sculpture, 1923, 122

26 das Auge des Eros • The eye of Eros, 1919, 53

33 Feuerbote • Fire-messenger, 1920, 52

24 Geist der Fruchtbarkeit • Spirit of fertility, 1917, 78

34 maenadischer Schreck • Maenadic terror, 1920, 141

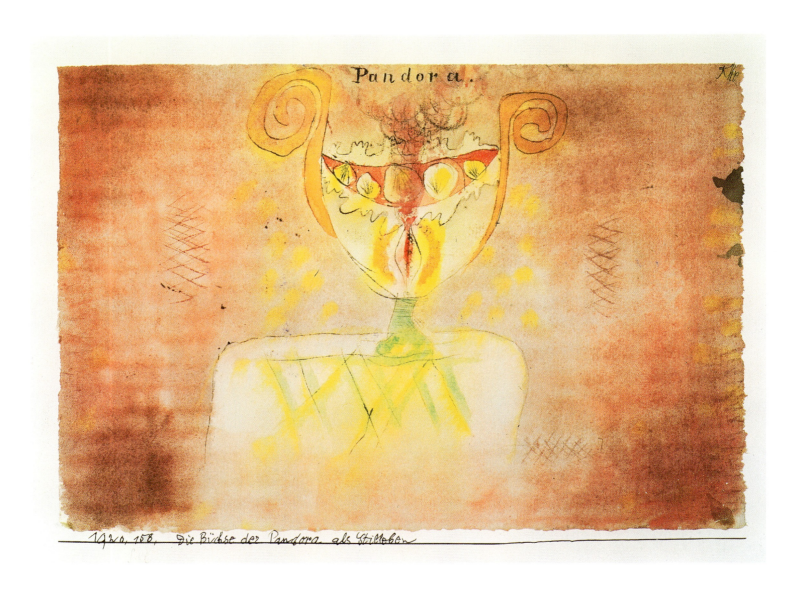

35   Die Büchse der Pandora als Stilleben • Pandora's box as still life, 1920, 158

37   Das Tor zum Hades • The gateway to Hades, 1921, 29

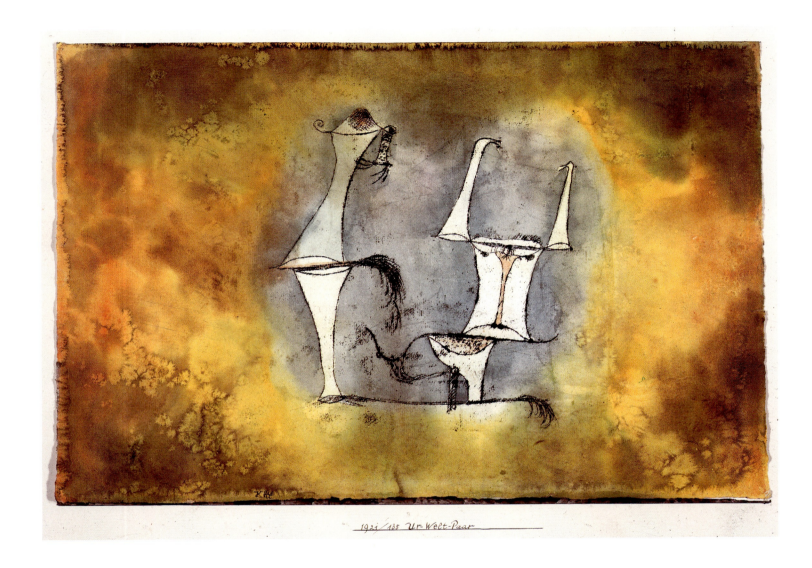

Ur-Welt-Paar • Primeval-world couple, 1921, 135

44   Zeichnung zum Urwelt Paar • Drawing for Primeval-world couple, 1921, 165

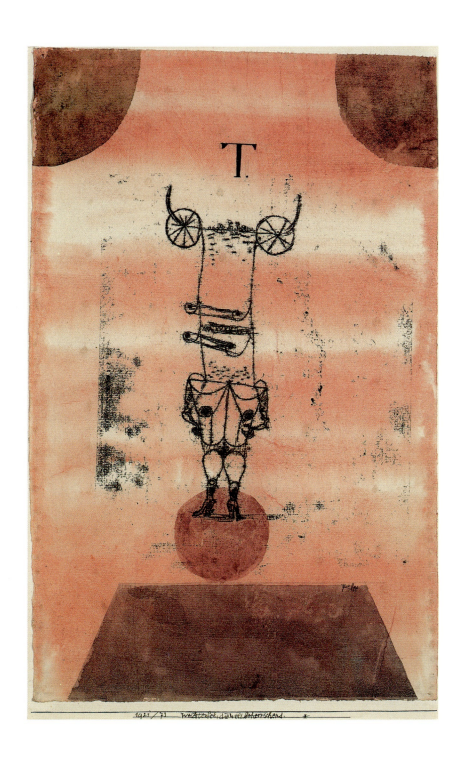

38 Weibsteufel, die Welt beherrschend • She-devil dominating the world, 1921, 73

39 Goldfisch-Weib • Goldfish woman, 1921, 23

40 keramisch / erotisch / religiös • Ceramic / erotic / religious, 1921, 97

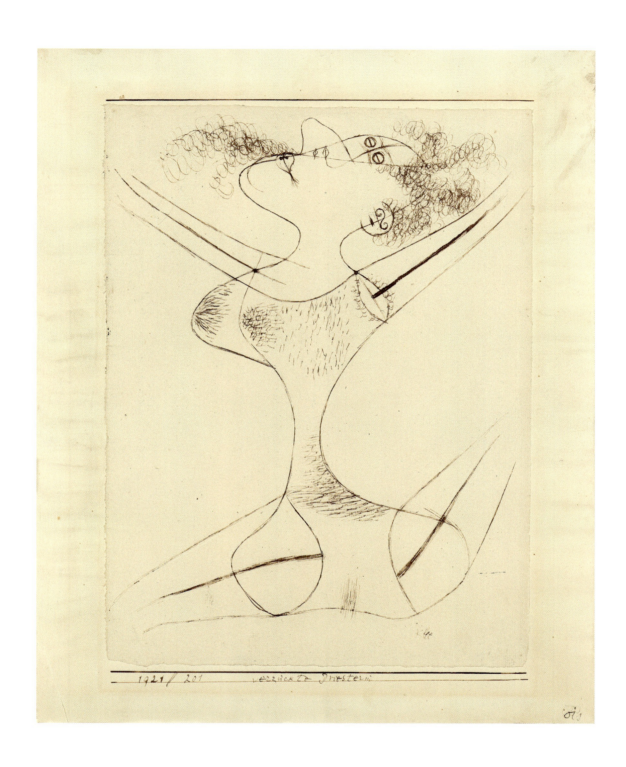

45   verzückte Priesterin • Ecstatic priestess, 1921, 201

Waldbeere • Woodland berry, 1921, 92

41   Die Posaune tönt • The trombone sounds, 1921, 110

42 Das Pathos der Fruchtbarkeit • The pathos of fertility, 1921, 130

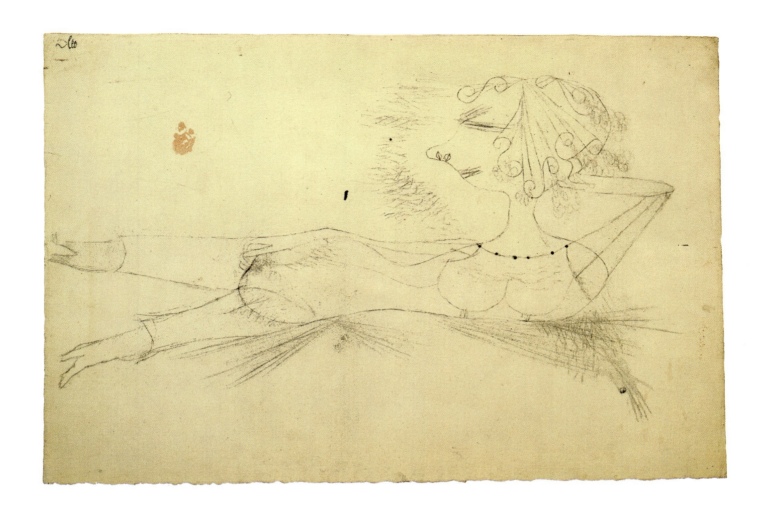

46 alternde Venus • Aging Venus, 1921, 211

Die alternde Venus • The aging Venus, 1922, 8

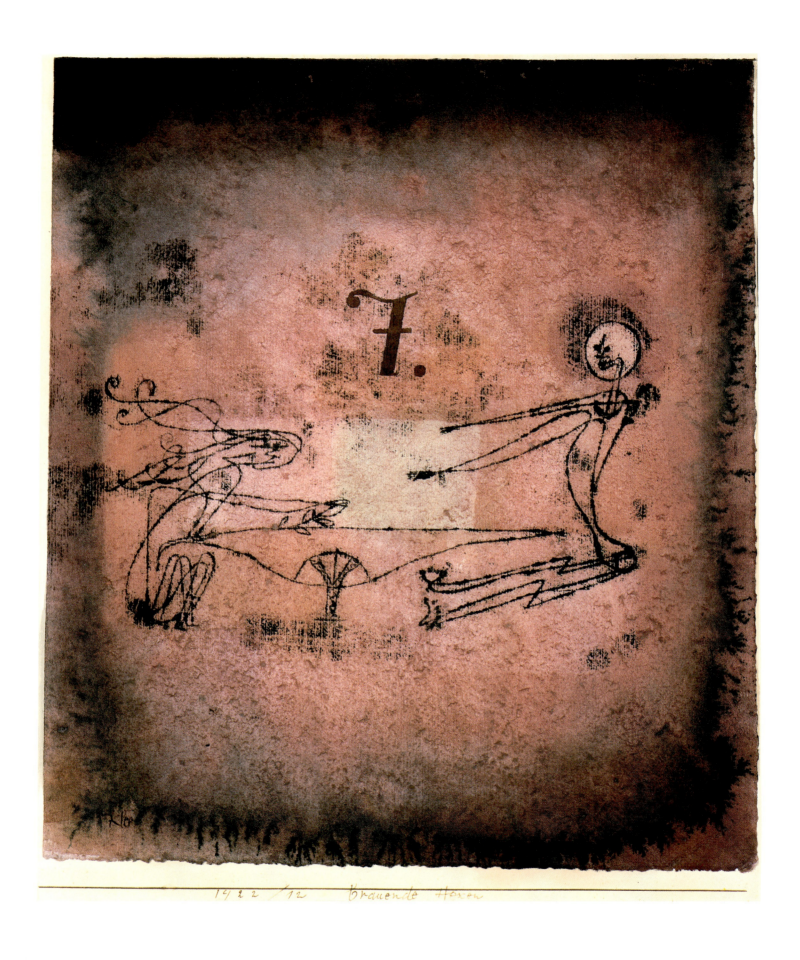

47 brauende Hexen • Brewing witches, 1922, 12

Der Gott des nördlichen Waldes • God of the northern forest, 1922, 32

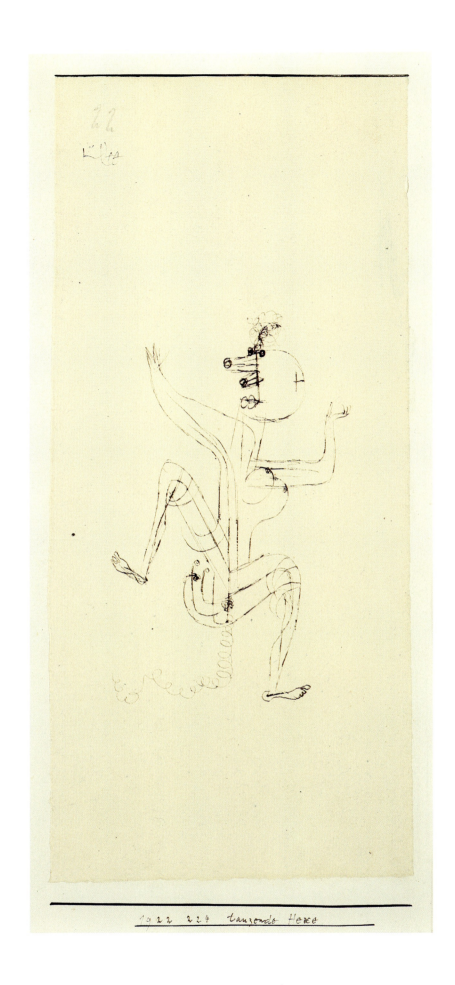

48 tanzende Hexe • Dancing witch, 1922, 224

49 Fortuna, 1922, 229

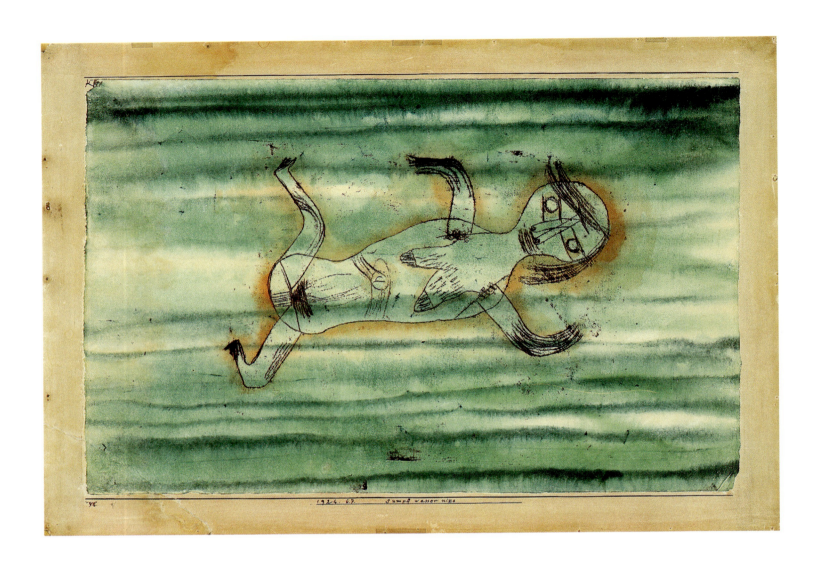

54 Sumpf wasser nixe • Swamp-nix, 1924, 67

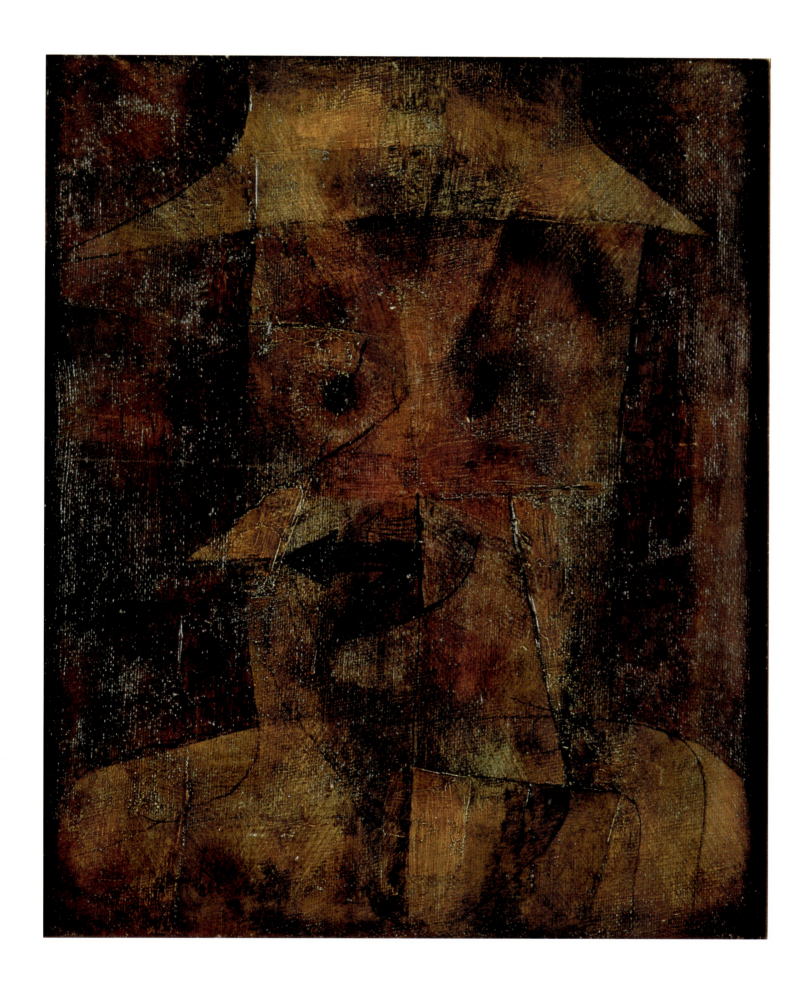

50   Der Alte im Baum • Dryad, 1923, 116

52   Zwergherold zu Pferd • Dwarf herald on horse, 1923, 186

53 ein Paar Götter • A couple of Gods, 1924, 11

55 Daemonie • Demonry, 1925, 204 (U 4)

56 Kampf mit der Seeschlange • Battle with the sea serpent, 1925, 243 (Y 3)

58 zerstörter Olÿmp • Olympus in ruins, 1926, 5

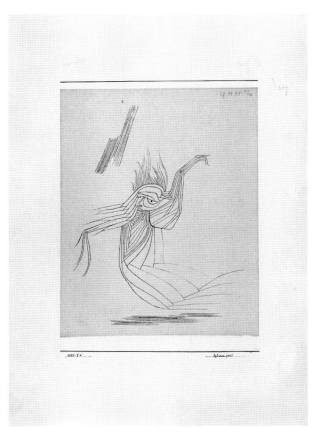

57   Sturmgeist • Storm ghost, 1925, 224 (Y 4)

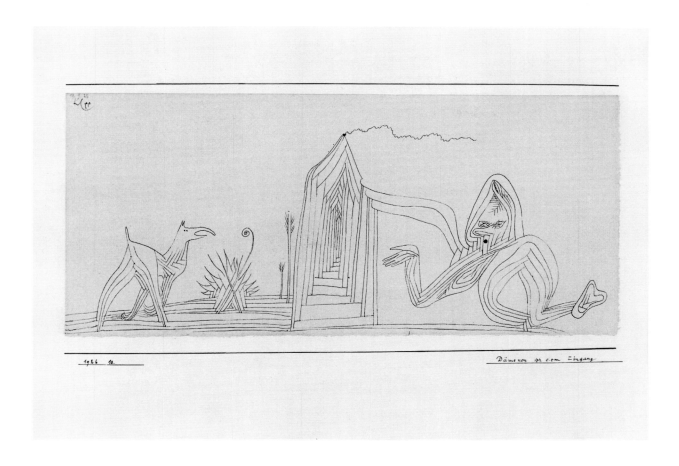

59   Dämonen vor dem Eingang • Demons in front of the entrance, 1926, 10

60 im Flora Tempel • In the temple of Flora, 1926, 37 (M 7)

61　sie sinkt ins Grab! • She is sinking into the grave!, 1926, 46 (N 6)

62   Rosenzwerg • Dwarf of the roses, 1927, 161 (G 1)

Rosenzwerg • Dwarf of the roses, 1927, 145 (E 5)

63 Mythos einer Insel • Myth of an island, 1930, 23 (L 3)

67 Goetze im Fieberland • Idol in the land of fever, 1932, 10 (10)

Otto Karl Werckmeister

"Will I Ever Bring Forth a Pallas?!"

The Satire of the Classical Ideal

Paul Klee began his work as an independent artist with a radical critique of myth in artistic culture. He had devoted his traditional artist's trip to Italy in 1901–2, at odds with its purpose, to shedding an upper-middle-class ideal of the classics. In four of the ten etchings that form the *Inventions* cycle of 1903–5, his first work made for public showing, he pictured a satirical dissolution of the classical ideal, targeting both Greek drama and its theme, Greek mythology. Gregor Wedekind has demonstrated how in this series of etchings Klee laid the foundations of a self-reflective artistic subjectivity he was to cultivate throughout his life.[1]

The *Comedian*[2] (cat. nos. 3, 5, 8) is an artist whose role-play contradicts his character. In the first two versions (the first eventually not included in the cycle) he has attached a comic mask, with its characteristic smile, to his morose face, with its mouth turned down, as in a tragic mask. The mask is attached at such a distance from the face that any observer in the wings will notice the discrepancy of expressions, hidden from the audience in the stalls. In the third version Klee endowed the mask with the Silenus features traditionally ascribed to Socrates, making it into an allusive portrait of an ancient philosopher held to be a paradigm of the satirical attitude. This mask bears an individualized expression with which the artist can empathize. Mask and face, with their contorted but controlled features, come to resemble one another. The mask loses its comic, the face its sad expression. Their approximation yields an expressive indifference, submerging either extreme.

The two mythological figures pictured in the *Inventions* appear all the more unequivocally comical. *Perseus* (cat. no. 6)[3], wearing a restrained yet deliberate smile, "triumphs", according to the subtitle, over the terror that has drained from the severed head of the Medusa, contrary to the myth, which has the terror endure so as to make the head into a weapon for the victor. Yet here Medusa's expression is frozen into a caricature of surprise about her sudden death. Klee noted in his diary that "the countenance" of Perseus "mirrors the action".[4] If indeed the "countenance is a mirror of the action", as Klee wrote in a later transcription of the diary entry[5], Perseus has looked straight at the

zuhalten, und hat ihre Drohung als haltlos entlarvt. Die übertriebene, bewegte Muskulatur seines eigenen Gesichts ist Ausdruck überlegener Kraft. – Der *greise Phoenix* (Kat.-Nr. 10) entpuppt sich unter seinen ausgefallenen Federn als mißgebildete weibliche Menschenfigur, die allegorische Personifikationen der Revolution nachäfft. Sie demonstriert, daß Revolutionen zu keinem neuen Anfang führen, sondern immer nur zur zyklischen Wiedergeburt »menschlicher Unzulänglichkeit«.[6] – Indem Klee die antike Bildbedeutung dieser beiden Figuren aufgrund einer kritischen Lektüre von Ovids *Metamorphosen* neu durchdachte, setzte er die allegorische Aktualisierung des mythologischen Bilderschatzes in der Kunst der herrschenden Kultur für sich selber außer Kurs.

Nach einer derart durchgreifenden satirischen Kritik der mythologischen Imagination überrascht es nicht, daß die Bildtitel von Klees Werken bis 1912 bis auf eine Ausnahme jede mythologische Thematik vermissen lassen. In seinen selbstbiographischen Abrissen von 1918–1919 rekonstruiert Klee denn auch seine frühe Selbstausbildung als Künstler nach der Antithese von Antike und Moderne.[7] Die Selbstbehauptung der Subjektivität durch Abstraktion, auf die es ihm damals ankam, setzte die Abkehr von der antiken Tradition voraus.

Seit 1913 griff Klee gelegentlich wieder mythologische Themen auf. Das hing mit seiner Rückwendung von der reinen Abstraktion zur »Illustration« zusammen, über die er sich 1917 im Tagebuch Rechenschaft ablegte.[8] Zwischen 1913 und 1918 lassen sich im Werkverzeichnis acht mythologische Titel zählen. Sie betreffen ausschließlich Sexualität und sind auf Zeus und Venus konzentriert. Das Aquarell *Blumenmythos* (Abb. S. 77) von 1918 legt Klees Interesse am erotischen Aspekt des Mythos offen. Für die Jahre 1919–1932, die Zeit der Weimarer Republik, zähle ich 19 mythologische Titel, deren Thematik sich geringfügig erweitert und teilweise über Sexualität hinausführt. Wie weit in beiden Perioden Werke Klees als mythologisch einzustufen sind, ohne daß dies in ihren Titeln zum Ausdruck kommt, wird an anderer Stelle dieses Katalogs erörtert.

Das Studium der Tragödie

Erst während seiner Exilzeit von Dezember 1933 bis Juni 1940 nahm Klee den Zusammenhang antiker Mythologie und figürlicher Gestaltung wieder auf. Das wichtigste schriftliche Zeugnis für diese Wendung ist ein Brief vom 2. Januar 1940 an den Kritiker Will Grohmann (siehe S. 160). Hier bedankt sich Klee für das Buch *Griechische Lyrik im Urtext*, das ihm Grohmann zu seinem 60. Geburtstag am 18. Dezember 1939 aus Deutschland geschickt hatte. Er räumt ein, er habe die »antike Lyrik« vergessen, betont jedoch, er habe letztens griechische Tragödien gelesen und insbesondere Aischylos' *Orestie* »Stück für Stück, Scene für Scene« durchgenommen. Da Klees Bibliothek mehrere Ausgaben aller drei kanonischen Tragödiendichter enthielt, beschränkte sich sein erneutes Studium kaum auf die *Orestie*.

Medusa when he took her on, rather than indirectly confronting her through a mirror, as in the mythical story. He has exposed her terror as an empty threat. The exaggerated muscular contortions of his own face, tensely balanced in his smile, express his superior strength.–Like the Medusa, the *Aged phoenix* (cat. no. 10) stands exposed for the hollowness of his claims. Under the feathers the bird has shed, there appears a misshapen human body of a woman aping personifications of Revolution. Her exposure reveals that revolutions never lead to new beginnings, only to a cyclical rebirth of "human inadequacy", as the subtitle of the etching has it.[6]–As Klee, through a critical reading of Ovid's *Metamorphoses*, rethought the pictorial significance of both figures, he disabused himself of the allegorical topicality mythological imagery commanded in the art of dominant culture.

After such a thorough satirical critique of mythological imagination it comes as no surprise that the titles of Klee's works until the year 1912, with one exception, lack any mythological theme. In the autobiographical surveys Klee in 1918–19 compiled from his diaries for Wilhelm Hausenstein and Leopold Zahn, he reconstructs his early self-education as an artist according to the polarity of Ancient versus Modern.[7] The self-assertion of subjectivity by means of abstraction he wished to stress in those accounts entailed the rejection of antiquity as a fountainhead of a traditionally validated imagery.

From 1913 on Klee occasionally resumed mythological themes as part of his turn from pure abstraction to "illustration", which he acknowledged in a diary entry of July 1917.[8] Between 1913 and 1918, I count eight mythological titles in the œuvre catalogue, most of them involving Zeus and Venus, and all of them referring to sex. The watercolour *Flower myth* of 1918 (ill. p. 77), though not mythological itself, is a testimony to Klee's prevailing interest in the erotic aspects of myth. For the subsequent period of the Weimar Republic, spanning the years 1919–1932, I count nineteen mythological titles in the œuvre catalogue, with a slight expansion of thematic range into the non-sexual. To what extent during both periods Klee's works can be termed mythological even though the titles make no reference to mythology, is discussed elsewhere in the present catalogue.

The Study of Tragedy

It is only during his third period, the time of his Swiss exile, December 1933 to June 1940, that Klee again became as concerned with the connection between ancient mythology and figurative art-making as he had been when he produced the *Inventions* at his father's home in Bern. An express written testimony for his turn toward the mythological is a letter of 2 January 1940 to the critic Will Grohmann (see p. 160), in which Klee thanks Grohmann for having sent him the book *Greek Poetry in the Original*

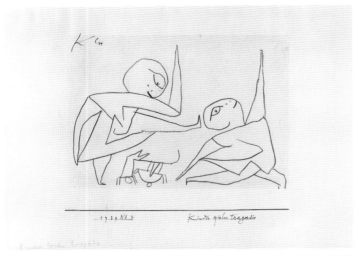

1 Kinder spielen Tragödie • Children playing tragedy, 1939, 1207 (NO 7)

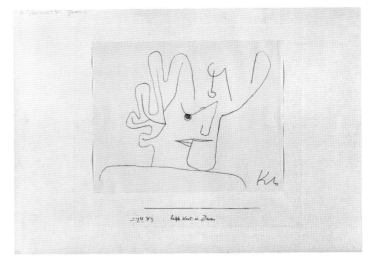

2 letztes Wort im Drama • Last word in the drama, 1938, 359 (V 19)

Kurz zuvor, gegen Ende 1939, hatte Klee die Zeichnung *Kinder spielen Tragödie* (1939, 1207) (Abb. 1) geschaffen. Die Szene spielt unter Halbwüchsigen, erinnert somit an die Gymnasialzeit, als Klee in griechischer Literatur unterrichtet wurde. Man erkennt allerdings nicht, ob die dargestellten Kinder Jungen oder Mädchen sind. Im Vordergrund tritt ein Kind mit hocherhobenem Fuß gegen den Kopf eines anderen, das mit klagend erhobenem Arm in die Knie bricht wie eine verfolgte griechische Amazone. Im Hintergrund vollführen zwei andere Kinder Handstände. Tragödie und Satyrspiel finden also an verschiedenen Stellen der Bühne gleichzeitig statt. Und selbst im Vordergrund lächeln Verfolger und Verfolgter gleichermaßen. Die Tragödie wird nur »gespielt«, nicht aufgeführt, geschweige denn gelebt. Von tragischem Ernst kann keine Rede sein. Die Zeichnung ist nicht weniger satirisch als die *Inventionen*.

In der Zeichnung *letztes Wort im Drama* (1938, 359) (Abb. 2) hatte Klee bereits das Thema des maskierten Schauspielers aus den *Inventionen* aufgenommen. Das Gesicht des Schauspielers ist von einer winklig ansteigenden Stirnfalte durchfurcht, wie sie die tragische Maske kennzeichnet. Da er jedoch sein letztes Wort gesprochen hat, ist sein Mund nicht länger im tragischen Ausdruck abwärts geschürzt, sondern waagerecht geschlossen. Am Kinn löst sich eine Maske vom Gesicht und wird zum Vorhang, der über den Mund zugezogen wird, als sei das Gesicht die Bühne. Dabei teilt der Vorhang den geschlossenen Lippen einen hochgeschwungenen Umriß mit. Es ist das Lächeln der komischen Maske, die der Schauspieler nunmehr überstreift. Gleich wird er im nächsten Stück, in der Komödie spielen.[9] In dieser Neufassung der Radierung von 1904 hat Klee den Widerspruch der Gattungen und Stimmungen in die bruchlosen Übergänge einer dynamischen Formprogression aufgelöst.

Seit den *Inventionen* war die »tragikomische« Ambivalenz des Künstlers ein Grundbegriff von Klees künstlerischer Selbstreflexion.[10] Tragisch war die Unerreichbarkeit des künstlerischen Ideals, komisch das Scheitern oder der Kompromiß beim

as a gift for his sixtieth birthday on 18 December 1939. Klee admits having forgotten "ancient poetry", but boasts of having recently read Greek tragedies, and in particular of having studied Aeschylus' *Oresteia* "play by play, scene by scene." Since Klee's library included several editions of all three canonical Greek playwrights, his renewed study of Greek tragedy was hardly confined to the *Oresteia*.

Somewhat earlier, toward the end of 1939, Klee had drawn *Children playing tragedy* (1939, 1207) (ill. 1). Since the scene plays among teenagers, it recalls his high school time, when he first learned about Greek literature, although one cannot tell whether the children are boys or girls. In the foreground one of them kicks another in the head with his foot raised high. The victim breaks to his knees, clamoring like a Greek Amazon cut down in battle. Two other children in the stage background are performing handstands. Thus tragedy and satyr play are given simultaneously. And even the tragedians are smiling, aggressor and victim alike. Tragedy is being "played", not performed, much less lived. No tragic gravitas here. The drawing is just as satirical as the *Inventions*.

In his drawing *Last word in the drama* (1938, 359) (ill. 2) Klee resumed the theme of the masked actor. This actor's face is furrowed by a mounting, angular frown, characteristic of the tragic mask. However, since he has spoken his last word, his mouth is firmly closed, no longer pulled down in tragic expression. At his chin a mask detaches itself from the face and becomes a curtain being drawn across the mouth, as if the face were a stage. The curtain imbues the actor's straight lips with the smile of the comic mask he is about to don, ready to appear in the comedy which comes next.[9] In this recasting of the 1904 etching Klee dissolved the realistic contradictions of genres and moods into the seamless transitions of a dynamic form progression.

Ever since the *Inventions*, the artist's 'tragicomical' ambivalence had been on Klee's mind as a paradigm of artistic self-reflection.[10] To him, 'tragic' denoted an unattainable artistic ideal,

'comic' the failure, or the compromise, in the attempt to attain the ideal all the same, and 'tragicomic' the incessant repetition of the attempt in the awareness that it can't succeed. With his two drawings *Children playing tragedy* and *Last word in the drama*, Klee restated this paradigm with deliberate reference to the classically-minded version he had given them at the start of his career, in line with his tendency towards memory and retrospective self-probing during his exile.[11] Klee's renewed study of Greek tragedy at the turn of 1940 is tied in with those concerns. When he, in his letter to Grohmann, declared himself ready to place the future pursuit of his work on a "tragic track", he was saying that he was about to proceed from tragicomic ambivalence towards tragic progression[12], that is, to articulate his expression without any further reinsurance in the self-display of an anticipated balance between success and failure.

Mephisto as Pallas

The coloured sheet *Mephisto as Pallas* (1939, 855) (cat. no. 114), which the Klee literature sometimes relates to the Grohmann letter[13], might be taken for an anticipated answer to the question "Will I ever bring forth a Pallas?!", if it were in fact an image of her. It is, however, one more mask picture about tragicomical ambivalence, similar to the drawing *Last word in the drama* from the year before. Mephisto's brownish figure hides behind a blue-gray-violet Pallas mask of face and helmet fused, its curved mouth smiling like that of comedy. He lurks from behind a gap at the right edge where one eye socket has broken off. A curved crack is positioned below the mouth of the mask where one would assume his mouth to be, making him appear to smile as well.

In this image Klee combined two alternative figures of artistic inspiration from the 19th-century tradition, personifying the conflict of Ancient and Modern. Pallas, the ancient ideal of a civilization made up from war and law, politics and technology, embodies the incorporation of artistic work into dominant culture. Mephisto, the modern ideal of transgressing social convention and normative morality, embodies the artistic subversion of dominant culture in search for the unknown.

Two nearly contemporary prints illustrate this critical alternative. In his etching *Toil for a living* of 1881[14] (ill. 4) Max Klinger exposes the discipline exacted by the social purpose of artistic work. Below an over-life-size Pallas bust the exhausted artist has fallen asleep because he works on command, not of his own volition. In his lithograph *Faust and Mephisto* of 1880[15] (ill. 3) Odilon Redon places Faust's alert and serious countenance below the smiling profile of Mephisto, who holds Faust under his sway just as Pallas does the artist in Klinger's print. Franz Stuck's Pallas emblem for the Munich Secession (ill. 6) of 1897 symbolizes the aggressive claims for social acceptance of an outsider group of artists lacking institutional standing.[16] Conversely,

3   Odilon Redon, Faust und Mephisto • Faust and Mephisto, 1880

Stucks Pallas-Emblem für die Münchner Secession (Abb. 6) von 1897 symbolisiert den militanten Anspruch einer Außenseitergruppe ohne institutionellen Status auf Akzeptanz in der Gesellschaft.[16] Dagegen hat schon Baudelaire aus Goethes *Faust* jenes luziferische Ideal des modernen Künstlers außerhalb der Gesellschaft abgeleitet, das schließlich Thomas Mann in seinem *Doktor Faustus* von 1947 zur kriminellen Wendung der deutschen Geschichte unter Hitler in Beziehung setzte.

Als Klee *Mephisto als Pallas* malte, stellte Pallas weniger denn je ein Ideal vor, dem ein moderner Künstler hätte folgen können. Ihre Rolle als Verklärungsfigur der herrschenden Kultur hatte in der offiziellen Kunst der Wirtschaftskrise ein autoritäres Extrem erreicht. Arturo Martinis Bronzefigur der Minerva von 1935 (Abb. 5) vor dem Haupteingang von Marcello Piacentinis Rektoratsgebäude der römischen Universität, genannt *La Sapienza,* verkörperte ein kriegerisches Ideal faschistischer Staatswissenschaft und Staatskunst. Emile-Antoine Bourdelles Bronzefigur der Minerva, genannt *Le Génie de la France* (Abb. 7) vor dem antikischen Kolonnadenbau des Musée National d'Art Moderne in Paris von 1937 war die Replik eines 1932 posthum vollendeten Kriegerdenkmals in Montauban[17] und wirkte als kriegerisch-patriotische Galionsfigur französischer Nationalkultur. Diente schon das Pariser Museum in keiner Weise einer freizügigen Förderung moderner Kunst, so war Paul Ludwig Troosts gleichzeitiges »Haus der Deutschen Kunst« in München,

4   Max Klinger, Brotarbeit • Toil for a living, 1881

Baudelaire derived from Goethe's *Faust* the Luciferian ideal of the modern outsider artist, an ideal that Thomas Mann, in his *Doctor Faustus* of 1947, was to relate to the criminal turn of German history under Hitler.

When Klee painted the coloured sheet, Pallas represented less than ever an ideal a modern artist could embrace. In the official art of the Great Depression, her figurehead role for exalting dominant culture had reached an authoritarian extreme. Arturo Martini's bronze figure of Minerva of 1935 (ill. 5) in front of the main entrance to Marcello Piacentini's Rector's Office of Rome University, called *La Sapienza,* embodied a warlike ideal of fascist state craft and state art. Emile-Antoine Bourdelle's bronze figure of Minerva (ill. 7) in front of the classical colonnade of the Musée National d'Art Moderne in Paris of 1937, called *Le Génie de la France,* was the replica of a war memorial at Montauban, posthumously completed in 1932[17], and acted as a bellicose, patriotic projection of French national culture. If the Paris museum in no way served the liberal promotion of modern art, Paul Ludwig Troost's contemporary "House of German Art" at Munich, likewise featuring a classical colonnade, was to

5   Arturo Martini, Minerva, 1935, vor dem Rektoratsgebäude der Universität Rom/before the Rector's Office of Rome University

6   Franz von Stuck, Plakat für die Münchner Secession • Poster for the Munich Secession, 1897

7   Emile-Antoine Bourdelle, La France, 1937, vor dem/before the Musée National d'Art Moderne, Paris

ebenfalls ein antikischer Kolonnadenbau, von vornherein zu ihrer Unterdrückung bestimmt. Für die Plakate und Kataloge der Eröffnungsausstellung dieses Baus entwarf Richard Klein den behelmten Kopf der Pallas als Symbol einer staatstragenden Kunst in traditioneller Form (Abb. 8). Eine riesenhafte Gipsattrappe dieses Kopfes wurde im Festzug zum »Tag der deutschen Kunst« durch die Straßen Münchens getragen (Abb. 9). So war Pallas politisch kompromittiert. Sie personifizierte geradezu die konservative oder faschistische »Renaissance« mythischer Gestaltung, die überall in der europäischen Kunst der Wirtschaftskrise die moderne Tradition verdrängte.

In *Mephisto als Pallas* symbolisierte Klee mithin das politische Spannungsfeld einer zeitgenössischen Kunst zwischen Konformismus und Subversion durch eine mythologische Kompositfigur. Zugleich illustrierte er die amoralische Transzendenz künstlerischer Schöpfung über den Gegensatz von Gut und Böse, eine Grundidee seiner Kunstauffassung[18], die seinem Begriff der Tragikomik zugeordnet war. Sie triumphiert in Mephistos wachem Blick und wissendem Lächeln über Pallas' verschämt gesenktes Auge und naives Grinsen.

8 Richard Klein, Plakat zur Großen Deutschen Kunstausstellung
Poster for the Great German Art Exhibition, Juli/July 1937

Eine Pallas hervorbringen?

In seinem Brief an Grohmann stellt Klee Überlegungen zu seiner starken künstlerischen Produktivität im letzten Jahr vor seinem sechzigsten Geburtstag an, der am 18. Dezember 1939 mit viel Aufwand begangen worden war. Drei Jahre zuvor, nach den beruflichen Rückschlägen der Emigration und der Wirtschaftskrise, vor allem aber nach der schweren Erkrankung an Sklerodermie, waren Umfang und Ziel seiner Arbeit noch unsicher gewesen. Jetzt konnte Klee zwar die zufriedene Feststellung treffen, er habe mehr gezeichnet als je, aber etwas schien ihm noch zu fehlen. Tatsächlich war der künstlerische Status der massenhaften »Production«, wie Klee jetzt seine Arbeit nannte[19], keineswegs gesichert. Wohl zog Klee jedes seiner Blätter auf, signierte es und gab ihm einen suggestiven Titel. Aber welchem Qualitätsstandard entsprachen diese Blätter noch, wenn sie immer schneller, in immer einfacherer Form, in immer roherer Technik hingeworfen wurden? Und welche zusammenhängende Thematik ließ sich in ihnen noch ausmachen, wenn Klee ihre Titel immer kapriziöser dem zufälligen Assoziationsfeld seiner ebenso spontanen wie routinierten Arbeitsweise anzupassen suchte?

9 Athena-Gipsattrappe im Festzug zum »Tag der deutschen Kunst«, 18. Juli 1937 • Plaster Pallas head in pageant for "Day of German Art", 18 July 1937

serve modern art's outright suppression. For the posters and catalogues of its opening show, Richard Klein designed the helmeted head of Pallas as the emblem of an officially approved art in rigorously traditional form (ill. 8). In the pageant for the "Day of German Art", held on this occasion, a giant plaster mock-up of the head was carried through Munich's streets (ill. 9). Thus was Pallas politically compromised all over Europe. She personified the conservative or fascist 'Renaissance' of figurative art that displaced modern art since the onset of the Great Depression.

In his *Mephisto as Pallas* Klee pictured, by way of a composite mythological figure, the political field of conflict into which contemporary art, modern and traditional alike, was torn as it had to choose between conformity and subversion. He also pictured the amoral transcendence of artistic creation beyond the opposition of good and evil, one of his long-standing principles[18], related as it was to his notions of the tragicomical. It is this principle which triumphs in Mephisto's alert gaze and knowing smile over Pallas's bashfully downcast eye and naively contented grin.

Bring Forth a Pallas?

In his letter to Grohmann, Klee is pondering his surging artistic productivity during the last year before his sixtieth birthday, which on 18 December 1939 had been celebrated with much

Klee sah sich offenbar gehalten, mit der Unterscheidung zwischen »So viel habe ich…« und »Ob ich je…« einen Wendepunkt zwischen Vergangenheit und Zukunft seiner Arbeit zu setzen. Seine »Weltanschauung des unendlichen Schöpfungsprozesses«, die Josef Helfenstein in seiner ausführlichen Analyse von Klees Arbeitsweise in den letzten Jahren der Exilzeit treffend als deren »geistige Grundlage« bezeichnet hat[20], war in Klees künstlerischer Selbstreflexion von langer Hand her vorbereitet.[21] Doch erst jetzt gab Klee diesem Schöpfungsprozeß eine mythologische Begründung. Indem er seine künftige Arbeit mit dem griechischen Schöpfungsmythos der frauenlosen Geburt Athenas aus dem Haupt des Zeus[22] umschrieb, charakterisierte er die vergangene implizit als vorolympische Urschöpfung aus der Natur, auf den nun eine olympische Gestaltwerdung folgen könnte. In der ziellosen Dynamik der Urschöpfung bleibt Verwandlung dem Chaos verhaftet. Die olympische Schöpfung dagegen drängt zur abgeschlossenen, bleibenden Gestalt. Ovid hatte in seinen *Metamorphosen* die Dynamik dieses Übergangs als fortlaufenden Läuterungsprozeß geschildert. In dieser mythischen Zeitperspektive revidierte und projektierte Klee sein »Spätwerk« für das neue Jahr.

Als Klee 1934 von der systematischen Abstraktion zur gestalthaften Figuration übergegangen war, hatte er sich einer allgemeinen Tendenz der modernen Kunst in den demokratischen Staaten Europas angeschlossen. Doch im Unterschied zu anderen modernen Künstlern hatte er nur eine thematisch unbestimmte Kunst polymorpher Übergänge zwischen zahllosen Figuren, Szenen und Zeichen hervorgebracht, deren exponentielle Vervielfältigung seit 1938 sich um so diffuser darstellte, je kreativer er sich dabei fühlte. Nun stellte ihn das Studium der griechischen Tragödie vor die Frage einer thematischen Konsolidierung seiner Kunst, die er der kompromittierten mythologischen Gestaltung, wie sie Pallas in der herrschenden Kultur verkörperte, entgegensetzen könnte. Zeitgenössische Künstler vom Schlage Pablo Picassos, Max Ernsts und André Massons hatten sich dieser Aufgabe mit Entschiedenheit gestellt. Die Bilderfindungen »vieler«, doch längst nicht aller seiner Zeichnungen schienen Klee darauf hinzudeuten, daß es auch für ihn zu einer solchen Gestaltung »an der Zeit« sei.

Was einer solchen Wendung entgegenstand, waren die in langen Jahren sorgfältig austarierten technischen und emotionalen Voraussetzungen von Klees Kunstausübung, die es ihm nicht gestatteten, die Thematisierung seiner Werke vor Beginn der Arbeit festzulegen. Deren Bildlichkeit stellte sich erst als Folge selbstbestimmter Formprozesse ein, fand in der abschließenden Titelgebung ihren Ausdruck und ließ sich höchstens rückwirkend auf unbewußte Klärungsvorgänge der Imagination zurückführen. In den Jahren 1938 und 1939 hatte Klee diese Praxis absichtsloser Kreativität nach dem Motto »nulla dies sine linea« zur Routine diszipliniert.[23] Jetzt »verankerte« er sie im Mythos der frauenlosen Kopfgeburt, der Pallas ihre Entstehung verdankt. Wie Pallas im Leib des Zeus heranreift und schließlich

ado. The feast had marked a striking turnaround. Back in 1937, after the professional setback of Klee's emigration, the art market slump in the wake of the Great Depression, and, most importantly, Klee's severe bout with sclerodermia, the scope and purpose of his work had been open to question. Three years later Klee was able to contentedly report that he had drawn more profusely than ever before. Something, however, was still missing, he implied. Indeed, the artistic standing of his massive 'production', as Klee was now wont to call his work[19], was by no means certain. True, Klee mounted, catalogued and signed every single one of his sheets and gave it a suggestive title. But to which quality standards did they adhere if he knocked them off ever more quickly, in an ever simpler form, and in an ever coarser technique? And what coherent themes did they convey if he strove to adapt their titles ever more capriciously to the associative field of his spontaneous working routine?

It was Klee himself who apparently felt obliged to mark, with his distinction between "That much I have never…" and "Will I ever…", a turning point between his past and future work. Josef Helfenstein, in his extended analysis of Klee's working practice during the last two exile years, has aptly identified Klee's "world view of the infinite creation process" as its "spiritual basis".[20] This world view had been a fixture of Klee's artistic self-reflection all along.[21] But only now did Klee place it on an outright mythical footing. By characterizing his future work with the Greek myth of Athena's woman-less birth from the head of Zeus[22], he implicitly characterized his previous work as a pre-Olympian, chthonic creation, now to be surpassed by an Olympian articulation into figurative shapes. While chthonic creation, in its aimless drive, relapses continually into chaos, Olympian creation presses for enduring definition. In his *Metamorphoses*, Ovid had described the transition from one to the other as a progressive clarification process over and above incessant setbacks. It was in this mythical time perspective that Klee revised and projected his work for the new year.

When in 1934 Klee had started to move from abstraction to figuration, he had aligned himself with a general tendency of modern artists in European democracies. Unlike them, however, he had only produced a thematically indeterminate art of polymorphous transitions between countless figures, scenes, and signs. The exponential proliferation of that art since 1938 looked all the more diffuse the more creative it made him feel. Now the renewed study of Greek tragedy suggested to him a thematic consolidation to match the figurative determinacy that Pallas embodied in the dominant culture of his time. Contemporary artists such as Pablo Picasso, Max Ernst, and André Masson had deliberately lived up to such a task. The pictorial findings of "many", yet by no means all, of his own drawings seemed to intimate to Klee that for him, too, "it was time" to proceed in this direction.

What seemed to stand in the way of such a turn was the technical and emotional preconditions of Klee's artistic practice,

seinem Kopf entspringt, so sollte sich das »Erlebnis« in der Person »conserviren« und dann »herabfallen« wie von selbst. Das »Erlebnis« war, nach Analogie der Schwangerschaft, auf irreversible Gestaltwerdung hin orientiert.

Schwierige Geburt

Daß es jedoch mit der Geburt mythologischer Gestalten als Paradigma künstlerischer Schöpfung seine Schwierigkeiten hatte, thematisierte Klee in zwei Zeichnungen aus den Jahren 1939 und 1940. Im *Chindlifrässer* (1939, 1027) (Abb. 10) deutete er, wie Marcel Baumgartner gezeigt hat[24], die populärste Brunnenfigur Berns als Kronos, der alle seine Kinder außer Zeus verschlungen hat, damit sie ihm nicht die Weltherrschaft streitig machen können. Der entkommene Sohn entmannt den Vater und zwingt ihn dazu, die Geschwister wieder auszuspeien. So kommen die olympischen Götter nur nach blutiger Umkehrung der Generationsverhältnisse und unter Todesgefahr zur Welt. In *Herakles als Kind* (1940, 229) (Kat.-Nr. 131) tritt der kleine Sohn des Zeus, dessen Geburt durch Alkmene die eifersüchtige Hera auf das schmerzlichste verzögerte, um so kraftstrotzender aus seiner erschlafften Mutter in die Welt hervor. Vielleicht bezeichnet

10 Chindlifrässer • Child gobbler, 1939, 1027 (DE 7)

carefully calibrated through many years, which did not permit him to work on pre-determined themes. Whatever pictorial significance his works might carry would emerge as a result of autonomous formal procedures, would then be articulated by the titling, and could at best retrospectively be ascribed to an unconscious clarification drive of the imagination. In 1938 and 1939 Klee had disciplined this practice of non-purposive creativity into a routine according to the Roman writer's adage *nulla dies sine linea* ("not a day without a line").[23] Now he thought of "anchoring" it in the myth of woman-less birth to which Pallas owes her origin. As Pallas matures in Zeus's body and finally leaps forth from his head, the "experience" was to be articulated and "preserved", just to "drop down" all ready. It was a non-reflective but deliberate process by analogy to pregnancy, with determinate figuration as the result.

Birth Difficulties

Two drawings of 1939 and 1940 suggest, however, that for Klee the birth of mythological figures proved no easy paradigm. In *Chindlifrässer* (1939, 1027) (ill. 10) he interpreted, as Marcel Baumgartner has shown[24], Bern's most popular fountain sculpture as Kronos, who has swallowed all of his children except Zeus, in order to prevent them from usurping his world rule. Zeus, the only child to escape, emasculates his father and forces him to disgorge his siblings. Thus the Olympian gods come into existence only under mortal danger and after a bloody reversal of the chain of generations. In *Hercules as a child* (1940, 229) (cat. no. 131), Zeus's little son, whose birth from Alcmene the jealous Hera had forcibly delayed, enters the world from his slackened mother even fuller of strength. The drawing's original subtitle *Strength-Consumer*, eventually deleted, denotes the mother's weakening through the delivery.

The three titles of the œuvre catalogue including the word 'birth' from the time span 1933–1940 further suggest how problematically Klee envisioned the metaphor of birth: *Miscarriage* (1938, 162), *Shoulder birth* (1939, 831) and *Unfortunate birth* (1939, 953). And despite Klee's long-standing ideal of exclusive fatherhood derived from the Zeus-and-Pallas myth, the word "father" appears in not a single title. By contrast, for the time since 1937, the œuvre catalogue lists fifteen titles with the word "mother", still absent in the works from 1933–1936. Klee's titles, therefore, stand in contradiction to the one-sided male idea of creation he professes in his letters. Evidently the mythical reversal of biological birth conditions no longer suited him as a metaphor for a revalidation of figurative art.

Klee's image of Heracles as a child born in a mythical conflict of generations contrasts with the heroic Heracles in the mythical power art of the Great Depression, never beset by any doubts about the clarity of mythical figures. In 1936 Arturo Martini, in his bronze sculpture *Anno Quattordicesimo* (ill. 11) in

11   Arturo Martini, Anno Quattordicesimo vor dem Architekturpavillon der sechsten Mailänder Triennale, 1936 • Anno Quattordicesimo before the Architecture Pavilion of the Sixth Milan Triennal, 1936

der ursprüngliche Zusatztitel *Kraft-Konsument,* den Klee später durchstrich, den Kräfteverlust der Mutter bei einer derartigen Geburt.

Wie problematisch die Metapher der Geburt Klee in den Jahren des Exils geriet, deutet sich in den drei Bildtiteln seines Werkverzeichnisses an, die das Wort »Geburt« enthalten. Sie lauten *Missgeburt* (1938, 162), *SchulterGeburt* [sic] (1939, 831) und *unglückliche Geburt* (1939, 953). Und trotz Klees langfristiger Vorstellung der exklusiven Vaterschaft, die ihm der Mythos von Zeus und Pallas nahelegte, kommt im Werkverzeichnis der Exilzeit das Wort »Vater« nicht ein einziges Mal vor. Dagegen weist das Werkverzeichnis für die Zeitspanne seit 1937 15 Titel mit dem Worte »Mutter« aus, das in den Werken zwischen 1933 und 1936 noch fehlte. Die Titel von Klees ausgeführten Werken widersprechen also der einseitig männlichen Schöpfungsvorstellung in seinen Briefen. Offenbar taugte die mythische Umkehrung der biologischen Geburtsverhältnisse nicht mehr zur Begründung einer figurativen Kunst.

Klees Bild des Herakles als Kind, das in einem mythischen Generationenkonflikt zur Welt kommt, kontrastiert mit den heroischen Heraklesfiguren in der Macht- und Mythenkunst der Wirtschaftskrise, die von keinem Zweifel an der Eindeutigkeit mythischer Gestaltung angekränkelt war. 1936 hatte Arturo Martini in seiner Bronzeplastik *Anno Quattordicesimo* (Abb. 11) vor dem Architekturpavillon der sechsten Mailänder Triennale Herakles in halbarchaischem Stil als Überwinder des nemei-

12   Albert Pommier, Heracles, Paris, Neues Trocadéro/New Trocadéro, 1937

front of the Architecture pavilion at the Sixth Milan Triennial, depicted Heracles in a semi-archaic style as the conqueror of the Nemean lion, so as to transfigure the Italian conquest of Ethiopia in the fourteenth year of fascist rule into a civilizing venture. The vanquished "Lion of Judah" assumes his tamer's human posture. In 1937 Albert Pommier, in his over-life-size bronze group before one of the two lateral facades of the New Trocadéro in Paris (ill. 12), represented Heracles as he holds the tamed Cretan bull down with one hand, raising the other in an emperor's triumphant salute. Juxtaposed with Henri Bouchard's Apollo as a personification of the arts on the opposite facade, Pommier's Heracles embodies the triumph of technology according to the official motto of the Paris World Exposition, "Art and Technology in Modern Life".

If in those two official art works Heracles represents the ideology of a civilization propped up by sheer power, Klee has made him into a subjective projection of the artist's work, where achievement comes through suffering. Klee's self-reflection as a modern artist, on which he had first embarked in the *Inventions*[25], now made him revalidate the attitude inherent in those etchings. In recasting the creative process in mythological terms, he could not aim for ancient gods.

schen Löwen dargestellt, um die italienische Eroberung Äthiopiens im vierzehnten Jahr der faschistischen Herrschaft zum zivilisatorischen Akt zu verklären. Hier nimmt der niedergezwungene »Löwe von Juda« die menschliche Haltung seines Bezwingers an. 1937 hatte Albert Pommier in einer überlebensgroßen Bronzegruppe vor einer der beiden Seitenfassaden des Neuen Trocadéro in Paris (Abb. 12) den mythischen Heros dargestellt, wie er mit einer Hand den gezähmten kretischen Stier niederhält, um die andere zum Gruß eines triumphierenden Imperators zu heben. In der Gegenüberstellung mit Henri Bouchards Apollon als Symbolfigur für die Künste auf der anderen Seitenfassade verkörperte Pommiers Herakles den Triumph der Technik, gemäß dem offiziellen Motto der Pariser Weltausstellung, »Kunst und Technik im modernen Leben«.

Wirkt Herakles in den beiden Werken der offiziellen Kunst als ideologisches Sinnbild einer Zivilisation, die ihre politische Glaubwürdigkeit verloren hatte, so erscheint er bei Klee als subjektive Projektionsfigur des Künstlers, in der Leiden und Leistung einander bedingen. Diese Selbstreflexion auf seine Identität als moderner Künstler hatte Klee durch den Rückgriff auf die *Inventionen*[25] aktualisiert. Jetzt ließ er es nicht bei antikischen Götterfiguren bewenden, sondern konzipierte den Schaffensprozeß selbst nach Schöpfungsvorstellungen der antiken Mythologie.

Die mythische Gestaltung

Klees Œuvrekatalog verzeichnet für das Jahr 1933 sechs klassisch-mythologische Titel, für das Jahr 1934 vier, für das Jahr 1935 drei, für das Jahr 1936 keinen, für das Jahr 1937 fünf, für das Jahr 1938 acht, für das Jahr 1939 zweiunddreißig, und für die viereinhalb Monate des Jahres 1940, in denen Klee noch arbeitete, 15, was sich auf 40 für 1940 hochrechnen läßt. Die klassisch-mythologische Thematik nahm also während der Exilzeit erst nach 1937 stetig zu und stieg in den Jahren 1939 und 1940 noch einmal erheblich an. Das gilt allerdings nur im Verhältnis zu Klees früheren Perioden, nicht im Verhältnis zu den 3241 Werken, die der Œuvrekatalog insgesamt für diese Zeit enthält.

Die mythologische Thematik in Klees Werk der Jahre 1937–1940 ist auf Frauengestalten konzentriert. Zu den namentlich identifizierten Figuren Sphinx, Flora, Fama, Pomona, Sibylle, Kirke, Skylla, Aphrodite oder Venus, Luna, Gaia, Pallas und Iphigenia kommen Gattungsbezeichnungen weiblicher Naturgottheiten: Dryaden, Sirenen, Nymphen, Nereiden, Mänaden oder Eumeniden. Nur Mars, Charon, Poseidon und Herakles sind männlichen Geschlechts. Was immer sich einer vergleichenden Analyse dieses Figurenbestandes über Klees Interesse an der klassischen Mythologie entnehmen läßt, die mythologische Thematik trat nicht deutlich hervor, sondern ging im fließenden Kontinuum der Aus- und Umbildung figürlicher Formen unter.

Mythical Figuration

For the year 1933 Klee's œuvre catalogue lists six titles referring to classical mythology, for the year 1934 four, for the year 1935 three, for the year 1936 none, for the year 1937 five, for the year 1938 eight, for the year 1939 thirty-two, and for Klee's four-and-a-half working months of 1940, fifteen, which may be extrapolated to forty for all of 1940. Thus only after 1937 do themes from classical mythology steadily and exponentially increase. The increase, however, is only proportional to the occurrence of mythical titles in Klee's earlier periods. Compared to the three thousand two hundred and forty-one works listed for this period in the œuvre catalogue, the number of seventy-three mythological titles is still quite small.

Klee's mythological themes during the years 1937–1940 center on female figures. Identified by name are Sphinx, Flora, Fama, Pomona, Sibylle, Circe, Scylla, Aphrodite or Venus, Luna, Gaia, Pallas and Iphigenia. Generic designations of female nature-goddesses include Dryads, Sirens, Nymphs, Nereids, and Eumenids or Maenads. Only Mars, Charon, Poseidon and Heracles are male. Whatever conclusions we may draw from this cast of figures about Klee's interest in classical mythology, no mythological themes emerge distinctly. Mythological figures sporadically come and go within a fluid continuum of figurative subjects taking shape, changing, and dissolving again.

With no regard for specific mythological themes, already in 1931 Carl Einstein, in a new Klee chapter written for the third, expanded edition of his 'Propyläen-Kunstgeschichte' volume *The Art of the Twentieth Century*, had declared Klee's art in general to be the expression of a "potential myth" (see p. 160). His was an archaic notion of Greek mythology before it had congealed into Olympian gods. Einstein's principled re-interpretation of Klee, compared to the two earlier editions of his book, stemmed from his turn to Surrealism. Partly drawing on the philosophy of Ludwig Klages, Einstein highlighted "the basic drama of metamorphosis", an incessant change of shapes. He had submitted the Klee chapter to the artist before publication and secured his unqualified agreement. In two letters to his wife, Klee expresses his unreserved satisfaction with Einstein's book.[26] When on 23 May, 1936, on the occasion of a Klee show at the Kunsthaus Luzern, Konrad Farner delivered a wide-ranging lecture (see pp. 160f.), he drew on Einstein in his interpretation of Klee's work as the expression of a mythical consciousness. According to Farner, that consciousness took note of the "night side" of the times, a current historic predicament, a defiant antithesis to the new myth proclaimed in fascist propaganda. Kathryn Kramer, following André Breton and Georges Bataille, has interpreted Klee's late work in this mythical and anti-fascist sense.[27]

It was in the journal *Minotaure* that Klee could gauge how at this time modern artists dealt with mythical figuration. Through the good offices of his dealer Daniel-Henry Kahnwei-

Unabhängig von der Frage einer mythologischen Thematik hatte bereits Carl Einstein 1931 in einem neuen Klee-Kapitel, das er für die dritte, erweiterte Auflage seines Bandes *Die Kunst des zwanzigsten Jahrhunderts* innerhalb der Propyläen-Kunstgeschichte schrieb, Klees Kunst insgesamt zum Ausdruck eines »möglichen Mythus« erklärt, den er mit einer archaischen Phase der griechischen Mythologie vor ihrer Fixierung zu olympischen Göttergestalten in Verbindung brachte (siehe S. 160). Diese prinzipielle Neuinterpretation Klees gegenüber den beiden voraufgehenden Auflagen des Buchs hing mit Einsteins Wendung zum Surrealismus zusammen. Im Anschluß an Ludwig Klages begründete Einstein seine neue Klee-Interpretation mit der Idee eines unablässigen Gestaltenwandels, den er »Grunddrama der Metamorphose« nannte. Er hatte sie dem Künstler vor der Veröffentlichung zur Überprüfung vorgelegt und dessen ausdrückliche Zustimmung erhalten. In zwei Briefen an seine Frau akzeptiert Klee Einsteins Buch ohne jeden Vorbehalt.[26] Als Konrad Farner am 23. Mai 1936 anläßlich einer Klee-Ausstellung im Kunsthaus Luzern einen weitausgreifenden Vortrag über Klee hielt (siehe S. 160 f.), nahm er Einsteins mythische Charakterisierung auf und deutete Klees Werk dialektisch als Ausdruck eines mythischen Bewußtseins, das auf die »Nachtseite« der zeitgeschichtlichen Lage in den Jahren der Wirtschaftskrise und des Faschismus reagiere und damit die Antithese zur faschistischen Behauptung eines neuen Mythos darstelle. Kathryn Kramer hat Klees Spätwerk im Anschluß an André Breton und Georges Bataille in diesem Sinne mythisch und antifaschistisch interpretiert.[27]

Wie sich moderne Künstler mit der Frage einer mythischen Gestaltung auseinandersetzten, konnte Klee der Zeitschrift *Minotaure* entnehmen. Hier war im fünften Heft vom 12. Mai 1934 durch Vermittlung seines Händlers Daniel-Henry Kahnweiler sein Bild *Ungläubig lächelnd* reproduziert worden. Kahnweiler veranlaßte auch, daß Klee alle bis dahin erschienenen Hefte zugesandt wurden.[28] Die Nummern 1 sowie 3–4 befinden sich noch heute in Klees Bibliothek. Gleich im ersten Heft, erschienen am 1. Juni 1933, kündigte der Verleger, Albert Skira, zwei graphische Werkserien führender moderner Künstler mit mythologischer Thematik an: die großen Radierungsmappen von Picasso über Ovids *Metamorphosen,* erschienen 1931, und von Matisse über Mallarmés Gedichte, erschienen 1932. Dasselbe Heft enthielt einen Aufsatz von Maurice Raynal über die Giebelskulpturen des Artemis-Tempels von Korfu mit der frontalen Figur der Medusa im Knielauf (Abb. 13), in dem der Autor die vorklassische griechische Kunst von ihrer »barbarischen« Disqualifizierung befreien und als Ausdruck einer »Welt des Aischylos, deren Wiederauferstehung hellsichtig von Nietzsche angekündigt wurde«, neu bewerten wollte (siehe S. 161). Raynal opponierte ausdrücklich dem akademischen Klassizismus seiner Zeit, den er in der bürgerlichen ebenso wie in der bolschewistischen Kunst vorherrschen sah. Als im Juni 1934 der Herausgeber des *Minotaure,* E. Tériade, durch Kahnweilers

ler in Paris, his painting *Incredulously Smiling* was reproduced in the fifth issue, published 12 May, 1934. Kahnweiler arranged for Klee to receive all back issues of *Minotaure*.[28] Numbers 1 and 3–4 are still in Klee's library. In the first issue, published 1 June, 1933, publisher Albert Skira advertised two graphic portfolios with mythological themes by leading modern artists he had published: Picasso's about Ovid's *Metamorphoses* (1931) and Matisse's about Mallarmé's poems (1932). The same issue brought Maurice Raynal's brief but assertive essay about the pediment sculptures of the Artemis Temple at Corfu (see p. 161) with the frontal Medusa figure in the *Knielauf* posture (ill. 13). Expressly challenging academic classicism of his time, which he saw prevailing both in bourgeois and Bolshevik art, Raynal endeavored to strip pre-classical Greek art of its 'barbaric' stigma and to re-validate it as the expression of "Aeschylus's world, whose resurrection was clear-sightedly announced by Nietzsche". When in June 1934 *Minotaure* editor E. Tériade through Kahnweiler asked Klee to design a cover picture for the journal[29], he presented Klee with the opportunity of coming up with a mythical image according to such premises. It would have taken its place in the dramatic sequence of pictures by Picasso, Derain, Duchamps, Miró, Dalí, Matisse, Magritte, Ernst, Masson and Rivera on the colourful *Minotaure* covers. With his exile art from Bern, Klee would have stepped into the front rank of a European mythological art of subversion whereby leading modern artists matched the mythological art of big power. But, at odds with his thematically unfocussed working practice, he would have had to illustrate a figure of the Minotaure. Accordingly he declined Tériade's request with the excuse: "In many years I have made the experience that with me, things on request will *never succeed.*"[30]

When Klee, in his letter to Grohmann five-and-a-half years later, posed himself the question of, or demand for, a mythical figuration, he did so in a self-determined manner which took his non-purposive working habit into account. The

13 Giebelskulpturen von Korfu mit Figur der Medusa, ca. 580 v. Chr.
• Pediment sculptures of Corfu with Medusa figure, c. 580 BC

Vermittlung Klee darum bat, ein Umschlagbild für die Zeitschrift zu entwerfen[29], eröffnete er Klee die Möglichkeit für eine mythische Gestaltung nach einer solchen Neubewertung der Antike. Sie hätte sich den dramatischen Bildern Picassos, Derains, Duchamps', Mirós, Dalís, Matisses, Magrittes, Ernsts, Massons und Riveras angereiht, die bis 1938 auf den farbenfrohen Umschlägen des *Minotaure* einander folgten. Klee wäre mit seiner Kunst aus dem Berner Exil von Anfang an in die vorderste Reihe einer europäischen Mythenkunst der Subversion gerückt, die führende moderne Künstler der offiziellen Mythenkunst entgegenstellten. Aber dafür hätte er sich auf die Figur des Minotaurus festlegen müssen, und das hätte seiner thematisch unbestimmten Arbeitsweise widersprochen. So lehnte er Tériades Bitte mit der Begründung ab: »Ich habe eine langjährige Erfahrung gemacht, daß bestellte Sachen bei mir nie werden.«[30]

Als Klee sich fünfeinhalb Jahre später die Frage, oder Forderung, nach einer mythischen Gestaltung selber stellte, tat er es in einer selbstbestimmten Form, die jene projektlose Arbeitsweise unangetastet ließ. Die Frage lief gleichwohl auf eine prinzipielle Revision seiner bisherigen künstlerischen Entwicklung hinaus. Klee hatte mit einer satirischen Demontage des antiken Ideals begonnen. Später hatte er sich nur gelegentlich und nur satirisch mit Figuren der Mythologie befaßt. Jetzt führte ihm die zähnefletschende Medusa am Giebel von Korfu nach Raynals Interpretation die Möglichkeit einer Kunst des Terrors und des Leidens vor Augen, die er vor fast 30 Jahren durch die Satire des lächelnden Perseus vor dem abgeschlagenen Haupt der Medusa gebannt zu haben glaubte (Kat.-Nr. 6). Noch in dem farbigen Blatt *Mephisto als Pallas* hatte Klee eine solche Wirkung der Satire vorgeführt. Sollte er schließlich doch »eine Pallas hervorbringen«, das heißt zur mythologischen Gestaltung zurückkehren, wenn auch in »moderner« Form, wie Picasso oder Masson? Oder konnte er an der scheinbar selbsttätigen Dynamik seines Spätwerks festhalten, ohne weiterhin im Wechsel von Gestaltbildung und Gestaltauflösung zu verharren?

Metamorphosen

Als Klee 1934 begonnen hatte, von der Abstraktion zur Figuration überzugehen, hatte er die durchgehaltene Ambivalenz zwischen reiner Form und assoziativer Bildhaftigkeit, die seine früheren Arbeiten kennzeichnete, aus der Bildkomposition in die Gegenstände verlegt, ohne daß diese deshalb eindeutiger geworden wären. Form und Titel ließen die Figuration um so mysteriöser, ja paradoxer wirken, je unumwundener sie in ihrer Körperlichkeit hervorzutreten schien. Klee schloß sich damit einer Wendung führender moderner Künstler zur biomorphen Formgestaltung an, deren phantastische Freizügigkeit auf Ovids Idee der Metamorphose fußte.[31] Hier bedeutete Metamorphose die körperliche Indifferenz, ja Renitenz, der Schöpfung gegen ihre Fixierung als Gestalt.

question nevertheless entailed a principled revision of his past artistic development. Thirty-five years ago, he had started with a satirical debunking of the antique ideal. In later years, he had only rarely and only satirically dealt with mythological figures. Now the teeth-baring Medusa on the Corfu pediment, in Raynal's interpretation, confronted him with an art of terror and suffering which he had attempted to banish through the satire of the smiling Perseus getting the better of Medusa's stare (car. no. 6). Just a few months earlier, in *Mephisto as Pallas,* he had reasserted the disenchanting force of satire against mythological make-belief. At the end of the day, was he to "bring forth a Pallas" after all, that is, revert to mythological figuration? Or would he be able to hold on to the seemingly self-generating dynamics of his late work, and yet overcome the cyclical indeterminacy of creation and dissolution?

Metamorphoses

When Klee in 1934 began to move from abstraction to figuration, he merely transposed the sustained ambivalence of pure form and associative imagery, which had characterized his earlier work, from composition into subject-matter. The move did not make subject matter any less equivocal. Through its shapes and titles, figuration appeared all the more mysterious, even paradoxical, the more straightforwardly its corporeality seemed to emerge. Here Klee aligned himself with a general turn towards organic, or 'biomorphic,' form on the part of numerous modern artists, a turn whose fantastic licentiousness was to some extent founded on Ovid's idea of metamorphosis.[31] In that understanding, metamorphosis denoted a bodily indifference, if not recalcitrance, of creation against any irrevocable casting into figurative shapes.

Klee's library included an 1816 copy of Ovid's *Metamorphoses.*[32] The Roman poet had fitted his encyclopedic survey of antique transformation myths into the purification teleology of a mythological culture culminating in Augustus's imperial rule. Klee's youthful debunking, in his *Inventions,* of the antique ideal on the basis of his critical reading of Ovid, was fundamentally at odds with any such teleology. His social critique included the current German emperor cult[33] along with mythological culture. As late as 1939, in *Mephisto as Pallas,* Klee upheld his satirical critique of ancient myth. Thus even now Ovid's metamorphosis idea would not help him reconstruct mythography, as it had Picasso or Masson.

All five titles including the word "metamorphosis" of works from the time between 1937 and 1940 carry negative connotations: *Metamorphosis of the fragments* (1937, 190), *Metamorphosis interrupted* (1939, 68), *Tragic metamorphosis...* (1939, 74) (ill. p. 227), *Metamorphosis in an emergency* (1939, 166), and *(Metamorphoses:) Collapse of the Biblical Serpent* (1940, 324). What interested Klee was the mythical license of deceit and conflict,

Ein Exemplar von Ovids *Metamorphosen* aus dem Jahre 1816 befand sich in Klees Bibliothek.[32] Der römische Dichter hatte seine enzyklopädische Beschreibung aller antiken Verwandlungsmythen in die Läuterungsteleologie einer mythologischen Kultur eingepaßt, die in der Kaiserherrschaft des Augustus ihre Vollendung fand. Einer derartigen Teleologie stand die Demontage des antiken Ideals, die Klee aufgrund seiner Ovid-Lektüre in den *Inventionen* vollzogen hatte, diametral entgegen. Dort unterlag die mythologische Kultur derselben Satire wie der Kaiserkult.[33] Noch *Mephisto als Pallas* schloß an jene kulturkritischen Demontagen des antiken Mythos an. Auch jetzt konnte Ovids Idee der Metamorphose Klee zu keiner mythographischen Rekonstruktion verhelfen.

Die fünf Bildtitel, in denen Klee zwischen 1937 und 1940 das Wort »Metamorphose« verwandte, sind denn auch allesamt negativ besetzt: *Metamorphose der Fragmente* (1937, 190), *unterbrochene Metamorphose* (1939, 68), *tragische Metamorphose…* (1939, 74) (Abb. S. 277), *Metamorphose in der Not* (1939, 166) und *(Metamorphosen:) der Zusammenbruch der biblischen Schlange* (1940, 324). Nur die mythische Lizenz von Täuschung und Konflikt, Gewalt und Strafe, Flucht und Leiden, die bei Ovid die natürliche Schöpfungsordnung immer aufs neue durchbricht[34], war für Klee interessant. *Metamorphose in der Not* (Kat.-Nr. 95) zeigt einen Riesen, dem ein Felsbrocken ins Gesicht geworfen wird. Zu spät reißt er die Hände hoch, um ihn abzuwehren. In letzter Not versteinert er selbst und wird so unangreifbar. Zwei Steinbeulen wachsen aus seinen Wangen und schützen die angstvollen Augen.[35]

Ein derartig unteleologisches Verständnis der Metamorphosenlehre konnte Klee in einem anderen Buche seiner Bibliothek bekräftigt finden, in Ludwig Klages' *Vom Kosmogonischen Eros* von 1922[36] (siehe S. 161 f.). Unter Verweis auf seine frühere Arbeit »Vom Traumbewußtsein« in der *Zeitschrift für Pathopsychologie* von 1914 schritt Klages von Ovids *Metamorphosen* zu einer Lehre von der »Verwandelbarkeit« aller Bilder fort, die den Traum zur metaphysischen Erkenntniskraft erhebt. Der Traum begründet das mythische Denken mit seinen »Göttern, Dämonen, Feen, Elben und sonstigen Geisterwesen«, die sämtlich die Fähigkeit besitzen, »sowohl selbst die Gestalt zu tauschen als auch Feind oder Freund, Dinge, Tiere oder Mensch zu verwandeln«. Klages ließ seine Lehre im Begriff des Bildes, griechisch *eidolon*, als einer mythischen Existenzform der Dauer gipfeln, die der Alternative von Leben und Tod enthoben ist.

Wenn Klee in seinem Brief an Grohmann davon schrieb, einen Zustand künstlerischer Kreativität erreicht zu haben, in dem es möglich wäre, daß die mythische Gestaltbildung »wie im Traum herabfällt«, so folgte er Klages' metaphysischer Fusion von Mythos und Metamorphose, Traum und Erkenntnis. Im *Kosmogonischen Eros* fand er nicht allein den schöpferischen Zustand seiner überbordenden Zeichentätigkeit zur mythischen Bewußtseinsform verklärt. Das Buch bot ihm auch den Begriff des *Eidolon*, der Bild und Tod, Wesenheit und Wandlung zu einer dauerhaften Vorstellungsform verband.

violence and punishment, escape and suffering which in Ovid perpetually suspends the order of nature[34]. The drawing *Metamorphosis in an emergency* (cat. no. 95) depicts a giant being hit in the face by a rock and raising both hands too late to ward it off. As a last resort he turns himself to stone. Two stony bumps grow from his cheeks to protect his fearful eyes.[35] He becomes unassailable but also lifeless.

For such a non-teleological understanding of the metamorphosis idea, Klee could find confirmation in another book of his library: Ludwig Klages' *Vom kosmogonischen Eros* of 1922[36] (see pp. 161 f.). Quoting from his earlier work "About the Consciousness of Dreams" in the *Zeitschrift für Pathopsychologie* of 1914, Klages proceeded from Ovid's *Metamorphoses* toward a doctrine of the "mutability" of images that would make dream into a cognitive force attaining metaphysical reality. According to Klages, dream can generate mythical thought with its "gods, demons, fairies, elfs and other spirits", all of them possessing the capability "to both exchange their own shape and transform enemy or friend, things, animals or man." His doctrine culminates in the notion of the image, *eidolon* in Greek, as the essence of a mythical permanency exempt from the irrevocable alternative of life and death.

When Klee wrote to Grohmann that he had reached a state of artistic creativity where mythical figuration might "drop down as in a dream", he followed Klages' metaphysical fusion of metamorphosis, myth, and image. *Der kosmogonische Eros* not only promised to transfigure the creative mindset of his overflowing drawing practice into a mythical state of consciousness, it also offered him the notion of the *eidolon* as a device to fuse image and death, essence and change into an enduring form of representation.

Eidola

No sooner had Klee mailed the letter to Grohmann than he applied his well-tested serial mode of image making to a thematically circumscribed cycle of drawings, which he finished in January[37] and titled *Eidola*. At the beginning of its listing in the œuvre catalogue he placed the coloured sheet *Whence? Where? Where To?* (1940, 60) (ill. 14). This title alludes to the famous picture *Whence Do We Come? Who Are We? Where Are We Going?* which Paul Gauguin had painted in 1897 on Tahiti, reportedly in view of a suicide attempt. Klee, in the title of his coloured sheet, wrote "Where?" rather than "Who are we?", but included a variant of the middle question in the title of the drawing *Eidola: Who I was?* (1940, 92). In a published letter Gauguin had characterized his work on the painting as non-deliberate and thematically unfocused and had compared it to a dream[38], just as Klee in his letter to Grohmann envisaged the working process that might net him what he called "a Pallas". And if Gauguin, commenting on the painting in another letter,

Eidola

Kaum hatte Klee den Brief an Grohmann abgesandt, so machte er sich daran, seine bewährte serielle Form der Bildproduktion auf einen thematisch geschlossenen Zyklus zu konzentrieren, den er noch im Januar abschloß[37] und *Eidola* betitelte. An den Anfang der Auflistung im Werkverzeichnis stellte er das farbige Blatt *Woher? Wo? Wohin?* (1940, 60) (Abb. 14). Dieser Titel spielt auf das berühmte Bild *Woher kommen wir? Wer sind wir? Wohin gehen wir?* an, das Paul Gauguin 1897 auf Tahiti gemalt hatte, dem Vernehmen nach kurz vor einem Selbstmordversuch. Klee schrieb zwar »Wo?« statt »Wer sind wir?«, holte jedoch die Frage »Wer?« mit der Zeichnung *Eidola: wer ich war?* (1940, 92) nach. Gauguin hatte in einem später veröffentlichten Brief seine Arbeit an dem Gemälde als absichtslos und thematisch diffus charakterisiert und mit einem Traum verglichen.[38] So beschrieb auch Klee in seinem Brief an Grohmann den Arbeitsprozeß, der ihm für seine »Pallas« vorschwebte. Gauguin hatte ferner in brieflichen Erklärungen seines Gemäldes die skulptierte Figur im Mittelpunkt der Menschengruppen ein »Idol« genannt, das »ins Jenseits verweise«.[39] Dieses Motiv konnte Klee zur Bedeutung des altgriechischen Wortes *eidolon* in Beziehung setzen, so wie er es bei Klages las.

In der altgriechischen Literatur bezeichnet das Wort *eidolon* nach seiner frühesten bezeugten Verwendung, zwei Episoden der *Ilias* und der *Odyssee,* die Seele des in den Hades verbannten Toten, insofern diese die Erscheinung der lebendigen Person nach Art eines Bildes bewahrt.[40] Klages hatte in seinem *Kosmogonischen Eros* ein entsprechendes Pindar-Zitat herangezogen, um seine universale Bild- und Traummetaphysik im frühgriechischen Mythos zu verankern. Innerhalb der ideengeschichtlichen Tradition, die von Homer zu Klages führte, konnte Klee den Übergang von der unstabilen Bildlichkeit der Metamorphosen zur gestalthaften Verfestigung seiner Imagination ins Auge fassen. Klages selbst war diesen Schritt nicht gegangen. Das trug ihm 1938 Alfred Rosenbergs Tadel ein, er habe in seiner Abneigung gegen das geistbestimmte apollinische Prinzip den Übergang in »eine konkrete herrliche Lebensgestalt« verfehlt.[41] Klee hätte den gleichen Tadel verdient.[42] Auch bei ihm führte der Übergang nicht wie der Zeusmythos zu Geburt und Gestalt, sondern zu dem, was Klages »ein dämonisch-lebendiges Bild« der »Totenseele« nannte.

Das spätmittelalterliche deutsche Wort »weiland«, das seit dem 19. Jahrhundert oft wegen seines »altertümelnden Klangs« verwendet wird, kann sowohl den vormaligen Zustand eines Lebenden als auch die Person eines Verstorbenen benennen, je nachdem, ob es einer Berufsbezeichnung oder einem Eigennamen vorgesetzt ist.[43] Klee setzte das Wort in den Titeln seiner Bilderserie als Adverb vor Berufsbezeichnungen oder Qualitäten, die der normale Sprachgebrauch an Namen anschließt. Doch mit Ausnahme des Paukers »Knaueros« ließ er alle Figuren namenlos. Indem er das altdeutsche »weiland« mit dem altgrie-

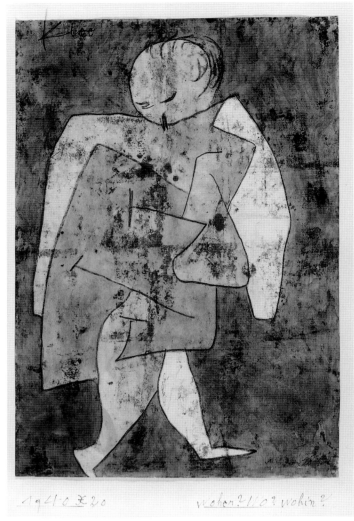

14 Woher? Wo? Wohin? • Whence? Where? Where to?, 1940, 60 (X 20)

had called the sculpted figure surrounded by groups of men and women an "idol" that "seems to point to the Beyond"[39], Klee could relate the term to the peculiar significance of the ancient Greek word *eidolon,* as he was reading it in Klages.

In ancient Greek literature the word *eidolon,* first occurring in two episodes of the *Iliad* and *Odyssey,* denotes the soul of the dead, consigned to Hades, in its capacity to preserve the living person's physical appearance after death, in the way of a likeness or an image.[40] In *Vom Kosmogonischen Eros* Klages had adduced a pertinent Pindar quote so as to anchor his metaphysics of image and dream in early Greek myth. Within the tradition of intellectual history leading from Homer to Klages, Klee could conceive of a transition from the unstable imagery of metamorphosis to an enduring figuration. Klages had not taken such a step for reasons of his own. In 1938 this earned him Alfred Rosenberg's reproach of having missed out, in his aversion against the Apolline principle of 'spiritual' clarity, on the articulation of an ideal corresponding to "a concrete, magnificent shape of life".[41] Klee would have incurred the same critique from the National Socialist cultural politician.[42] For him, too, to think in terms of *eidola* did not lead to notions of birth and figurative clarity, as in

15   Eidola: weiland MAENADE • Eidola: Formerly Maenad, 1940, 84 (V 4)

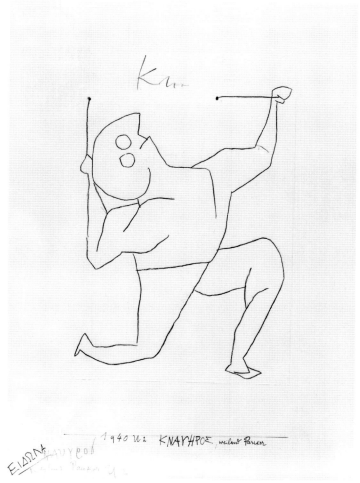

16   Eidola: ΚΝΑΥΗΡΟΣ, weiland Pauker • Eidola: ΚΝΑΥΗΡΟΣ, Formerly kettledrummer 1940, 102 (U 2)

chischen »eidola« verband, legte er es gleichwohl auf die Bedeutung »verstorben« fest. So charakterisierte er die Folge der Figuren als Totengalerie von Menschen der Vergangenheit. Die *Mänade* (1940, 84) (Abb. 15) ist die einzige mythische Figur darin, hat jedoch als *eidolon* die mythische Unsterblichkeit eingebüßt.

Neun der 21 *Eidola* stellen aufführende Künstler dar, fünf davon Musiker, die ihr Instrument verloren haben und nun ohne Instrument mit oder auf ihrem Körper weiterspielen. In ihnen ist die Doppeldeutigkeit, mit der Klee das Wort »weiland« verwendete, besonders evident. Waren sie doch schon »vormalige« Musiker, als sie noch lebten und vergeblich zu spielen suchten. In *Eidola: ΚΝΑΥΗΡΟΣ, weiland Pauker* (1940, 102) (Abb. 16) bildete Klee den Dresdner Pauker Knauer in der frühklassisch-griechischen Postur des »Knielaufs«[41], bei dem der nackte Krieger in vollem Lauf zusammenbricht (Abb. 17), und heroisierte ihn durch die griechische Endung seines Namens. Hier erscheint der antike Todesgedanke in antikischer Form. Die Zeichnung *Zusammenbruch* (1938, 165) (Abb. 18) ist eine Vorstufe des Blattes. Sie zeigt eine Figur, die unter dem Blick eines riesenhaften Augenpaares in die Knie bricht. Im flächigen Umriß des ΚΝΑΥΗΡΟΣ nimmt diese Postur der Unterwerfung noch deutlicher die Form eines Hakenkreuzes an. Der Pauker

the Zeus myth, but to what Klages called "a demonic, live image" of the "soul of the dead".

The late medieval German word "weiland", included in the titles of all *Eidola* drawings, had since the 19th century often been deliberately used for its "obsolete ring". It can mean "formerly" as well as "deceased", depending on whether it is placed before a professional status or before a proper name.[43] Klee placed the word as an adverb before a profession or a quality, which in normal German usage would have to follow a name. But only the title of *Eidola: ΚΝΑΥΗΡΟΣ, Formerly kettledrummer* (1940, 102) observes that usage. All other figures are nameless. By short-circuiting, as it were, the old German "weiland" with the ancient Greek "eidola", Klee determined its meaning as "deceased" for all of them. The series is a gallery of dead persons who have also lost their status or profession. *Maenad* (1940, 84) (ill. 15), the sole mythical figure included, has been deprived of her mythical immortality when turned into an *eidolon*.

Nine of the twenty-one *eidola* represent performing artists, including five musicians who, after having lost their instruments, continue to play with or on their bodies. These five figures underscore the ambivalence in Klee's use of the word "weiland", since they were already "former" musicians while still alive and

17 Athen, Nationalmuseum, Grabstele eines Kriegers, 510–500 v. Chr.
• Athens, National Museum, Warrior's funerary stele, 510–500 BC

schlägt auf seine Kehle ein, als verschlage es ihm die Stimme, ein lautstarker Ausdruck künstlerischer Sprachlosigkeit unter der nationalsozialistischen Diktatur. Noch schlimmer verletzt ist der Schauspieler in *Eidola: weiland Lampenfieber* (1940, 103) (Abb. 19). Er hat keine Hand mehr, mit der er gestikulieren könnte. So verläßt er würdevoll die Bühne, starrt aber dabei mit seinem einen, von Schminke ägyptisch umrandeten Auge ins Publikum, als führe er sein Lampenfieber auf.[45] Hier übertrug Klee sein altes Thema der Diskrepanz zwischen Wesen und Auftritt des Schauspielers aus der tragikomischen Unterscheidung von Gesicht und Maske in die tragische Eindeutigkeit der Figuration.

So erfüllte Klee die Forderung nach eindeutiger Gestaltung aus dem Fluß der Bilder, die er sich mit der Frage »Ob ich je eine Pallas hervorbringe?!« gestellt hatte, ohne auf mythologische Figuren zurückzugreifen. Der altgriechische Begriff des *eidolon* in der Fassung von Klages' *Kosmogonischem Eros* stellte ihm die Vorstellungsform zu diesem Schritt bereit. Andererseits gab Klee sich nicht mit der mythischen Transzendenz von Werden und Vergehen, die Klages empfahl, zufrieden. Die Figur des Paukers in Hakenkreuzform »verankerte« die Serie erfolgloser Metamorphosen von Körpern zu Instrumenten einer vergeblichen Kunstausübung unmißverständlich in der Zeitgeschichte.

vainly playing. In *Eidola: ΚΝΑΥΗΡΟΣ, Formerly kettledrummer* (1940, 102) (ill. 16) Klee pictured the Dresden kettledrummer Knauer in the Greek early classical posture of the *Knielauf*[44], in which the nude warrior breaks down running full speed (ill. 17), and made him into a hero through the Greek ending of his name. Here the ancient Greek idea of death takes an ancient Greek form. The kettledrummer's posture of submission already appears in the drawing *Breakdown* (1938, 165) (ill. 18), which features a man succumbing on one knee to the gaze of a giant pair of eyes. In the flat silhouette of the *ΚΝΑΥΗΡΟΣ* it is cast into swastika shape. The kettledrummer is beating upon his throat as if struck dumb, a noisy expression of artistic speechlessness under National Socialist dictatorship. The actor pictured in *Eidola: Formerly stage fright* (1940, 103) (ill. 19) is even more badly injured, lacking a hand wherewith to gesticulate. He is striding offstage with dignity, and yet, with his sole eye, lined in Egyptian fashion, he is still staring back at the audience to check the effect of his exit, as if his stage fright were a performance.[45] Here Klee has transposed his old theme, the discrepancy between the actor's character and mask, into the tragic clarity of the body.

Thus did Klee comply with his self-imposed demand for a clear figuration distilled from the flow of images, which he had voiced with his question "Will I ever bring forth a Pallas?!", without drawing on, or lapsing into, mythological figures. The ancient Greek notion of *eidolon* according to Klages' *Vom kosmogonischen Eros* provided him with the representational concept for taking such a step. But Klee did not stop at Klages' indeterminate mythical transcendence of passage. Through his figure of the kettledrummer in swastika shape, he 'anchored' the unsuccessful metamorphoses of bodies into instruments for an inhibited artistic practice unmistakably in the topical experience of German political suppression of the arts. He recovered the image of the dead from a mythical escapade for the memory of historic destiny on a "tragic track".

Klages or Brassaï?

Klee was surely aware of Ludwig Klages' work through the obligatory core course "Man" which Oskar Schlemmer taught at the Bauhaus since 1928, largely on the basis of Klages' main works.[46] To what extent he drew on his own copy of *Der kosmogonische Eros* during the exile years would have to be ascertained through a comprehensive analysis of his late work. With his espousal, in the *Eidola* series, of Klages' death-prone image doctrine, Klee was drawing close to a conservative thinker who had no truck with modern art, and who at his point in time, with his rabidly anti-Semitic writings, seemed to make advances to National Socialism.

A no less categorical, potentially boundless expansion of mythical dream forms onto the experiential world had been developed in the Paris Surrealist art scene. Louis Aragon's novel *Le*

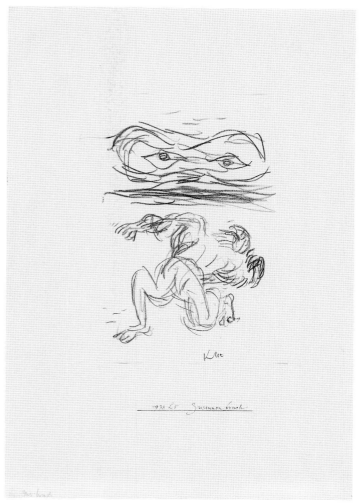

18 Zusammenbruch • Breakdown, 1938, 165 (L 5)

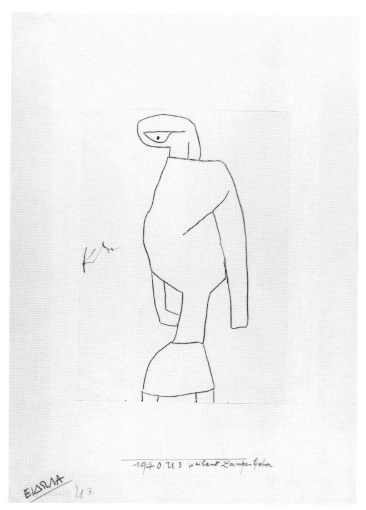

19 Eidola: weiland Lampenfieber • Eidola: Formerly stage fright, 1940, 103 (U 3)

Sie überführte den Zusammenhang von Bild und Totengedächtnis aus einer mythischen Eskapade in das »tragische Geleis« eines historischen Schicksals.

Klages oder Brassaï?

Mit Klages war Klee wohl schon deshalb vertraut, weil der obligatorische Grundkurs »Der Mensch«, den Oskar Schlemmer seit 1928 am Bauhaus unterrichtete, zum großen Teil auf den Schriften von Klages beruhte.[46] Wie weit sich Klee in den Jahren des Exils auf Klages' mythisch begründete Bildkosmogonie bezog, ließe sich erst durch eine umfassende Untersuchung seines Spätwerks feststellen. Jedenfalls geriet er mit seiner Übernahme von Klages' todesorientierter Bilderlehre in die Nähe eines konservativen Denkers, der mit der modernen Kunst nichts im Sinne hatte und sich zum damaligen Zeitpunkt durch antisemitische Schriften dem Nationalsozialismus näherte.

Eine nicht weniger kategorische, potentiell grenzenlose Ausdehnung mythischer Traumformen auf die gesamte Erlebenswelt war in der surrealistischen Kunstszene von Paris entwickelt worden. Louis Aragons Roman *Le Paysan de Paris* von

Paysan de Paris of 1924 was an attempt to verify such a 'mythical' experience by roaming the city.[47] *Minotaure* in its subtitle counted "mythology" as one of its fields of coverage. In the fifth issue André Breton, in his essay "La beauté sera convulsive", explained the associative aesthetic experience of his biography and daily live environment with the help of Brassaï's close-up photographs of crystals, corals, and a potato sprouting into a spider figure (ill. 20).[48] It was the same issue which carried the reproduction of Klee's *Incredulously Smiling*. Klee, given his own self-characterization "I, crystal" of 1915[49], must have read with interest Breton's explications about the crystal as the symbol of an artist's life and work.

In the preceding issue of *Minotaure*, printed December 12, 1933, Brassaï published a photo essay entitled "From the Cave Wall to the Factory Wall", where he transfigured Paris graffiti (ill. 21)[50] into "elements of mythology" (see p. 162). Here Klee could find an international resonance for taking a mythical view of random experience. Certain graffiti in Brassaï's close-up photographs may have reminded him of the elementary sign motifs he used to employ in his art before 1933. Brassaï's confident revalidation of a proletarian sign language into a modern mythology read like an answer to Klee's own resigned sentence

20   Brassaï, Keimende Kartoffel • Sprouting Potato, 1934

1924 erprobte sie am Erlebnis der Großstadt.[47] Die Zeitschrift *Minotaure* zählte »Mythologie« im Untertitel als eines ihrer Sachgebiete auf. Im fünften Heft erklärte André Breton die assoziative, biographisch begründete ästhetische Erfahrung der trivialen Lebenswelt in Analogien und Metaphern, die er *beauté convulsive* nannte, an Hand von Brassaïs Nahaufnahme einer keimenden Kartoffel[48] (Abb. 20). Im voraufgehenden Heft 3–4, erschienen am 12. Dezember 1933, hatte Brassaï selbst einen Foto-Essay unter dem Titel »Von der Höhlenwand zur Fabrikmauer« veröffentlicht, in dem er Pariser Graffiti (Abb. 21)[49] zu »Elementen der Mythologie« verklärte (siehe S. 162).

Klee hatte im selben Heft des *Minotaure,* in dem sein Bild *Ungläubig lächelnd* abgedruckt war, Bretons Aufsatz »La beauté sera convulsive« gelesen, dessen Ausführungen über den Kristall als Symbol einer künstlerischen Autobiographie sich auf seine eigene Situation zu Beginn der Exilzeit beziehen ließen.[50] Das vorangehende Heft mit dem Foto-Essay von Brassaï hatte er von Kahnweiler erhalten. Hier fand er eine internationale Resonanz für die mythischen Assoziationen, die ihn zu beschäftigen begannen. Gewisse Graffiti in Brassaïs Aufnahmen erinnerten ihn vielleicht an die elementaren Zeichenmotive, die er in seiner früheren Kunst zu verwenden pflegte. Vielleicht las er sogar Brassaïs Aufwertung einer proletarischen Zeichensprache zur modernen Mythologie als Alternative zu dem resignierten Satz »Uns trägt kein Volk«, mit dem er in seinem Vortrag vor dem Jenaer Kunstverein am 26. Januar 1924 die Klassenbegrenzung der modernen Kunst beklagt hatte.[51]

Daß im Traum der Ursprung einer absichtslosen und eben deshalb authentischen Bildfindung mit metaphysischer Geltung aufzusuchen sei, glaubten sowohl Klages als auch die Surrealisten. Walter Benjamin, der im Pariser Exil eine »Urgeschichte der Moderne« aufgrund der kategorischen Interpretation visueller Zufallsfunde als »dialektische Bilder« schreiben wollte, war sich dieser Übereinstimmung bewußt. Er beabsichtigte, dem

21   Brassaï, Pariser Graffiti • Paris Graffiti, 1935

"The People don't support us" at the conclusion of his lecture to the Jena Art Club of 26 January 1924, bemoaning the class limitation of modern art.[51]

Klages and the Surrealists shared the belief that dreams would yield an aimless, and hence authentic, find of images with metaphysical standing. Walter Benjamin in his Paris exile, at work on an "Aboriginal History of Modernity", was aware of this concurrence, since it was relevant to his own categorical interpretation of visual chance finds as "dialectical images". He intended to pursue the ensuing political contradictions between conservative and Marxist ideologies in a study devoted to Klages[52], but Max Horkheimer and Theodor W. Adorno discouraged him[53]. They in turn took aim at Klages with an intransigent critique of myth, included in their *Dialectics of Enlightenment* (1946).[54]

Klee's letter to Grohmann, however, implies precisely Klee's dissatisfaction with an indeterminate art of myth and dream according to either Klages or Breton and Brassaï. Klee merely wished to hold on to a way of imagination that would allow more articulate images also to take shape "as in a dream". In the series *Eidola* he proceeded to produce such images, or rather one composite image in serial form. Within two or three weeks, the twenty drawings fell into place to achieve an approximate

Widerspruch zwischen konservativen und marxistischen Ideologien, der sich dabei auftat, in einer eigenen Studie nachzugehen.[52] Max Horkheimer und Theodor W. Adorno brachten ihn davon ab.[53] In ihrem Buch *Dialektik der Aufklärung* von 1946 begegneten sie ihrerseits Klages mit einer kompromißlosen Mythoskritik.[54]

Klees Brief an Grohmann besagt nun aber gerade nicht, daß Klee sich noch mit einer Mythen- und Traumkunst nach den Vorstellungen sei es Klages', sei es Bretons und Brassaïs zufriedengegeben hätte. Nur an einer Form der Imagination, bei der das Bild sich »wie im Traum« artikulieren würde, wollte er festhalten. In der Serie *Eidola* brachte er ein solches Bild hervor. Er zeichnete die 20 Blätter innerhalb von zwei oder drei Wochen, und sie fügten sich in ihrer dichtgedrängten Folge zu einer klaren Bildgestalt zusammen. Damit jedoch ließ Klee die zeitenthobene Unbestimmtheit mythischer Vorstellungsformen hinter sich und wurde in seiner Kunst historisch. Erst jetzt gab er auch, wie Helfenstein gezeigt hat, seiner »Production« insgesamt eine zielgerichtete Chronologie.[55] Er datierte im Werkverzeichnis seine Arbeiten von Monat zu Monat, markierte die monatliche Gruppierung auf den Werken selbst durch Signaturen in verschiedenfarbiger Tinte und zählte die Werke in der verschlüsselten Numerierung auf den Kartons rückwärts bis zur vorbestimmten Anzahl von 366 Tagen des Schaltjahrs 1940. Das war das Gegenteil der zyklischen Zeitvorstellung, die mythischem Denken eigen ist.

Paukenspieler

Die 73 Bilder Klees aus der Exilzeit, deren Titel auf die antike Mythologie verweisen, stellen lediglich den Ausgangspunkt für die mögliche Bestimmung eines mythischen Schöpfungsverständnisses dar, das durch die Begriffe Metamorphose, Bild und Traum geprägt war. Jedenfalls führte ein solches Schöpfungsverständnis hinter den gestalthaft artikulierten Mythos von Zeus als Schöpfer olympischer Götter und Heroen zurück. Die Frage »Ob ich je eine Pallas hervorbringe?!« müßte also verneint werden, wenn man Klee beim Wort nähme. Der Übergang von der archaischen Schöpfungsvorstellung führte nicht zur mythologischen Gestalt, sondern zur historischen Erinnerung.

Daß gleichzeitig in Paris moderne Künstler unter dem Eindruck des Surrealismus zu einer mythologischen Gestaltung drängten, mußte Klee durch seinen Pariser Händler Kahnweiler um so vertrauter sein, als dieser solche Künstler auf das nachdrücklichste zu lancieren suchte, allen voran André Masson. Über die Jahre hin lieferte Kahnweiler Klees Freund und Sammler Hermann Rupf eine lange Serie von Massons Werken. So bekam Klee bei seinen regelmäßigen Besuchen in Rupfs Wohnung acht Gemälde Massons aus der Zeit vor 1930 und 18 Bücher, Portfolios und Graphiken Massons aus der Zeit bis 1939[56] zu sehen. Sie führten ihm die Herausforderung zur großen my-

pictorial cohesion. Klee transcended the timeless indeterminacy of mythical representation and turned historic in his art. And now, as Helfenstein has shown[55], he configured his "production" as a whole into a targeted chronology. In his running œuvre catalogue, he began to date the works by month, marked the monthly groupings on the works by signing them with ink in different colours, and counted them, in the coded numbering on the mats, backwards to the pre-established number of 366 days of the leap year 1940. This was the opposite of the cyclical sense of time inherent in mythical thought.

Kettledrummer

The seventy-three pictures and drawings from Klee's exile period whose titles refer to ancient mythology merely form the nucleus for ascertaining whatever mythical understanding he may have had of an artistic creativity shaped by notions of metamorphosis, image, and dream. In any event, such an understanding reached beyond the myth of Zeus as the creator of Olympian gods and heroes. Neither before nor after writing his letter to Grohmann did Klee sustain the creation of mythical figures as a major theme. Thus, if the question "Will I ever bring forth a Pallas?!" were taken literally, one would have to answer no. When Klee finally did transcend archaic notions of mythical creativity, he arrived at historic memory rather than at mythological figuration.

Through his Paris dealer Kahnweiler, Klee knew that in Paris, under the impact of Surrealism, modern artists were aiming for mythological figuration. Kahnweiler in fact promoted such artists, none more assiduously than Masson. Over the years he furnished Klee's friend and collector Hermann Rupf with a large series of Masson's works. On his regular visits at Rupf's, Klee could inspect eight paintings by Masson from the time until 1930 and eighteen books, portfolios, and single prints from the time until 1939.[56] They presented him with the challenge of big-time mythographic figuration. Here he could take the measure of the mythical art of the Great Depression.

To what extent the large-figured mythographic pictures and sculptures by Picasso, Masson, Miró, Ernst, Moore and Lipchitz deliberately match the even larger mythical figures in the official art of the time—be it of democratic, be it of totalitarian states[57]—remains to be historically ascertained. Klee, in his *Mephisto as Pallas*, matched Pallas as the patroness of the "Day of German Art" in Munich by exposing Pallas as a sham, not by "bringing forth a Pallas" as a valid figure. His drawing *Hercules as a child* (cat. no. 131) of February 1940 confirms that, unlike the Paris artists, he did not see fit to attempt a breakthrough to straightforward figuration within the pictorial field of ancient mythology.

Instead, in the *Eidola* series, Klee focused his dreamlike, spontaneous, associative creativity on devising clear-cut figures

thographischen Gestaltung vor Augen. Hier konnte er seine Stellung zur Mythenkunst der Wirtschaftskrise ermessen und bestimmen.

Wie weit die großfigurigen mythographischen Bilder und Skulpturen von Picasso, Masson, Miró, Ernst, Moore und Lipchitz als bewußte Alternativen zu den mythischen Figuren antikischer Formgebung in der offiziellen Kunst der Zeit, sei es demokratischer, sei es totalitärer Staaten gelten können, wie behauptet wurde[57], ist historisch ungeklärt. Daß Klee sich angesichts der Pallas als Schirmherrin des »Tags der Deutschen Kunst« in München außerstande sah, »eine Pallas« als ikonographische Figur »hervorzubringen«, läßt sich aus dem farbigen Blatt *Mephisto als Pallas* von 1939 schließen. Aber auch unabhängig von dieser Ikonographie bestätigt die Zeichnung *Herakles als Kind* (Kat.-Nr. 131) om Februar 1940, daß ihm, anders als den Pariser Künstlern, der Durchbruch zur eindeutigen Figur innerhalb der antiken Mythologie nicht möglich schien.

Mit der Serie der *Eidola* schritt Klee zur gestalthaften Artikulation eines traumhaft-spontanen Assoziationsvorgangs fort, der aus mythischen in historische Vorstellungen transzendierte. Dieser zeitgeschichtlichen Aktualisierung von Klages' *Kosmogonischem Eros* hätte sich der konservative Autor, der seine Stellung zum nationalsozialistischen Deutschland nie klärte[58], wohl kaum versehen. Von der bei weitem antikischsten Figur der Serie, dem ΚΝΑΥΗΡΟΣ, *weiland Pauker*, schwang sich Klee zum *Paukenspieler* (Abb. 22) auf, vielleicht der eindringlichsten Figur, deren farbige Bildgestaltung ihm in seinem Todesjahr gelang. Hier ist das schwarzweißrote Hakenkreuzemblem zur selbstzerstörerischen Figur des sprichwörtlichen »Trommlers« verlebendigt, der sich den blutigen Kopf zerschlägt. Konrad Farner hatte in seinem Klee-Vortrag von 1936 die selbstkritische, pseudo-psychologische Assoziation deutscher Emigranten mit Adolf Hitler im Zusammenhang seiner Spekulationen über die »Nachtseite« mythischen Denkens ausgeführt. Thomas Mann gab ihr in seinem Essay »Bruder Hitler«, der in der Züricher Emigrantenzeitschrift *Neues Tage-Buch* vom März 1939 erschien[59], weite Resonanz.

Die griechische Postur des Knielaufs, in der der ΚΝΑΥΗΡΟΣ gestaltet ist, setzt sich in dem abgebrochenen Knie des *Paukenspielers* fort, dem Gegengewicht zum gleichfalls abgebrochenen Klöppelarm in der schwebenden Konfiguration fragmentierter Körperteile. Sie kehrt in der riesenhaften, schreckenerregenden Medusa am Giebel des Artemis-Tempels von Korfu wieder, mit der Raynal in der ersten Nummer des *Minotaure* die Wiederauferstehung der »Welt des Aischylos« für die Kultur der Gegenwart beschwor. Unmittelbar nach seinem Studium von Aischylos' *Orestie* malte nun Klee eine solche Figur auf ein kleines Stück Papier. Damit nahm er die satirische Entzauberung der Medusa in seiner Radierung *Perseus* von 1904 zurück (Kat.-Nr. 6). Auch die Medusa im Giebelfeld von Korfu, so bedrohlich sie auch auftritt, ist im Moment des Todes dargestellt. Denn ihre beiden Söhne Pegasos und Chrysaor, deren kleine Figuren sie flankieren – links das Pferd, rechts der Mann

22   Paukenspieler • Kettledrummer, 1940, 270 (L 10)

that transcended from the mythical into the historic. Such a turn from the *Cosmogonic Eros* to historic topicality would have come as a surprise to the conservative author of that book, who never cared to clarify his stance toward National Socialist Germany.[58] From the drawing ΚΝΑΥΗΡΟΣ, *Formerly kettledrummer*, by far the most antique-looking figure of the series, Klee arose to paint the *Kettledrummer* (ill. 22), perhaps the most incisive figure he succeeded in creating during the year of his death. Here the black-white-and-red swastika emblem is brought to life as a self-destructive figure of the proverbial "Drummer" who smashes his own, bleeding head. Konrad Farner, dwelling on speculations about the "nocturnal side" of mythical thought in his Klee lecture of 1936 (see pp. 160 f.), had evoked the German emigrants' penitential fantasy of a pseudo-psychological affinity with Adolf Hitler. Thomas Mann gave a wide resonance to this fantasy in his essay "Brother Hitler", published in the German exiles' journal *Neues Tage-Buch* at Zurich in March 1939.[59]

The Greek *Knielauf* posture of the ΚΝΑΥΗΡΟΣ drawing is carried over into the *Kettledrummer*'s severed knee below, the counterweight to his severed drumstick-arm above in the hovering configuration of fragmented body parts. The posture recurs in the giant, terrifying Medusa of the Artemis Temple pedi-

ment at Corfu which Raynal, in the first issue of *Minotaure*, had adduced to conjure up a resurrection of "Aeschylus's world". When Klee, on the heels of his renewed Aeschylus study, painted just such a figure on a small sheet of paper, he revoked his satirical disenchantment of the Medusa in the *Perseus* etching of his youth (cat. no. 6). The Medusa in the Corfu pediment is likewise depicted in her moment of death, no matter how threatening she may appear. For her two sons Pegasus and Chrysaor, whose small figures appear on either side–the horse to the left, the man to the right–, were born from the blood she shed when Perseus beheaded her.[60] Here Klee could recognize the theme of birth in pain and death that he had pictured in his own Kronos and Heracles drawings. The Corfu Medusa prefigures the *Kettledrummer*'s severed limbs as well as the blood spattered into space. That she should nonetheless be still alive and running, with her head on her shoulders, is a well-known self-contradiction of archaic narrative.[61] The fragmented *Kettledrummer*, too, is still engaged in an energetic action, the performance of his self-destruction. With his sole large eye he stares, like the actor struck with stage fright, back into the audience. The *eidolon* safeguards the performance as a mythical image beyond destruction.

[1] Gregor Wedekind, Paul Klee: Inventionen, Berlin 1996.
[2] Ibid., pp. 121–134.
[3] Ibid., pp. 136–146.
[4] Paul Klee, Tagebücher 1898–1918, ed. Jürgen Glaesemer and Wolfgang Kersten, Stuttgart and Teufen 1988, p. 196, no. 582, December 1904.
[5] Klee, Tagebücher 1988, p. 525, diary transcript for Zahn, no. 582.
[6] O. K. Werckmeister, Von der Revolution zum Exil, in: Paul Klee: Leben und Werk, Stuttgart and Teufen 1987, pp. 31–55, cf. pp. 32f.; I am revising my interpretation following Wedekind 1996 (as note 1), pp. 101–113.
[7] Klee, Tagebücher 1988 (as note 4), p. 488, first autobiographical text for Wilhelm Hausenstein: "430 Ideen einer Überwindung [deleted: der Antike, added in pencil:] Roms." Ibid., p. 509, second autobiographical text for Wilhelm Hausenstein: "Versuch mir über die 'Überwindung Roms' klarzuwerden."
[8] Ibid., p. 382, no. 1081, July 1917; cf. O. K. Werckmeister, The Making of Paul Klee's Career, 1914–1920, Chicago 1989, pp. 99f.
[9] O. K. Werckmeister, Paul Klee in Exile, 1933–1940, Tokyo 1985, pp. 143f.
[10] O. K. Werckmeister, Die Porträtfotografien der Zürcher Agentur Fotopress aus Anlass des 60. Geburtstags von Paul Klee am 18. Dezember 1939, in: Josef Helfenstein und Stefan Frey (Hrsg.), Paul Klee: Das Schaffen im Todesjahr, Bern 1990, pp. 39–58, cf. p. 48, with references.
[11] Josef Helfenstein, Vorwort, in: Helfenstein und Frey 1990 (as note 10), pp. 7–10, cf. p. 8.
[12] Werckmeister, Porträtfotografien 1990 (as note 10), p. 48.
[13] Magdalena Droste, ed., Klee und Kandinsky, exhibition cat., Stuttgart 1979, p. 83.
[14] Dieter Gleisberg, ed., Max Klinger 1857–1920, exhibition cat., Frankfurt/M. 1992, p. 93.
[15] Douglas W. Druick et al., Odilon Redon, Prince of Dreams, 1840–1916, exhibition cat., Chicago 1994, p. 140.

[16] Maria Makela, The Munich Secession: Art and Artists in Turn-of-the-Century Munich, Princeton, 1990, pp. 110ff.; Peter-Klaus Schuster, München–das Verhängnis einer Kunststadt, in: idem, ed., Die 'Kunststadt' München 1937: Nationalsozialismus und 'Entartete Kunst', 5th edition, Munich 1998, pp. 12–36, cf. pp. 18ff.

[17] Claudine Mitchell, Entrepreneurs of the New Order: Bourdelle in the Park, in: Oxford Art Journal, 13 (1990), no. 2, pp. 101–112, cf. p. 107.

[18] Paul Klee, Text for Kasimir Edschmid, ed., Schöpferische Konfession, Berlin 1920, pp. 28–40, reprinted in Paul Klee, Schriften, ed. Christian Geelhaar, Cologne 1976, p. 174: "Die Einbeziehung der gutbösen Begriffe schafft eine sittliche Sphäre. Böse soll nicht triumphierender oder beschämter Feind sein, sondern am Ganzen mitschaffende Kraft."

[19] Josef Helfenstein, Das Spätwerk als 'Vermächtnis': Klees Schaffen im Todesjahr, in: Helfenstein and Frey 1990 (as note 10), pp. 59–75, cf. p. 64.

[20] Ibid., p. 64.

[21] Ibid., pp. 63f.

[22] Werckmeister, Die Porträtfotografien (as note 10), pp. 47f.

[23] Helfenstein, Das Spätwerk als 'Vermächtnis' (as note 19), p. 72.

[24] Marcel Baumgartner, L'art pour l'Aare; Bernische Kunst im 20. Jahrhundert, Bern 1984, pp. 31ff.

[25] Wedekind 1996 (as note 1) has elaborated on this significance in his analysis of the *Inventions*.

[26] Klaus H. Kiefer, Diskurswandel im Werk Carl Einsteins: Ein Beitrag zur Theorie und Geschichte der europäischen Avantgarde, Tübingen 1994, pp. 383f.

[27] Kathryn E. Kramer, Myth, Invisibility, and Politics in the Late Work of Paul Klee, in: Beate Allert, ed., Languages of Visuality: Crossings Between Science, Art, Politics, and Literature, Detroit 1996, pp. 174–183.

[28] Daniel-Henry Kahnweiler to Klee, Paris, 27 June 1934, copy in the Paul-Klee-Stiftung, Bern: "'Minotaure' schickt Ihnen die bis jetzt erschienenen Nummern."

[29] Ibid.

[30] Klee to Kahnweiler, Bern, 29 June 1934, copy in the Paul-Klee-Stiftung, Bern.

[31] Christa Lichtenstern, Metamorphose in der Kunst des 19. und 20. Jahrhunderts, I–II, Weinheim 1990–92.

[32] Ovid, Des Publius Ovidius Naso Verwandlungen, 1816, today in the Paul-Klee-Stiftung, Bern.

[33] Wedekind 1996 (as note 1), pp. 91ff.

[34] Christoph Ransmayr, Die letzte Welt, Frankfurt/M. 1988; paperback edition, Frankfurt/M. 1991.

[35] Werckmeister 1985 (as note 9), p. 132.

[36] Ludwig Klages, Vom kosmogonischen Eros, Jena 1922.

[37] In February he added one more drawing: *Eidola: weiland Näherin* (1940, 201).

[38] Letter to André Fontainas, March 1899 (Paul Gauguin, Lettres de Gauguin à sa femme et à ses amis, ed. Maurice Malingue, Paris 1946, p. 288).

[39] Letter to Daniel de Monfreid, February, 1898 (Paul Gauguin, Oviri: Écrits d'un sauvage, ed. Daniel Guérin, Paris 1974, p. 195).

[40] D. Roloff, s.v. "Eidolon, Eikon, Bild", in: Historisches Wörterbuch der Philosophie, II, Basel and Stuttgart 1972, cols. 330–332, cf. col. 330.

[41] Hans Kasdorf, Ludwig Klages: Werk und Wirkung, I, Bonn 1969, p. 534.

[42] Cf. Kramer 1996 (as note 27), p. 178.

[43] Jacob and Wilhelm Grimm, Deutsches Wörterbuch, XIV, I. Abteilung, 1. Teil, bearbeitet von Alfred Götzke, Leipzig 1955, coll. 780–787, s.v. "weiland".

44 Alfred Neumeyer, Paul Klee: Paukenspieler, Blatt in Kleisterfarbe, 1940, in: idem, Glanz des Schönen, Heidelberg 1959, pp. 113–115, cf. p. 114.

45 Werckmeister 1985 (as note 9), p. 144.

46 Antje von Graevenitz, Oskar Schlemmers Kursus: Der Mensch, in: Hans-Jürgen Buderer, ed., Oskar Schlemmer, Wand – Bild, Bild – Wand, exhibition cat., Mannheim 1988, pp. 9–17, cf. p. 14.

47 Hans Freier, Odyssee eines Pariser Bauern: Aragons 'mythologie moderne' und der Deutsche Idealismus, in: Karl Heinz Bohrer, ed., Mythos und Moderne: Begriff und Bild einer Rekonstruktion, Frankfurt/M. 1983, pp. 157–193.

48 Marja Warehime, Brassaï: Images of Culture and the Surrealist Observer, Baton Rouge 1996, pp. 94ff.; cf. Rosalind Krauss, in: R. K. and Jane Livingston, L'Amour Fou, New York 1985, p. 85.

49 O. K. Werckmeister, Klees *Neuer Kristall,* in: Festschrift Kurt Forster, in press.

50 Warehime 1996 (as note 48), pp. 97ff., 107f.

51 Wolfgang Kersten, ed., Paul Klee, Vortrag in Jena, 26. Januar 1924, in: Thomas Kain et al., ed., Paul Klee in Jena 1924: Der Vortrag, Gera 1999, pp. 47–69, cf. p. 69.

52 Rolf Tiedemann, Einleitung des Herausgebers, in: Walter Benjamin, Das Passagenwerk (=Gesammelte Schriften, V.1), Frankfurt/M. 1982, pp. 9–41, cf. p. 31; Rolf Wiggershaus, Die Frankfurter Schule: Geschichte, theoretische Entwicklung, politische Bedeutung, München 1987, pp. 224ff.

53 Theodor W. Adorno and Walter Benjamin, Briefwechsel 1928–1940, Frankfurt/M. 1994, pp. 87, 142, 239, 257.

54 Theodor W. Adorno and Karl Kerenyi, Mythologie und Aufklärung: Ein Rundfunkgespräch, in: Frankfurter Adorno Blätter V, ed. Rolf Tiedemann, edition text+kritik, München 1998, pp. 89–104, cf. p. 102.

55 Helfenstein, Das Spätwerk als 'Vermächtnis' (as note 19), p. 71.

56 Kunstmuseum Bern, Hermann-und-Margrit-Rupf-Stiftung, exhibition cat., Bern 1969.

57 Lichtenstern 1992 (as note 31), p. 130.

58 Hans Kasdorf, Ludwig Klages: Werk und Wirkung, I–II, Bonn, 1969–1974, passim, has collected the critical testimonies referring to this controversial issue: cf. II, index, p. 574 s. v. Antisemitismus, p. 580 s. v. Nationalsozialismus, Faschismus.

59 Thomas Mann, Bruder Hitler, in: idem, An die gesittete Welt: Politische Schriften und Reden im Exil (=Gesammelte Werke in Einzelausgaben, ed. Peter de Mendelssohn), Frankfurt/M. 1986, pp. 253–260; first in: Das Neue Tage-Buch, Paris, 7 (1939), no. 13, p. 25, March 1939.

60 Andrew F. Stewart, Greek Sculpture: An Exploration, I, New Haven 1990, p. 113.

61 J. L. Benson, The Central Group of the Corfu Pediment, in: Gestalt und Geschichte: Festschrift K. Schefold (=Antike Kunst, Beiheft 4), Bern 1967, pp. 48–60, cf. pp. 52f.

Anhang: Dokumente und Texte

Paul Klee an Will Grohmann, Bern, 2. Januar 1940
(Stuttgart, Staatsgalerie, Will-Grohmann-Archiv)

Lieber Grohmann
das war schön, wie Sie das machten. Ein lieber Brief und ein köstliches Geschenk, das nur Sie erfinden konnten [*Griechische Lyrik im Urtext,* Ausgabe vom Verlag Heimeran, München. Paralleldruck in Griechisch und Deutsch]. Ich fühle mich ganz leise am Ärmel gezupft. »Und die antike Lyrik?« bedeutet es. Ich gebe zu, daß ich darin vergeßlich war; aber jetzt wird es werden… Der Tragödie habe ich letztens recht gefrönt. Ich habe von der Orestie nun glücklich drei Übertragungen gelesen. Und zwar Stück für Stück, Scene für Scene, in der Meinung das Richtige als dazwischen liegend zu treffen.

Natürlich komme ich nicht von ungefähr ins tragische Geleis, viele meiner Blätter weisen darauf hin und sagen: es ist an der Zeit. Ob ich je eine Pallas hervorbringe?! Das Erlebnis wäre tief genug, um es in einer langen Verankerung zu conservieren, bis es dann wie im Traum herabfällt.

Das Jahr war bildnerisch reich. So viel habe ich nie gezeichnet und nie intensiver.

Darf ich auf demselben Blatt auch Frau Eulein für liebe und gute Worte danken, die sie an mich richtete? Verzeihen Sie die Kürze, aber haben Sie Mitleid, die Feste haben sich etwas gehäuft.

Carl Einstein, Die Kunst des 20. Jahrhunderts
(=Propyläen-Kunstgeschichte, XVI),
3. Auflage, Berlin 1931, S. 208–217

Die Frage nach einem möglichen Mythus war erhoben. […] Jedoch ist solche Schöpfung durchaus alter Sage entgegengesetzt. Sie wird in der Isolierung gezeugt und wächst in der Abtrennung vom Milieu, während früher der Mythus Ausdruck des Kollektiven war. Also der neue Mythus ist als Revolte zu werten, während er vordem Erlebnis und Erbschaft der Allgemeinheit bewahrt.

[…]

Die Vernunft auferlegt dem Menschen eine idiotische Monotonie des Daseins und der Gestalten, die er im besten Fall variiert oder umordnet; eine schicksalhafte Begrenzung. Gegen solche Monotonie der Gestalten hatte man früher durch Mythen sich verteidigt, die Gestaltwerdung war nicht ästhetisch, sondern religiös bedingt. […] Man will aus der Gefangenschaft des planmäßigen Standards sich lösen, unbekannte oder neue körperliche und seelische Kräfte hinzuerwerben. Als anderes Mittel hierzu diente die Verwandlung in Tiere, Pflanzen, Ströme usw. Der gleiche Trieb arbeitet, wenn man heute neue Gestaltzusammenhänge versucht; das Grunddrama der Metamorphose, des Gestaltwandels, wird von neuem gespielt. Dies ist im Bild äußerst leicht möglich, da jede Form ungemein vieles bedeuten kann.

[…]

Gleiche Gefühle mögen den frühen, noch barbarischen und antiklassischen Kleinasiaten oder Griechen beherrscht haben, der die Schimären und Ungeheuer bildete als Gegenspieler des Menschen und des klassisch Genormten. Diese Ungeheuer, die früher als Helden der Mythen strahlten, wurden später vom klassisch beschränkten Menschen zu Verzerrungen niedergewertet und in das Unterreich des Pluton oder des Teufels abgeschoben und verborgen. Mit zunehmendem Bewußtsein erscheint die Phantasie als unlogische und darum niedere Funktion, ihre Schöpfungen werden als törichte Laune verworfen. […] Man hatte in der späteren Mythologie die Kräfte der Natur und die Geister immer stärker vermenschlicht und ihnen als Norm die menschliche Gestalt aufgezwungen.

[…]

Menschen vermögen als Pflanzen zu treiben oder mineralisch zu ruhen, als Gestirne zu leuchten oder als Monde zu verlöschen. Das heißt: der Mensch ist der Akrobat der welthaften Zustände, die ihm entstrahlen. Darum ist es ihm Geschick, jeglichen Zustand und Durchgang sich zu unterwerfen; der Mensch ist das geträumte Spiel unablässiger Metamorphose.

Konrad Farner, Vortrag über Paul Klee
im Kunstmuseum Luzern, 23. Mai 1936
(Typoskript, Nachlaß Konrad Farner, Thalwil)

[…]

Die Vernunft auferlegt dem Mensch [sic] geradezu eine Art Monotonie des Daseins, ein einseitiges Sehen. Und gegen diese Monotonie hatte man sich früher, wie dies der Kunsthistoriker Einstein treffend sagt, durch Mythen verteidigt, die eben das Wesen der Religionen ausmachen. Heute gibt es aber in diesem Sinne keinen Kampf mit der Monotonie mehr, da die andere Seite in die Realität einbezogen wird, und nicht in die Irrealität verdrängt. Heute erleben wir dies auf einer andern, auf einer realisierten Ebene. Wir konkretisieren, verwirklichen diese Mythen. (Es gibt allerdings Leute, und dies liegt in der Natur der Sache, die neue »alte Mythen« schaffen, ich erinnere an Rosenbergs Mythos des 20. Jahrhunderts. An den Mythos der Rasse, des Rassenwahns, des Antisemitismus, an den Mythos von Blut und Boden.) Wir setzen dieses Mythische gleich der Realität und heben so sie selbst auf. Und wie eben diese mythische, diese Nachtseite, d. h., diese nicht direkt kontrollierte im Ganzen existiert, so existiert [sie] ja auch in jedem Einzelnen. Kontrollieren Sie sich einmal selbst, und Sie werden vielleicht mit Goethe, einem der größten Einsichtigen des Abendlandes sagen: Es gibt kein Verbrechen, keine Tat, die ich nicht begangen haben könnte. Und lesen Sie die aufschlußreiche Biographie Adolf

Hitlers von Konrad Heiden, worin dieser Nachtseite, dieser unkontrollierten Seite ein ganzes Kapitel gewidmet wird unter dem Titel: Die beiden Hitler. (Ich erinnere an das Wort des Reichskanzlers von seiner traumwandlerischen Sicherheit.) Der antike Mensch hatte eine großartige Zweiteilung herangebildet, er unterscheidet einen apollinischen und einen dionysischen Menschen. Das Apollinische bedeutet das Ausgewogene, das Harmonische, das Kontrollierte, das Vernünftige. Das Dionysische, das Unruhige, das Unkontrollierte, das Wilde, Nichtausgeglichene, das (S. 20) Unvernünftige. Und das dionysische, das intuitive Schaffen ist eben die eine Seite unserer Realität. (S. 21)

[…]

Diese neue innere Weise, die bahnbrechend und wegweisend ist, wird verdeutlicht durch das gesamte Schaffen Paul Klees. Seine Bilder sind nicht nur eine Darstellung der äußeren und inneren Welt mit ihren Vorgängen, sie sind die am stärksten angenäherten Wiedergaben der Abbilder der Wirklichkeit – um mit Lenin zu sprechen. Sie bieten die genaueste seismographische Aufzeichnung der Erschütterungen, die die jetzige menschliche (S. 33) Gesellschaft erleidet. Und sie sind damit die eindeutigste Erkennbarmachung der Nöte und Schrecknisse und zugleich der ungeheuerlichen Erkenntnisse des heutigen Menschen, präziser des europäischen Menschen der spätkapitalistischen Gesellschaftsordnung. […] (S. 34)

Maurice Raynal, A propos du fronton de Corfou, in: Minotaure, Nr. 1 (1933), S. 6–7

Pendant quelques décades situées autour du commencement du XIXe siècle, l'art grec avait perdu presque toute influence sur la production artistique et la vie culturelle de l'Européen. Lorsque cet art fut découvert à nouveau par ceux dont les yeux avaient appris à regarder les œuvres des peuples primitifs, ce fut une nouvelle époque de cet art qui sut retenir l'attention de tous: ces débuts décriés comme barbares nous furent conservés dans les sculptures trouvées dans les couches d'eboulements consécutives à l'invention des Perses, dans les métopes de Sélinonte, dans le fronton de Corfou. Le monde d'Eschyle dont la résurrection fut annoncée avec clairvoyance par Nietzsche fut assimilé par l'Européen cultivé et créateur.

[…]

C'est probablement pour la première fois dans la longue chaîne des Renaissances (p. 6) de l'Antiquité que cette plus ancienne époque de l'art grec exerce une influence effective. […] Comme jadis, cette renaissance sera une béquille, un signe de faiblesse pour celui qui s'en sert. Elle se révèle aujourd'hui en ceci qu'on néglige le trait essentiel de l'esprit grec: la méthode dialectique que aussi en cela que presque tous ceux qui ont pris l'initiative de cette plus récente renaissance de l'antiquité se sont dirigés en la dépassant vers la tradition chrétienne du moyen âge et par conséquent vers une réaction parfaitement évidente.

C'est une ironie de l'histoire qui n'a pas besoin se surenchèresque précisément en ce moment de débâcle le bolchevisme russe semble se lancer dans la même aventure, agissant dans la méconnaissance total du fait que les renaissances de l'antiquité au cours de l'histoire chrétienne étaient rattachées au développement de la bourgeoisie: à son origine dans le féodalisme et à sa rechute dans la réaction.

Ludwig Klages, Vom kosmogonischen Eros, Jena 1922, S. 124f., 129f.

Wenn wir oben aus der Flüchtigkeit des traumhaft Wirklichen die Vorliebe des mythischen Denkens für die wolkenhaft plastischen Atmosphärilien ableiteten, so finden wir zu diesem Stimmungsmoment nunmehr den Grund in der Fähigkeit jeder Traumerscheinung, sich in beliebige andere zu verwandeln, und für den Mythos das Motiv seiner Auswahl in der Nötigung, Götter, Dämonen, Feen, Elben und sonstige Geisterwesen ausgerüstet zu wissen mit der nämlichen Gabe. Es ist ja ihrer aller Gemeinsames, sowohl selbst die Gestalt zu tauschen als auch Feind oder Freund, Dinge, Tiere oder Mensch zu verwandeln. *Ovid* erfaßte mit glücklichem Griff vom ganzen Mythen- und Märchenwesen den Kern, als er die Haltestätten seiner dichterischen Durchquerung desselben aus dem Gesichtspunkt der »Metamorphosen« wählte, obwohl es ihm nicht gelang, das Grundphänomen in die Sprache der Literatur zu übertragen. Auch vom Vergänglichkeitsgefühl (des traumhaft Gestimmten nämlich) begreifen wir wenigstens *ein* Element des erzeugenden Sachverhalts im Widerfahrnis des Träumers, plötzlich sich *selbst verwandelt zu glauben,* und erblicken darin eine Stütze für unsere Annahme der Beziehung zwischen dem Traumgeschehen und grade der »Seele«. Was nämlich die Herrscher des Traumes, die Götter, *vermögen,* ebendas muß gern oder ungern *widerfahren* können der träumenden Seele: auszuschwärmen in die ganze Vielgestaltigkeit der Dinge und innewohnend einszuwerden mit Steinen, Pflanzen, Tieren, Menschen und Geräten. Besonders dieser Logik des Traumdenkens zufolge, die sich vielerorts zum Dogma der Seelenwanderung verdichtete, kennt der traumgebundene Geist grundsätzlich gar nichts Unbeseeltes und bloß Mechanisches, »sprechen« ihm Tiere, Pflanzen und »tote« Sachen, teilt er in jedem Augenblick das Schicksal der ihn umgebenden Welt!

[…]

Mit Benutzung der Wendung des Philosophen *Plotin* von der Materie als dem »Aufnahmeort der Bilder« können wir formeln: die Seele des gegenwärtig Lebendigen ist ein der Materie *verbundenes* Bild, die Totenseele das von der Materie *gelöste* Bild. Durch und durch Bild geworden, hat diese durchaus die Wirklichkeitsform der Traumerscheinung, verwandelt sich, kommt und entschwindet, unbehindert von stofflichen Schranken.

[…]

[Pindar:] »Der Leib folgt dem Tode, dem allgewaltigen; lebendig aber bleibt das *Abbild* des Lebenden; es schläft aber (dieses Eidolon), wenn die Glieder tätig sind; dem Schlafenden jedoch im Traume zeigt es oft die Zukunft.« *Das* ist der Schlüssel zum Seelendienst! [...] Weit entfernt, der Welt entrissen zu sein, in die Unsichtbarkeit des Jenseits, ist die Totenseele vielmehr ein dämonisch-lebendiges Bild, bald eines Sternes, Steines, Baumes oder Tieres, bald einer Quelle, eines Stromes, des vorüberstreichenden Luftzugs, dann wieder das *Abbild* ihres vormals leibhaftigen Trägers. Der Glaube der Vorzeit lautet nicht: es gibt unsichtbare Seelen oder gar eine persönliche Fortexistenz; sondern er lautet: lebendig sind die Bilder der Dinge, und es lebt etwas umso fesselfreier, es nahm umso mehr den Charakter der magisch wandlungsfähigen Seele an, als es Bild und nichts als dieses wurde!

Brassaï, Du Mur des cavernes au mure d'usine, in: Minotaure, Nr. 3–4 (1933), S. 6

[...]
Tout est une question d'optique. Des analogies vivantes établissent des rapprochements vertigineux à travers les âges par simple élimination du facteur temps. A la lumière de l'éthnographie, l'antiquité devient prime jeunesse, l'âge de la pierre un état d'esprit, et c'est la compréhension de l'enfance qui apporte aux éclats de silex, l'éclat de la vie.

[...]
Comme la pierre est dure! Comme les instruments sont rudimentaires! Qu'importe! Il ne s'agit plus de jouer mais de maîtriser la frénésie de l'inconscient. Ces signes succincts ne sont rien moins que l'origine de l'écriture, ces animaux, ces monstres, ces démons, ces héros, ces dieux phalliques, rien moins que les éléments de la mythologie.

[...]

64 Pop und Lok im Kampf • Pop and Lok in battle, 1930, 227 (F 7)

65   beschwingt-Schreitende II • Woman elatedly striding II, 1931, 243 (W 3)

66 Diana, 1931, 287 (Y 7)

Phoenix coniugalis, 1932, 57 (L 17)

69 Siesta der Sphinx • Siesta of the Sphinx, 1932, 329

70 Europa, 1933, 7 (K 7)

71 (Versuch zu Antigone) • (Attempt at Antigone), 1933, 35 (L 15)

72 streitende Nornen • Quarrelling Norns, 1933, 97 (P 17)

74 der schlafende Riese in Gefahr • The sleeping giant in danger, 1933, 314 (A 14)

113 Ansturm des Kleinen • Assault of the little one, 1939, 787 (QuQu 7)

Zeusersatz • Substitute for Zeus, 1933, 330 (B 10)

73 der betrogene Faunus • The betrayed faun, 1933, 296 (Z 16)

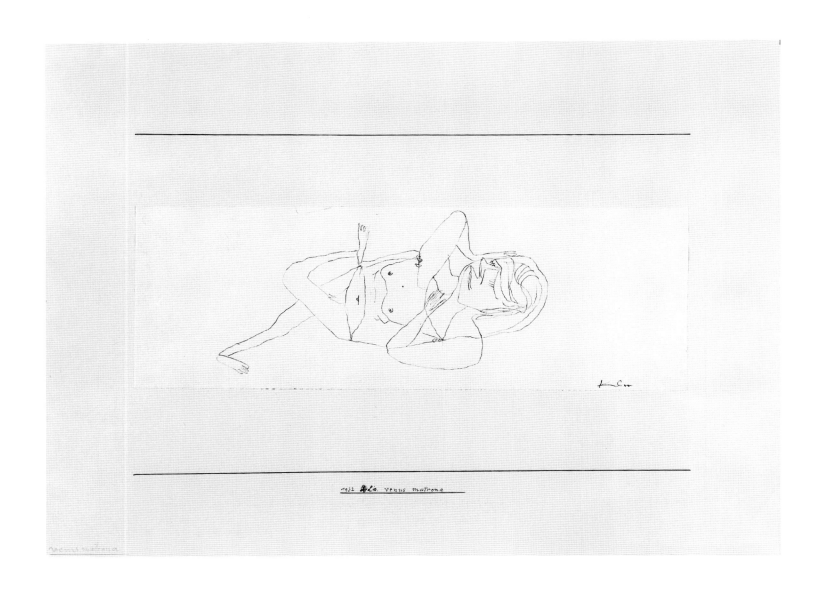

68 venus matrona, 1932, 50 (L 10)

76 Rübezahls Sohn • Rübezahl's son, 1934, 70 (M 10)

anatomische Venus • Anatomical Venus, 1933, 441 (H 1)

77 Diana im Herbstwind • Diana in the autumn wind, 1934, 142 (R 2)

75 Sibylle • Sibyl, 1934, 14 (14)

Walpurgisnacht • Walpurgis night, 1935, 121 (Qu 1)

79 Hexen-Schmiede • Forge of the witches, 1936, 12 (12)

85 Wald-Hexen • Forest witches, 1938, 145 (K 5)

78   Zeichnung zur »Katastrophe der Sphinx« • Drawing for "Catastrophe of the Sphinx", 1935, 141 (R 1)

81 Katastrophe der Sphinx • Catastrophe of the Sphinx, 1937, 135 (Qu 15)

80 Bacchanal in Rotwein • Bacchanal with red wine, 1937, 74 (M 14)

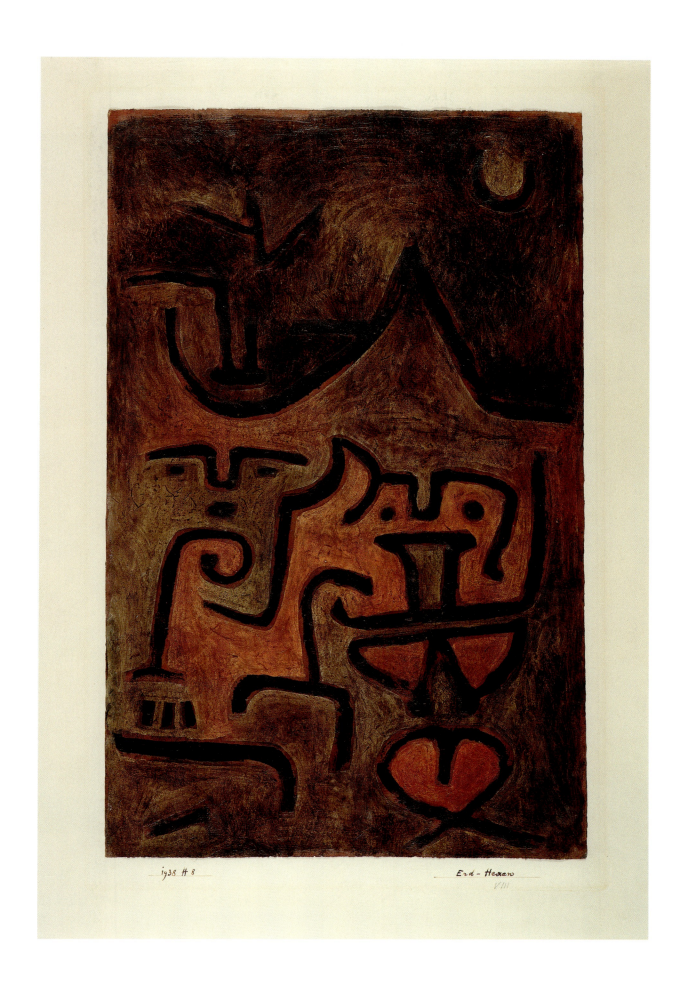

83 Erd-Hexen • Earth witches, 1938, 108 (H 8)

84 Feuer-Quelle • Fire source, 1938, 132 (J 12)

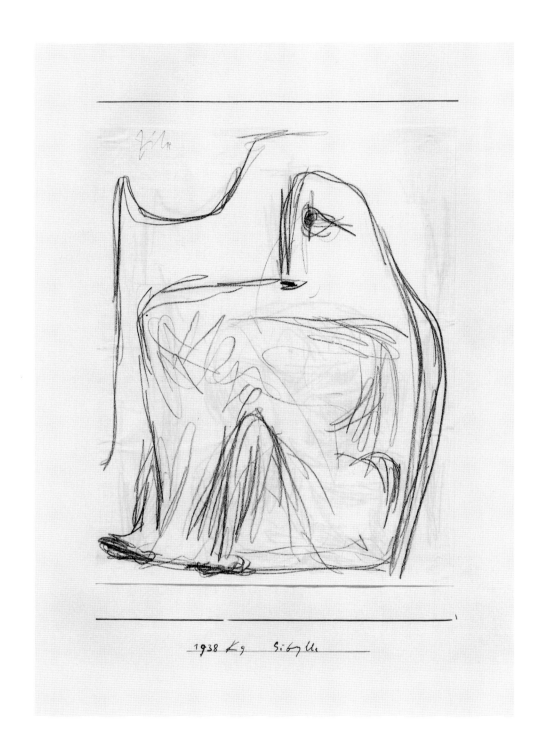

86 Sibylle • Sibyl, 1938, 149 (K 9)

Pomona, über-reif • Pomona, over-ripe, 1938, 134 (J 14)

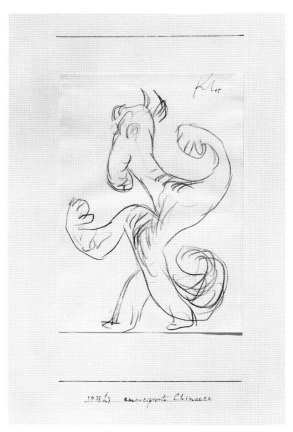

87 emancipierte Chimaera • Emancipated Chimaera, 1938, 167 (L 7)

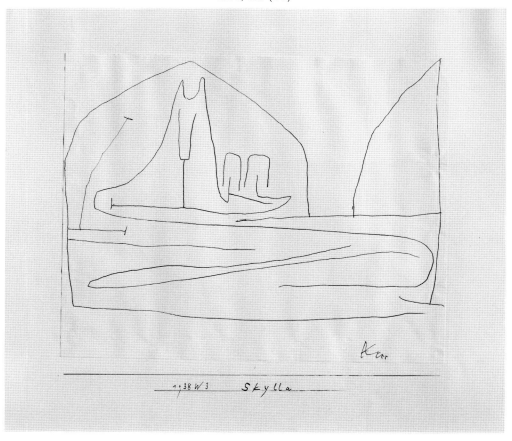

90 Skylla • Scylla, 1938, 363 (W 3)

82   Kleiner Mars • Small Mars, 1937, 261 (X 1)

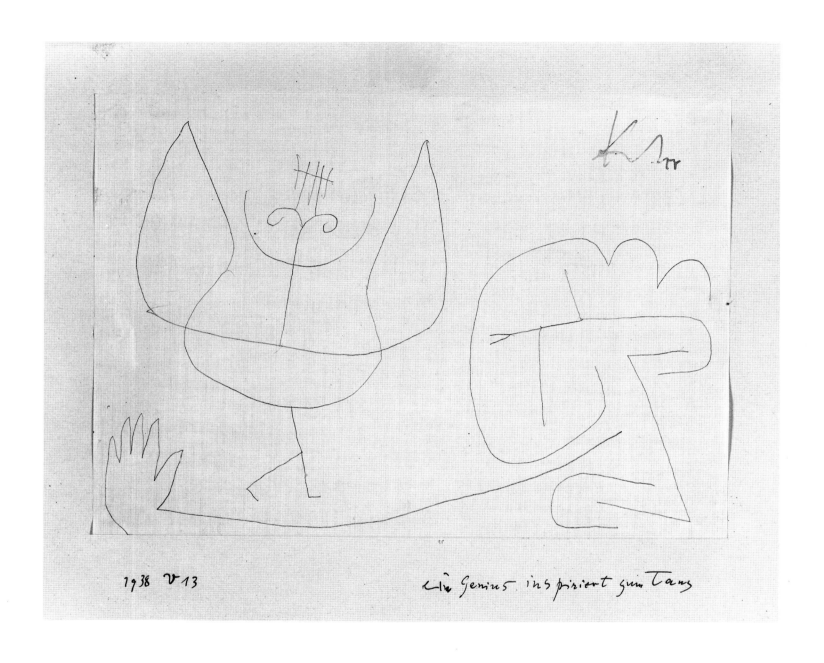

89   ein Genius inspiriert zum Tanz • A genius inspires to dance, 1938, 353 (V 13)

88 KIRKE • Circe, 1938, 263 (R 3)

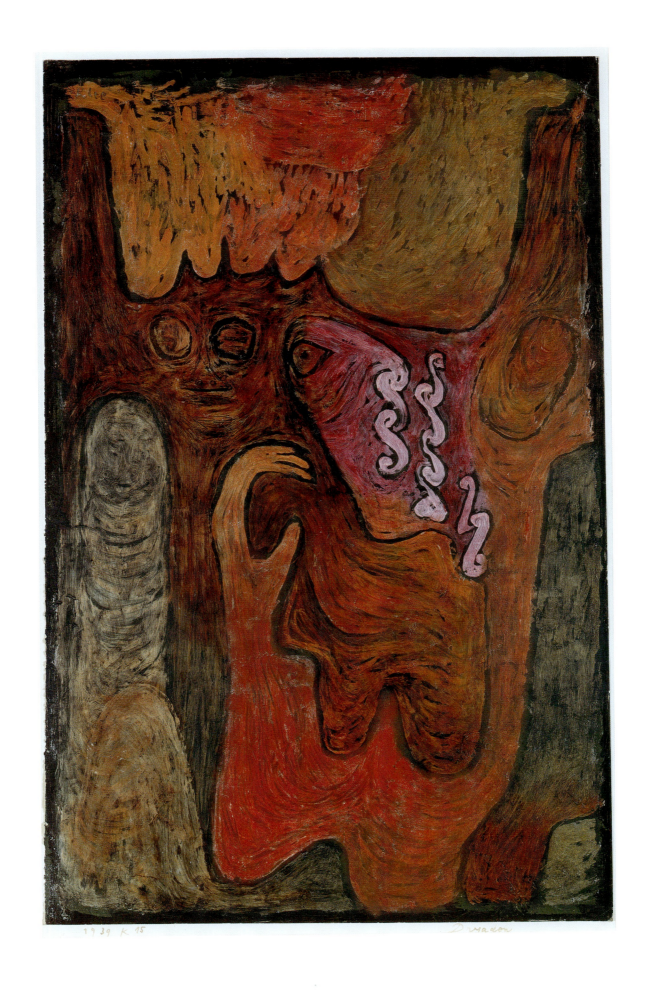

91 Dryaden • Dryads, 1939, 95 (K 15)

92   Mann–weib • Hermaphrodite, 1939, 133 (M 13)

94　Schicksal einer Nereïde • Fate of a Nereid, 1939, 140 (M 20)

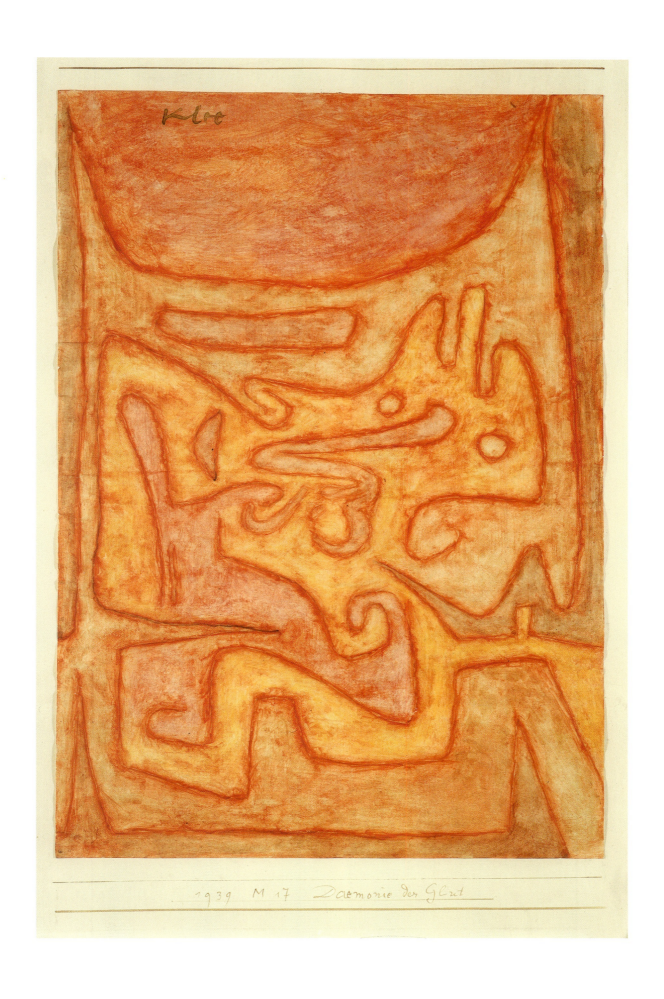

93 Daemonie der Glut • Demonism of the fire, 1939, 137 (M 17)

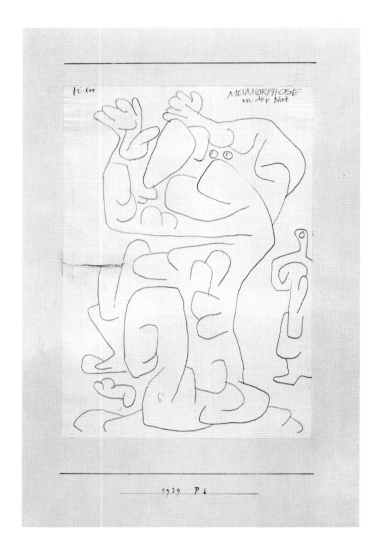
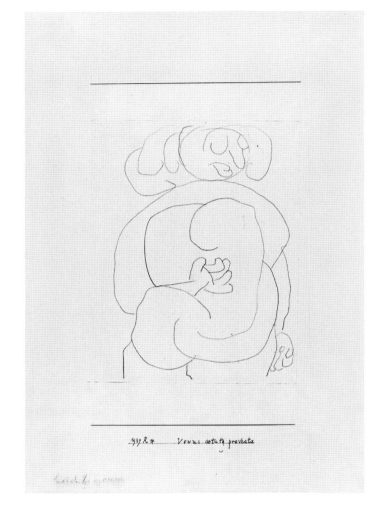

95 METAMORPHOSE in der Not • Metamorphosis in an emergency, 1939, 166 (P 6)

96 VENUS aetate provecta, 1939, 214 (R 14)

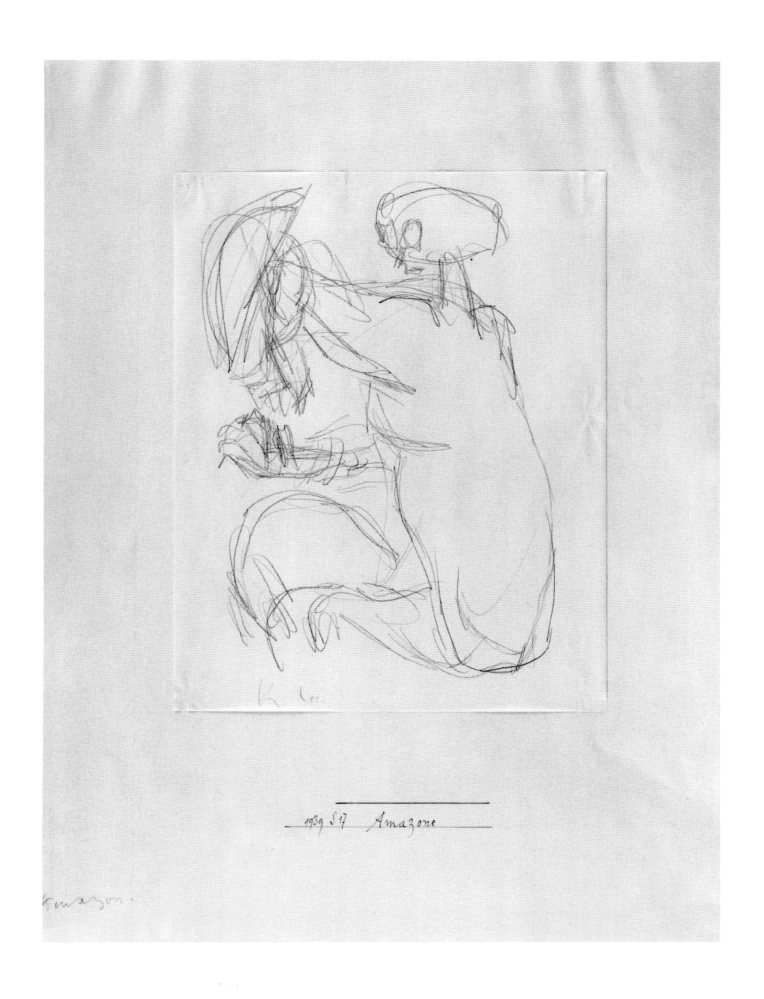

97 Amazone • Amazon, 1939, 237 (S 17)

98 Götzen-Park • Park of idols, 1939, 282 (V 2)

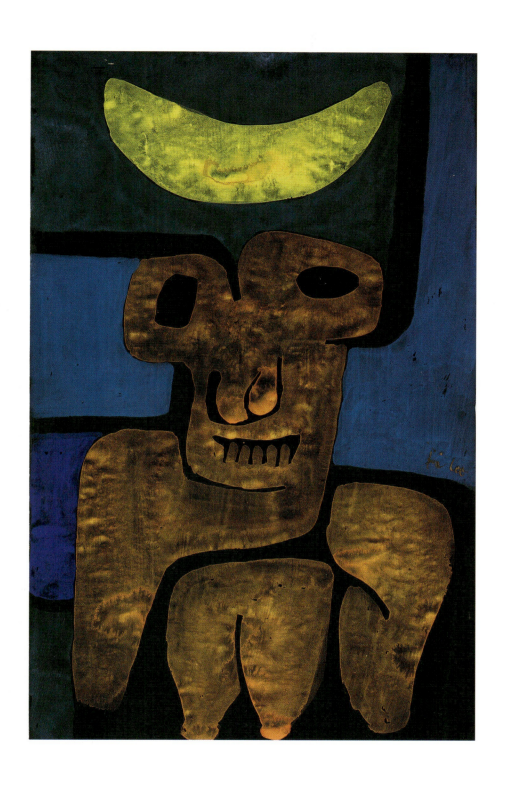

99 Luna der Barbaren • Luna of the barbarians, 1939, 284 (V 4)

101 Zeichnung zur Gaia • Drawing for Gaïa, 1939, 334 (X 14)

102 Brustbild der Gaia • Half-length portrait of Gaïa, 1939, 343 (Y 3)

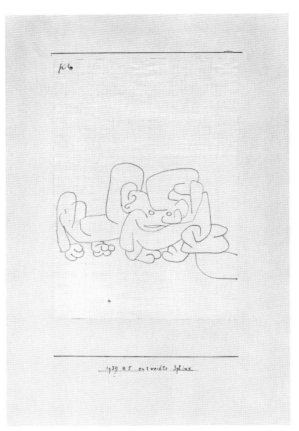

100 entweihte Sphinx • Desecrated Sphinx,
1939, 305 (W 5)

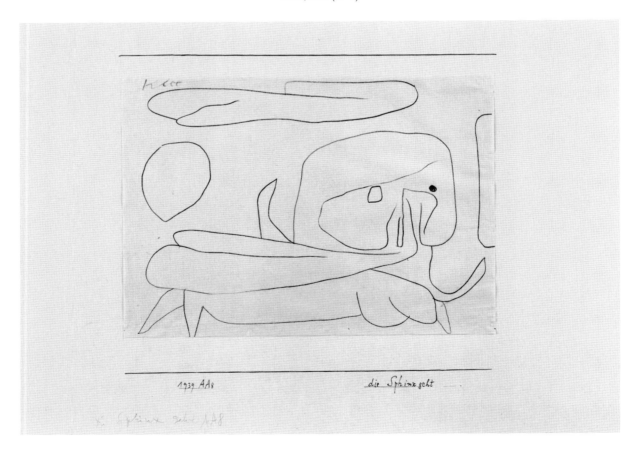

105 die Sphinx geht • Departing Sphinx, 1939, 508 (AA 8)

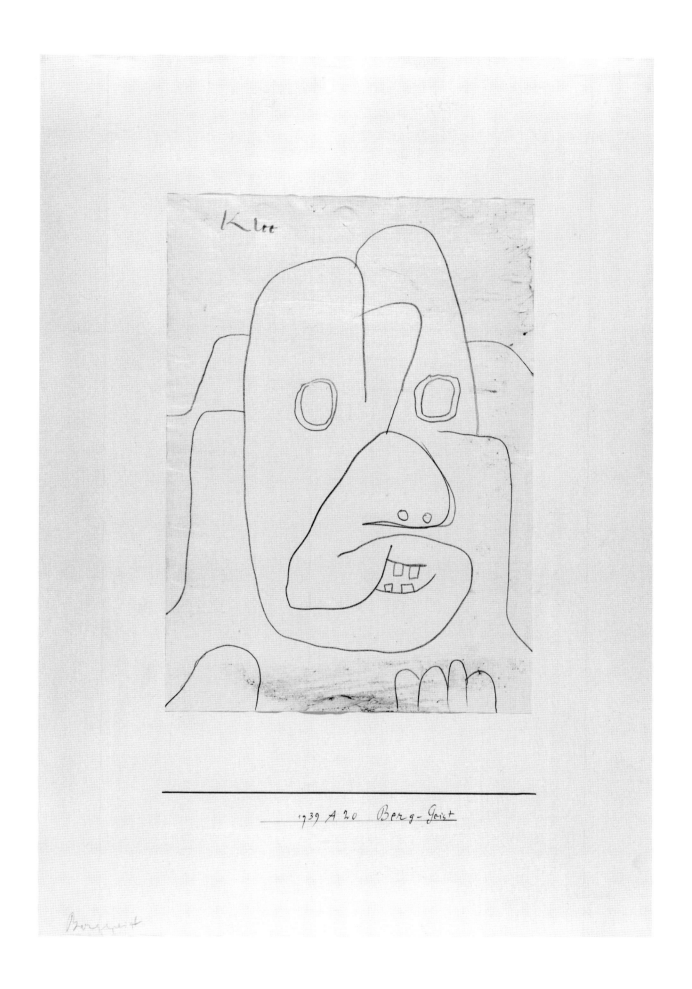

103 Berg-Geist • Mountain spirit, 1939, 400 (A 20)

108   Sirenen-Eier • The Siren's eggs, 1939, 600 (EE 20)

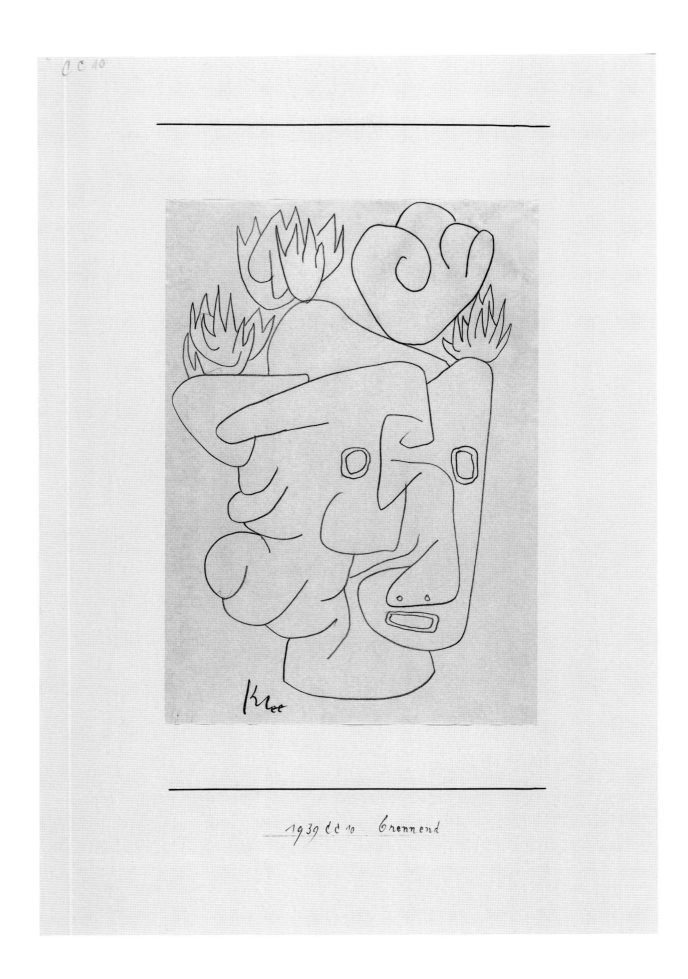

106   brennend • Burning, 1939, 550 (CC 10)

111 omphalo-centrischer Vortrag • Omphalo-centric lecture, 1939, 690 (KK 10)

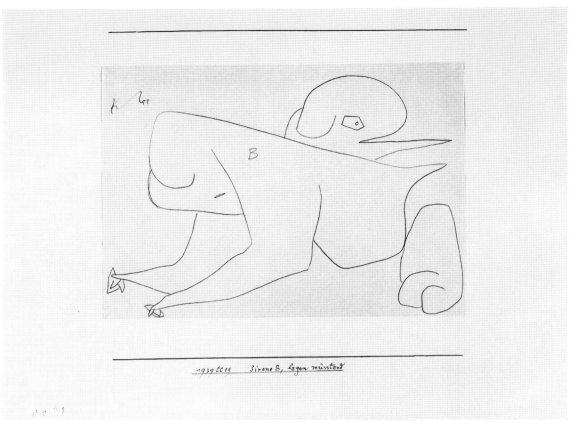

107 Sirene B, legen müsstend • Siren B has to lie down, 1939, 559 (CC 19)

110 SEIRENE vor dem Singen • Siren before her song, 1939, 682 (KK 2)

104 Fama, 1939, 502 (AA 2)

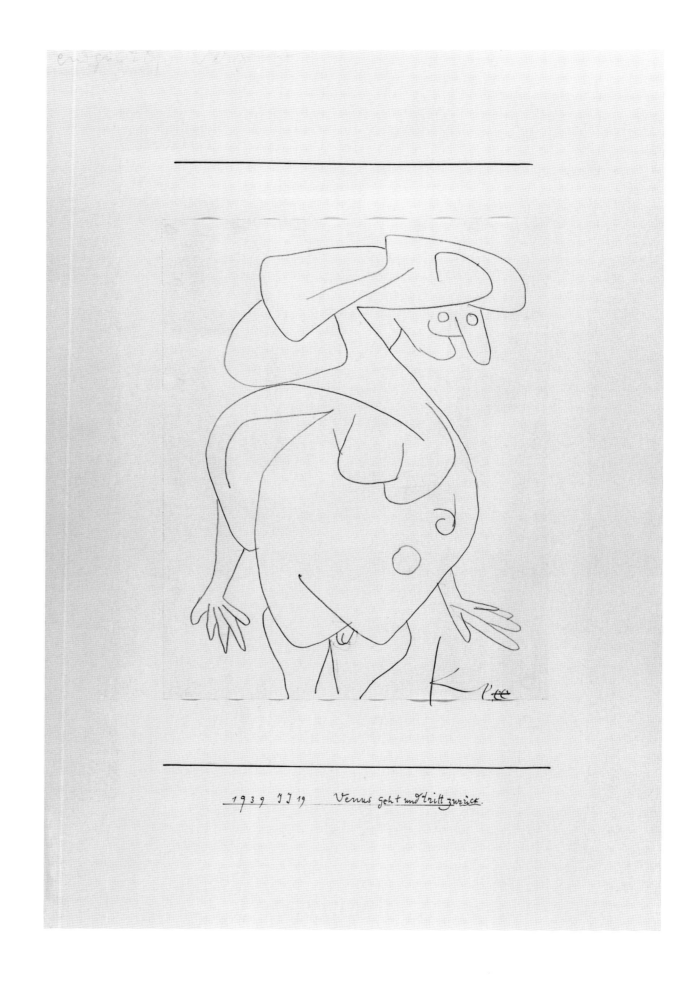

109 Venus geht und tritt zurück • Venus departs and retires, 1939, 679 (JJ 19)

119   Amazone erstmals im Helm • Amazon with a helmet for the first time, 1939, 963 (AB 3)

112 Phoenix und die Kutsche • Phoenix and the coach, 1939, 754 (NN 14)

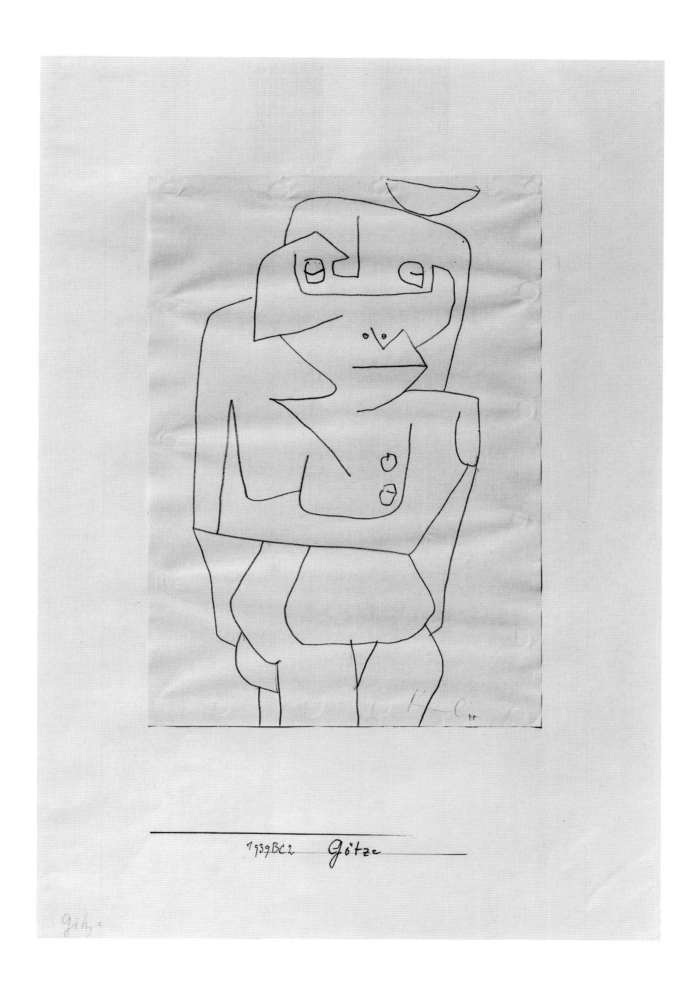

120   Götze • Idol, 1939, 982 (BC 2)

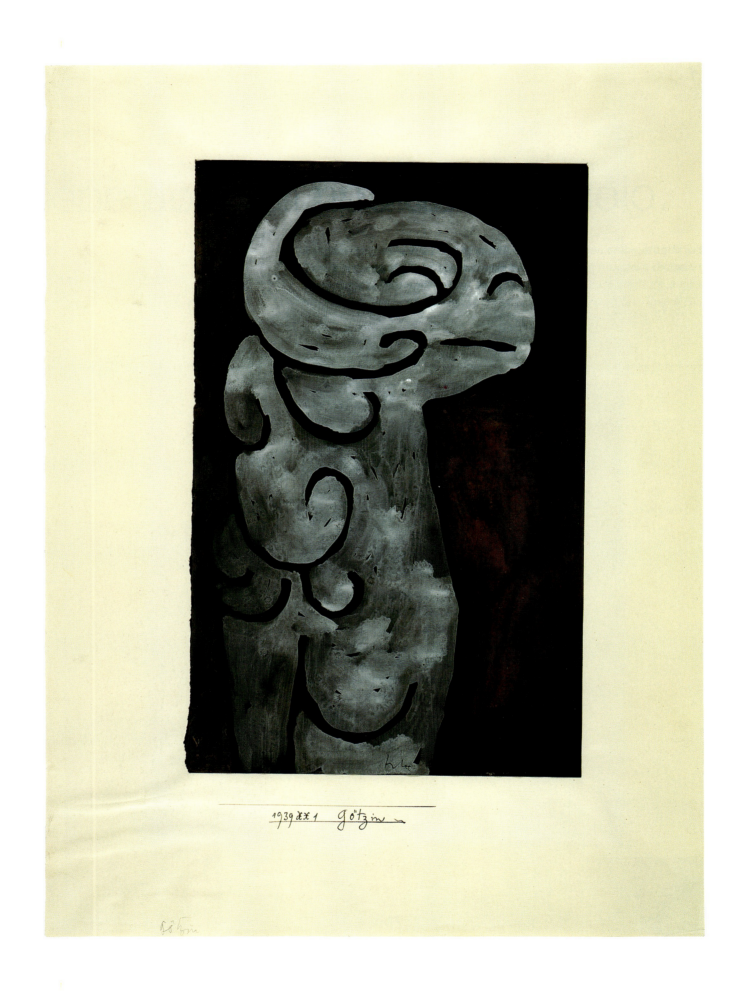

116 Götzin • Idol, 1939, 901 (XX 1)

117   sie hütet die Flamme • She protects the flame, 1939, 903 (XX 3)

118　Feuer-Geist • Fire spirit, 1939, 912 (XX 12)

114   Mephisto als Pallas • Mephisto as Pallas, 1939, 855 (UU 15)

121　Sirene zwei mit der Altstimme • The second Siren in alto, 1939, 1113 (Hi 13)

115 Daemonie • Demonry, 1939, 897 (WW 17)

123   Eidola: weiland Iphigenie II • Eidola: formerly Iphigenie II, 1940, 98 (V 18)

125   Walküre • Valkyrie, 1940, 134 (T 14)

126 travestierte Orpheia • Travestied Orpheia, 1940, 137 (T 17)

124 »H-D«-Amazone • "H-D"-Amazon, 1940, 129 (T 9)

127 Flucht vor dem Hades • Escape from Hades, 1940, 147 (S 7)

122 Charon, 1940, 58 (X 18)

129 Bart-Nymphe • Bearded nymph, 1940, 218 (P 18)

128 Daemon • Demon, 1940, 188 (Qu 8)

132   Teich-Nixe • Pond nymph, 1940, 302 (H 2)

133 die Schlangengöttin und ihr Feind • The Snake goddess and her foe, 1940, 317 (H 17)

130   EUMENIDE vom CHOR • Eumenide from the choir, 1940, 220 (P 20)

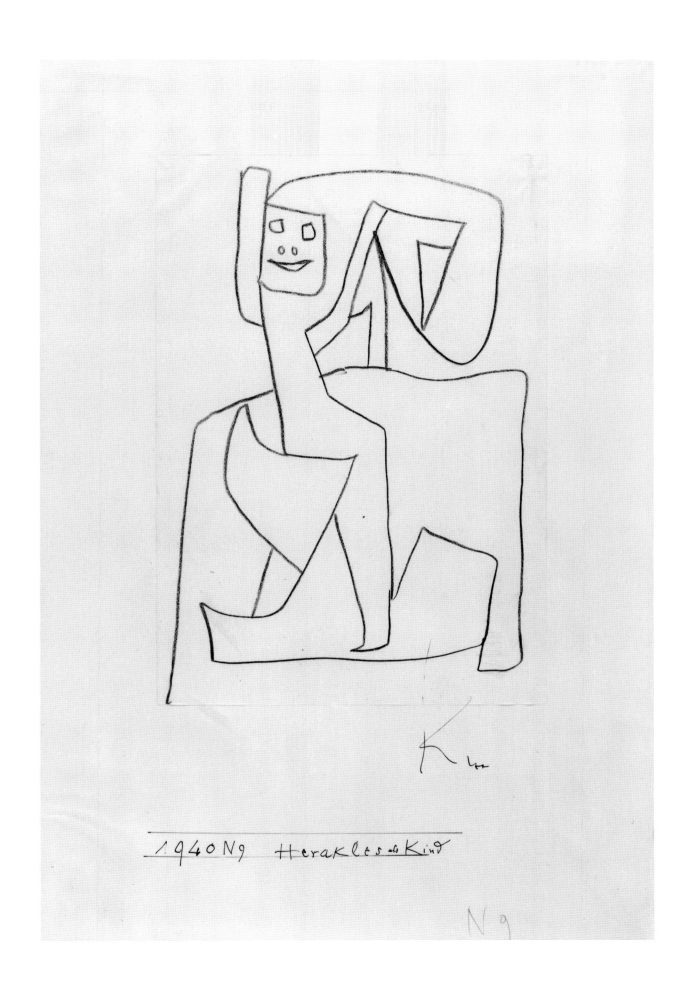

131 Herakles als Kind • Hercules as a child, 1940, 229 (N 9)

Stefan Frey

Paul Klee und die Antike – Versuch einer Chronologie

18.12.1879 Ernst Paul Klee wird im Schulhaus von Münchenbuchsee bei Bern als zweites Kind des Musiklehrers Hans Wilhelm Klee (1849–1940) und der Sängerin Marie Ida Klee, geb. Frick (1855–1921), geboren. Am 28. Januar 1876 hat seine Schwester Mathilde (gest. 1953) in Walzenhausen das Licht der Welt erblickt (Abb. 1).

2 Paul Klee, *Meine Bude,* 1896, Feder und Pinsel mit Tusche und Bleistift auf Karton, 12,1 x 19,2 cm; Paul-Klee-Stiftung, Kunstmuseum Bern

(1846–1912). Rasche Fortschritte erlauben ihm bald, als außerordentliches Orchestermitglied in den Abonnementskonzerten der Bernischen Musikgesellschaft mitzuwirken. In seiner Freizeit (Abb. 2) dichtet er und zeichnet vor allem Kopien nach fremden Vorlagen, ab 1895 vermehrt auch Landschaften nach der Natur. Neben dem musikalischen Talent fördert seine Mutter auch die zeichnerische Begabung ihres Sohnes. Sie hebt vieles aus seiner Jugendzeit, einschließlich der Schulhefte, Bücher, Briefe und Zeugnisse, getreulich auf.

1889 Es erscheint von Friedrich Nietzsche *Götzendämmerung.*

1 Paul und Mathilde Klee, Bern, 1884 (Fotograf unbekannt); NFK

1880 Umzug der Familie Klee nach Bern. Die Großmutter mütterlicherseits gibt dem Knaben erste Anleitungen im Zeichnen und Kolorieren. Die frühesten erhaltenen Kinderzeichnungen datieren von 1883.

19.4.1886–März 1890 Paul Klee besucht die Primarschule. Als Siebenjähriger nimmt er Geigenunterricht bei dem Konzertmeister und Violinlehrer der Städtischen Musikschule, Carl Jahn

3 Paul Klee, Bern, 1892 (Fotograf unbekannt); NFK

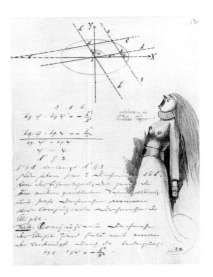

4 Elsa von Brabant in Wagners Oper *Lohengrin* beim Vortrag der Arie »einsam in trüben Tagen«; S. 130 aus dem Schulheft »Analytische Geometrie«, 1898, Bleistift und Tusche auf Papier, 23 x 18,5 cm; Privatbesitz, Schweiz

21. 4. 1890–16. 3. 1894 Absolviert das Progymnasium (Abb. 3); folgt ab 20. 4. 1893 dem Lateinunterricht. Zeichnet in seine Schulbücher und -hefte Karikaturen (Abb. 4).

17. 4. 1894 Tritt in die Städtische Literarschule am Waisenhausplatz in Bern ein. Nimmt neben Latein- auch Griechischunterricht.

1894 Es erscheint von Erwin Rohde *Psyche. Seelenkult und Unsterblichkeitsglaube der Griechen* (Tübingen).

1895 Erwirbt/liest oder behandelt in der Schule *Ab urbe condita libri* (Leipzig 1894) von Titus Livius[1] (Abb. 5), *Medea. Trauerspiel in fünf Aufzügen* (Stuttgart 1879) von Franz Grillparzer[2], *Die Nibelungen. Ein deutsches Trauerspiel in drei Abteilungen (Der gehörnte Siegfried, Siegfrieds Tod, Kriemhilds Rache)* (Leipzig [o. J.]) von Friedrich Hebbel[3] und *Werke* (Braunschweig 1799) von Virgil[4].

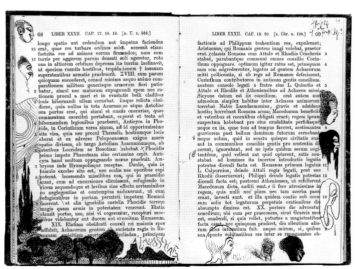

5 S. 68/69 aus *Ab urbe condita libri* von Titus Livius mit Karikaturen und Landschaftsskizzen von Paul Klee

18. 12. 1896 Erhält zum Geburtstag *Grillparzers sämtliche Werke* (Stuttgart [o. J.])[5].

1896 Erwirbt/liest oder behandelt in der Schule von Pierre Corneille die beiden Bücher *Horatius. Trauerspiel in fünf Aufzügen* (Leipzig [o. J.])[6] und *Polyeuct der Märtyrer. Christliches Trauerspiel in 5 Aufzügen* (Leipzig [o. J.])[7] sowie *Das Nibelungenlied* (Leipzig [o. J.])[8] und *Homeri Odyssea* (Leipzig 1892)[9].

April 1897 Die Familie Klee bezieht ein eigenes Haus am Obstbergweg 6 in Bern.

Oktober 1897 Besucht in der Basler Kunsthalle die *Böcklin-Jubiläums-Ausstellung* (20. 9.–24. 10.; Abb. 6).

6 Arnold Böcklin, *Odysseus und Kalypso*, 1882, Öl auf Holz, 104 x 150 cm; Kunstmuseum Basel (als Nr. 68 in der Ausstellung von 1897)

November 1897 Erhält von seinem Schulfreund Louis Michaud *Antigone* (Leipzig 1891) von Sophokles[10].

1897 Erwirbt/liest oder behandelt in der Schule *La Divina Commèdia di Dante Alighièri* (Mailand 1896)[11], *Ciceros Rede für den Oberbefehl des Cn. Pompejus* (Leipzig 1894)[12], *Philoctetes* (Leipzig 1889) von Sophokles[13], *Gedichte von Ludwig Heinrich Christoph Hölty* (Reutlingen 1834)[14], Ludwig Uhlands *Alte hoch- und niederdeutsche Volkslieder* (Stuttgart [1845])[15], *Homers Ilias* (Leipzig [o. J.])[16], *Sophoclis Electra ex Recensione Guilemi Dindorfii* (Leipzig 1885)[17], *Sophoclis Oedipus Rex ex Recensione Guilemi Dindorfii* (Leipzig 1893)[18], Sophokles' *Elektra* (Leipzig [o. J.])[19] und *Der Meister von Tanagra. Eine Künstlergeschichte aus Alt-Hellas* (Berlin 1890) von Ernst von Wildenbruch[20].

Februar 1898 Erhält von seinem Schulfreund Walther Siegrist (1879–1960) *Carmina* (Leipzig 1897) von Quintus Horatius Flaccus[21].

24. 4. 1898 Notiert seine erste Eintragung im Tagebuch, das er bis 1918 weiterführt.

24. 9. 1898 Besteht das Maturitätsexamen an der Städtischen Literarschule. Redigiert zum Schulabschluß mit seinen Klassen-

7 »Die Wanze. Nicht illustrierte aber stark gewürzte Commerszeitung«, 24. 9. 1898; NFK

kameraden Hans Bloesch (1878–1945) und René Thiessing (1880–1975) die satirische Mauleselzeitung »Die Wanze« (Abb. 7) und zeichnet die Vorlage für die *Bierkarte des Maulesel Kommers der Lit. Schule Bern. 24. 9. 98. (Scholas Segen)* (Abb. 8); es ist dies seine erste veröffentlichte Arbeit. Zeitung und Bierkarte provozieren bei der Lehrerschaft einen Skandal.

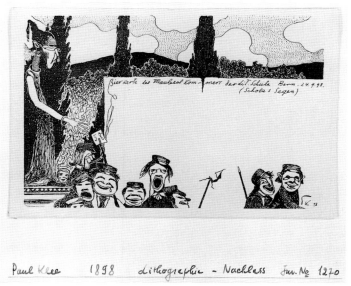

8 *Bierkarte des Maulesel Kommers der Lit. Schule Bern. 24. 9. 98. (Scholas Segen)*, 1898, Strichätzung nach einer Zeichnung, 9,3 x 14,2 cm; Privatbesitz, Schweiz

Ab Oktober 1898 Übersiedelt am 13.10. zum Studium nach München, wo er bis 1901 an wechselnden Adressen in Schwabing wohnt. Wird von der Akademie wegen fehlender Übungen im figürlichen Zeichnen abgewiesen und besucht deshalb zur Vorbereitung die private Zeichenschule von Heinrich Knirr (1862–1944). Verwirft den anfänglich gehegten Plan, an der Universität Philosophie und deutsche Literatur zu studieren, schon nach zwei Wochen. Verfaßt weiterhin Gedichte und liest über Jahre hinweg regelmäßig die Zeitschriften »Jugend« und »Simplicissimus«. Besucht die Münchner Museen (»Die Schackgalerie imponiert mir nur durch ihre Böcklinbilder«[22]; Abb. 9).

9 Arnold Böcklin, *Villa am Meer*, 1864/65, Öl auf Leinwand, 123,4 x 173,2 cm; Bayerische Staatsgemäldesammlungen, Schack-Galerie, München

17. 11. 1898 Hört die Oper *Orfeo ed Euridice / Orpheus und Eurydike* von Christoph Willibald Gluck.[23]

1898 Liest *Racine's ausgewählte Tragödien* (Leipzig [o.J.])[24] sowie von Christoph Martin Wieland die Bücher *Drei Grazien / Musarion / Nadine / An Chloe / An Herrn Wille / Der verklagte Amor* ([Amsterdam] 1775)[25], *Idris. Ein heroisch-comisches Gedicht / fünf Gesänge* ([Amsterdam] 1775)[26], *Der Neue Amadis. Ein komisches Gedicht in Achtzehn Gesängen* (Carlsruhe 1777)[27] und *Agathodämon. In sieben Büchern* (Carlsruhe 1800)[28]. Nimmt mit Schulfreunden in einem »Kränzchen wo jeder freiwillig hin muss Sophokles' Antigone«[29] durch. Liest von Euripides *Medea* (Leipzig 1891)[30] sowie – wahrscheinlich – *Die Elegien* (Berlin 1898) von Sextus Propertius[31].

1. 1. 1899 Kauft *Dantes Göttliche Komödie*[32] »hauptsächlich in der Hoffnung, Stoff zu etwaigen Kompositionsübungen zu finden –, und einen Band Heine […], als Vervollständigung der Reisebilder.«[33]

Mai/Juni 1899 Hört zum erstenmal Richard Wagners Opernzyklus *Der Ring des Nibelungen*: *Das Rheingold* (25.5.), *Die Wal-*

Paul Klee und die Antike 235

küre (26.5. u. 12.6.), *Siegfried* (29.5.) und *Götterdämmerung* (1. u. 16.6.).

1.–(?)24.7.1899 Wird während eines Studienaufenthalts in Burghausen an der Salzach vom Maler und Radierer Walter Ziegler (1859–1932) in die Techniken des Radierens und Ätzens eingeführt.

10 Paul Klee, ohne Titel, 1899, Bleistift, Feder mit Tusche und Rötel auf Papier (Einzelblatt aus den Studien und Skizzen bei Knirr), 32,5 × 20,7 cm; Paul-Klee-Stiftung, Kunstmuseum Bern

Ab Oktober 1899 Kehrt am 26.10. nach einem Sommeraufenthalt bei seinen Eltern nach München zurück; hört in Zürich Richard Wagners *Lohengrin*.[34] Folgt dem Unterricht bei Heinrich Knirr zusammen mit Hermann Haller (1880–1950), mit dem er vom Gymnasium her befreundet ist (Abb. 10, 11). Bezieht am 1.2.1900 ein eigenes Atelier.

11 Quintett im Atelier der Mal- und Zeichenschule Heinrich Knirr; v. l. n. r.: Walther Siegrist (zweite Geige), Fritz Stubenvoll (Bratsche), Franz Schmidt (erstes Cello), Julius Labba (zweites Cello), Paul Klee (erste Geige), München, 1900 (Fotograf unbekannt); NFK

8.12.1899 Macht bei einer Münchner Kammermusik-Soirée die Bekanntschaft der Pianistin Lily Stumpf (1876–1946), mit der er in der Folge häufig musiziert sowie Konzerte und Opernaufführungen besucht (Abb. 12, 13).

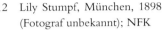

12 Lily Stumpf, München, 1898 (Fotograf unbekannt); NFK

13 Paul Klee, München, 1900 (Foto: L. Tiedemann, München); NFK

März 1900 Hört Richard Wagners *Lohengrin*.[35]

Oktober 1900 Hört nach seiner Rückkehr aus dem Berner Sommerurlaub in München erneut Wagners Opernzyklus *Der Ring des Nibelungen*: »Ich lasse alles über mich ergehen, es ist doch das Wahre.«[36]

11.10.1900–März 1901 Studiert ein Semester bei »dem von der Antike begeisterten«[37] Franz von Stuck (1863–1928) an der Königlich Bayerischen Akademie der bildenden Künste, ohne den Zeichenunterricht bei Heinrich Knirr aufzugeben.

Dezember 1900 Hört die Oper *Eros und Psyche*.[38]

März 1901 Verwirft den Plan, im Sommersemester bei Wilhelm von Rümann (1850–1906) an der Akademie Bildhauerei zu studieren, weil er sich der geforderten Aufnahmeprüfung nicht stellen will.

Juni 1901 Bietet erfolglos diversen Zeitschriften wie »Jugend« satirische Zeichnungen zur Veröffentlichung an. Verlobt sich vor seiner Rückkehr von München nach Bern (1.6.) heimlich mit Lily Stumpf.

August 1901 Beschäftigt sich mit »Goethes philosophischen Gedichten – Ganymed, Prometheus, das Göttliche, Grenzen der Menschheit –, die in der Litteratur zum Schwerverständlichen gehören«.[39] Notiert in sein Tagebuch: »Eine Art Prometheus. Ich trete vor Dich, Zeus, weil ich die Kraft habe dazu. […] Nun hör ich Deine Stimme aus der Wolke: Du quälst Dich, Prometheus.«[40]

Vor Oktober 1901 Radiert für Louis Michaud ein Exlibris (Abb. 14).

15 *Laokoon,* Marmor, H. 184 cm; Vatikanische Sammlungen, Rom (historische Aufnahme)

16 *Apoll vom Belvedere,* Marmor, H. 224 cm; Vatikanische Sammlungen, Rom (historische Aufnahme)

14 *Ex Libris L. Michaud,* 1901, Radierung, 15,8 x 11,6 cm; Privatbesitz, Schweiz

15   16

Oktober 1901 Bricht am 22.10. mit Hermann Haller zu einem sechsmonatigen Studienaufenthalt in Italien auf, im Gepäck Jacob Burckhardts *Cicerone. Eine Anleitung zum Genuss der Kunstwerke Italiens* und Johann Wolfgang Goethes *Italiänische Reise*[41]. Reist von Bern über Mailand (Besuch des Museums Brera), Genua, Livorno, Pisa zunächst nach Rom, wo er vom 27.10.1901 bis 22.3.1902 bleibt. Kaum angekommen, berichtet er, »daß einem hier ein Licht aufgeht über zwei vergangene Kulturen, Altertum und Renaissance. Das Altertum ist freilich noch glänzender vertreten«.[42]

November 1901 Besucht die Antikensammlungen des Kapitolinischen Museums[43], des Konservatorenpalastes[44] und des Vatikans (»Der *Apollo von Belvedere* [Abb. 16] ist ein Wunder [...]. [...] *Laokoon* [Abb. 15] ist bloß in der Mache eine Höchstleistung. Der Stil ist vielleicht ein antikes Barock. Die Imitation des Canova: *Perseus* mit dem Medusenhaupt ist auch ein vortreffliches Werk – nach dem Apollo gebildet –, an dem nur die Antike erreicht scheint. [...] Bei *Amor und Psyche* ist die Drapierung der weiblichen Figur vortrefflich und voll Gefühl für das Nackte. [...] Sonst entzücken mich im Vatikan einige Musendarstellungen von köstlichem Liebreiz«[45]). Studiert die Antiken in der Galleria Doria und der Galleria Borghese.[46]

Dezember 1901 Besichtigt die Stanzen-Zimmer des Vatikans und vor allem die Antikensammlungen des Laterans und des neueröffneten, mit der Sammlung Ludovisi vereinten Thermenmuseums[47] sowie des Konservatorenpalastes[48] (»Die Lupa. Der Dornauszieher. Für den Kenner des Aktes insbesondere die Musenstatuen«[49]). Beschäftigt sich erneut mit den Antiken im Vatikan (»Ich fand mich viel reifer und würdiger dem Kunstwerk gegenüber. Zum Dank sind meine *Musen* jedesmal lieblicher. *Laokoon* bleibt mir aber immer dasselbe Virtuosenstück. [...] Neu ist mein Verständnis für den Typus der *Knidischen Aphrodite* – nach Praxiteles –, und ich bin hier mit Burckhardt einig, der sie in Worten schön wiedergibt«[50]; Abb. 17). Beschafft

Paul Klee und die Antike 237

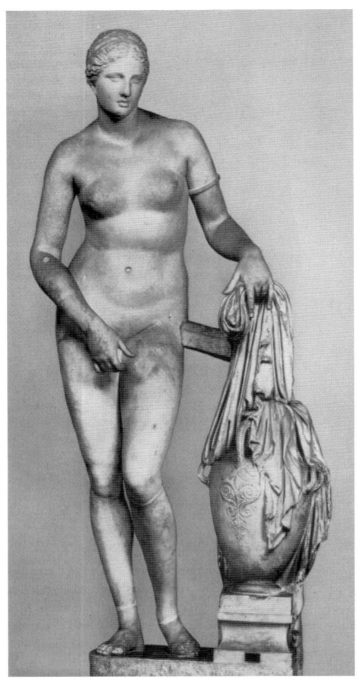

17 *Knidische Aphrodite,* Marmor, H. 205 cm; Vatikanische Sammlungen, Rom

sich von wichtigen Werken eine Erinnerungsstütze: »Ich selbst besitze nun eine Reihe von Photographien nach den schönsten Antiken und kann nicht ermüden, sie vor mir auszubreiten. […] Ich glaube nicht, daß sie bald jemand so wahr und so tief verehrt, und ich hoffe es auch nicht. Denn wo ist der Mensch, dem ich das gönnte, was ich dabei empfinde? […] Schliesslich denke ich daran, wie sie sich zu Haus ausmachen werden in meinem Arbeitsraum.«[51]

Liest die Komödie *Die Vögel* von Aristophanes (»Sie vereint feinste Poesie im Sinne des ›Sommernachtstraums‹ mit schärfster Satire und derbsten Scherzen und charakterisiert die Zeit des be-

ginnenden Verfalls besser als die komplizierteste Geschichte.«[52]). Hat immer noch schriftstellerische Ambitionen: »Dieser Aristophan! Ich möchte auch eine gute Komödie schreiben können. ‹Es folgten Versuche in diesem Stil.›«[53]

5.1.1902 Besichtigt das Residenzviertel der römischen Kaiser, den Palatin: »Am besten erhalten ist die Domus Livia mit schönen Wandmalereien, wie man sie in Pompei nicht besser finden soll.«[54]

27.1.1902 Erwirbt auf dem Tandelmarkt ein »anmutiges [griechisches] Tanagrafigürchen«[55] und ergänzt dort auch seine »begonnene photographische Antikensammlung, ohne die es einmal nicht geht«.[56]

Januar 1902 Tritt dem Deutschen Künstlerverein bei[57] und besucht dort regelmäßig den Abendakt (»Die Form wurde jetzt weniger barock behandelt, aber immer noch unter dem Einfluß der schönen Marmorarbeiten antiker Kunst leicht ästhetisierend«[58]). Karl Schmoll von Eisenwerth (1879–1949) schließt sich Paul Klee und Hermann Haller an.

Liest von Xenophon *Gastmahl und Ökonomikus* (Halle 1795)[59] (»Etwas vom Schönsten der Antike ist das Gastmahl des Xenophon. Die Darstellung fesselnd durch Grazie, durch die Anmut der Scherze. […] So gerate ich immer tiefer in die antike Welt«[60]) und von Aristophanes *Die Acharner – Ein Lustspiel* (Leipzig [o.J.])[61] sowie von Titus Maccius Plautus *Der Bramarbas (Miles gloriosus). Lustspiel* (Leipzig [o.J.])[62] (»Aristophan Acharner ein ganz köstliches Stück. Plautus Bramarbas hält nicht stand, viel niedrigerer Art«[63]).

18 Rom – Villa Borghese; Paul Klee (l.) und Hermann Haller, Februar 1902 (Foto: Karl Schmoll von Eisenwerth); NFK

(?)12.2.1902 Besucht die Villa Farnesina mit den Fresken Raffaels und erneut die Galleria Borghese (Abb. 18), wo Karl Schmoll von Eisenwerth ein Relief für ihn fotografiert.[64]

238 Stefan Frey

19   Anselm Feuerbach, *Medea*, zweite Fassung, 1870, Öl auf Leinwand, 197 x 395 cm; Bayerische Staatsgemäldesammlungen, Neue Pinakothek, München

24./25. 2. 1902 Macht mit drei Malerkollegen einen Ausflug nach Porto d'Anzio am Meer: »Nördlich von Anzio stiegen wir in den Felsen herum und an einer Stelle, da wo Feuerbach die Scenerie zu seiner *Medea* (in der neuen Pinakothek) herhat, stiegen wir in die Wellen hinein [...]«[65] (Abb. 19).

20   Rom – Forum Romanum: Tempel des Antonius Pius und der Faustina (Postkarte von Paul Klee, Rom, an Hans Bloesch, Bern, 9. 12. 1901); Privatbesitz

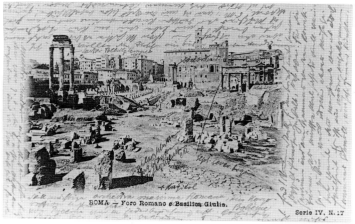

21   Rom – Forum Romanum und Basilica Iulia (von Klee bezeichnet: Castor Polluxtempel/Concordia/via sacra/Sept.[imius-] Sever.[us]-bogen; Postkarte von Paul Klee, Rom, an Hans Bloesch, Bern, 21. 1. 1902); Privatbesitz

Februar 1902 Notiert in sein Tagebuch: »Das antike Italien ist auch jetzt noch die Hauptsache; die Hauptbasis für mich. Eine gewisse Wehmut liegt darin, dass eine Gegenwart hier nicht daneben existiert. Dass man die Trümmer mehr bewundert als das Wohlerhalten, ist voll Ironie«[66] (Abb. 20, 21).

Liest den ersten Band des dreibändigen Werks *Rome* von Émile Zola, den er von der Bibliothek des Deutschen Künstlervereins entliehen hat (»Zola verlangt sehr viel, bietet aber jedesmal ein Stück Kulturgeschichte«[67]), danach »die Geschichte des Tiberius und Teile der Geschichte des Nero«[68] in *Werke. Die Jahrbücher (Annalen) des Tacitus*[69] (»Er [Tacitus] gibt ein furchtbar großartiges Bild dieser letzten Höhe antiker Kultur. Daneben macht sich die Schilderung germanischer Wildnis recht vielsagend (Germania), und man versteht, daß Deutschland noch jetzt nicht ganz durchkultiviert ist«[70]). Hat *Die Jahrbücher* mit zwei weiteren Bänden desselben Autors – *Werke. Agricola's Leben und Germanien. Gespräche über die Redner* (Stuttgart 1829 und 1830)[71] und *Werke. Die Geschichtsbücher (Historien) des Tacitus* (Stuttgart 1831)[72] – sowie *Platons Werke* (Berlin 1805)[73], *Des Publius Ovidius Naso Verwandlungen* (Berlin 1816)[74] und wahrscheinlich auch *Die Oden des Horaz in deutschen Versen mit Anmerkungen* (Jena 1775)[75] als ausgeschiedene Doubletten von der Bibliothek des Deutschen Künstlervereins erstanden.

23. 3. 1902 Reist alleine von Rom nach Neapel, wo er sich bis zum 6. 4. aufhält.

26./27./29. 3. 1902 Besucht das Museo Nazionale mit seiner »hervorragenden Sammlung antiker Plastiken«[76]: »Der Saal der Meisterwerke genügte schon, um von der Antike den höchsten Begriff zu geben. Hoffentlich komme ich bald dazu, einige Photographien zu erwerben [...].«[77] – »Im Museo Nazionale fesselte mich die Pompei-Gemäldesammlung vor allem. Als ich eintrat, war ich aufs höchste ergriffen. Malende Antike, z. Tl.

Paul Klee und die Antike   239

wunderschön erhalten. Zudem liegt mir gegenwärtig diese Kunst so nah! Die Silhouettenbehandlung hatte ich geahnt. Die dekorative Farbe. Ich nehme das persönlich. Für mich ward es gemalt, für mich ausgegraben. Ich fühle mich gestärkt.«[78] – »Gestern <mit Burckhardt> zum dritten Mal im Museum. [...] Die Antiken, besonders Bronzen! Die Aufschlüsse von Statuetten mit Farbenresten. Die bemalt zu denkenden Augen.«[79]

2.–4. 4. 1902 Unternimmt mit dem am 1. 4. aus Rom angereisten Malerkollegen Karl Caspar (1879–1956) einen Ausflug nach Pompeji (»[...] besuchten da Museum und Ruinen. Gipsabgüsse von Menschen- u. Hundeleichen wirken stark. Liebenswürdige Architekturen, ein paar Tempel und ein wunderbares Haus«[80]), Sorrent und Amalfi.

7. 4. 1902 Rückkehr nach Rom, im Gepäck die Ausbeute von Neapel: »Verschiedenes habe ich skizziert und werde wohl noch oft darauf zurückkommen.«[81]

10. 4. 1902 Ausflug zur Villa d'Este in Tivoli und zur Villa Hadriana.[82]

12. 4. 1902 Sieht in der Jahresausstellung der Galleria d'arte moderna zum erstenmal aquarellierte Aktzeichnungen von Auguste Rodin: »[...] Rodin mit Aktkarikaturen – Karikaturen!, einer bis dahin an ihm unbekannten Species. Darin der Grösste, den ich sah, verblüffend genial.«[83]

15. 4. 1902 Stattet vor seiner Abreise von Rom nach Florenz noch den Borgiagemächern (»[...] dem reizvollsten, was die Renaissance in Rom hervorgebracht hat«[84]) und dem ägyptischen Museum[85] einen Besuch ab.

22 Florenz – Postkarte der Loggia dei Lanzi; links vorn: Benvenuto Cellini, *Perseus*, 1545–1554, Bronze; Mitte rechts hinten: Giovanni da Bologna, *Herkules erschlägt den Kentauren Nessus*, 1599, Marmor; rechts vorn: Giovanni da Bologna, *Der Raub der Sabinerinnen*, 1579–1583, Marmor (es ist unbekannt, ob Klee die Postkarte in Florenz 1902 oder 1926 erworben hat); NFK

16. 4.–2. 5. 1902 Aufenthalt in Florenz (Abb. 22). Besucht die Uffizien, die Akademie (»In der Gallerie Antica e Moderna um die Primavera des Botticelli zu sehn. [...] Die Geburt der Venus sah ich einmal wie eine Fata Morgana aus der Ferne auftauchen«[86]), den Palazzo Pitti[87], das Archäologische Museum (»[...] wo sich ein prachtvolles ägyptisches und ein ebenso schönes etruskisches Museum befindet«[88]) und das Museo Nazionale (»[...] von Michelangelo sind bedeutende Werke ausgestellt, [...] das prachtvolle *Bacchus-Standbild*«[89]).

2. 5. 1902 Reist von Florenz nach Mailand und von dort nach Bern zurück. Von den zahlreichen in Italien geschaffenen Werken sind nur vier aquarellierte Zeichnungen im Besitz der Paul-Klee-Stiftung im Kunstmuseum Bern überliefert: *Schwebende Grazie (im pompeianischen Stil)*, 1901, 2 (Kat.-Nr. 2); *Windspielartiges Tier*, 1902, 1; *Puppenartige Dame*, 1902, 2; *Zuhälterartiger Athlet*, 1902, 3.

Mai 1902–September 1906 Wohnt bei seinen Eltern in Bern, wo er in Zurückgezogenheit arbeitet.

Mai 1902 Erhält von Lily Stumpf die »prachtvollen Dramen des Aischylos«[90]. Liest in Heinrich Heines *Florentinischen Nächten* (»[...] sind sehr unbedeutende Unterhaltungsstücke. Weit höher stehen die entzückenden ›Elementargeister‹[...]«[91]).

Juni 1902 Nimmt die neu erschienene *Adolf Hildebrand*-Monographie (Bielefeld/Leipzig 1902) von Alexander Heilmeyer zur Kenntnis (»Die Reliefs sind *grandios* in ihrer Schönheit und in ihrem Stil«[92]). Liest *Apologie des Sokrates* von Platon[93] und *Ein Vermächtnis von Anselm Feuerbach*[94].

Hält rückblickend zum Italienaufenthalt fest: »Ich habe ein Stück Geschichte lebendig sehn. Das Forum und der Vatikan haben zu mir gesprochen. [...] Ulysse a vu la mer und ich Rom. Ausgezaubert! Hier ist das neuklassische Europa!!«[95]

Juli 1902 Schenkt Lily Stumpf zum heimlichen Wiedersehen in München und in Oberpöcking/Starnberger See, wo sie eine Gewissensehe eingehen, »die wunderbaren Briefe v. feuerbach«.[96]

Versucht, sich Klarheit »über die ›Überwindung Roms‹«[97] zu verschaffen: »Gesichtspunkte: / I. Komplex: Objektive Anschauung, physische Beschaffenheit. Konstructionen, Körper, Erde. Diesseits, auch die Götter. (Antike) / II. Komplex: Subjective Anschauung, geistige Beschaffenheit. Seelische und geistige Belebung. Jenseits, auch die Dinge. (Moderne) / Im ersten Komplex findet die Musik keinen Raum.«[98]

Oktober 1902 Wird von der Bernischen Musikgesellschaft als Geiger für die Abonnementskonzerte verpflichtet.

Ab 1.11.1902 Hört im Wintersemester samstags die Vorlesung »Plastische Anatomie für Künstler« von Prof. Hans Strasser (1852–1927) und besucht einen Anatomiekurs – letzteren auch noch im Wintersemester 1903/1904. Nimmt dreimal wöchentlich am Abendakt im Kornhaus teil. Für seine gelegentlichen maltechnischen Studien verwendet er beliebige Vorwürfe, »zum Beispiel die Photographie eines toten Kindes (Wasserkopf, sehr ausdrucksvoll), oder eine antike Skulptur etc.«.[99]

November 1902 Liest Novellen aus Giovanni di Boccaccios *Dekameron*, »die mir sehr zugesagt haben durch ihren feinen echten Humor. […] Eine richtige Würdigung ist aber nicht möglich ohne Gefühl und Verständnis für das vergangene Italien und ohne Liebe zu feiner Ironie«.[100]

Ende Dezember 1902 Schafft eine Vignette: »der Block des Sisyphos der Zahl 1903 entgegenrollend«.[101]

Ab Februar 1903 Betreibt mit Louis Moilliet (1880–1962), den er über die Musik kennengelernt hat, private Aktstudien nach weiblichen und männlichen Modellen.

März 1903 Vertieft sich im ersten Band der *Geschichte der Malerei* von Karl Woermann – zum Thema »Die Malerei des Altertums. Die Malerei des Mittelalters« – in das »Altertum und hauptsächlich in die gut gewählten Illustrationen«.[102] Liest Friedrich Hebbels *Gyges und sein Ring. Eine Tragödie in fünf Aufzügen* (Leipzig [o.J.])[103].

Juni 1903 Liest die von einer Bibliothek ausgeliehene *Geheime Geschichte des römischen Hofes, unter der Regierung des Kaisers Nero* (Rom 1773) von Gaius Petronius Arbiter: »Also ein zeitgenössisches Opus, als Satire aufzufassen. Eine Orgie nach der andern, furchtbar unanständig, aber durch sein Alter und seine offene Eigenart anziehend […].[…] er erhebt sich im zweiten Band nicht mehr auf die Höhe der Gastmahlsepisode, bringt aber gegen Schluß wieder eine Reihe reizvoller Lebens- und Kulturbilder.«[104]

3.7.1903–(?)April 1905 Arbeitet an der Radierungsfolge der zehn *Inventionen*, seinem »Opus eins«; es entstehen unter anderem *Weib u. Tier*, 1904, 13 (Kat.-Nr. 7) (November 1903–Dezember 1904), *Komiker. (Inv. 4.)*, 1904, 14 (Kat.-Nr. 8) (Dezember 1903–März 1904), *Perseus. (der Witz hat über das Leid gesiegt.)*, 1904, 12 (Kat.-Nr. 6) (?Dezember), *Der Held mit dem Flügel*, 1905, 38 (Kat.-Nr. 12) (Januar), *Greiser Phoenix (Inv. 9)*, 1905, 36 (Kat.-Nr. 10) (Februar–März), *Drohendes Haupt*, 1905, 37 (Kat.-Nr. 11) (Februar–?April).

Juli/August 1903 Liest Sophokles' *Elektra* (»Das ist so viel Schönheit, daß man gar nicht begreift, warum man noch mehr schaffen will. Es genügt. Ich lese eine schlechte Übersetzung, aber daneben habe ich das Original, das den Rhythmus und Wohllaut wieder herstellt«[105]) und die von einer Bibliothek ausgeliehene Komödie *Die Wolken* (Braunschweig 1821)[106] von Aristophanes (»Aristophanes: Die Wolken, Der Friede, und die entzückende Lysistrata. Im Anschluss dran neue Entwürfe für Radierungen. Ein Komiker, unter der grotesken Maske ein schmerzlich-ernstes Angesicht. Dann ein Umzug Gottes vom Tempel ins Museum für Völkerkunde«[107]).

August 1903 Berichtet Lily Stumpf: »Einen neuen Griechen lernte ich kennen im Bildhauer Thorwaldsen. Hier ist es vollbracht, besonders im Relief, das mitunter nicht schlechter ist als das Beste von griechischem Meißel. Ich war sehr gerührt, als ich die Monographie zum ersten Mal sah: wie muß er die Antike angebetet haben«[108] (Abb. 23).

23 Bertel Thorvaldsen, *Die drei Grazien,* Marmor, Hochrelief für das Grabmal des Malers Appiani in Mailand, abgebildet in: Wilhelm Hausenstein, *Der nackte Mensch in der Kunst aller Zeiten,* München [o.J.]

Sommer 1903 Schenkt seiner Verlobten *Friedrich Hebbels sämtliche Werke* (Leipzig [o.J.])[109].

25.9.1903 Besucht im neuerbauten Stadttheater Bern die Eröffnungsvorstellung *Tannhäuser und der Sängerkrieg auf der Wartburg* von Richard Wagner.[110]

Oktober 1903–März 1906 Rezensiert regelmäßig Opern- und Konzertaufführungen für die von Hans Bloesch redigierte

Zeitung »Berner Fremdenblatt & Verkehrs-Zeitung« bzw. »Fremdenblatt für Bern und Umgebung«. Trifft sich häufig mit Freunden zum Quartettspiel.

Dezember 1903 Hört in Bern die Oper *Raub der Sabinerinnen* vermutlich von Giovanni de Zaytz.[111] Berichtet über seine Fortschritte in der Malerei: »Es ist auch wieder ein Schritt nach dem Bild hin gethan, dadurch daß ich ein paar ältere Figuren vornahm, um sie von störenden Zuthaten zu befreien. Eine macht sich auf schwarzem Grund in der Art der pompejanischen Malerei sehr gut. Es ist dies ein Weg (bis dahin der einzige) zur rein figürlichen Einfachheit, die ich brauche. Es war immer zuviel da […].«[112]

1903 Es erscheint von Otto Weininger *Geschlecht und Charakter* (Wien/Leipzig).

Januar 1904 Liest »[…] Kleists ›Penthesilea‹, ein Drama aus dem Ilias-Sagenkreise, und Kritiken von Bayersdorfer […]«.[113]

Februar 1904 In der Wohnung des Pianisten Fritz Brun (1878–1959), mit dem Paul Klee gelegentlich musiziert, »hängt alles, was irgend etwas modern schmeckt. Antike, Rembrandt, Stuck's *Sphinx*, Botticelli«[114] (Abb. 24).

24 Vermutlich Franz von Stuck, *Sphinx*, abgebildet in: Otto Julius Bierbaum, *Stuck*, Bielefeld und Leipzig 1899, S. 33

19.3.1904 In »Berner Fremdenblatt & Verkehrs-Zeitung« erscheint Klees Rezension von Albert Lortzings Oper *Undine*.[115]

März 1904 Liest Franz Grillparzers *Tagebuch*.[116]

10.4.1904 Im »Fremdenblatt für Bern und Umgebung« erscheint Klees Rezension von Richard Wagners *Walküre*.[117]

April 1904 Redigiert seine bisherigen Tagebuchaufzeichnungen.[118]

Mai 1904 Liest Friedrich Hebbels *Nibelungen*.[119]

Juni 1904 Nimmt die neu erschienene *Böcklin*-Monographie (Bielefeld/Leipzig) von Fritz von Ostini zur Kenntnis.[120] Liest erneut *Gastmahl* von Xenophon.[121]

2.10.1904 Im »Fremdenblatt für Bern und Umgebung« erscheint Klees Rezension von Giuseppe Verdis Oper *Aida*.[122]

15.–25.10.1904 Aufenthalt in München. Studiert im Kgl. Kupferstichkabinett Illustrationen von William Blake und erwirbt vermutlich bei einem Antiquar eine Medusa-Maske, die er sich nach Bern schicken läßt.[123]

Oktober 1904 Wird noch einmal von der Bernischen Musikgesellschaft als Geiger für die Abonnementskonzerte verpflichtet.

Oktober 1904/Oktober 1905 Bearbeitet erfolglos die Motive »fideler Prometheus«[124] (Abb. 25) und der »angeschmiedete Prometheus«[125].

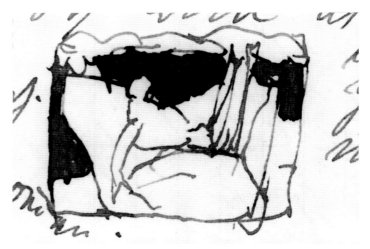

25 *Prometheus*, Skizze im Brief von Paul Klee, Bern, an Lily Stumpf, München, 10. [12.] 10. 1904; NFK

20.11.1904 Im »Fremdenblatt für Bern und Umgebung« erscheint Klees Rezension von Richard Wagners *Tannhäuser*.[126]

November 1904 Liest erneut *Rome* von Émile Zola[127]: »Mit seinem Buch habe ich zum ersten Mal Momente ausgesprochener Sehnsucht nach Rom gespürt; auch ich gehöre denn zu den Anhängern dieser Stätte des Geistes.«[128]

18.12./Weihnacht 1904 Erhält von Lily Stumpf zum Geburtstag *Ardinghello und die glückseligen Inseln* (Leipzig 1902) von Wilhelm Heinse[129] (»Es ist kein sehr bedeutendes Werk, aber durchaus interessant […]«[130]) und zu Weihnachten die zweibändige Ausgabe der *Tagebücher* (Berlin 1903) von Friedrich Hebbel[131] (»Ein Werk, aus dem ich unsägliche Anregung und Trost (Bejahung meiner Lebensanschauung, mehr durch sein Schicksal als durch seine eigene Lebensanschauung) schöpfe […]. […] Hebbel ist ganz mein Dichter […]«[132]) geschenkt.

Dezember 1904 Läßt die Radierung *Perseus. (der Witz hat über das Leid gesiegt.),* 1904, 12 (Kat.-Nr. 6) drucken: »Dieser neue Perseus hat dem stumpf-traurigen Ungeheuer ›Leid‹ durch Kopfabhauen den Garaus gemacht. Der Vorgang spielt sich physiognomisch ab, in den Zügen des Mannes, dessen Antlitz die Handlung spiegelt. Mit den Grundspuren des Schmerzes mischt sich als zweites ein Lachen und behält die Oberhand. Von hier aus wird das ungemischte Leid in dem seitwärts beigefügten Gorgonenhaupt ad absurdum geführt. Dies Antlitz ist ohne Adel, der Schädel seines Schlangenschmuckes bis auf lächerliche Reste beraubt. Der Witz hat über das Leid gesiegt.«[133]

1./8.1.1905 Im »Fremdenblatt für Bern und Umgebung« erscheint Klees Rezension von Richard Wagners *Lohengrin*.[134]

Januar 1905 Radiert *Der Held mit dem Flügel,* 1905, 38 (Kat.-Nr. 12): »Der tragikomische Held mit dem Flügel, ein neuantiker Don Quijote. Dieser Mensch, im Gegensatz zu den göttlichen Wesen, mit nur einem Engelsflügel geboren, macht unentwegt Flugversuche. Dass er dabei Arm und Bein bricht, hindert ihn nicht, seiner Flugidee treu zu bleiben. Der Kontrast seiner monumental-feierlichen Haltung zu seinem bereits ruinösen Zustand war festzuhalten.«[135]

17.2.1905 Die Quartettvereinigung mit Klee als zweitem Geiger tritt am Wohltätigkeitsabend für die Hinterbliebenen der am »Blutigen Sonntag« (9.1.) der russischen Revolution in Petersburg gefallenen Arbeiter zum erstenmal öffentlich auf.

Februar/März 1905 Kommentiert mit *Greiser Phoenix (Inv. 9),* 1905, 36 (Kat.-Nr. 10), die revolutionären Vorgänge in Rußland: »Ich habe eine Allegorie der Unzulänglichkeit als auferstehender *Phoenix;* bildnerisch sehr originell. Man muß sich zum Beispiel denken, es sei eben eine Revolution gewesen, man habe die Unzulänglichkeit verbrannt, und nun steige sie verjüngt aus der eigenen Asche empor. Das ist mein Glaube… […] *Eine digerierte Venus* ist auch da; mir aber vorläufig noch zu gemein.«[136] – »Greiser Phoenix als Symbol der Unzulänglichkeit menschlicher Dinge (auch der höchsten) in kritischen Zeiten.«[137]

Liest »Ovid, Metamorphosen, aus einer alten Doublette der deutschen Künstlerbibliothek zu Rom«[138]: »Obwohl Ovid nicht dazu *[Greiser Phenix (Inv. 9)]* passt ist dort manches Hübsche über diesen Vogel zu lesen. (Metam. XV 393f.).«[139]

9.4.1905 Im »Fremdenblatt für Bern und Umgebung« erscheint Klees Rezension von Richard Wagners *Siegfried*.[140]

Mai 1905 Berichtet seiner Verlobten, daß er »am ›Laokoon‹ herumgemacht« habe: »Es ist trotz allem ein gewaltiges Werk, das ich später immer wieder vorzunehmen gedenke.«[141] Die Lektüre verarbeitet er im Tagebuch: »Antike Künstler=Maertyrer. (Laokoon Cap. 2 alin. 3) … als dass nicht auch die Griechen ihren Pauson, ihren Pyricus sollten gehabt haben. […] Das Gesetz der Thebaner, welches ihm [dem Künstler] die Nachahmung ins Schönere befahl, und die Nachahmung ins Hässlichere bei Strafe verbot, ist bekannt. Es war kein Gesetz wider den Stümper, wofür es gemeiniglich und selbst vom Junius gehalten wird (›de pictura …‹). Es verdammte die griechische Ghezzi, den Kunstgriff, die Ähnlichkeit durch Übertreibung der hässlichen Teile des Vorbildes zu erreichen, mit einem Worte: die Karikatur.«[142]

31.5.–13.6.1905 Reist mit Hans Bloesch und Louis Moilliet wegen Geldknappheit nach Paris und nicht nach Spanien, wo er, um »wieder einmal künstlerisch etwas zu erleben«[143], Madrid (Prado), Toledo und das Kloster El Escorial besuchen wollte. Besichtigt in Paris die Fresken von Puvis de Chavannes in öffentlichen Gebäuden (z. B. Panthéon). Besucht mehrmals das Musée du Luxembourg und den Louvre, unter anderem die dortige Antikensammlung. Erwirbt *Aristophane [Komödien]* (Paris 1860)[144] und – vermutlich ebenfalls noch in Paris – »Lukian in einer französ. Ausgabe«[145]. Rückblickend gesteht er Lily Stumpf ein, er habe durch den Parisaufenthalt »einen freien Überblick über die künstlerische Welt aller Zeiten endlich errungen! Paris hat vollendet, was andere Plätze begannen«[146].

Oktober 1905 Wendet sich der Hinterglasmalerei zu, die ihn bis 1912 intensiv beschäftigt. Nimmt mit Louis Moilliet das Aktzeichnen nach Modell wieder auf.[147]

November 1905 Greift die Arbeit »an der seiner Zeit mißlungenen Radierung *Freunde*« wieder auf: »Denn das Motiv ist famos. Man könnte es Faust und Mephisto nennen, aber popularisiert, das heißt in's Niedrige übersetzt.«[148]

Dezember 1905 Liest von Julius Meier-Graefe *Der Fall Böcklin und die Lehre von den Einheiten*: »Alles, was ich mir an Hand mei-

Paul Klee und die Antike 243

ner künstlerischen Instinkte und Erfahrungen im Lauf der Jahre gedacht habe, finde ich hier in glänzende Form gebracht und wohl motiviert dargestellt.«[149]

1906 Es erscheint von Otto Gruppe *Griechische Mythologie und Religionsgeschichte* (München).

7.1.1906 Im »Fremdenblatt für Bern und Umgebung« erscheint Klees Rezension von Richard Wagners *Lohengrin*.[150]

Januar–März 1906 Liest von Hippolyte Adolphe Taine *Philosophie de l'art*[151]: »Ich bin jetzt bei den Griechen, großartig. Es ist auch das erste, was ich über griechische Kunst lese. Bei seiner Schilderung der Landschaft erwacht in mir die sehr alte große Sehnsucht, dahin zu gehen.«[152] – »Im Taine bin ich jetzt beim letzten allgemeinen Teil angelangt, vom Ideal in der Kunst. Die Darstellung des ganzen kulturellen Gebietes, woraus die griechische Bildhauerei erwuchs, ist etwas vom Schönsten, was man lesen kann. Noch nie ist diese ganze Kunst so klar vor meinen Augen gestanden.«[153] Wird durch Taine auf Jacob Burckhardts *Kultur der Renaissance* aufmerksam.[154]

Februar 1906 Erwähnt in einem Brief an Lily Stumpf die Lektüre von *Gargantua und Pantagruel* von François Rabelais (»Man nennt ihn den Begründer der modernen Satire«[155]), woraufhin seine Verlobte die zweibändige Ausgabe erwirbt.[156]

9.–16.4.1906 Hält sich mit Hans Bloesch in Berlin auf. Besucht das Kaiser-Friedrich-Museum (10./12.4.) und in der Nationalgalerie die Ausstellung *Deutsche Kunst aus der Zeit von 1775–1875* (»Feuerbach, Marées, Leibl, Trübner, Menzel und Liebermann besonders beachtet«[157]), danach das Pergamon-Museum (11.4.). Sieht Shakespeares Komödie *Ein Sommernachtstraum* (13.4.).[158]

17.–24.4.1906 Trifft sich mit Lily Stumpf in Kassel und reist mit ihr nach Frankfurt/M. weiter, wo sie das Städelsche Kunstinstitut (20./21.4.) besuchen und die Mozart-Oper *La clemenza di Tito / Die Milde des Titus* (21.4.) hören. Auf der Rückreise nach Bern besichtigt Paul Klee die Staatliche Kunsthalle, Karlsruhe: »Hier sah ich […] Feuerbachs Gastmahl [des Plato], das mich wieder etwas zu kühl liess«[159] (Abb. 26).

Juni 1906 Lernt den Holzschneider und Zeichner Jacques Ernst Sonderegger (1882–1956), einen Freund von Hermann Haller, kennen[160] (Abb. 27).

Beteiligt sich mit den zehn Radierungen der *Inventionen* zum erstenmal an einer Ausstellung: *Internationale Kunstausstellung des Vereins bildender Künstler Münchens ›Secession‹*, Königliches Kunstausstellungsgebäude, München (Katalog).

27 Ernst Sonderegger, *Nun – Zeichnen Sie viel nach der Natur?* (dargestellt v.l. n.r.: Lily und Paul Klee, Ernst Sonderegger), 1908, Feder mit Tusche und Aquarell auf Papier, 24 x 19,7 cm; Privatbesitz, Schweiz

12.7.1906 Erhält von seiner Verlobten zum Wiedersehen in Bern die Novellensammlung von Giovanni di Boccaccio, *Das Dekameron* (Leipzig 1904)[161], geschenkt.

15.9.1906 Standesamtliche Eheschließung mit Lily Stumpf in Bern (Abb. 28).

Ab Oktober 1906 Übersiedelt am 1.10. nach München. Bezieht mit seiner Frau eine kleine Dreizimmerwohnung zu 50

26 Anselm Feuerbach, *Das Gastmahl des Plato*, erste Fassung, 1869, Öl auf Leinwand, 295 x 598 cm; Staatliche Kunsthalle, Karlsruhe

28 Lily und Paul Klee, Bern, September 1906 (Fotograf unbekannt); NFK

Mark im Monat in der Ainmillerstraße 32/II. Lily verdient den Lebensunterhalt der Familie mit dem Erteilen von Klavierunterricht; Paul versorgt den Haushalt und ist hauptsächlich für die Betreuung des 1907 geborenen Sohnes Felix, ihres einzigen Kindes, zuständig.

Oktober 1906 Hört Jacques Offenbachs »geistvollen« *Orphée aux enfers/Orpheus in der Unterwelt*.[162]

November 1906 Bemüht sich bei der Zeitschrift »Simplicissimus« erfolglos um Illustrationsaufträge.

Weihnacht 1906 Schenkt seiner Frau *Shakespeares sämtliche dramatischen Werke* (Leipzig [o.J.])[163].

Juni 1907 Hört Richard Wagners *Götterdämmerung*.[164] Lernt den Maler und Graphiker Albert Welti (1862–1912) kennen.[165]

Sommer 1907 Aufenthalt in Bern. Paul Klee verbringt die Sommer- und zum Teil auch Herbstmonate bis 1913 sowie im Jahre 1915 bei seinen Eltern in Bern und einige Male auch in Beatenberg.

Oktober 1907 Hört in München die Oper *Les Troyens/Die Trojaner* von Hector Berlioz.[166]

Mai 1908 Tritt der Vereinigung Schweizerischer Graphiker »Die Walze« bei, der auch Albert Welti angehört.

Juli 1908 Liest *Erdgeist* und *Die Büchse der Pandora* von Frank Wedekind[167] – von ersterem besucht er auch eine Theateraufführung[168] – sowie in der Kunstzeitschrift »Kunst und Künstler« Tagebuchfragmente von Eugène Delacroix[169].

5.10.1908 Erhält von Hans Bloesch dessen neuestes Buch, *Mein Rom* (Frauenfeld 1908), geschenkt.[170]

Oktober 1909 Bietet der Berner Tageszeitung »Der Bund« erfolglos eine regelmäßige Berichterstattung über das Münchner Kunst- und Konzertleben an.[171]

14.7.1909 Erhält von Lily zum Wiedersehen in Bern, wohin er mit Felix zum Urlaub vorausgereist ist, *Die Märchen vom Rübezahl erzählt von J. K. A. Musäus. Für die Jugend von Christian Morgenstern* (Berlin 1909)[172].

3.1.1909 Besucht im Kgl. Kunstausstellungsgebäude, München, die von der Secession veranstaltete Retrospektive von Hans von Marées (23.12.1908–10.2.1909), die für ihn »ein Ereignis«[173] ist.

1910 Jonas Fränkel, ein Studienfreund von Hans Bloesch, behandelt in seiner Antrittsvorlesung an der Universität Bern das Thema »Wandlungen des Prometheus«, und der mit Klee musizierende Literaturwissenschaftler Fritz Strich (1882–1963) publiziert *Die Mythologie in der deutschen Literatur von Klopstock bis Wagner* (Halle).

August 1910–Januar 1911 Erste Einzelausstellung mit 56 Werken und Katalog im Kunstmuseum Bern (August–September), im Kunsthaus Zürich (Oktober), in der Kunsthandlung Zum hohen Haus, Winterthur (15.–30.11.), und in der Kunsthalle Basel (Januar).

Januar 1911 Lernt Alfred Kubin persönlich kennen.

Februar 1911 Registriert seine bisherige Produktion in einem »Œuvre-Katalog«, den er bis zum Lebensende minuziös weiterführt.

Juni 1911: Erste Einzelausstellung außerhalb der Schweiz: *Paul Klee*, Galerie Thannhauser, München (28 Werke; ohne Katalog).

September 1911 Macht bei Louis Moilliet in Bern die Bekanntschaft von August Macke.

Oktober 1911 Findet in München Kontakt zu Wassily Kandinsky (Abb. 29).

29 Wassily Kandinsky, München, 1913 (Fotograf unbekannt); Gabriele Münter- und Johannes Eichner-Stiftung, Städtische Galerie im Lenbachhaus, München

Paul Klee und die Antike 245

30 El Greco, *Laokoon,* 1610–1614, Öl auf Leinwand, 137,5 x 172,5 cm; National Gallery of Art, Washington

November 1911–Dezember 1912 Verfaßt für die von Hans Bloesch redigierte Monatsschrift »Die Alpen« Kunstbriefe aus München. Bespricht dort im November 1911 El Grecos *Laokoon*[174] (Abb. 30).

1911 Macht durch die Vermittlung Alfred Kubins die Bekanntschaft mit dem Kunstschriftsteller Wilhelm Hausenstein (1882–1957).

12.2.–18.3.1912 Beteiligt sich an der *Zweiten Ausstellung der Redaktion der Blaue Reiter. Schwarz – Weiss*, Kunsthandlung Hans Goltz, München (17 Werke; Katalog). Stellt in der Folge wiederholt mit dem »Blauen Reiter« aus.

2.4.–18.4.1912 Hält sich mit seiner Frau in Paris auf. Besucht wiederum mehrmals den Louvre, unter anderem die etruskische Sammlung (9.4.).[175]

Mai 1912 Es erscheint der von Wassily Kandinsky und Franz Marc herausgegebene Almanach *Der Blaue Reiter.*

Oktober 1912 Rezensiert in den »Alpen« die Gedächtnisausstellung *Albert Welti 1862–1912*, Kunsthaus Zürich (8.9.–20.10; Katalog).[176]

(?)Oktober 1912 Macht die Bekanntschaft von Franz Marc (Abb. 31) und Karl Wolfskehl (1869–1948; Abb. 32).[177] Lily Klee erinnert sich an letzteren: »Der Mittelpunkt des damaligen künstlerischen, geistigen u. litterarischen Münchens war das gastliche Haus des Dichters u. Schriftstellers Dr. Karl Wolfskehl, eines freundes des Dichters Stefan George. Bei Wolfskehl war einmal in der Woche ›jour‹ resp. Empfang des gesammten geistig arbeitenden u. interessierten Münchens. Man traf sich dort, ungezwungene Plauderei, oder Austausch brennendster, aktuellster

31 Maria Franck und Franz Marc zu Besuch bei Gabriele Münter und Wassily Kandinsky, Ainmillerstraße 36, München, 1911 (Fotograf unbekannt); Gabriele Münter- und Johannes Eichner-Stiftung, Städtische Galerie im Lenbachhaus, München

32 Karl Wolfskehl, o.J., Graphische Sammlung, Münchener Stadtmuseum, München

fragen bez. Kunst u. Leben. Dort verkehrten Dichter, Maler, Musiker, Philosophen. Jener Salon hat sich auch noch geraume Zeit nach dem Krieg fortgesetzt.«[178]

33 Auf dem Umschlag reproduziert: *Die Hesperiden,* Mittelbild, 1885, Öl auf Holz, 203 x 174 cm; Bayerische Staatsgemäldesammlungen, Neue Pinakothek, München

(?) 1912 Erwirbt/liest *Hans von Marées* von Julius Meier-Graefe (München 1912)[179] (Abb. 33).

Sommer 1913 Wechselt von der deutschen zur lateinischen Schreibschrift.

26.9.1913 Dankt Ernst Sonderegger für das Geschenk der *Œuvres complètes de Pétrone* (Paris 1861) – darin u. a. *Satyricon* und *Cena Trimalchionis:* »Lieber Ernst, keine grössere Freude hättest Du mir machen können als mit dem trefflichen Petronius [= Gaius Petronius Arbiter]. […] Petronius reiht sich nun meinen andern Plänen an. Wenn ich wieder einmal die blutige und materiel [sic] lächerlich gering lohnende Arbeit des Illustrierens auf mich nehme??«[180]

(?)1913 Erwirbt/liest *Der nackte Mensch in der Kunst aller Zeiten* von Wilhelm Hausenstein (München [o.J.])[181].

3.4.–25.4.1914 Unternimmt mit Louis Moilliet und August Macke eine Studienfahrt nach Tunesien (Abb. 34), wo er am Tag der Rückreise (19.4.) »pflichtschuldigst einmal das ›Museum‹ besucht viel Römisches das kommt vom Untergang Karthagos«.[182]

34 V. l. n. r.: August Macke, Paul Klee, unbekannte Person, Tunis, April 1914 (Foto: Louis Moilliet); Westfälisches Landesmuseum für Kunst und Kulturgeschichte, Münster

April 1915 Macht die Bekanntschaft von Rainer Maria Rilke, der ihn besucht, »um Aquarelle zu sehn«.[183]

35 Paul Klee, Landshut, 1916 (Fotograf unbekannt); NFK

11.3.1916–4.2.1919 Wird als Rekrut zum Ersatz-Bataillon des Landwehr-Infanterie-Regiments Nr. 2 nach Landshut einberufen (Abb. 35), am 20.7.1916 zur 1. Kompagnie des Ersatz-Bataillons des Reserve-Infanterie-Regiments Nr. 2 nach München versetzt und am 11.8.1916 zur Flieger-Ersatzabteilung I nach Schleißheim abkommandiert. Dient ab 16.1.1917 als Schreiber in der Kassenverwaltung der Fliegerschule V von Gersthofen. Wird an Weihnachten 1918 beurlaubt und offiziell am 4.2.1919 aus dem Wehrdienst entlassen.

Paul Klee und die Antike 247

Mai 1916 Verkauft über Herwarth Walden, den Inhaber der Berliner Galerie »Der Sturm«, *Anatomie der Aphrodite,* 1915, 45 (Abb. S. 94) für netto 160 Mark.[184]

1916 Es erscheint von Hans Bloesch *Tunis. Streifzüge in die landschaftlichen und archäologischen Reichtümer Tunesiens* (Bern).

Juli 1917 Liest wahrscheinlich Friedrich Nietzsches *Also sprach Zarathustra*[185].

1917 Erwirbt/liest *Volkslieder* (München 1911) von Johann Gottfried von Herder [186].

Januar 1918 Der (Kunst-)Schriftsteller Theodor Däubler bittet Paul Klee, für eine Luxusausgabe seines Buches *Mit silberner Sichel* Illustrationen zu schaffen. Trotz Klees begeisterter Zusage und Beschäftigung mit dem Text – es haben sich drei Aquarelle erhalten – kommt das Projekt nicht zustande.

Notiert zur Lektüre von Gustave Flauberts Roman *La Tentation de Saint Antoine*: »Etwas einseitig Ahriman. Keine gutböse Simultanität«[187] – »Die Tentation de St. Antoine behagt mir nicht ganz. Was geht mich diese Hölle mehr an?«[188]

Februar/März 1918 Erhält von Theodor Däubler je ein dediziertes Exemplar der Bücher *Hymne an Italien* (München 1916)[189] und *Hesperien. Eine Symphonie* (Leipzig 1918)[190].

September–November 1918 Schreibt den Beitrag für Kasimir Edschmids Schriftensammlung *Schöpferische Konfession,* die 1920 veröffentlicht wird.

16.12.1918 Notiert den letzten Eintrag in sein Tagebuch, das ihm gleichzeitig Briefkopiebuch, Reisetagebuch, Malerbuch, Werkstattprotokoll und »Journal intime« gewesen ist.

18.12.1918 Erhält von seiner Frau das Buch *Des Knaben Wunderhorn. Alte deutsche Lieder gesammelt von L. Achim von Arnim und Clemens Brentano* (München/Leipzig 1908)[191], das er sich zum Geburtstag gewünscht hat.

1918 Es erscheint von Oswald Spengler *Der Untergang des Abendlandes,* Bd. 1 (Wien).

Ab April 1919 Engagiert sich in zwei kunstpolitischen Gremien der Bayerischen Räterepublik, dem Rat bildender Künstler Münchens und dem Aktionsausschuß Revolutionärer Künstler Münchens.

Sommer 1919 Flüchtet nach dem Sturz der Räteregierung nach Bern, wo er folgende Veränderungen in der Stadt konstatiert: »Furchtbare Monumente im Hildebrandschen Stil tauchen überall auf. Vor der Kunsthalle hockt ein Centaur, daneben eine dralle Nymphe. Auf der Promenade reitet eine Europa. Sonst ist Bern das alte Nest.«[192]

Knüpft in Zürich Kontakte zu mehreren Künstlern des dortigen Dada-Kreises.

1.10.1919–30.9.1925 Schließt mit der Galerie »Neue Kunst Hans Goltz«, München, einen Generalvertretungsvertrag für zweimal drei Jahre ab, der ihm ein Mindesteinkommen garantiert.

1919 Mietet im Schlößchen Suresnes an der Werneckstraße ein Atelier. Beginnt sich intensiv mit der Ölmalerei auseinanderzusetzen.

Die Staatliche Graphische Sammlung, München, erwirbt fünf Radierungen der *Inventionen.*

[17.] Mai–Juni 1920 Zur Gesamtausstellung *Paul Klee,* Galerie Neue Kunst Hans Goltz, München (371 Werke) – Klees erstem Höhepunkt in der künstlerischen Karriere – erscheint als Katalog ein Sonderheft der Goltzschen Hauszeitschrift »Der Ararat« mit »eine[r] biografische[n] Skizze nach eigenen Angaben des Künstlers«: »Im Oktober 1901 trat Klee, von Hermann Haller begleitet, eine italienische Reise an, ganz wie ein richtiger Akademieschüler. Rom stimmte ihn nachdenklich. [...] Die byzantinische Kunst packte gleich am stärksten. Später auf Reisen nach Neapel, Porto d'Anzio und Florenz traten andere Eindrücke in den Vordergrund. [...] Italien wurde ihm eine lebendige historische Lektion, die ihm das Elend des Epigonen recht fühlbar machte. Eine pessimistische Stimmung bemächtigte sich seiner, gegen die er mit Selbstironie und Satyre anzukämpfen versuchte.«[193] Aus Anlaß dieser Ausstellung schreibt Hans von Wedderkop die erste Monographie über Paul Klee.

29.10.1920 Berufung an das 1919 gegründete Staatliche Bauhaus in Weimar. Es wird ihm ein Jahresgehalt von 16 500 Mark und ein freies Atelier zugesichert.

Dezember 1920 Auslieferung der von Leopold Zahn verfaßten Monographie *Paul Klee. Leben/Werk/Geist* (Potsdam).[194]

18.12.1920 Erhält Graf Woldemar von Uxkull-Gyllenbands Buch *Archaische Plastik der Griechen* (Berlin [o.J.]).[195]

1920 Es erscheint *Gestaltwandel der Götter* von Leopold Ziegler (Berlin).

Februar 1921 Auslieferung der von Wilhelm Hausenstein verfaßten Monographie *Kairuan oder eine Geschichte vom Maler Klee und von der Kunst dieses Zeitalters*[196].

Ab 10.1.1921 Nimmt die Lehrtätigkeit am Staatlichen Bauhaus auf. Reist alle zwei Wochen für 14 Tage von München nach Weimar. Übernimmt am 15.4. als Formmeister die Werkstatt für Buchbinderei – die formell am 7.4.1922 aufgelöst wird – und am 3.10.1922 die künstlerische Leitung der Glaswerkstatt, die er im Mai 1923 an Josef Albers abtritt.

Oktober 1921 Übersiedelt mit der Familie nach Weimar in eine Vierzimmerwohnung des Hauses Am Horn 53.

(?)Herbst 1921 Schließt die Redaktion des Tagebuchs ab, woran er bereits in den Jahren 1904, (?)1913 und (?)1914/1915 gearbeitet hat.[197]

14.11.1921 Beginnt die Vorlesung »Beiträge zur bildnerischen Formlehre«.

18.12.1921 Erhält *Gedichte Walthers von der Vogelweide* (Halle 1911)[198] und von seiner Frau *Wolfram von Eschenbach* (Berlin 1891)[199] sowie *Die Plastik der Ägypter* (Berlin 1920) von Hedwig Fechheimer[200].

Dezember 1921 Bemerkt zur Lektüre von Voltaires *La princesse de Babylone*: »[…] ein ganz wunderbares Werk von zeitloser Größe. Seit dem ›Nibelungenlied‹ hab ich keinen solchen Eindruck mehr gehabt. […] Welche Plastik von Geistigkeit, Bosheit und tiefe Güte so rätselhaft vereint. Ergreifend. Und dazu der wahre Geist des Märchens.«[201]

1921 Erwirbt/liest *Griechische Vasenmalerei* von Ernst Buschor (München 1921)[202].

(?)1921 Lily Klee erwirbt *Les Grands Initiés – Esquisse de l'Histoire Secrète des Religions* (Paris 1921) von Édouard Schuré[203].

1922 Es erscheinen von James Joyce *Ulysses* (Paris) und von Oswald Spengler *Der Untergang des Abendlandes,* Bd. 2 (Wien).

Weihnacht 1923 Der Schriftsteller Rudolf Bach, Patensohn von Lily Klee, und dessen Verlobte, die Schauspielerin Carola Wagner, schenken dem Ehepaar Klee Rainer Maria Rilkes *Duineser Elegien* (Leipzig 1923)[204]. Auf dem Gabentisch von Lily Klee liegt auch Rilkes Buch *Die Sonette an Orpheus* (Leipzig 1923)[205].

August 1923 Zur Bauhauswoche in Weimar erscheint das Buch *Staatliches Bauhaus Weimar 1919–1923* mit Klees Text »Wege des Naturstudiums«.

7.1.–7.2.1924 Erste Einzelausstellung Paul Klees in den Vereinigten Staaten: *Paul Klee, 16th Exhibition of Modern Art,* Galleries of the Société Anonyme, Inc, New York (27 Werke; ohne Katalog).

26.1.1924 Hält einen Vortrag[206] in Jena anläßlich der Ausstellung *Paul Klee* im Prinzessinnenschlößchen, Kunstverein Jena (7.1.–7.2.1924; ohne Katalog).

September/Oktober 1924 Reist mit seiner Frau nach Italien. Sie besuchen in Neapel das Museo Nazionale und in Taormina das griechische Theater (»Manchmal steigen wir auch n. Taormina hinauf, diesen schönsten Punkt in Sicilien u. uralt klassischen boden. Klee ist d. ganzen Tag unterwegs u. zeichnet u. malt«[207]). Sie besichtigen in Rom die Galleria Borghese, das Thermenmuseum (»[…] mit dem Troncovenere (dem berühmten Thron der Venus.)«[208], das Forum Romanum (Vestatempel), das Forum Boarium (Tempel der Vesta), den Palatin (Haus der Livia, Severus-Palast), das Trajansforum, die Trajanssäule, das Kolosseum, die Caracallathermen, die vatikanischen Sammlungen (»Vor allem verbrachten wir mehrere Tage in den Sammlungen des Vaticans. Endlich alle die Bilder u. antiken Plastiken im Original zu sehen, welche man schon früher so genau gekannt hatte, aber von Reproduktionen. (Apoll von Belvedere)«[209]), die Stanzen-Zimmer des Vatikans, die Via Appia (»[…] die antike Gräberstraße mit den alten Grabdenkmälern […]«[210]) und in Tivoli die Villa d'Este. In Mazzarò beobachten sie »die Fischer in ihren mit bildern aus der griech. antiken Geschichte bemalten primitiven Kähnen«.[211] Paul und Lily Klee sind von der Reise so begeistert, daß sie den Plan fassen, »so bald als möglich einen Winter ganz im Süden zu verleben u. zwar mögl. in Süditalien«.[212]

Weihnacht 1924 Erhält von seiner Frau *Die Orestie des Aischylos* (München 1919)[213].

31.3.1925 Politisch erzwungene Auflösung des Bauhauses in Weimar.

(?)April 1925 Nimmt den Unterricht in dem von der Stadt Dessau übernommenen Bauhaus wieder auf. Reist nur jede

36   Lily und Paul Klee im Park von Wörlitz, 1927 (Fotograf unbekannt); NFK

Paul Klee und die Antike   249

37 Wörlitz – Venustempel (Foto: Lily Klee); NFK

39 Paul Klee, Weimar, 1. 4. 1925 (Foto: Felix Klee); NFK

zweite Woche von Weimar nach Dessau, dessen umliegende Landschaft er schätzt: »Die Umgebung (Auen der Mulde und Elbe) wundervoll. Schöne Parks, besonders Wörlitz!«[214] (Abb. 36, 37)

1. 7. 1925 Der Braunschweiger Sammler Otto Ralfs gründet zur finanziellen Unterstützung Paul Klees die »Klee-Gesellschaft«. Ihr treten die bedeutendsten Klee-Sammlerinnen und -Sammler Deutschlands und der Schweiz bei.

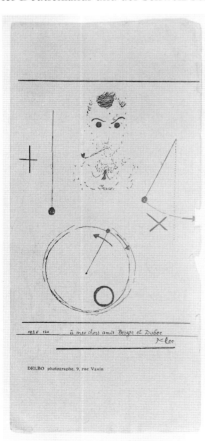

38 Paul Klee, *à mes chers amies Berger et Daber*, 1925, 160, Feder mit Tusche (?) auf Papier; Maße und Standort unbekannt

21. 10.–14. 11. 1925 Erste Einzelausstellung in Frankreich: *Paul Klee: 39 aquarelles*, Galerie Vavin-Raspail, Paris (Einladung mit Werkliste). Auf Bitten der beiden Galeristen, Max Berger und Alfred Daber, zeichnet Paul Klee ein ihnen dediziertes Selbstporträt[215], welches auf der Rückseite der Einladung reproduziert wird (Abb. 38, 39). Es ist sein letztes explizites Selbstbildnis.

14. 11.–25. 11. 1925 Die Surrealisten »adoptieren«[216] Paul Klee für die Ausstellung *La peinture surréaliste*, Galerie Pierre, Paris, wo er mit zwei Werken aus französischem Privatbesitz vertreten ist.

November 1925 Paul Klees *Pädagogisches Skizzenbuch*[217] erscheint in der Reihe »Bauhausbücher« als Band 2.

Weihnacht 1925 Erhält von Hans Bloesch dessen neuestes Buch *Hellas. Reiseeindrücke von den Kunststätten Griechenlands* (Erlenbach-Zürich/München/Leipzig 1926)[218], wofür sich Lily Klee mit folgenden Worten bedankt: »Seltsamerweise beschäftigt sich Paul schon seit langer Zeit immer mit dem Plan einer griechischen Reise, so daß Dein buch wirklich wie gerufen kam. Paul sagte auch, daß er sehr gern mit Dir eine solche Reise machen würde. […] Zufällig trafen wir auch noch neulich in einer Gesellschaft mit dem Archäologen Prof. Koch aus Jena zusammen, der eben von 1/2 jährigen [sic] Aufenthalt aus Griechenland kam u. uns den ganzen Abend davon erzälte. Nun sind wir nicht mehr zu halten, wenn, ja wenn die europäische Kalamität nicht wäre, die sich bald zu einer wahren Katastrophe auszuwachsen droht: der in allen Kreisen u. Schichten der bevölkerung sich bemerkbar machende Geldmangel.«[219]

24. 4. 1926 Vermerkt im Taschenkalender: »Sehr schöne Aufführung des ›Parzival‹ in Dessau.«[220]

April 1926 Es erscheint Carl Einsteins Werk *Die Kunst des 20. Jahrhunderts* (Propyläen-Kunstgeschichte XVI; Berlin) mit einem

Kapitel über Paul Klee, worin der Autor den Begriff der »privaten Mythologie« prägt.

Mai 1926 Liest von Charles Kingsley *Hypatia. Roman aus dem alexandrinischen Zeitalter*[221].

10.7.1926 Übersiedelt mit seiner Familie nach Dessau. Sie bewohnen mit dem Ehepaar Kandinsky ein Doppelhaus der Bauhausmeister, Burgkühnauer Allee 6 (später umbenannt in Stresemann-Allee 7; Abb. 40).

40 Paul Klee und Wassily Kandinsky in Dessau, 1926 (Fotograf unbekannt); Fonds Kandinsky, Paris

September/Oktober 1926 Reist mit Lily und Felix nach Italien. Sie besuchen in Genua den Friedhof Staglieno, in Florenz den Palazzo Vecchio, die Uffizien, die Akademie, das Nationalmuseum für italienische Kultur- und Kunstgeschichte Bargello sowie den Palazzo Pitti. Sie besichtigen zwischen San Domenico und Fiesole die Villa Bellagio (Arnold Böcklins letzte Arbeitsstätte), in Fiesole das antike römische Theater und die Thermen, in Ravenna die Kirche San Vitale und die Basilika Sant' Apollinare in Classe (»Diese wohl unitalienischste Stadt [Ravenna] übte mit ihren farbenprächtigen byzantinischen Mosaiken einen besonderen Zauber auf Klee aus.«[222]) sowie in Mailand das Museum Brera. Sie orientieren sich anhand der Reisehandbücher *Italien. Von den Alpen bis Neapel. Kurzes Reisehandbuch* (Leipzig 1926) von Karl Baedeker[223] und *Ravenna* (Bergamo [o.J.]) von Corrado Ricci[224].

1927 Es erscheinen von Gerhart Rodenwalt *Die Kunst der Antike, Hellas und Rom* (Propyläen-Kunstgeschichte III; Potsdam) und von Julius Meier-Graefe *Pyramide und Tempel* (Berlin).

19.1.1928 Hört in Dresden die Oper *Elektra* von Richard Strauss.[225]

(?)Frühjahr 1928 Hört in Dessau die Oper *Alkestis* von Egon Wellesz.[226]

1928 Publiziert »exakte versuche im bereich der kunst« in »bauhaus. zeitschrift für gestaltung«.

Juli/August 1928 Reist mit seiner Frau in die Bretagne. Sie besuchen am Strand von Carnac »die riesengroßen Menhirfelder« und danach »das prähistorische Museum von Carnac, wo man mancherlei Aufschluß über die Urgeschichte dieses geheimnisvollen Landes ›Bretagne‹ erhielt«.[227] Sie orientieren sich anhand des Reisehandbuchs *Bains de mer de Bretagne du Mont Saint-Michel à Saint-Nazaire* (Paris 1923)[228]. Lily Klee erwirbt nach der Reise *Frankreich – ein Reisebuch* (München 1929) von Carl Oskar Jatho[229].

Dezember 1928–Januar 1929 Unternimmt allein eine Studienreise nach Ägypten, wozu ihn die Sammlerin Ida Bienert aus Dresden – die Mäzenin von Theodor Däubler und Mitglied der Klee-Gesellschaft – zuvor schon einmal eingeladen hat.[230] Das Reisegeld stellt ihm die Klee-Gesellschaft zur Verfügung. Besucht in Syrakus das römische Amphitheater, das griechische Theater und die antiken Steinbrüche »Latomien« (»Der kurze Aufenthalt vor der zweiten Stadt des griechischen Altertums [Syrakus] war äußerst genußreich. Die Landschaft ist natürlich ›klassisch‹, die alte Stadt zieht sich weit hinauf, die neue ist relativ winzig, aber sehr malerisch. [...] Außerdem als Wohnort des Aischylos und des Archimedes und der großen Tyrannen mit großer Geschichte gewürzt. Diese historische Anregsamkeit, die

41 Kairo/Gîza – Sphinx und Cheopspyramide (Postkarte von Paul Klee, Kairo, an Felix Klee, Coburg, 25.12.1928); NFK

ich auf Corsica vermißte, bewährt sich eben doch und bildet im Verein mit dem Hauptwerk der Natur, Ätna genannt, die Erfüllung des Begriffes klassisches Sicilien«[231]). Besichtigt in Kairo das ägyptische Museum und die Kalifengräber, in Gîza die Pyramiden und die Sphinx (Abb. 41), in Luxor den Tempel, in Karnak den großen Amuntempel (Abb. 42), in Theben-West das Tal der Königsgräber, den Tempel von Dêr el-bahri und den Medînet-Habu-Tempel von Ramses III., in Assuân die Ruinen und die Insel Elephantine sowie in Alexandria die Pompejussäule. Be-

42 Karnak – Der große Säulensaal des großen Amuntempels (Postkarte von Paul Klee, Luxor, an Lily Klee, Braunschweig, 2. 1. 1929); NFK

43 Wörlitz – Floratempel, in: *Führer durch den Wörlitzer Park*, hrsg. von Ludwig Grote, Dessau 1929, S. 33; NFK

sucht auf der Rückreise in Mailand das Museum Brera. Orientiert sich an Karl Baedekers Reisehandbüchern *Unteritalien, Sizilien, Sardinien, Malta, Korfu. Handbuch für Reisende* (Leipzig 1911)[232] und *Ägypten und der Sudan. Handbuch für Reisende* (Leipzig 1928)[233].

18. 12. 1929 Feiert seinen 50. Geburtstag, den diverse Galerien und Museen zum Anlaß von Sonderausstellungen nehmen.

Dezember 1929 Die von Will Grohmann herausgegebene Monographie *Paul Klee* (Paris) wird ausgeliefert.[234]

(?)1929 Erwirbt/liest den von Ludwig Grote herausgegebenen *Führer durch den Wörlitzer Park* (Dessau 1929)[235] (Abb. 43).

April 1930 Es erscheint die von René Crevel verfaßte Monographie *Paul Klee* (Paris).[236]

August/September 1930 Verbringt einen zweiwöchigen Urlaub allein in Oberitalien, vor allem in Viareggio.

Anfang November 1930 Der nationalsozialistische thüringische Innenminister Wilhelm Frick verfügt die Entfernung aller modernen Kunstwerke, darunter auch Paul Klees private Leihgaben, aus den Ausstellungsräumen des Landesmuseums Weimar.

Weihnacht 1930 Erhält von Felix das Buch *Altkreta. Kunst und Handwerk in Griechenland, Kreta und auf den Kykladen während der Bronzezeit* (Berlin 1923) von Helmuth Th. Bossert[237]. Rudolf Bach schenkt Lily Klee Paul Valérys *Eupalinos – oder über die Architektur, eingeleitet durch: Die Seele und der Tanz* (Leipzig 1927)[238].

1930 Erwirbt/liest von Erwin Rode *Beschreibung der Fürstlich Anhalt-Dessauischen Landhäuser und Englischen Gartens zu Wörlitz* (Dessau 1928)[239] und – eventuell ebenfalls im Erscheinungsjahr – von C. Leonard Woolley *Ur und die Sintflut – Sieben Jahre Ausgrabungen in Chaldäa, der Heimat Abrahams* (Leipzig 1930)[240].

(?)Februar 1931 Theodor Däubler besucht das Ehepaar Klee in Dessau.[241]

März 1931 Antwortet Ida Bienert auf die Einladung zu einer Reise nach Griechenland: »Zu jedem andern Semesterwechsel hätte ich Ihrem Vorschlag, mit auf die griechische Reise zu gehn, ohne Bedenkzeit Folge geleistet. Diesmal jedoch steht mir der Wechsel bevor, an dem ich seit Neujahr laboriere, die Berufung nach Düsseldorf. […] Die Reise hätte ich gerne gemacht, weil gerade Griechenland bei mir acut geworden ist, und nun muss ich verzichten auch auf den Vorteil, sie in Ihrer Gesellschaft machen zu dürfen […].«[242]

1. 4. 1931 Löst seinen Arbeitsvertrag mit dem Bauhaus in Dessau auf (Abb. 44).

Ab 1. 7. 1931 Tritt eine Professur an der Staatlichen Kunstakademie Düsseldorf an, wo ihm ein eigenes Atelier zur Verfügung

44 Ernst Kallai, *Der Bauhaus-Buddha – Karikatur auf Paul Klee*, 1930, Bleistift und Collage auf Papier, Maße und Standort unbekannt

steht. Bleibt mit seiner Frau in Dessau wohnhaft und reist ab Oktober jeden Monat für zwei Wochen zum Unterricht nach Düsseldorf.

(?)Sommer 1931 Carl Einsteins *Kunst des 20. Jahrhunderts* (Berlin) erscheint in der dritten Auflage mit einem neu formulierten und erweiterten Kapitel über Paul Klee.

September/Oktober 1931 Reist mit seiner Frau zum zweitenmal nach Sizilien. Sie besuchen in Syrakus das römische Amphitheater, den Dom (»Der Dom ist in ein. altgriechischen Minervatempel hineingebaut«[243]), den Garten der Villa Landolini mit Platons Grab, das Festungswerk Euryelos, die Quelle der Arethusa, die antike Wasserleitung (Aquedotto Galermi), das archäologische Museum, die antiken Steinbrüche (Latomia dei Cappuccini und Latomia del Paradiso mit der Grotte »Ohr des Dionysios«; Abb. 45) und das griechische Theater (»Syracusa hat uns einen herrlichen Eindruck gemacht. Am Meisten das teatro greco u. die latomien del paradiso mit d. Ohr des Dyonisos. Auch die Latomia dei cappucini ist fabelhaft«[244]). In Agrigento-Girgenti besichtigen sie die Tempel von Kastor und Pollux (Abb. 46), der Konkordia (Abb. 47), von Herakles, der Juno Lacinia und des Zeus (»D. herrlichen Tempel der Juno Lacinia, den

45 Paul Klee in den antiken Steinbrüchen »Latomien«, Syrakus/Sizilien, 1931 (Foto: Lily Klee); NFK

46 Paul Klee vor dem Kastor- und-Pollux-Tempel, Agrigento/Sizilien, 1931 (Foto: Lily Klee); NFK

vollständig erhaltenen Concordiatempel. Ein Wunderwerk! Den [sic] Tempel des Herkules bis auf einige riesenhafte Säulen ganz zerstört. Und die Ruinen des Zeustempels von riesenhaften Dimensionen. Der Größte nach dem Tempel v. Ephesus. Dann der liebliche Tempel von Kastor u. Pollux, wo man an den Resten noch d. Bemalung erkennt«[245]) sowie in Palermo das Nationalmuseum. Sie orientieren sich an dem Reisehandbuch *Unteritalien, Sizilien, Sardinien, Malta, Korfu. Handbuch für Reisende* (Leipzig 1911) von Karl Baedeker und dem vor Ort erworbenen Band *Siracusa* der Ente nazionale industrie turistiche/Ferrovie dello stato (Rom [o.J.])[246]. Rückblickend schildert Lily Klee die Reaktion ihres Mannes auf die geschichtsträchtigen Stätten Siziliens: »Nie werde ich vergessen mit welcher Ergriffenheit er mit mir im Jahre 1931 das griechische Theater in Syracusa besuchte u. mir sagte: hier wurden die Dramen von Aischylos aufgeführt. Oder als wir an Gela (in Sicilien) zwischen Syracusa u. Agrigento vorbeifuhren, dem Geburtsort von Aischylos vorbeifuhren, ließ er halten u. stieg aus, obwol [sic] es ein völlig verwahrlostes Nest war.«[247]

47 Agrigento/Sizilien – Konkordia-Tempel (Postkarte von Paul und Lily Klee, Agrigento, an Ludwig und Gertrud Grote, Dessau, 13. 9. 1931); KMB/PKS

Paul Klee und die Antike 253

22.11.1931 Hört Richard Wagners *Tannhäuser*.²⁴⁸

November 1931 Verbindet die Reise mit seiner Frau zur Ausstellung *Paul Klee. Neue Bilder und Aquarelle*, Galerie Alfred Flechtheim, Berlin (15.11.–10.12.; Katalog), mit einem Besuch des Pergamon-Altars und der babylonischen Ausgrabungen im Alten Museum.²⁴⁹

Dezember 1931 Alfred Kubin besucht das Ehepaar Klee (Abb. 48) und schenkt ihm wahrscheinlich sein neuestes Buch *Mein Werk – Dämonen und Nachtgesichte* (Dresden)²⁵⁰.

48 Paul Klee und Alfred Kubin, Dessau, Dezember 1931 (Foto: vermutlich Lily Klee); NFK

Februar 1932 Liest »zum zweiten Mal den ›Krieg um Syrakus‹ und von Heine ›Italienische Reiseberichte‹«.²⁵¹

April 1932 Felix Klee heiratet die Sängerin Euphrosyne Greschowa aus Sofia (Abb. 49).

49 Euphrosyne, Felix und Paul Klee, Basel, April 1932 (Foto: Lily Klee); NFK

Oktober 1932 Besichtigt während einer Urlaubswoche in Venedig die Accademia. Hat auf dem Hinweg nach Italien am 6.10. die *Picasso*-Ausstellung im Kunsthaus Zürich (11.9.–30.10., verlängert bis 13.11.; Katalog) besucht.

November 1932 Berichtet seiner Frau: »Ich lese jetzt die Übersetzung Hertz von Wolframs Parzival, um dann noch einmal das Original zu lesen, das recht schwer ist und diese Eselsbrücke schon verträgt.«²⁵²

8. Dezember 1932 Will Grohmann informiert Paul Klee nach

50 Will Grohmann und Paul Klee in Düsseldorf, 1932

einem Besuch in Düsseldorf (Abb. 50) über diverse Ausgaben griechisch-klassischer Dichtung: »Die 4 Bände Wilamowitz Vlg. Weidmann à 5 M cr. enthalten I.) Sophokles, Oedipus; Euripides, Hippolytos, Mutter Bittgang, Herakles. III.) Euripides; Kyklops, Alkestis²⁵³, Medea, Troerinnen II.) Aeschylos, Orestie IV.) Sophokles, Philoktet, Euripides, Bakchen. /// Inselbücherei: Aeschylos, gefess. Prometheus (90 ₰ [Abkürzung für Pfennige]) /// E. Diederichs Verlag: Aeschylos, Perser cr. 1,50; Sophokles, Antigone cr. 2 M.«²⁵⁴

18. Dezember 1932 Bedankt sich bei Will Grohmann für das Geschenk der griechisch-deutschen Ausgabe von Aischylos, *Die Perser* (München 1924)²⁵⁵: »Die Perser waren mir eine so grosse Freude, und bleiben κτῆμα εἰς ἀεί. In der Bibliothek eines jungen Kunsthistorikers (wo ich in Düsseldorf wohne) liegt ein Bändchen Aischylos im Urtext, ein wahres kleines Heiligtum. Davon sind mir nun die Perser besser erschlossen, als die Orestie, welche ich nur deutsch habe.«²⁵⁶

Weihnacht 1932 Kurt Hartwig schenkt Lily Klee *Die Bücher der Hirten- und Preis-Gedichte. Der Sagen und Sänge und der hängenden Gärten* (Berlin [1930]) von Stefan George²⁵⁷.

11. Januar 1933 Hört die Wagner-Oper *Lohengrin*: »Der ›Lohengrin‹ war sehr schön inscenirt und gut musicirt. Auf solche Weise ist auch dies etwas übergänglich placirte Werk von großer Wirksamkeit, und in seiner Synthese Minnesang-neunzehntes Jahrhundert vielleicht nicht immer ganz ohne Ironie genießbar, aber doch genießbar, und einige Male sehr ergreifend. Wer, wie ich, erfüllt ist von der echten einschlägigen Litteratur, bringt ja wohl noch manches mit, was von Wagner nicht gestaltet ist, aber doch berührt wird und durch die Verpflanzung aufs Theater sogar sehr greifbar berührt wird. Es gibt in der Modernen nichts Schöneres als die mittelhochdeutschen Epen und Naumburg, und wer's einmal in sich hat, erschauert bei jeder noch so leisen Erinnerung.«[258]

Januar 1933 Entdeckt von Hölderlin die Sophoklesübersetzungen *König Reks Oedipus* und *Antigone*[259]: »Ich las gestern Abend in fieberhafter Aufregung, als ob es mich selber anginge.«[260]

Anfang Februar 1933 Gut eine Woche nach der Machtübernahme der Nationalsozialisten am 30.1. schreibt Paul Klee seiner Frau: »[…] ich lese nach Hannibal jetzt Caesar (im Mommsen[261]) und zugleich Stendhal ›Napoleon‹. Muß mal ein wenig in Gesellschaft solcher Art Genies gehn. Macht Freude, daß es außer Hitler und seinen zwei Bändigern noch andere Formate gibt.«[262] Klee erwirbt später von Theodor Mommsen *Das Weltreich der Caesaren* (Wien–Leipzig [1933])[263].

22.2.1933 Hört in Dessau die Oper *Ariadne auf Naxos* von Richard Strauss.[264]

März 1933 Die Nationalsozialisten veranlassen in Abwesenheit des Ehepaares Klee eine Hausdurchsuchung in Dessau und lassen die gesamte Korrespondenz beschlagnahmen. Paul Klee setzt sich daraufhin für zwei Wochen in die Schweiz ab, während seine Frau mit Unterstützung von Rolf Bürgi – Sohn von Hannah Bürgi-Bigler in Bern, der ersten Klee-Sammlerin und Mitglied der Klee-Gesellschaft – die Korrespondenz wieder zurückholt.

4.4.–5.6.1933 In der Femeschau *Kulturbolschewistische Bilder* der Kunsthalle Mannheim, die den Auftakt zu zahlreichen Ausstellungen »entarteter Kunst« bildet, hängen auch zwei Werke von Paul Klee.

21.4.1933 Wird mit sofortiger Wirkung von seinem Amt an der Staatlichen Kunstakademie Düsseldorf beurlaubt.

5.5.1933 Übersiedelt mit Lily von Dessau in eine Mietwohnung an der Heinrichstraße 36 in Düsseldorf.[265]

August 1933 Lily Klee liest, erschüttert vom Tod ihrer »Pflegetochter« und Freundin Karla Grosch, nach vielen Jahren wieder die beiden zu Weihnachten 1923 erhaltenen Bücher von Rainer Maria Rilke; *Duineser Elegien* und *Die Sonette an Orpheus*[266].

30.9.1933 Besucht die Ausstellung *Aristide Maillol*, Kunsthalle Basel (5.8.–16.9.; Katalog).[267]

Oktober 1933 Reist allein nach Südfrankreich. Besucht in Fréjus das römische Amphitheater und den Aquädukt. Macht auf dem Rückweg Station in Paris, besucht den Louvre (22.10.) und Pablo Picasso (26.10.), schließt mit Daniel Henry Kahnweiler, Inhaber der Galerie Simon, einen Generalvertretungsvertrag (24.10.).

November/Dezember 1933 Paul und Lily Klee bereiten die Emigration von Düsseldorf nach Bern vor. Sie reduzieren das Umzugsgut, indem sie gut zwei Drittel des allgemeinen Hausrats (Möbel etc.) und ein Drittel der Bücher verkaufen.[268]

22./24.12.1933 Lily und Paul Klee emigrieren von Düsseldorf nach Bern, wo sie nach provisorischer Unterbringung im Mai 1934 eine Dreizimmerwohnung am Kistlerweg 6 beziehen (Abb. 51).

51 Paul und Felix Klee auf dem Balkon der Wohnung am Kistlerweg 6, Bern, 1934 (Foto: Franz Aichinger); NFK

1933 Es erscheint von Robert Scholz »Kunstgötzen stürzen«, in: »Deutsche Kultur-Wacht«, H. 10, und von Christian Zervos »L'Art ancien Grec«, in: »Cahiers d'Art«, Nr. 7–10.

1.1.1934 Offizielle Kündigung seiner Professur an der Staatlichen Kunstakademie Düsseldorf.

Januar/Februar 1934 Erste Einzelausstellung Paul Klees in Großbritannien: *Paul Klee*, The Mayor Gallery, London (29 Werke; Katalog).

Ende Oktober 1934 Die von Will Grohmann verfaßte Monographie *Paul Klee. Handzeichnungen 1921–1930* (Potsdam) wird

ausgeliefert und kann bis zur Beschlagnahmung durch die Nationalsozialisten im April 1935 verkauft werden.

Dezember 1934 Hört Othmar Schoecks Oper *Venus*.[269]

1934 Es erscheinen von Walter Friedrich Otto *Die Götter Griechenlands* (Frankfurt/M.) und von Alfred Rosenberg *Der Mythus des 20. Jahrhunderts* (München).

9.1.1935 Notiert im Taschenkalender: »Abend bei Projectionsvorführung Rupf. Spät antike Mosaiken und früh mittelalterliche Mosaiken. Romanische Architektur, Frankreich. Giotto, Lorenzetti.«[270] Hermann Rupf, der Berner Sammler und Freund des Ehepaares Klee, wird wahrscheinlich zur »Hauptprobe« eines Lichtbildervortrags eingeladen haben, den er am 21.1. im Volkshaus Bern in Anwesenheit von Paul Klee hält.[271]

April 1935 Hört mit seiner Frau das Melodram *Amphion* von Arthur Honegger.[272]

Sommer 1935 Max Ernst aus Paris besucht das Ehepaar Klee in Bern.[273] Paul Klee hat sich 1929 erfolglos für die Verleihung des Reichspreises in Form einer »Goldenen Medaille« an Max Ernst eingesetzt.[274]

Ab August 1935 Erkrankt an einer Bronchitis, die sich zu einer chronischen doppelseitigen Lungenentzündung ausweitet und auch das Herz schwächt. Leidet Mitte November an Masern, was posthum als Symptom der unheilbaren Krankheit Sklerodermie gedeutet wird. Obwohl Paul Klee lange und immer wieder bettlägerig ist und sich trotz mehrerer Kuraufenthalte nicht mehr von seinen Beschwerden erholt, ist er »geistig sehr lebendig u. liest viel […]«.[275]

Erledigt seit Ausbruch der Krankheit bis zu seinem Tod die anfallende Korrespondenz nur noch ausnahmsweise selbst. Seine Frau nimmt ihm diese Arbeit ab, so daß er sich zu Zeiten guter körperlicher Verfassung ganz auf sein Schaffen konzentrieren kann. Nach einem Zustand völliger Erschöpfung – 1936 entstehen nur 25 Werke – setzt er mit unerwartet neuer Kraft zum Spätwerk an. Er schafft 1937 insgesamt 264, 1938 bereits 489, 1939 sogar 1253 und bis zum 10.5.1940 mindestens 366 Werke.

Weihnacht 1935 Erhält von Curt Valentin das Buch *Schönes Geld der alten Welt. Meisterstücke griechischer Münzkunst* (München 1935) von Leo Maria Lanckoronski[276] geschenkt.

März 1936 Paul und Lily Klee leihen ein »interessantes Buch über die Plastiken der Osterinsel« aus.[277]

Mai 1936. Xaver von Moos, der Bruder des surrealistischen, von Klee begeisterten Malers und Zeichners Max von Moos aus Luzern, schreibt in seiner Rezension über die Ausstellung *Paul Klee/Fritz Huf,* Kunstmuseum Luzern (26.4.–3.6.; 173 Werke; Katalog): »II. / Auch der Surrealismus steht im Zeichen einer künstlerischen Revolution. Der Kubismus zertrümmerte die Wirklichkeit zugunsten einer Harmonie reiner Formen, der Surrealismus dagegen durchbricht die Welt des Bewußten, um in die dunklen Tiefen des Unterbewußtseins hinunterzusteigen. Der Impuls ist der gleiche: Ueberdruß gegen die abgebrauchten Konventionen gewohnter Naturwiedergabe. Auch die Gefahren sind ähnlich: Entmenschlichung der Kunst, beim Kubismus durch den Kult reiner Formen, beim Surrealismus durch die Entfaltung von Inhalten, die einer humanen Form widerstreben. / Auch der Surrealismus arbeitet mit Trümmern. Weit auseinander Liegendes rückt unerwartet zusammen: menschliche Figur und tierische Fratze, Wanduhr und Vampir, Turbine und Zeus. Bei diesem Durcheinander herrscht die Logik des Traumes. Und durch die Spalten der Wirklichkeit blicken wir hinab in eine halbverschüttete Vorwelt uralter Menschheitserinnerungen. Ein wüstes Pandämonium sendet glühenden Dampf aus der Tiefe. Auf dieser Hadesfahrt durch die Abgründe der Seele treten uns, verschleiert und stumm, Gestalten aus der Antike entgegen: Aber das Altertum, an das sie erinnern, ist nicht das klassische, sondern das frühe archaische, die Welt Hesiods. Und sehr wenig Humanes hat diese wiedererwachende Antike an sich. Das Dämonische überwiegt, das Heroische tritt zurück, und der Mensch gibt sich kampflos dem allmächtigen Schicksal preis. / III. / Paul Klee, in dessen Malerei sich Elemente surrealistischer mit Elementen abstrakter Kunst mischen, nimmt in der modernen Malerei eine ganz eigene Stellung ein. In einer Zeit, in der die Abstraktheit der Technik auf der einen, das Chaotische des Unterbewussten auf der andern Seite dem Menschen den Atem benehmen, bleibt er human. Zwischen der Dämonie des Rationalen und der Dämonie des Irrationalen hat er sich einen Streifen Erdreich gerettet, um sein Gärtlein zu bauen und Mensch zu sein. Daß man die Bedrohtheit des Menschlichen fühlt, erhöht noch den Wert seiner Bilder. Der Sieg ist nur umso erquickender.«[278] Zu einer Stellungnahme zur Rezension aufgefordert[279], antwortet Paul Klee Xaver von Moos: »ich war sehr erfreut über Ihre Rezension im Vaterland […]. Die Zusammenhänge mit Früherem nachzuweisen, ist ein überraschender Zug Ihres Gedankenganges. Und ich bin wirklich so, die Überraschung liegt nur daran, dass Ihre Feststellung die erste ist, die mit solcher Praecision formuliert wurde.«[280]

11.6.–4.7.1936 Daniel Henry Kahnweiler, Klees Generalvertreter, liefert zur *International surrealist exhibition,* New Burlington Galleries, London (15 Werke; Katalog), unter anderem *Siesta der Sphinx,* 1932, 329 (A 9) (Kat.-Nr. 69).

Weihnacht 1936 Erhält von Lily Klee Dante Alighieris *Divina comedia* (Berlin/Leipzig [o.J.])[281] und von Paula (genannt: Ju) Grosch, der Schwester von Karla Grosch, Christian Zervos' *L'art*

en Grèce. Des temps préhistoriques au début du XVIIIe siècle (Paris 1936)[282] geschenkt.

1936 Erwirbt/liest *Die Gedichte des Horaz* (Wien 1935)[283] und *Des Aischylos Werke. Tragödien und Fragmente* (Berlin 1842)[284].

18.7.1937 Höhepunkt der Rahmenveranstaltungen zur Einweihung des »Hauses der Deutschen Kunst« und der Eröffnung der *Großen Deutschen Kunstausstellung* in München ist der Festzug unter dem Motto »Zweitausend Jahre deutsche Kultur« durch die Münchner Innenstadt (s. Abb. S. 142).

Ab Juli 1937 Die Wanderausstellung *Entartete Kunst* umfaßt in München, ihrer ersten Station, mindestens 15 konfiszierte Werke von Paul Klee.

28.11.1937 Pablo Picasso bringt seinen kranken Sohn zur Behandlung nach Bern und besucht bei dieser Gelegenheit Paul Klee, der ihm einige neue Werke zeigt. Lily Klee berichtet Will Grohmann: »Daß wir letzthin den uns erfreuenden Besuch v. Mr. Pablo Picasso hatten, dürfte Sie interessieren.«[285]

53 *Sterbende Niobide* (Willrich, Abb. 56)

Weihnacht 1937 Erhält von seinem Sohn Felix das Buch *Geschichte Ägyptens* (Zürich 1936) von J. H. Braested[286].

1937 Wolfgang Willrich stellt in *Säuberung des Kunsttempels. Eine kulturpolitische Kampfschrift zur Gesundung deutscher Kunst im Geiste nordischer Art* (Berlin 1937) der verhöhnten, in eine Collage eingebundenen aquarellierten Ölfarbezeichnung *Grieche und Barbaren,* 1920, 12, von Paul Klee (Abb. 52) die *Sterbende Niobide* als »Beispiel eines rassisch vollendet edlen Leibes« (Abb. 53) entgegen.

April/Mai 1938 Erhält ein Belegexemplar der Zeitschrift »Transition«, Nr. 27, die in ihrer Jubiläumsausgabe zum zehnjährigen Bestehen den Themenschwerpunkt »Night, Myth, Language« hat.[287]

September 1938 Lily Klee berichtet: »Wir haben verschiedene neue Hefte französ. Kunstzeitschriften[:] XXe siècle. Verve. Cahiers d'art. Großartiges neues Picassoheft (Guernica).«[288] Paul Klee hat diese Zeitschriften zum Teil als Belegexemplare erhalten. Es sind ihm auch einige Nummern der Zeitschrift »Minotaure« zugestellt worden[289] (Abb. 54).

52 »Beispiel ›unpolitischer‹, ›deutscher‹ Ausdruckskunst aus dem roten System«, Nr. 7: Paul Klee, *Grieche und Barbaren,* 1920, 12 (Willrich, Abb. 7)

54 Umschlag der Zeitschrift »Minotaure« (Paris), Nr. 1, 1933

Paul Klee und die Antike 257

Weihnacht 1938 Erhält Carl Bezolds Buch *Ninive und Babylon* (Bielefeld und Leipzig 1926), einen Bericht über die dortigen Ausgrabungen, geschenkt.[290]

2.3.–9.4.1939 Ist in der Ausstellung *The Sources of Modern Painting*, The Museum of Fine Arts, Boston (Katalog[291]), in den Sektionen »The Influence of Primitive Art« und »The Influence of Ancient Art« (Abb. 55) mit fünf Werken vertreten.

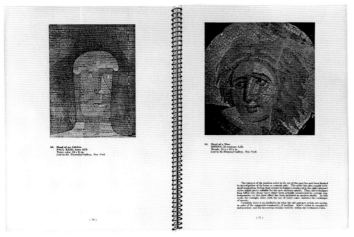

55   Doppelseite 70/71: Paul Klee, *Athleten-Kopf,* 1932, 11, Wasserfarben auf Papier, 58,5 x 48,3 cm; römischer Anonymus, *Männerkopf,* 2. Jh. n. Chr., Mosaik

Ostern (8.4.) 1939 Georges Braque hält sich über Ostern in Bern auf und besucht Paul Klee zweimal.[292] Die Basler Kunstsammlerin und Mäzenin Maya Sacher-Stehlin, die das Treffen arrangiert hat, berichtet rückblickend darüber: »[…] Klee selbst wollte unbedingt Braque kennen lernen. […] Klee der bei unserm Kommen erschreckend durchsichtig und zart aussah, bekam in der Diskussion mit Braque zusehens [sic] Farbe und war von grösster Lebhaftigkeit. Ich hatte Frau Klee versprochen nur kurz zu bleiben, aber die beiden wollten sich nicht trennen. Aus der vorgesehenen 1/2 Stunde wurden zu meinem Schrecken 4 Stunden. […] Braque selber hat mir auch noch oft von dieser Begegnung als von einem besondern Ereignis gesprochen.«[293]

Ab April 1939 Bemüht sich um den Erwerb des Schweizerbürgerrechts zum frühstmöglichen Termin. Die Behandlung des Einbürgerungsgesuchs durch die verschiedenen behördlichen Instanzen benötigt so viel Zeit, daß der schwerkranke Paul Klee die abschließende Bewilligung nicht mehr erleben soll.

Ende Juli 1939 Besucht in Begleitung seiner Frau die Ausstellung *Chefs-d'Œuvre du Musée du Prado*, Musée d'Art et d'Histoire, Genf (Juni–August; Katalog).[294] Lily Klee berichtet: »Es war der Höhepunkt dieses Sommers für uns. Diese Meisterwerke endlich einmal im Original zu sehen.«[295]

1.9.–Ende Oktober 1939 Paul und Lily Klee brechen am Tag des deutschen Angriffs auf Polen – des Ausbruchs des Zweiten Weltkriegs – zu einem zweimonatigen Ferienaufenthalt in Faoug am Murtensee auf. Sie unternehmen Ausflüge in die nähere Umgebung von Faoug, beispielsweise nach Avenches, dem römischen Aventicum, und besichtigen dort die römischen Ausgrabungen (Theater, Arena etc.) sowie das römische Museum[296]; sie erwerben wahrscheinlich im Museum die Broschüre »Commemoration du Bi-Millenaire d'Auguste – aventicum et l'Helvetie« von Fréd. Gillard (u.a.), Sonderdruck der »Revue romande«, Juli–August 1938[297].

18. Dezember 1939 Wird zum 60. Geburtstag in mehreren Schweizer Tageszeitungen zum Teil ausführlich gewürdigt sowie im Freundes- und Familienkreis gefeiert (Abb. 56). Aus dem In- und Ausland treffen Geschenke ein. Bedankt sich bei Will Grohmann und dessen Frau Gertrud für das Buch *Griechische Gedichte. Mit Übertragungen deutscher Dichter* (München 1936)[298] mit den Worten: »das war schön, wie Sie das machten. Ein lieber Brief und ein köstliches Geschenk, das nur Sie erfinden konnten. Ich fühle mich ganz leise am Ärmel gezupft: ›Und die antike Lyrik?‹ bedeutet es. Ich gebe zu, das ich darin vergesslich

56   Paul Klee, Bern, Dezember 1939 (Foto: Walter Henggeler, Fotopress); NFK

war: aber jetzt wird es werden … / Der Tragödie habe ich letztens recht gefröhnt. Ich habe von der Orestie nun glücklich drei Übertragungen gelesen. Und zwar Stück für Stück, Scene für Scene, in der Meinung das Richtige als dazwischen liegend zu treffen. / Natürlich komme ich nicht von ungefähr ins tragische Geleis, viele meiner Blätter weisen drauf hin und sagen: es ist an der Zeit. Ob ich je eine Pallas hervorbringe?! Das Erlebnis wäre tief genug, um es in einer langen Verankerung zu conservieren, bis es dann wie im Traum herabfällt. / Das Jahr war bildnerisch reich. So viel hab ich nie gezeichnet und nie intensiver.«[299] Auf dem Gabentisch liegen auch der Katalog zur Ausstellung *Picasso. Forty years of his art*, Museum of Modern Art, New York (15.11.1939–1.1.1940)[300], die Buchhandelsausgabe des Katalogs zur Prado-Ausstellung von F. A. Sotomayor und W. Deonna *Les chefs-d'œuvre du Musée du Prado* (Basel 1939)[301] und *Sämtliche poetischen Werke* (Berlin [1922]) von Ludovico Ariosto[302]. Erhält von seinem Sohn und dessen Frau *Die Hetärenbriefe* von Alkiphon in griechisch-deutschem Paralleldruck: »Die Hetärenbriefe sind in einem späteren und nichttragischen Stil geschrieben,

daß man Lust hätte, wieder etwas Altphilologie zu treiben und bei ihnen den Anfang zu machen. Aber der Lust steht keine Zeit zur Verfügung, und man läßt es bei gelegentlichen Stichproben bewenden. Denn mir bleibt nicht einmal genug Zeit zu meinem Hauptgeschäft. Die Production nimmt ein gesteigertes Ausmaß in sehr gesteigertem Tempo an, und ich komme diesen Kindern nicht mehr ganz nach. Sie entspringen. Eine gewisse Anpassung findet dadurch statt, daß die Zeichnungen überwiegen. Zwölfhundert Nummern im Jahr 39 sind aber doch eine Recordleistung.«[303]

16.2.–25.3.1940 Der Katalog zur Ausstellung *Paul Klee. Neue Werke,* Kunsthaus Zürich (213 Werke), reproduziert zwei von mehreren in der Schau präsenten »mythologischen« Werken, die Direktor Wilhelm Wartmann in der Einführung auch bespricht: »Wenn Paul Klee die jungfräuliche Athene dem verdorbenen Mephisto vermählt, […] ›Mephisto als Pallas‹ [Kat.-Nr. 114], den Helm der Göttin dem Basiliskenkamm des Dämonen, so entsteht ein Gebilde, das eben so sehr wie die spekulative, die optische Phantasie beschäftigt. […] Wir bleiben im Bereich des klassischen Altertums und Klassischer Walpurgisnächte mit der ›Sirene zwei mit der Altstimme‹ [Kat.-Nr. 121].«[304]

Mai 1940 Hält sich zu einer Kur in Locarno-Orselina, ab Juni in Locarno-Muralto auf, wo er als letztes Buch *Racine Théâtre* (Paris [o.J.])[305] liest.

29.6.1940 Stirbt im Krankenhaus Sant'Agnese in Locarno-Muralto an einer Herzlähmung.

Anmerkungen zum Text
Zitate aus Autographen sind bis auf eine Ausnahme zeichengetreu transkribiert: Überstrichene »m« und »n« sind in der Transkription zu »mm« und »nn« aufgelöst. Hinzufügungen des Verfassers sind in eckige Klammern »[ ]« gesetzt.
Konzertaufführungen von Musikstücken mythologischer Thematik sind für den Text nicht ausgewertet worden.
Allgemeine Daten zu Leben und Werk Paul Klees ohne Quellennachweis sind folgenden Biographien entnommen:
Christian Geelhaar, Paul Klee: Biographische Chronologie, in: Paul Klee. Das Frühwerk 1883–1922, Ausst.-Kat. Städtische Galerie im Lenbachhaus, München, 12.12.1979–2.3.1980, S. 20–33.
Wolfgang Kersten, Paul Klee. Chronologische Biographie, in: Paul Klee als Zeichner 1921–1933, Ausst.-Kat. Bauhaus-Archiv, Berlin, 5.5. bis 7.7.1985; Städtische Galerie im Lenbachhaus, München, 28.8. bis 3.11.1985; Kunsthalle Bremen, 17.11.1985–5.1.1986, S. 12–24.
Stefan Frey, Chronologische Biographie (1933–1941), in: Paul Klee. Das Schaffen im Todesjahr, Ausst.-Kat. Kunstmuseum Bern, 17.8. bis 4.11.1990, S. 111–132.
Thomas Kain, Mona Meister u. Franz Verspohl, Eine Integrale Biografie Paul Klees. Der künstlerisch-intellektuelle und musikalisch-gesellige *Lebenslauf Werklauf* Paul Klees zwischen 1921 und 1926, in: Paul Klee in Jena 1924. »Der Vortrag«, hrsg. von denselben, Gera 1999, S. 83–356 (= Minerva. Jenaer Schriften zur Kunstgeschichte, Bd. 10).

Abkürzungen für die Archive
KMB	Kunstmuseum Bern: Archiv
KMB/HMRS	Kunstmuseum Bern/Hermann-und-Margrit-Rupf-Stiftung: Archiv
KMB/PKS	Kunstmuseum Bern/Paul-Klee-Stiftung: Archiv
NFK	Nachlaß der Familie Klee, Bern (deponiert in der Paul-Klee-Stiftung, Kunstmuseum Bern)
NSMP/BFA	Norton Simon Museum, Pasadena/Blue Four Archive
SS/AWG	Staatsgalerie Stuttgart/Archiv Will Grohmann

Abgekürzt zitierte Literatur
Gutbrod 1968
Lieber Freund. Künstler schreiben an Will Grohmann, hrsg. von Karl Gutbrod, Köln 1968
Klee L
Lily Klee, Lebenserinnerungen, Manuskript, ab 1942 (Kopie: NFK)
Klee BF
Paul Klee, Briefe an die Familie 1893–1940, Bd. 1: 1893–1906, Bd. 2: 1907–1940, hrsg. von Felix Klee, Köln 1979
Klee S
Paul Klee, Schriften. Rezensionen und Aufsätze, hrsg. von Christian Geelhaar, Köln 1979
Klee Tgb.
Paul Klee, Tagebücher 1898–1918, textkritische Neuedition, hrsg. von der Paul-Klee-Stiftung, Kunstmuseum Bern, bearb. von Wolfgang Kersten, Stuttgart/Teufen 1988
München 1979/80
Paul Klee. Das Frühwerk 1883–1922, Ausst.-Kat. Städtische Galerie im Lenbachhaus, München, 12.12.1979.–2.3.1980

Dank
Mein herzlicher Dank geht an Osamu Okuda, Bern, für seine Unterstützung der Recherche nach Zitaten und Abbildungen.
Für den Text habe ich auf zahlreiche Dokumente des Kunstmuseums Bern, des Nachlasses der Familie Klee, der Paul-Klee-Stiftung, des Norton Simon Museum in Pasadena und der Staatsgalerie Stuttgart zurückgegriffen.

[1] Signatur: »Paul Klee XII 1895 III a lit II a« (NFK); Text mit Anmerkungen und Zeichnungen von Paul Klee.
[2] Signatur: »Paul Klee Neujahr 1895« (NFK).
[3] Signatur: »Paul Klee 1895« (NFK).
[4] Signatur: »Paul Klee 1895«. Im NFK sind der erste Band: Ländliche Gedichte und Anhang, und der dritte Band: Äneis VII–XII, der dreibändigen Werkausgabe vorhanden.
[5] Signatur: »Paul Klee 18.12.96«. Im NFK sind von der zwanzigbändigen Ausgabe der vierte Band: Die Ahnfrau, Sappho, und der siebente Band vorhanden.
[6] Signatur: »Paul Klee V 1896 (Secunda)« (NFK).
[7] Signaturen: »Paul Klee V 1896« und »Paul Klee Secunda« (NFK).
[8] Signatur: »Paul Klee secunda XI« (NFK); Text mit Anmerkungen und Zeichnungen von Paul Klee. Im NFK ist noch die Ausgabe *Der Nibelungen Lied zum erstenmal in der ältesten Gestalt aus der St. Galler Urschrift mit Vergleichen aller übrigen Handschriften,* hrsg. durch Friedrich Heinrich von der Hagen, Breslau 1820, vorhanden.
[9] Signatur: »Paul Klee 96.« (NFK).
[10] Signatur: »PK XI. 97.«, und Dedikation: »Louis Michaud s. lieben Paul Klee zum eifrigen Studium. Bern. Nov. 97.« (NFK); Text mit Anmerkungen und Zeichnungen von Paul Klee.

11 Signatur: »Paul Klee IV. 97.« (NFK); Text mit Anmerkungen und Zeichnungen von Paul Klee.
12 Signatur: »P. Klee prima VI. 97.« (NFK); Text mit Anmerkungen und Zeichnungen von Paul Klee.
13 Signatur: »Paul Klee X. 97.« (NFK); Text mit Anmerkungen und Zeichnungen von Paul Klee.
14 Signatur: »Paul Klee XI. 97.« (NFK); Text mit Zeichnungen von Paul Klee.
15 Signatur von Paul Klee: »Paul Klee XII–97« (NFK); Text mit Anmerkungen von Paul Klee.
16 Signatur: »Paul Klee 97 Secunda« (NFK). Im NFK ist auch der erste Band der griechisch-deutschen Ausgabe *Homers Ilias* (Leipzig [o. J.]) vorhanden.
17 Signatur: »Paul Klee Prima IV. 1897« (NFK).
18 Signatur: »Paul Klee X 97« (NFK); Text mit Anmerkungen von Paul Klee.
19 Signatur: »Paul Klee 4–97« (NFK); Text mit Anmerkungen von Paul Klee. Im NFK ist noch die Ausgabe *Sophokles – Deutsch in den Versmaßen der Urschrift* (Leipzig/Heidelberg 1875) vorhanden.
20 Signatur: »(PK. 97)« (NFK).
21 Dedikation: »Walter Siegrist. s/l Paul Klee zum freundlichen Andenken Bern, 15. II 98.« (NFK); Text mit Anmerkungen und Zeichnungen von Paul Klee.
22 Klee BF, S. 21.
23 Vgl. Brief von Paul Klee, München, an Hans Bloesch, 17.11. resp. 29.11.1898 (Privatbesitz; Kopie: KMB/PKS).
24 Signatur: »Paul Klee 1. 98.« (NFK).
25 Signatur: »PKlee 1. 98« (NFK); Text mit Anmerkungen von Paul Klee.
26 Signatur: »Klee« (NFK); Text mit Anmerkungen von Paul Klee.
27 Signatur: »Paul Klee 1. 98« (NFK); Text mit Anmerkungen von Paul Klee.
28 Signatur: »Paul Klee 1. 98« (NFK).
29 Klee Tgb., Nr. 55.
30 Signatur: »Paul Klee II. 98« (NFK); Text mit Anmerkungen und Zeichnungen von Paul Klee.
31 NFK; Text mit Anmerkungen von Paul Klee.
32 Signatur: »Paul Klee 1.1.99«. Im NFK ist der erste Band: Die Hölle, Das Fegefeuer, vorhanden.
33 Klee BF, S. 44.
34 Vgl. Klee BF, S. 64.
35 Vgl. ebd., S. 87.
36 Ebd., S. 98.
37 Ebd., S. 100.
38 Vgl. ebd., S. 103; der Komponist ist nicht genannt.
39 Ebd., S. 143.
40 Klee Tgb., Nr. 180.
41 Vgl. Klee BF, S. 169. Im NFK ist noch die Ausgabe *Goethes Italienische Reise* (Leipzig 1913), Signatur gestempelt: »Paul Klee«, vorhanden.
42 Ebd., S. 160.
43 Vgl. ebd., S. 168.
44 Vgl. ebd.
45 Ebd., S. 172–174.
46 Vgl. ebd., S. 169f.
47 Vgl. ebd., S. 184.
48 Vgl. ebd., S. 193.
49 Klee Tgb., Nr. 300.
50 Klee BF, S. 188.
51 Ebd., S. 189.
52 Ebd., S. 192.
53 Klee Tgb., Nr. 350.
54 Klee BF, S. 195.
55 Ebd., S. 203.
56 Ebd., S. 205.
57 Vgl. Postkarte von Paul Klee, Rom, an Hans Bloesch, Bern, 21.1.1902 (Privatbesitz; Kopie: KMB/PKS).
58 Klee Tgb., S. 507f.
59 Stempel: »BIBLIOTHEK DER DEUTSCHEN KÜNSTLER ZU ROM« (NFK).
60 Klee Tgb., Nr. 358.
61 Signatur: »Rom P.K. Januar 02« (NFK).
62 Signatur: »Rom P.K. Jan. 02« (NFK).
63 Klee Tgb., Nr. 362.
64 Vgl. Klee BF, S. 212.
65 Ebd., S. 210.
66 Klee Tgb., Nr. 371.
67 Klee BF, S. 213.
68 Ebd., S. 216.
69 Sechstes, Siebentes, Achtes, Neuntes und Zehntes Bändchen, Stuttgart 1834, 1837 und 1840; Signatur gestempelt: »Paul Klee«; Stempel: »BIBLIOTHEK DER DEUTSCHEN KÜNSTLER ZU ROM« (NFK).
70 Klee BF, S. 216.
71 Signatur gestempelt: »Paul Klee«; Stempel: »BIBLIOTHEK DER DEUTSCHEN KÜNSTLER ZU ROM« (NFK); Text mit Anmerkungen von Paul Klee.
72 Signatur gestempelt: »Paul Klee«; Stempel: »BIBLIOTHEK DER DEUTSCHEN KÜNSTLER ZU ROM« (NFK).
73 Signatur: »Paul Klee« / »Dez. 03«; Stempel: »BIBLIOTHEK DER DEUTSCHEN KÜNSTLER ZU ROM« (NFK).
74 Handschriftlicher Vermerk: »Der Bibliothek der Deutschen Künstler zu Rom geschenkt von Sr. M. Ludwig I von Bayern. 1831«, Stempel: »BIBLIOTHEK DER DEUTSCHEN KÜNSTLER ZU ROM« (NFK).
75 Signatur gestempelt: »Paul Klee«; Stempel: »BIBLIO DER DE[… unleserlich] ZU [… unleserlich]« (NFK).
76 Klee BF, S. 220.
77 Ebd., S. 223.
78 Klee Tgb., Nr. 391.
79 Ebd., Nr. 394.
80 Ebd., Nr. 395.
81 Klee BF, S. 226.
82 Vgl. ebd., S. 230.
83 Klee Tgb., Nr. 397.
84 Klee BF, S. 230.
85 Vgl. ebd.
86 Klee Tgb., Nr. 403.
87 Vgl. Klee BF, S. 231f.
88 Ebd., S. 233.
89 Ebd.
90 Ebd., S. 239.
91 Ebd., S. 240.
92 Ebd., S. 252.
93 Vgl. Klee Tgb., Nr. 412.
94 Vgl. Klee BF, S. 252.
95 Klee Tgb., S. 520.
96 Klee L, S. 5. Lily erhält *Ein Vermächtnis von Anselm Feuerbach*, Wien 1902; Signatur: »Lily Stumpf. 1902.« (NFK).
97 Klee Tgb., S. 509.
98 Ebd., Nr. 430.
99 Klee BF, S. 285.
100 Ebd., S. 287.

[101] Klee Tgb., Nr. 466.
[102] Klee BF, S. 315.
[103] Signatur: »KLEE 1903« (NFK); vgl. Klee BF, S. 318.
[104] Ebd., S. 330, 332.
[105] Ebd., S. 339.
[106] Vgl. ebd., S. 341. Im NFK ist auch die dreibändige Ausgabe *Die Lustspiele des Aristophanes* (Leipzig/Heidelberg 1861/1862), Signatur gestempelt: »Paul Klee«, vorhanden.
[107] Klee Tgb., Nr. 517.
[108] Klee BF, S. 342.
[109] Zwölf Bände; Signatur in Bd. 1–3: »Lily Klee Sommer 1903.«, in Bd. 4–6 und 7–9: »Lily Stumpf 03«, in Bd. 10–12: »Lily Stumpf Sommer 03. / Sommer & Herbst 1903« (NFK); Text mit Anmerkungen von Paul Klee.
[110] Vgl. Klee BF, S. 351f.
[111] Vgl. ebd., S. 371.
[112] Ebd., S. 370.
[113] Ebd., S. 387. Vermutlich *Adolph Bayersdorfers Leben und Schriften*, Aus dem Nachlaß hrsg. von Hans Mackowsky, August Pauly und Wilhelm Weigand, München 1902.
[114] Ebd., S. 401f.
[115] Vgl. Klee S, S. 57.
[116] Vgl. Klee BF, S. 411.
[117] Vgl. Klee S, S. 59f.
[118] Vgl. Klee BF, S. 413f., und Klee Tgb., Nr. 558.
[119] Vgl. Klee BF, S. 423f.
[120] Vgl. ebd., S. 429.
[121] Vgl. Klee Tgb., Nr. 568.
[122] Vgl. Klee S, S. 62f.
[123] Vgl. Klee BF, S. 451, 454.
[124] Vgl. ebd., S. 445, 447.
[125] Vgl. ebd., S. 522.
[126] Vgl. Klee S, S. 68.
[127] Vgl. Klee BF, S. 452, 458.
[128] Ebd., S. 466.
[129] Signatur: »Paul Klee 18. Dez. 1904« (NFK); Text mit Anmerkungen von Paul Klee.
[130] Klee BF, S. 472.
[131] Signatur: »Paul Klee Dez. 24. 04« (NFK); Text mit Anmerkungen von Paul Klee. Vgl. Klee BF, S. 460, 467.
[132] Ebd., S. 472.
[133] Klee Tgb., Nr. 582.
[134] Vgl. Klee S, S. 71–73.
[135] Klee Tgb., Nr. 585.
[136] Klee BF, S. 482.
[137] Ebd., S. 489.
[138] Klee Tgb., Nr. 601.
[139] Ebd., Nr. 602.
[140] Vgl. Klee S, S. 80f.
[141] Klee BF, S. 502. Im NFK sind *Lessing's Ausgewählte Werke*, Leipzig 1866, Bd. 3/4 (u. a. »Briefe, antiquarischen Inhalts«) sowie Bd. 5/6 (u. a. »Sophokles«, »Laokoon oder über die Gränzen der Malerei und Poesie. Erster Teil«) vorhanden.
[142] Klee Tgb., Nr. 643.
[143] Klee BF, S. 489.
[144] Signatur: »Paul Klee Paris 05« (NFK).
[145] Klee Tgb., Nr. 652.
[146] Klee BF, S. 508.
[147] Vgl. Klee BF, S. 519, 523.
[148] Ebd., S. 539. Im NFK ist *Goethe's sämtliche Werke in vierzig Bänden*, Stuttgart/Tübingen 1840, Signatur: Bd. 5/6: »Klee«, Bd. 25/26 gestempelt: »Paul Klee«, vorhanden.
[149] Klee BF, S. 556.
[150] Vgl. Klee S, S. 87.
[151] Vgl. Klee BF, S. 571.
[152] Ebd., S. 584.
[153] Ebd., S. 605.
[154] Vgl. ebd., S. 582.
[155] Ebd., S. 587.
[156] Leipzig/Wien [o. J.], Signatur: »Lily Stumpf. febr. 06.« (NFK).
[157] Klee Tgb., Nr. 765.
[158] Klee BF, S. 616.
[159] Klee Tgb., Nr. 766.
[160] Vgl. Klee BF, S. 652.
[161] Dedikation von Lily Klee: »12. Juli 06 M. geliebten Paul« (NFK).
[162] Vgl. Klee Tgb., Nr. 778.
[163] Dedikation von Paul Klee: »Ml. Kl. Lily Dez. 06« (NFK).
[164] Vgl. Klee Tgb., Nr. 793
[165] Vgl. ebd.
[166] Vgl. ebd., Nr. 798, und Klee L, S. 31.
[167] Klee BF, S. 670.
[168] Klee Tgb., Nr. 826.
[169] Klee BF, S. 673.
[170] Vgl. ebd., S. 684.
[171] Vgl. ebd., S. 730.
[172] Dedikation von Lily Klee: »Meinem geliebten Paul zum glücklichen Wiedersehn am 14. Juli 09.« (NFK).
[173] Vgl. Klee Tgb., Nr. 847.
[174] Vgl. Klee S, S. 94.
[175] Vgl. Klee Tgb., Nr. 910.
[176] Vgl. Klee S, S. 111f.
[177] Vgl. Klee Tgb., Nr. 914.
[178] Klee L, S. 28f.
[179] Signatur: »Klee« (NFK). Im NFK ist vom gleichen Autor auch die dreibändige *Entwicklungsgeschichte der modernen Kunst*, Bd. 1, 4. Aufl., München 1924; Bd. 2, 3. Aufl., München 1920; Bd. 3, 2. Aufl., München 1915, vorhanden.
[180] Illustrierte Postkarte von Paul Klee, Bern, an Ernst Sonderegger, Paris, 26. 9. 1913 (EWK, Bern).
[181] Signatur: »Klee« (NFK).
[182] Klee Tgb., Nr. 926 r.
[183] Postkarte von Paul Klee, München, an Alfred Kubin, Wernstein a. Inn, 29. 4. 1915, abgedruckt in: Jürgen Glaesemer, Paul Klees persönliche und künstlerische Beziehung mit Alfred Kubin, in: München 1979/80, S. 87. Vgl. auch Klee Tgb., Nr. 959.
[184] Vgl. ebd., Nr. 995 d.
[185] Klee BF, S. 873.
[186] Signatur: »Klee 1917« (NFK). Im NFK ist vom gleichen Autor auch *Stimmen der Völker in Liedern* (Stuttgart/Tübingen 1828) vorhanden.
[187] Klee Tgb., Nr. 1100.
[188] Ebd., Nr. 1101.
[189] Dedikation: »Paul Klee D. Berlin, Februar 1918 / In jedes Fenster ziehen Gestirne ein. Sang an Vicenza« (NFK).
[190] Dedikation: »Paul Klee D. Berlin, März 1918« (NFK).
[191] NFK; vgl. Klee BF, S. 945.
[192] Klee BF, S. 953.
[193] Der Ararat, zweites Sonderheft: Paul Klee. Katalog der 60. Ausstellung der Galerie Neue Kunst – Hans Goltz, München, Mai–Juni 1920, S. 2.
[194] Vgl. Klee BF, S. 966.

195 Dedikation: »Die Entkonkubierten grüßen und gratulieren. Mch. 18. XII. 1920 Galston / Korsakoff[?]« (NFK).
196 Dedikation: »für Paul Klee in Herzlichkeit Febr. 21 Hausenstein« (NFK).
197 Vgl. Christian Geelhaar, Journal intime oder Autobiographie? Über Paul Klees Tagebücher, in: München 1979/80, S. 251f.
198 Signatur: »Paul Klee 18. Dez. 21« (NFK).
199 Inhalt: Vorrede, Lieder, Parzival, Willehalm; Signatur: »Paul Klee Weimar 18. Dez. 1921.« (NFK).
200 Signatur: »Paul Klee. 18. Dez. 1921« (NFK).
201 Klee BF, S. 983.
202 Signatur gestempelt: »Paul Klee« (NFK).
203 Signatur: »Lily Klee« (NFK).
204 Dedikation von Rudolf Bach: »Meinen lieben und verehrten Freunden Paul und Lily Klee zu Weihnachten 1923 / R. C.« (NFK).
205 Signatur: »Lily Klee 24. XII. 23.« (NFK).
206 Kommentierte textkritische Edition in: Paul Klee in Jena 1924. »Der Vortrag«, hrsg. von Thomas Kain, Mona Meister u. Franz Verspohl, Jena 1999, S. 11–76 (= Minerva. Jenaer Schriften zur Kunstgeschichte, Bd. 10).
207 Postkarte von Lily Klee, Taormina, an Emmy Scheyer, Ossining-New York, 22.9.1924 (NSMP/BFA, K 1924–14).
208 Klee L, S. 120.
209 Ebd., S. 117.
210 Ebd., S. 120.
211 Ebd., S. 115.
212 Brief von Lily Klee, Bern, an Emmy Scheyer, 14.10.1924 (NSMP/BFA, K 1924–15).
213 Signatur: »Paul Klee 24. Dez. 24.« (NFK).
214 Klee BF, S. 1000.
215 Vgl. Briefe von Max Berger, Paris, an Paul Klee, 9.9., 22.9. und 13.10.1925 (NFK).
216 Alfred Basler, Pariser Chronik, in: Cicerone, XVIII. Jg., H. 2, 1926, S. 62.
217 Dedikation: »für Lily Weimar Nov. 1925 Kl« (NFK).
218 Dedikation: »Meinem lieben Freund Paul Klee als Gruss und Dank für die grosse Freude die mir die Ausstellung im Kunsthaus machte / Hans Bloesch Weihnachten 1925« (NFK).
219 Brief von Lily Klee, Weimar, an Hans Bloesch, 11.12.1925 (Privatbesitz; Kopie: KMB/PKS)
220 Klee BF, S. 1020; vgl. auch ebd., S. 1010.
221 Vgl. ebd., S. 1020.
222 Felix Klee, Paul Klee. Leben und Werk in Dokumenten, ausgewählt aus den nachgelassenen Aufzeichnungen und den unveröffentlichten Briefen, Zürich 1960, S. 89.
223 Signaturen: »Klee Dessau« und »Klee« (NFK).
224 Signatur: »Klee 1926« (NFK).
225 Vgl. Klee BF, S. 1077.
226 Vgl. Brief von Lily Klee, Dessau, an Hermann und Margrit Rupf, 10.5.1928 (KMB/HMRS).
227 Klee L, S. 170. Lily Klee datiert die auf S. 165–171 und S. 173–177 beschriebene Reise irrtümlich auf 1925 resp. 1926.
228 Signatur: »Dessau. Klee« (NFK).
229 Signatur: »Lily Klee« (NFK).
230 Vgl. Brief von Ida Bienert, Dresden, an Paul Klee, 20.11.1933 (NFK).
231 Klee BF, S. 1071.
232 Signatur: »Klee« (NFK).
233 Signatur: »Klee Dessau – Cairo – Luxor – Assuan 1928 Dec – Januar 29« (NFK).
234 Vgl. Klee BF, S. 1107.
235 NFK.
236 Vgl. Klee BF, S. 1113.
237 Dedikation von Felix Klee: »meinem lieben Vater, Weihnachten 1930« (NFK).
238 Dedikation von Rudolf Bach: »Für Lily von Rudi Weihnachten 1930« (NFK).
239 Signatur: »Klee 1930« (NFK).
240 NFK.
241 Vgl. Brief von Paul Klee, Dessau, an Ida Bienert, Dresden, 15.3.1931 (Sächsische Landesbibliothek, Dresden).
242 Ebd.
243 Brief von Lily Klee, Palermo, an Felix Klee, 20.9.1931 (NFK).
244 Ebd.
245 Ebd.
246 Deutsche Ausgabe (NFK).
247 Klee L, S. 62f.
248 Vgl. Klee BF, S. 1168.
249 Vgl. Brief von Lily Klee, Dessau, an Hermann und Margrit Rupf, 30.12.1931 (KMB/HMRS).
250 NFK; vgl. Alfred Kubin, Ausst.-Kat. Städtische Galerie im Lenbachhaus, München, 3.10.–2.12.1990; Hamburger Kunsthalle, 14.12.1990–27.1.1991, S. 31.
251 Klee BF, S. 1178.
252 Ebd., S, 1200; vgl. auch S. 1203.
253 Im NFK ist die deutsche Ausgabe von Euripides' *Alkestis* (Augsburg 1925) vorhanden.
254 Postkarte von Will Grohmann, Dresden, an Paul Klee, 8.12.1932 (SS/AWG).
255 Dedikation von Will Grohmann: »Zum 18. Dez 1932 W. Gr.« (NFK). Vgl. auch Klee BF, S. 1210.
256 Brief von Paul Klee, Dessau, an Will Grohmann, 23.12.1932 (SS/AWG), abgedruckt in: Gutbrod 1968, S. 76.
257 Dedikation: »Für Frau Lily Klee zu Weihnachten 1932 von Kurt Hartwig Siemens.« (NFK).
258 Klee BF, S. 1217.
259 Vgl. Brief von Paul Klee, Dessau, an Will Grohmann, 31.1.1933 (SS/AWG). Im NFK sind von Friedrich Hölderlin die drei Bände der gesammelten Werke: *Gedichte* (Jena 1909), *Empedokles / Übersetzungen. Philosophische Versuche* (Jena 1911) und *Hyperion* (Jena 1911), vorhanden.
260 Klee BF, S. 1225.
261 Theodor Mommsen, Römische Geschichte (Berlin 1856) (NFK).
262 Klee BF, S. 1229.
263 NFK.
264 Vgl. Klee BF, S. 1241.
265 Vgl. Brief von Lily Klee, Düsseldorf, an Gertrud Grohmann, 19.5.1933 (SS/AWG).
266 Mit Anmerkung von Lily Klee: »Im Gedächtnis meiner unvergesslichen früh vollendeten Tochter u. Freundin Karla. 8. Mai 33.«
267 Vgl. Klee BF, S. 1241 und Brief von Lily Klee, Düsseldorf, an Gertrud Grohmann, 22.10.1933 (SS/AWG). Die Ausstellung muß verlängert worden sein.
268 Vgl. Brief von Lily Klee, Bern, an Gertrud Grohmann, 25.1.1934 (SS/AWG), und Brief von Lily Klee, Bern, an Gertrud Grote, 26.2.1934 (KMB).
269 Vgl. Klee BF, S. 1249.
270 Ebd., S. 1257.
271 Vgl. ebd., S. 1258.
272 Vgl. Karte von Lily Klee, [Bern], an Will Grohmann, 19.4.1935 (SS/AWG).

²⁷³ Vgl. Brief von Lily Klee, Bern, an Gertrud Grohmann, 11.9.1935 (SS/AWG).

²⁷⁴ Vgl. Klee BF, S. 1099.

²⁷⁵ Brief von Lily Klee, Bern, an Gertrud Grohmann, 19.2.1936 (SS/AWG).

²⁷⁶ Dedikation: »Mit vielen herzlichen Wünschen und Grüssen Weihnachten 1935 für Paul Klee / Curt Valentin« (NFK).

²⁷⁷ Vgl. Brief von Lily Klee, Bern, an Gertrud Grohmann, 29.3.1936 (SS/AWG).

²⁷⁸ Xaver von Moos, Paul Klee im Kunsthaus Luzern, in: Vaterland (Luzern), 15.5.1936.

²⁷⁹ Vgl. Brief von Xaver von Moos, Luzern, an Paul Klee, 20.5.1936 (NFK).

²⁸⁰ Brief von Paul Klee, Bern, an Xaver von Moos, Mai 1936 (Privatbesitz).

²⁸¹ Italienisch-deutsche Ausgabe, 3 Bde. (NFK); vgl. Brief von Lily Klee, Bern, an Will Grohmann, 11.1.1935 (SS/AWG).

²⁸² Signatur: »P. Klee« (NFK). Vgl. Brief von Lily Klee, Bern, an Will Grohmann, 31.12.1936 (SS/AWG).

²⁸³ Signatur: »Klee 1936« (NFK).

²⁸⁴ Signatur: »Klee. 1936« (NFK); Text mit Anmerkungen von Paul Klee.

²⁸⁵ Brief von Lily Klee, Bern, an Will Grohmann, 2.12.1937 (SS/AWG).

²⁸⁶ NFK; vgl. Brief von Lily Klee, Bern, an Gertrud Grohmann, 24.1.1938 (SS/AWG).

²⁸⁷ Signatur: »Paul Klee« (NFK).

²⁸⁸ Brief von Lily Klee, St. Beatenberg, an Gertrud Grote, 1.9.1938 (NFK).

²⁸⁹ Im NFK sind die Nr. 1 und 3–4 von 1933 vorhanden.

²⁹⁰ NFK; vgl. Brief von Lily Klee, Bern, an Gertrud Grote, 31.1.1939 (NFK).

²⁹¹ Signatur: »Paul Klee« (NFK).

²⁹² Vgl. Brief von Hermann Rupf, Bern, an Wassily und Nina Kandinsky, 8.5.1939 (KMB/HMRS), und Brief von Lily Klee, Luzern, an Gertrud Grote, 13.6.1939 (KMB).

²⁹³ Brief von Maya Sacher-Stehlin, Basel, an Will Grohmann, 30.10.1953 (SS/AWG).

²⁹⁴ Vgl. Brief von Lily Klee, Bern, an Gertrud Grote, 25.7.1939 (NFK).

²⁹⁵ Brief von Lily Klee, Bern, an Gertrud Grohmann, 28.11.1939 (SS/AWG).

²⁹⁶ Vgl. Brief von Lily Klee, Faoug, an Hermann und Margrit Rupf, 13.10.1939 (KMB/HMRS), und Brief von Lily Klee, Bern, an Will Grohmann, 28.11.1939 (SS/AWG).

²⁹⁷ NFK.

²⁹⁸ Dedikation von Will Grohmann: »18. Dez 1939 W G.« (NFK).

²⁹⁹ Brief von Paul Klee, Bern, an Will Grohmann, 2.1.1940 (SS/AWG), abgedruckt in: Gutbrod 1968, S. 84.

³⁰⁰ Vgl. Brief von Lily Klee, Bern, an Gertrud Grohmann, 20.1.1940 (SS/AWG).

³⁰¹ NFK; vgl. Brief von Lily Klee, Bern, an Gertrud Grote, 1.1.1940 (NFK).

³⁰² NFK; vgl. Brief von Lily Klee, Bern, an Gertrud Grote, 22.12.1939 (NFK). Im NFK sind vom gleichen Autor noch die Bücher *Ludovico Ariosto's rasender Roland*, 2 Bde., Leipzig [1886], und *Orlando Furioso* [o.O.u.J.] vorhanden.

³⁰³ Klee BF, S. 1295.

³⁰⁴ Klee, Ausst.-Kat. Kunsthaus Zürich, 16.2.–25.3.1940, S. 9.

³⁰⁵ Anmerkung von Lily Klee: »Racines Tragédies waren die letzte Lektüre Paul Klees vor seinem Hinschied im Mai u. Juni 1940 in Orselina / † 29. Juni 1940 in Muralto-Locarno« (NFK).

Ann-Katrin Günzel

Mythologisches Glossar

Die im Text *kursiv* geschriebenen Worte weisen auf im Bild oder im Bildtitel enthaltene Namen, Begriffe oder Attribute hin. Sie stellen also den direkten Bezug zwischen den erklärenden Texten und den Werken von Paul Klee her.

Adrasteapolis Adrasteia, lat. Adrastea (die »Unentrinnbare«), ist in der griechischen Mythologie der Beiname der großen Mutter Kybele, der niemand zu entlaufen vermag, während »polis« die griechische Stadt oder Siedlung bezeichnet. Als Rachegöttin wird Adrastea mit der Nemesis gleichgesetzt, der Tochter des Okeanos und der Nacht oder des *Zeus* und der Notwendigkeit. Sie strafte die Menschen für deren Hochmut und Bosheit und belohnte das Gute. Sie gilt als Göttin des Krieges und der Toten, aber auch der Verliebten. Als Zeus sich in sie verliebte, verwandelte sich Adrastea in eine Gans, Zeus seinerseits in einen Schwan. Dem Ei, das sie zeugten und welches später *Leda* fand, entschlüpften Helena sowie Kastor und Polydeukes. Da der Ort ihrer Zusammenkunft, Rhamnus, in Attika lag und Rhamnusia ein weiterer Name der Nemesis (und damit der Adrastea) war, bezieht sich Adrasteapolis vielleicht auf diesen Ort.

Eine weitere Adrastea wird als die Tochter des Königs Melissus von Kreta genannt. Als Amme war ihr der junge Jupiter anvertraut, dem sie als Spielzeug eine Kugel schenkte. Außerdem ist Adrastea in Troas nach ihr bezeichnet, weshalb sich Adrasteapolis möglicherweise auf diesen Ort bezieht.
– *Adrasteapolis*, 1926, 16 (K 6)

Adrasteapolis, 1926, 16 (K 6)

AEOlisches, 1938, 137 (J 17)

Aeolus Abgeleitet von: geschwind, finster oder dunkel, ist Aeolus der von *Zeus* eingesetzte Beherrscher der Winde, der auf der schwimmenden Insel Aiola lebt. Seine Winde hütet er in einer Höhle in Thrakien. Dementsprechend wird er zumeist in einer Höhle dargestellt, unter den Füßen zuweilen Blasebälge und in den Händen Hörner, aus denen die Winde hervorkommen. In der *Odyssee* wird von Homer berichtet, daß Aeolus Odysseus in

einen Schlauch eingesperrte widrige Winde mitgibt, um ihm so die Heimfahrt zu erleichtern. Knapp vor Ithaka öffnen die Gefährten neugierig den Schlauch. Durch die freiwerdenden Winde wird das Schiff des Odysseus zur Insel Aiola zurück verschlagen, wo Aeolus die Bitte um neuerliche Hilfe verwehrt. Aeolus wird auch zusammen mit Juno (Hera) abgebildet, die ihn dafür bekrönt, daß er die Flotte des Aeneas auf ihr Verlangen hin zerstreut hat. Oder er sitzt mit dem Zepter auf dem Gipfel eines Berges und besänftigt die kämpfenden Winde und Wetter.
– *Aeolisches,* 1938, 137 (J 17)

Ahriman Mittelpersischer Name für Angra Manju, den »bösen Geist«, der in der auf Zarathustra zurückgehenden, in awestischer (altiranischer) Sprache abgefaßten, durch dualistische Zuordnung geprägten Religion das böse Prinzip bedeutet. Ahriman ist die Verkörperung alles Bösen und der Erreger der 9999 Krankheiten. Er wohnt in der Unterwelt, aus der er Rauch und Schwärze, Unheil und Tod in die Welt bringt. Sein Symboltier ist die *Schlange.* Wenn im Herbst das Absterben der Natur einsetzt, wird Ahriman mächtig. Beim Versuch, den Himmel zu stürzen, ist er in denselben als König der bösen Geister eingedrungen und als Schlange auf die Erde zurückgekehrt. Dort alles Geschaffene durchstreifend, hat er die Erde verheert, mit Nacht und tötendem Glutwind überzogen. Ahriman bleibt im Griechischen als Areimanios und im Lateinischen als Arimanius Deus bekannt.
– *Der Blick des Ahriman,* 1920, 148

Amazonen Sagenhaftes Volk kriegerischer Frauen, beheimatet in Kappadokien am Fluß Thermodon, das von einer Königin regiert wurde, weswegen den Amazonen als Fremden bei den Griechen auch immer etwas Barbarisches anhaftete. Sie fochten teils zu Fuß, teils zu Pferd als wilde, furchtbare Kriegerinnen, bewaffnet mit Speer, Pfeilen, Bogen, Streitaxt und halbmondförmigem Schild. Bekleidet sind die Amazonen mit einem spitzen Hut und entweder mit einem enganliegenden Ärmelgewand oder dem kurzen Chiton, der, nur auf einer Schulter befestigt, einen Teil der Brust freiläßt. Die Amazonen waren entweder Töchter von Ares *(Mars)* und der *Nymphe* Harmonia oder die hinterbliebenen Frauen von im Krieg gefallenen Skythen. *Herakles* bricht die Macht der kriegerischen Frauen, indem er den Gürtel ihrer Königin Hippolyte erkämpft. Die Götter, denen die Amazonen nahestehen, sind der griechische Kriegsgott Ares und Artemis *(Diana),* die von den Amazonen als Jagdgenossinnen begleitet wird.
– *Amazone,* 1939, 237 (S 17) (Kat.-Nr. 97)
– *Amazone erstmals im Helm,* 1939, 963 (A B 3) (Kat.-Nr. 119)
– *»H–D«-Amazone,* 1940, 129 (T 9) (Kat.-Nr. 124)

Antigone Griechischer Name für die Tochter des Ödipus und der Iokaste. Nachdem Ödipus seine Blutschande erkannt und sich die Augen ausgestochen hatte, folgte Antigone ihm ins Elend nach und führte den blinden Vater nach Kolonis in Attika. Nach dessen Tod kehrte sie nach Theben zurück. Über ihren Tod sind zwei Versionen bekannt: Entweder sie wird zusammen mit Ismene von Laodamas, dem Sohn ihres Bruders Eteokles, im Heiligtum der Hera verbrannt, oder sie wird zum Tode verurteilt, weil sie wider das Gebot ihren Bruder Polyneikes bestattete, dessen Leiche als die eines Vaterlandsverräters den Tieren zum Fraß hingeworfen wurde.
– *(Versuch zu Antigone),* 1933, 35 (L 15) (Kat.-Nr. 71)

Aphrodite (lat. **Venus**) Der Name bedeutet »auf dem Schaum hinwandelnd« und bezieht sich auf die Geburt der Aphrodite aus dem Meer. Sie ist die griechische Göttin der weiblichen Schönheit und des Liebeslebens. Anmut, körperliche Schönheit und Verführung sind in ihrer Erscheinung dominierend. In dem Bericht Homers ist sie die Tochter des *Zeus* und der Dione. Zwei verschiedene Typen der Aphrodite werden daraus formuliert: Urania, die himmlische, erhabene Aphrodite, und Pandemos, die allgemeine Aphrodite. Zu ihren vielen Attributen gehören Blume, Delphin und Muschel, Taube, Sperling, Schwan und Myrte, Zypresse, Granatapfel und Mohnblüte. Zu ihren Beglei-

weiland schön wie Aphrodite, 1939, 872 (VV 12)

Mythologisches Glossar 265

tern zählen neben *Eros* auch die *Grazien*. Aphrodite wird häufig in der Vorderansicht als nacktes Idol dargestellt, die Hände vor den Brüsten oder eine Hand vor den Brüsten, während die andere auf die Scham weist. Nicht weniger häufig ist sie als Göttin dargestellt, die mit einer Hand eine Blume oder Taube an die Brust drückt. Bisweilen hält sie auch den Apfel des Paris als Schönheitspreis in der Hand, sitzt beim Bade oder steht, ihre Meeresgeburt darstellend, in einer Muschel. Mit zunehmender Neigung zu erotischer Motivierung wird sie mit Astarte in Zusammenhang gebracht, die als syrische Göttin ihre Vorgängerin sowie die Frau des Adonis war. Der Aphroditekult floß auf Kypros, wo Aphrodite nach ihrer Schaumgeburt an Land gegangen sein soll, mit dem Kult einer autochthonen, nackten Geschlechts- und Muttergöttin zusammen. Das nackte Göttinnenidol des vorsemitischen mesopotamischen Urvolkes steht inmitten der babylonischen Kunst als Zeichen eines erstarrten Idols einer unverstandenen Vorzeit da und mag schließlich mit in die Genesis übergegangen sein, wo die ihre Blöße verhüllende Eva im Paradies an die kyprische Göttin erinnert. Nach Kypros verlegt der Demodokosgesang der *Odyssee* Bad und Tanz der Aphrodite.

– *Ungezogen*, 1906, 5 (Kat.-Nr. 13)
– *<Venus in Convulsion>*, 1915, 43 (Kat.-Nr. 18)
– *Anatomie der Aphrodite*, 1915, 45 (Abb. S. 94)
– *<Flügelstücke zu 1915 45>*, 1915, 48 (Kat.-Nr. 19)
– *Zeichnung zu Barbaren-Venus (21/132)*, 1920, 212 (Kat.Nr. 36)
– *Barbaren-Venus*, 1921, 132 (Kat.-Nr. 43)
– *Keramisch/erotisch/religiös*, 1921, 97 (Kat.-Nr. 40)
– *alternde Venus*, 1921, 211 (Kat.-Nr. 46)
– *Die alternde Venus*, 1922, 8 (Abb. S. 117)
– *anatomische Venus*, 1933, 441 (H 1) (Abb. S. 176)
– *Venus geht und tritt zurück*, 1939, 679 (JJ 19) (Kat.-Nr. 109)
– *weiland schön wie Aphrodite*, 1939, 872
– *Fragmenta Veneris*, 1938, 381 (Abb. S. 266)

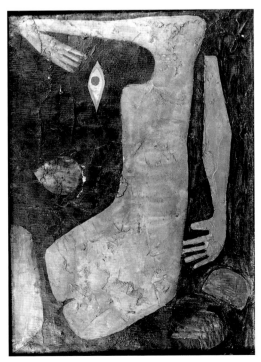

Fragmenta Veneris, 1938, 381 (X 1)

ein Bakchant, 1937, 147 (R 7)

Bacchanal, Bacchanalia Der Begriff ist abgeleitet von Bacchus (=Dionysos), dem römischen Gott des berauschenden Weines. Unter verschiedenen Namen wurden Weinfeste zu Ehren des Weingottes schon in Ägypten und Griechenland begangen. Das Bacchanal ist die Bezeichnung einer Kultvereinigung zum Dienste des mystischen Dionysos (lat. Bacchus), die im frühen 2. Jahrhundert v. Chr. von Unteritalien aus in Rom Eingang fand. Ursprünglich wurde das Bacchanal dreimal im Jahr begangen und war nur Frauen zugänglich, später wurden auch Männer aufgenommen und die Feiern auf fünf im Monat ausgedehnt. Die angeblichen Ausschweifungen dieser Zusammenkünfte (sexuelle Exzesse, Verbrechen) führten dazu, daß der römische Senat einschritt; 186 v. Chr. fand eine gerichtliche Untersuchung statt, in die 7000 Personen verwickelt waren. Priester des Geheimkultes innerhalb wie außerhalb Roms wurden gefangengenommen, und jede Zusammenkunft der Bacchanten wurde durch Edikt in ganz Italien verboten.

– *Bacchanal in Rotwein*, 1937, 74 (M 14) Kat.-Nr. 80)
– *ein Bakchant*, 1937, 147 (R 7)

Charon ist der Totenfährmann in die Unterwelt. Dargestellt wird er als der mürrische, greise Fährmann mit struppigem Haar und flammenden Augen, häßlich, bärtig, krummnasig und mit

spitzen Ohren. Bisweilen erscheint er auch geflügelt oder mit *Schlangen*. Sein charakteristisches Attribut ist ein Hammer. Als Seelenbegleiter oder Wächter am Grabe wird er auch weiblich dargestellt.
– *Charon,* 1940, 58 (X 18) (Kat.-Nr. 122)

Chimaera, Chimaira In der griechischen Mythologie feuerschnaubendes, dreigestaltiges Ungeheuer der Unterwelt, das sich aus Löwe, Drache und Ziege zusammensetzt. Entweder trug die Chimaera die Köpfe der drei Tiere oder hatte einen Ziegenleib, einen Löwenkopf und einen Schlangenschwanz. Sie ist die Tochter des Typhaon und der Echidna und wird von Bellerophon getötet. Dieser schwingt sich auf das geflügelte Götterroß Pegasos und kann so die Chimaera mit seinen Pfeilen erlegen, während er über ihr schwebt. Darstellungen zeigen sie allein oder im Kampf mit Bellerophon.
– *emancipierte Chimaera,* 1938, 167 (L 7) (Kat.-Nr. 87)

Chindlifrässer (schweizerisch für »Kinderfresser«). In verschiedenen deutschsprachigen Mythen gibt es einen schwarzen Mann oder einen *wilden Mann*, der die Kinder frißt. Tacitus erwähnt in seiner »Germania« das Volk der Etiones, die die gefräßigen *Riesen* sind.
– *Chindlifrässer,* 1939, 1027 (Abb. S. 144)

Daimon, Dämon Bei Homer in der Bedeutung der im Leben und der Natur hervortretenden göttlichen Macht und Wirksamkeit vorkommend, aus der sich das unentrinnbare Schicksal entwickelt. Dabei bilden sich der gute, das menschliche Leben positiv beeinflussende und der böse, negative Dämon aus. Dämonen sind auch Mittelwesen zwischen Mensch und Gott, als solche treten sie erstmals bei Platon auf, wo sie von den Menschen Gebete und Opfer an die Götter und von den Göttern Befehle und Vergeltung der Opfer an die Menschen vermitteln. Plutarch betont die Beaufsichtigung der menschlichen Handlungen durch die Dämonen und charakterisiert sie ansonsten typisch: Sie sind für Lust und Unlust empfänglich, langlebig, aber sterblich und veränderlich. Vielfach, so in der stoischen Schule, gelten die Dämonen als abgeschiedene Seelen. Plotin überträgt ebenso wie Platon den Begriff des Dämonischen auf den *Eros* als eine Tätigkeit der Seele. Die sich in der christlichen Dogmatik entwickelnde Dämonologie befaßt sich – in der radikalen Abwertung des ursprünglichen Sinnes von Daimon – mit den in einem transzendenten Dualismus zu Gott stehenden teuflischen Mächten der gefallenen Engel. In der Epoche des Sturm und Drang, als sich die Lehre vom Genie ausbildet, übernimmt die Bedeutung von »dämonisch« die Eigenschaften des Genialen. Vor allem der Künstler tritt hier als Prometheus, als künstlerisches Genie, in Erscheinung, der schaffend göttliches Licht auf die Erde bringt, zugleich wird auch moralisch und politisch praktische Produktivität mit dem Begriff »dämonisch« belegt.

– *Dämon über d. Schiffen,* 1916, 65 (Kat.-Nr. 21)
– *Blick des Dämons,* 1917, 1 (Kat.-Nr. 23)
– *Dämonie,* 1925, 204 (U 4) (Kat.-Nr. 55)
– *Daemonen vor dem Eingang,* 1926, 10 (Kat.-Nr. 59)
– *Daemonie der Glut,* 1939, 137 (M 17) (Kat.-Nr. 93)
– *Daemonie,* 1939, 897 (WW 17) (Kat.-Nr. 115)
– *Daemon,* 1940, 188 (Qu 8) (Kat.-Nr. 128)

Diana Römische Göttin, der griechischen Artemis gleichgesetzt, deren Name von »dium«, dem himmlischen Licht, hergeleitet ist. Diana ist die Göttin der Jagd und Hüterin der Berge und Wälder. Es ist möglich, daß sie erst unter griechischem Einfluß zur Jagdgöttin geworden ist und vorher eine Frauen- und Geburtsgöttin war. Diana wurde in Rom als Kultgenossin des Apollon zusammen mit Latona verehrt, wobei sie neben dem Heilgott Apollon wohl als Entbindungsgöttin auftrat. Eine andere Deutung sieht in ihr den Mond, wonach die Pfeile ihre Strahlen sind. In der hellenisierenden Mythendeutung wurde sie dann identisch mit Artemis. Als Jagdgöttin wird sie auch von militärischen Kreisen als Schützerin vor den Gefahren des Krieges verehrt. Darstellungen zeigen sie als schöne Jägerin in kurzer Gewandung mit Stiefeln und mit Pfeilen, Köcher und Bogen ausgerüstet, zuweilen auch mit einer Fackel in der Hand, begleitet von ihren Hunden sowie von den *Nymphen*. Ihre Stärke äußert sich häufig in Rache: So verwandelt sie Aktaion, der sie beim Bade beobachtet hat, in einen Hirsch und läßt ihn von seinen eigenen Hunden zerreißen, oder sie hält das gesamte Heer der Griechen durch einen Sturm zurück, weil Agamemnon einen ihr gewidmeten Hirsch getötet hat.
– *Diana,* 1931, 287 (Y 7) (Kat.-Nr. 66)
– *beschwingt Schreitende II,* 1931, 243 (W 3) (Kat.-Nr. 65)
– *Diana im Herbstwind,* 1934, 142 (R 2) (Kat.-Nr. 77)

Dryaden Als weibliche Baumgeister eine der vielen *Nymphen*arten in der griechischen Mythologie. Unter Führung von *Hermes*, Dionysos oder Artemis tanzen sie zusammen mit den Oreiaden, den Bergnymphen, im Reigen. Sie tändeln und scherzen mit Pan, den *Faunen* und Satyrn und werden von diesen mit Zärtlichkeiten verfolgt. Im Volksglauben lebte die Vorstellung, daß das Schicksal der Dryaden innig mit dem Leben und Absterben ihres Baumes verknüpft sei.
– *Dryaden,* 1939, 95 (K 15) (Kat.-Nr. 91)

Eidolon, Eidola (Eikon, Bild) Im griechischen Jenseitsglauben, wie er sich bei Homer darstellt, hat das Eidolon die Bedeutung der dem *Hades* verfallenen Seele, insofern es die äußeren Merkmale des Verstorbenen wie ein Abbild aufbewahrt. Bei Platon bedeutet Eidolon die bildliche Darstellung bzw. Anschauung eines Gegenstandes. In der »Politeia« wird der als Nachahmung begriffenen Kunst, die statt der Dinge selbst bloß deren Eidolon produziert, zum Vorwurf gemacht, daß diese Abbilder, da nicht aus tatsächlichem Wissen um die jeweiligen

Mythologisches Glossar 267

Sachverhalte hervorgegangen, lediglich die äußere Erscheinung der Dinge darbieten und daher anstelle der vorgetäuschten Wahrheit bloß Schein vermitteln. Aristoteles gebraucht das Wort Eidolon im Sinne des natürlichen Abbildes, das auf reflektierenden Oberflächen und andererseits als Wahrnehmungsbild im menschlichen Auge erscheint; daneben kann es auch das Trugbild einer optischen Täuschung bezeichnen.
– *Eidola: weiland Maenade,* 1940, 84 (Abb. S. 151)
– *Eidola: weiland Iphigenie II,* 1940, 98 (V 18) (Kat.-Nr. 123)

Erda (Nerthus) Die germanische Erdgöttin Erda wird auch Ertha oder Hertha, meistens aber Nerthus genannt und als Mutter Erde verehrt. Tacitus bezeichnet sie als Göttin eines Kultverbandes, dem sieben germanische Stämme der Ostseeküstenregion angehörten. Im Frühling feierte man das Erwachen der Erdgöttin, wenn Schnee und Reif im Winter die Erde bedeckten, stellte man sich vor, daß sie sich wieder in ihr unterirdisches Reich zurückgezogen habe. Neben ihrer Funktion als Erdgöttin war Nerthus auch Göttin der Fruchtbarkeit und des Friedens. Ihr Wagen, Wohnsitz und Tempel zugleich, befand sich in einem heiligen Hain auf einer Insel. Die Verehrung der Nerthus ähnelt in vielen Aspekten der der »magna mater« der Römer.
– *sie sinkt ins Grab!,* 1926, 46 (N 6) (Kat.-Nr. 61)

Erinnyen (lat. **Furiae**) In der griechischen Mythologie bestrafen sie den Frevel wider das ungeschriebene Sittengesetz wie Mord und Meineid. Sie gehen aus den Blutstropfen hervor, die *Gaia,* die Mutter Erde, bei der Entmannung des Uranos durch Kronos aufnimmt. Als chthonische Wesen sind sie Töchter der Gaia und des Skotos. Sie treten als Rachegöttinnen, Eideshüterinnen, Grabhüterinnen, Schicksalsgöttinnen oder Erregerinnen des Wahnsinns auf. Ferner sind sie Torhüterinnen des *Hades* und peinigen die Verdammten. Die am Fuße des Areopags befindlichen athenischen Kultstätten ehrten die Eumeniden unter den Erinnyen, sie galten als segensreiche Gottheiten, nachdem das staatliche Rechtswesen die Straffunktion übernommen hatte. Bis dahin waren die Eumeniden vor allem die Dämonen der Hölle, obwohl sie auch in vorathenischer Zeit als wohlwollend bezeichnet werden. Zu ihren Attributen zählen die *Schlange,* die Peitsche, eine Fackel, manchmal die Doppelaxt oder Pfeil und Bogen. Die Augen der Erinnyen sprühen Feuer, und ihrem Mund entströmt ein giftiger Hauch.
– *EUMENIDE vom CHOR,* 1940, 220 (P 20) (Kat.-Nr. 130)

Eros Griechischer Gott der Liebe, dem bei den Römern Amor (oder Cupido) entspricht. Eros ist entweder die kosmische, elternlose Geburt aus dem Weltei, Sohn der *Aphrodite* und des Ares oder Sohn der Penia und des Poros. In seiner kosmogonischen Bedeutung ist Eros mit *Gaia* (der Erde) und Uranos (dem Himmel) einer der ersten unsterblichen Götter mit alles durchdringender Kraft. Als ordnendes Urprinzip ist er der gute *Genius* und Führer zu Weisheit und Glückseligkeit. Als Liebesgott steht er vor allem für die geschlechtliche Liebe. Eros wird zumeist als geflügelter Knabe oder Jüngling dargestellt. Ausgestattet mit Pfeil und Bogen, verbreitet er die Liebe. Blumen, Blütenzweige, Kränze und manchmal eine Leier sind seine Attribute. Eros ist von Natur Liebhaber des Schönen und Begleiter der Aphrodite. Bei Platon ist er Vermittler zwischen Göttern und Menschen und wird als Tätigkeit der Seele angesehen sowie als Personifikation des Strebens nach dem Urschönen. Oft ist er auch zusammen mit anderen Eroten beim spielerischen Kampf dargestellt. Das scherzende, verspielte Kind lebt später in den Putti fort. Im Zusammenhang mit der schönen Königstochter Psyche erscheint Eros häufig als derjenige, der – von Aphrodite geschickt – Psyche fesselt und züchtigt.
– *Ungezogen,* 1906, 5 (Kat.-Nr. 13)
– *das Auge des Eros,* 1919, 53 (Kat.-Nr. 26)
– *Eros,* 1923, 115

Eumeniden siehe Erinnyen

Europa Als Tochter des Phönix und der Perimede oder des phönikischen Königs Agenor und der Telephassa Gestalt der griechischen Mythologie. Als *Zeus* Europa mit ihren Freundinnen spielend am Strand erblickte, entflammte er in Liebe zu ihr, verwandelte sich in einen Stier, täuschte sie auf diese Weise und entführte sie nach Kreta (Raub der Europa). Dort versteckte er sie in einer Höhle und ließ sie von einem Hund oder Drachen bewachen. Europa wird mit der phönikischen Astarte in Verbindung gebracht oder gar identifiziert. Ebenso führt Demeter bisweilen ihren Namen, und auch zu Athena wird sie in Beziehung gesetzt.
– *Europa,* 1933, 7 (K 7) (Kat.-Nr. 70)

Fama Personifikation des Gerüchtes. Nicht Mutter Erde hat sie hervorgebracht, sondern Terra gebar sie im Zorn gegen die Götter, um deren Händel aufzudecken. Als gefiedertes Ungetüm ist ihr Element die Schnelligkeit: Im Lauf gewinnt sie neue Kräfte. Sie schreitet auf dem Erdboden, und ihr Haupt ragt zugleich in die Wolken. Als schnellfüßiges, flinkes Fabelwesen hat sie so viele wachsame Augen wie Federn am Leib, ebenso viele Zungen und Münder, die lärmen, und Ohren, die sie lauschend emporreckt. Nachts fliegt sie schlummerlos mit einem Zischen zwischen Himmel und Erde dahin, bei Tage sitzt sie spähend auf einem hohen Giebel oder Turm, ebenso auf Lug und Trug erpicht wie Wahres verkündend.
– *Fama,* 1939, 502 (AA 2) (Kat.-Nr. 104)

Faunus Altlateinischer Gott der freien Natur, als solcher Beschützer der Bauern und Hirten, der dem griechischen Pan angeglichen wurde. Er ist verwandt mit Favonius, dem befruchtenden Wind, der zeugt und den Frühling bringt. In ihm fahren die Seelen, weshalb er auch dem Totenreich nahesteht. Faunus hält sich im Wald und in Höhlen auf, ist als *Waldgott* Gott der

bedeutsamen Stimmen, die aus dem Dickicht und dem Dunkel erschallen, und Gott der Weissagung. Seine Identifizierung mit dem griechischen Gott Pan führt zu der Bezeichnung Albdämon oder Nachtmahr. Von Pan wurden ihm auch die Bocksfüße und die Hörner übertragen. Wegen seines aphrodisischen Wesens erhält er den Namen »inuus«, »Bespringer«.
– *der betrogene Faunus,* 1933, 296 (Z 16) (Kat.-Nr. 73)

Feuer, Flamme Neben dem Wind gilt das Feuer als reinigendes Element. Als lebendiges Element wurde es als Tier gedacht. Die lateinische Feuergöttin Vesta wurde eine der wichtigsten Gottheiten des römischen Staatskultes. Als Hüterinnen der Flamme ist es Aufgabe der Vestalinnen, das heilige Feuer, das nie ausgehen darf, zu unterhalten. Das Schicksal Roms hängt auf geheimnisvolle Weise von der gewissenhaften Durchführung der Riten des Vesta-Kultes ab. In der griechischen Mythologie ist Prometheus derjenige, der den Menschen das Feuer bringt. *Zeus* hatte es den Menschen vorenthalten, um sie dafür zu bestrafen, daß Prometheus ihn beim Opfer zu betrügen versucht hatte. Prometheus jedoch entwendet ein wenig Glut und bringt sie den Menschen als Bote. Zur Strafe schafft Zeus die erste Menschenfrau, erfindet die Büchse der *Pandora* und schmiedet Prometheus an den Felsen. Als der Erfinder des Feuers gilt *Hermes.*

– *Feuerbote,* 1920, 52 (Kat.-Nr. 33)
– *Feuer-Quelle,* 1938, 132 (J 12) (Kat.-Nr. 84)
– *brennend,* 1939, 550 (CC 10) (Kat.-Nr. 106)
– *Sie hütet die Flamme,* 1939, 903 (XX 3) (Kat.-Nr. 117)

Flora noctis, 1939, 391 (A 11)

Flora, 1937, 28 (K 8)

Flora Mittelitalische Gottheit des pflanzlichen Blühens, besonders des Getreides, und als solche eine der ältesten römischen Göttinnen. Dementsprechend wird sie mit einem Blumenkranz auf dem Kopf und einem blumenbesetzten Kleid dargestellt. Das Florifertum, eine Gabe aus blühenden Ähren, wurde ihr wahrscheinlich in ihrem Heiligtum auf dem Quirinal in Rom dargebracht. Ihr Tempel, 238 v. Chr. auf Anordnung der *sibyllinischen* Bücher erbaut, und am 28. April durch Spiele eingeweiht, befand sich im Westen des Circus Maximus. Die mit dem Tempel eingeführten Spiele, die Floralia, hatten einen volksfestartigen und lasziven Charakter. So traten bei den mimischen Aufführungen Hetären auf, die auf Wunsch der Menge ihre Kleider abwarfen, verstanden als apotropäische Abwehr gegen die Welt der Toten. Der Bezug zu den sibyllinischen Büchern setzt eine griechische Göttin voraus, die den römischen Namen Flora annahm. Zum Teil wird sie mit Kore gleichgesetzt, ihre Funktion als Göttin der Pflanzen und besonders des Getreides bringt sie

Mythologisches Glossar 269

der griechischen Fruchtbarkeitsgöttin Demeter nahe. Durch den ausgelassenen, lasziven Charakter der Floralia wurde sie auch mit *Aphrodite* in Verbindung gebracht.
– *im Flora Tempel,* 1926, 37 (M 7) (Kat.-Nr. 60)
– *Flora,* 1937, 28 (K 8)
– *Flora noctis,* 1939, 391 (A 11)

Fortuna, Fors Fortuna Der Name bedeutet das schicksalhaft Kommende, und in der Doppelbezeichnung »Fors Fortuna« wird das Zufällige betont. Als Göttin vertritt Fortuna keinesfalls den reinen Zufall, sondern ist fast immer ein bestimmter Schutzgeist. Verschiedene Schicksale, die den Menschen treffen, haben ihre waltende Gottheit unter dem Namen Fortuna. Die Fors Fortuna war ursprünglich eine Göttin des Land- und Gartenbaus. Dargestellt wird die Fortuna zumeist auf einer Kugel oder auf dem Rad stehend, das Steuerruder in der einen, das Füllhorn in der anderen Hand, bisweilen hat sie, ihre blinden Zufälle symbolisierend, die Augen verbunden. Es gab verschiedene Frauengöttinnen, wie die Fortuna virginalis oder Fortuna muliebris. Fortuna erscheint dabei als Schutz- oder Glücksgottheit für die unterschiedlichsten Belange. Sie wird häufig zusammen mit dem Handelsgott Merkur oder mit *Mars* dargestellt.
– *Fortuna,* 1922, 229 (Kat.-Nr. 49)

Fruchtbarkeit Bei den Griechen waren die Fruchtbarkeitsriten mit dem Kult für die großen Götter, wie z. B. für Demeter, Artemis *(Diana), Zeus* oder Dionysos *(Bacchus),* verbunden. Vor allem an den Ackerbau knüpften sich zahlreiche Riten, und in Griechenland kam dem Regen eine besondere Bedeutung zu, weshalb man vor allem *Zeus,* dem Wettergott, huldigte. Jahresfeuer und Erntefeste wurden gefeiert, und Bilder von der »Mutter Erde« *(Gaia),* als Göttin verehrt, waren weit verbreitet. Auch in der römischen Religion spielen Riten, die das landwirtschaftliche Jahr in den Zusammenhang mit den Göttern bringen, eine große Rolle. So waltet z. B. *Pomona* über das Reifen der Früchte, und das Florifertum der *Flora* soll alles Übel vom Getreide zur Zeit der Blüte abhalten.
– *Das Pathos der Fruchtbarkeit,* 1921, 130 (Kat.-Nr. 42)
– *Geist der Fruchtbarkeit,* 1917, 78 (Kat.-Nr. 24)

Gaia (Ge) (lat. **Titaea**) wurde als »Mutter Erde«, als Erdgöttin und Ahnfrau aller Götter verehrt. Die breitbrüstige Gaia entstand nach dem Chaos als der feste Grund und Boden aller Götter, sie gebar den ihr gleichen Himmel (Uranos), Gebirge und Meer, vermählte sich mit Uranos, woraus die Titanen, die Kyklopen und die Hekatoncheiren hervorgingen. Gaia und Uranos sind das erste Elternpaar, von dem sich die Weltentwicklung ableitet, ihre Nachkommenschaft ist durch die Triebkraft des *Eros* unzählig. Dargestellt wird die Erdgöttin sehr häufig im Brustbild, zumeist aus dem Erdboden herausragend, nur Kopf, Arme und Schultern zeigend, während ihr herabwallendes Haar im Boden verschwindet. Zuweilen hält sie ein Zepter sowie ein Füllhorn, in dem ein Knäblein sitzt. Als Attribute sind ihr auch Rind und Schaf, Blumen und Früchte beigegeben. Gaia oder Ge war außerdem die Herrin des delphischen *Orakel*-Heiligtums.
– *Zeichnung zu der Gaia,* 1939, 334 (Kat.-Nr. 101)
– *Brustbild der Gaia,* 1939, 343 (Y 3) (Kat.-Nr. 102)

Erdgeister, 1938, 131 (J 11)

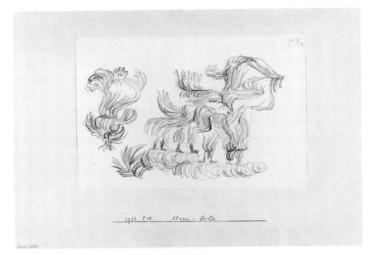
Sturm-Geister, 1933, 98 (P 18)

Geist Der Begriff bedeutet Hauch, Atem, zugleich steht er für »spiritus«, den Geist Gottes, oder für den Atem Gottes, der dem Menschen als Seele eingehaucht wird. Daneben existieren Geister der Unterwelt und Geister als Seelen der Toten. Die Geister werden körperlos gedacht, der *Genius* als Schutzgeist dagegen erscheint ebenso körperhaft. Geist überschneidet sich auch mit dem griechischen *Daimon* oder Dämon. Darüber hinaus ist die ganze Welt von Geistern beseelt. So gibt es z. B. die Geister der Elemente. Die Elementargeister gehören als Mittelwesen zwischen Gott und den Menschen zur Gruppe der übernatürlichen Wesen, die sonst auch Dämonen, Jenseitige oder Wesen der niederen Mythologie genannt werden. Elementargeister sind der Sturmgeist, der als Sturmwind Steine brechen kann, der Luftgeist, der die Luft beherrscht, und der Feuergeist, der u. a. bei der Pest im Menschen wirksam ist, indem er als ungestüme Glut auftritt. Luft- und Feuergeister befinden sich im höllischen Gei-

270   Ann-Katrin Günzel

Botschaft des Luftgeistes, 1920, 7

sterreich, ebenso wie die Erdgeister im Inneren der Erde. Ergänzt werden die Elementargeister durch die Pflanzen- und Lebensgeister. Auch als Lebensgeist kann der Geist feurig oder ein Feuergeist, bezogen auf das Wollen und Streben, sein.
– *Geist der Fruchtbarkeit,* 1917, 78 (Kat.-Nr. 24)
– *Botschaft des Luftgeistes,* 1920, 7
– *Sturmgeist,* 1925, 244 (Y 4) (Kat.-Nr. 57)
– *Sturm-Geister,* 1933, 98 (P 18)
– *Erdgeister,* 1938, 131 (J 11)
– *Berg-Geist,* 1939, 400 (A 20) (Kat.-Nr. 103)
– *Feuer-Geist,* 1939, 912 (XX 12) (Kat.-Nr. 118)

Genius Abgeleitet von »genialis« = reich, glänzend, fröhlich, ist der Genius als unsichtbarer Schutzgeist des Einzelnen wichtiger Bestandteil der römischen Religion. Der Genius begleitet den Menschen von der Geburt an durch sein ganzes Leben und lebt selbst nach dem Tode fort.
– *ein Genius inspiriert zum Tanz,* 1938, 353 (V 13) (Kat.-Nr. 89)

Götzen Der Begriff bedeutet »Dummkopf, Bildwerk, Abgott«, vielleicht ist er auch eine Ableitung von »Gott« im Sinne von Hausgeist oder Kobold. Bei Luther wird er abwertend als Bezeichnung für heidnische Götter bzw. für als höhere Wesen verehrte Gegenstände verwendet. Im Gegensatz zu Götze wird der Begriff Abgott weniger verächtlich benutzt. Götze bezieht sich vor allem auf die bildliche Darstellung im Sinne des »idolum« (s. *Eidola*). Bisweilen handelt es sich bei der Bezeichnung Götze um Wesen der niederen Mythologie, und da die Bibel den Götzendienst als Dämonenkult betrachtet, zumeist um Hausgeister im Zusammenhang mit dem Teufel. Schließlich kann der Götze Eigenschaften meinen, die in der menschlichen Selbstgefälligkeit begründet sind, indem man Neid, Ehrgeiz oder Stolz zu Götzen erhebt, oder aber Künstler werden zu Götzen gemacht, indem man sie anbetet.

Götzen, 1913, 89

– *Götzen,* 1913, 89
– *Goetze im Fieberland,* 1932, 10 (10) (Kat.-Nr. 67)
– *Götzen-Park,* 1939, 282 (V 2) (Kat.-Nr. 98)
– *Götzin,* 1939, 901 (XX 1) (Kat.-Nr. 116)
– *Götze,* 1939, 982 (BC 2) (Kat.-Nr. 120)

Gorgo (Gorgonen) Als Grundbedeutung steht der Begriff des Furchtbaren, Wilden, mit besonderer Hervorhebung des Wilden im Blick. Die ursprüngliche Singularform zeigt, daß es erst nur eine Gorgo gab. Aus der auf griechischem Boden besonders

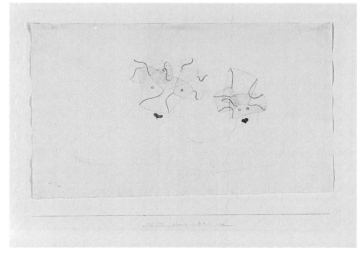

Schwestern vom Stamme der Gorgo, 1930, 118

Mythologisches Glossar 271

bei weiblichen Gottheiten bestehenden Tendenz, Trinitäten zu bilden, entstanden schließlich drei Gorgonen, als Kinder des Phorkys und der Keto die Schwestern Stheno, Euryale und Medusa. Medusa hat, als einzig Sterbliche, getötet von *Perseus,* eine herausragende Stellung in der Sage der Gorgonen und den Vorrang vor ihren mehr im Schatten bleibenden Schwestern behauptet. Da die beiden Schwestern der Medusa in keiner Sage getötet wurden, gab man ihnen Unsterblichkeit, beachtete sie dann aber im Mythos nicht weiter. Nach einer sehr alten Überlieferung wohnte die Gorgo als höllisches Ungeheuer im *Hades* und wurde dort von Aiakos zur Abwehr des Eindringlings Dionysos herbeigerufen. Eine andere Version sagt, daß der Schatten der toten Gorgo Medusa in der Unterwelt weilt.

Die Gorgonen sind geflügelt, führen zwei *Schlangen* mit sich, die sich vom Gürtel empor über ihre Köpfe winden, dazu sind ihre Zungen herausgestreckt, und sie haben wutknirschende Zähne, Schlangenhaare oder schuppige Drachenköpfe. Nach der Enthauptung Medusas durch Perseus erwachen die Schwestern Stheno und Euryale und verfolgen den Mörder, können ihn unter der Hadeskappe aber nicht sehen und müssen die Verfolgung aufgeben. Eine andere Deutung gibt den Gorgonen eine so wunderbare Schönheit, daß jeder, der sie ansieht, vor Bewunderung zu Stein erstarrt. Nach einer weiteren Deutung waren die Gorgonen ein den *Amazonen* ähnliches, kriegerisches Frauenvolk im äußersten Libyen, das unter der Königin Medusa von Perseus mit Hilfe Athenas vernichtet wurde. Dargestellt werden die Schwestern der Gorgo Medusa zumeist bei der Verfolgung des Perseus, wobei das Fratzenhafte der Gorgonen nur selten ins Schöne übersetzt wird.

– *Schwestern vom Stamme der Gorgo,* 1930, 118

Grazien Im römischen Altertum Sinnbilder für jugendliche Anmut, Schönheit und Erhabenheit, die den griechischen Chariten entsprechen. Als erhabene Göttinnen, Geberinnen alles Guten, Schützerinnen alles Edlen, Schönen und Lieblichen sind sie fast immer in der Dreizahl dargestellt: Aglaia (»die Jüngste, Blühendste«), Euphrosyne (»die Wohlgesinnte, Erfreuende«) und Thalia (»die Blühende«). Sie gelten als Töchter des *Zeus* und der Hera oder Harmonia. Einige wenige Darstellungen lassen die Vermutung zu, daß es möglicherweise ursprünglich nur eine Grazie gab, Aglaia, die *Hades*gattin. Als Göttinnen von Anmut und edler Freude weilen die Grazien gerne beim frohen Fest und pflegen Tanz und Gesang. Einen Reigen bildend, stehen sie meistens in Rücken-, Vorder- und Seitenansicht nebeneinander und halten sich an den Händen. Ihre Attribute sind Blumen, Kränze und Früchte, da sie als chthonische Gottheiten Spenderinnen des Erdsegens und des Gedeihens überhaupt sind. Mit ihrer Tätigkeit als Förderinnen der Pflanzenwelt hängt die Beziehung der Grazien zum Wasser zusammen. Zumeist im Gefolge der Liebesgöttin *Aphrodite,* nehmen sie an deren Funktionen teil und gleichen sich auch äußerlich an, lösen den Gürtel und lassen das Gewand fallen. Zugleich stehen sie den *Nymphen* und Musen nahe.

– *Schwebende Grazie (im pompeianischen Stil),* 1901, 2 (Kat.-Nr. 2)

Hades Ursprünglich Bezeichnung für den mitleidlosen Gott der Unterwelt, später nur noch für das Reich der Schatten. Hades war einer der drei Kronossöhne, der im Titanenkampf die Hadeskappe erwarb und danach bei der Teilung der Welt durch Los die Unterwelt zugeteilt bekam. Finsterer Gott und Richter der Toten, herrscht er in der Unterwelt als Gegenstück zu dem Herrscher der himmlischen Welt, *Zeus.* Das Furchtbare seines Wesens zeigt sich in der Sage von der Entführung Persephones in die Unterwelt. Demeter, die Mutter der Persephone, setzte durch, daß ihre Tochter nur die Hälfte des Jahres in der Unterwelt weilte und die andere Hälfte bei ihr. Persephone bleibt aber die eigentliche Gemahlin und Königin des Hades. Dargestellt wird sie häufig mit einem schwärzlichen Gesicht. Hades wandelte sich später zum Wächter über die Schätze der Erde und somit zum gütigen und wohltätigen Gott, dem Pluton verwandt. Die Attribute des Hades sind das Zepter und, als Hadeswächter, auch der Schlüssel. Als Hades-Pluton wird er mit einem Füllhorn dargestellt. Neben dem Hades-Pluton gab es drei Richter in der Unterwelt: Minos, Aekus und Rhadamanthus, ferner *Charon,* der die Seelen über die höllischen Flüsse führt. Außerdem weilen die Furien oder *Erinnyen* in der Unterwelt. Nach

figur aus dem Hades, 1938, 296 (S 16)

dem Tod seiner Frau Eurydike versucht *Orpheus* mit ihr aus dem Hades zu fliehen. Da er sich jedoch, bevor sie die Unterwelt verlassen haben, noch einmal von Sehnsucht überwältigt zu ihr umwendet, muß sie für immer in den Hades entschwinden.
– *Das Tor zum Hades,* 1921, 29 (Kat.-Nr. 37)
– *figur aus dem Hades,* 1938, 296 (S 16)
– *Flucht vor dem Hades,* 1940, 147 (S 7) (Kat.-Nr. 127)

Hekate Tochter des Titanen Perses und der Asteria, stand sie als einzige unter den Titanen Jupiter *(Zeus)* im Gigantenkrieg zur Seite. Für diese Hilfeleistung stattete Jupiter sie mit Macht im Himmel, auf der Erde und in der Unterwelt aus. Ihre drei Machtbereiche zeigen sich in ihrer Dreigestalt. Gewöhnlich ist sie aus drei Leibern zusammengesetzt und hält ihre drei Attribute Fackel, Dolch und Schlüssel in Händen, ihre Haare sind von *Schlangen* durchwunden. Hekate war im Athen des 5. Jahrhunderts v. Chr. als Herrin allen Zaubers und Hexenwesens sehr populär, sie war vorrangig Frauengöttin, und beinahe vor jedem athenischen Haus gab es einen ihr gewidmeten Altar, auf dem ihr Speiseopfer dargebracht wurden. Denn wer ihr auf ihren nächtlichen Streifzügen, begleitet von einer Meute wilder Jagdhunde, begegnete, dem brachte sie Verderben, weshalb sie auch den Beinamen Antaia (= »Begegnerin«) trug. Sie galt als Urheberin krankhafter Zustände, und Zauberinnen wandten sich bei ihrem gespenstischen Treiben mit Vorliebe an Hekate.
– *Hexenmutter,* 1925, 21 (L 1) (Abb. S. 274)

Held, Heros Bezeichnung im griechischen Volksglauben der homerischen Zeit für eine zwischen den Göttern und den Menschen stehende Person, die durch ihre im Leben vollbrachten großen Taten den Göttern gleichend zum Halbgott wurde. Nach ihrem Tode besaßen die Heroen, wie die Götter, das Machtpotential, den Menschen Hilfe zu leisten. Ihre Halbgottstellung zwischen den Göttern und den Menschen bekundet sich in bildlichen Darstellungen dadurch, daß sie mit nur einem Flügel ausgestattet sind.

Entwickelt hat sich die Heroenverehrung wahrscheinlich aus dem Totenkult um mächtige Kriegergestalten, denn innerhalb des Totenkults dachte man sich den Heros als nach dem Tode zu einer höheren Existenz erhoben und als Totenseele wirksam. So findet man die Heroen als thronende Unterweltgottheiten bisweilen beim Totenmahl oder als liegende, heroisierte Verstorbene. Der bekannteste Held mit dem Flügel ist Daidalos, der mythische Repräsentant des ältesten Kunsthandwerks, der als Baumeister das *Labyrinth* auf Kreta entwarf. Um von der Insel Kreta entfliehen zu können, auf der ihn König Minos gefangenhielt, fertigte er sich und seinem Sohn Ikaros Flügel an. So konnten sie zwar gemeinsam aus dem Labyrinth entfliehen, doch Ikaros flog zu nah an die Sonne heran, das Wachs, das die Federn seiner Flügel zusammenhielt, schmolz, so daß er ins Meer stürzte und umkam.

– *held m. flügel,* 1905, 7 (Kat.-Nr. 9)
– *Der Held mit dem Flügel,* 1905, 38 (Kat.-Nr. 12)

Herakles (lat. **Hercules**) Der Name geht entweder auf die Göttin Hera zurück und bedeutet »der (durch) Hera Berühmte«, oder er leitet sich von Heros ab und kennzeichnet den durch seine Taten oder durch seine Stärke Berühmten. Herakles ist der größte griechische *Heros,* das Ideal der Heldenkraft. Er ist der Sohn von *Zeus* und Alkmene. Die *Schlangen,* mit denen Hera, die Gemahlin des Zeus, Herakles töten wollte, um sich für den Ehebruch ihres Mannes zu rächen, erwürgte Herakles bereits als Wiegenkind. Ebenfalls schon im Kindesalter wurde er in den Wissenschaften, den Künsten und Kriegstechniken unterwiesen. Als er seinen Lehrer des Zitherspiels aus Verdruß mit dem Instrument erschlug, verbannte man ihn bis zu seinem achtzehnten Lebensjahr aufs Land. Als Jüngling wählte er die Tugend zu seiner Begleiterin. Bekannt wurde er durch seine zwölf Heldentaten, die er in zwölf Jahren vollbrachte. Seine Attribute sind eine Keule und eine Löwenhaut. Bisweilen trägt er auch einen Köcher mit Pfeilen bei sich.
– *Herakles als Kind,* 1940, 229 (N 9) (Kat.-Nr. 131)

Hermaphrodit Der göttliche Zwitter gilt als Sprößling des *Hermes* und der *Aphrodite*. Nach Ovid verliebte sich die *Nymphe* Salmakis in den schönen Jüngling, als er in ihrer Quelle badete. Da er ihre Liebe nicht erwiderte, bat sie die Götter, ihre beiden Körper für immer zu verschmelzen. Die Quelle, in der diese Verwandlung stattfand, machte fortan alle Menschen, die in ihr badeten, zu Hermaphroditen, Zwitterwesen.
– *Mann-weib,* 1939, 133 (M 13) (Kat.-Nr. 92)

Hermes (lat. **Mercurius**) Seine ursprüngliche Bedeutung ist die des Gottes der Fruchtbarkeit, später weitet sich sein göttlicher Einfluß auf das Wachstum der gesamten Natur aus. Als Götterbote bringt er den neugeborenen Dionysos zu Ino und Athamas, später zu den nysäischen *Nymphen*. Hera, Athena und *Aphrodite* geleitet er zu Paris. Weil er es verstand, durch das Aneinanderreiben zweier Hölzer Feuer zu entzünden, verehrte man ihn als Feuergott, auch als Bringer des Glücks und des Friedens. Seine Schlauheit machte ihn zum Schutzpatron der Redner ebenso wie der Kaufleute und Diebe. Dargestellt wird Hermes zumeist als Jüngling mit Hirten- oder Reisehut. Sein Hut ist *geflügelt,* ebenso wie seine Stiefel oder Sandalen. Manchmal sind die Kopfflügel auch direkt im Haar angebracht. In der Hand hält er einen Stab, der als Hirten-, Herold- oder Zauberstab gedeutet wird, bisweilen auch eine stilisierte Blume. Begleitet wird er häufig von einem Widder oder einem Ziegenbock, selten von einem Hund.
– *Komiker,* 1904, 10 (Kat.-Nr. 5)

Mythologisches Glossar 273

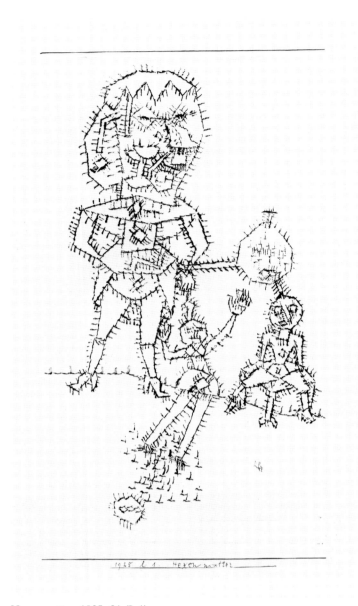

Hexenmutter, 1925, 21 (L 1)

Hexe Das Wort geht auf das althochdeutsche »hagzissa« zurück, womit ursprünglich ein sich auf Bäumen oder Hecken (Hag) aufhaltendes dämonisches Wesen bezeichnet wurde. Weibliche Wesen mit magisch schädigenden Kräften sind schon im vorchristlichen Volksglauben bekannt. Bereits im Altertum besaßen die hexenartigen Frauen charakteristische Tätigkeitsmerkmale wie die Tierverwandlung, den Kindesraub und den Vampirismus, aber auch die Kräutertrank- und Giftmischung. In der Schweizer Mythologie tanzen die Hexen auf einem Berg singend in einer Spirale um das Feuer, bisweilen sind sie dabei auch mit *Schlangen* geschmückt, die die Gestalt einer Spirale bilden. Im Tanz wurden eine gemeinsame Ekstase und das Gefühl der Lebenskraft erzeugt. Wichtig für das Hexenwesen sind die Nachtschattengewächse wie Alraune, Stechapfel und Tollkirsche, aus denen die Hexen Salben zu brauen pflegten. Die Salben konnten die Wirkung von Rauschmitteln haben (siehe auch *Hekate* und *Walpurgisnacht*).
– *brauende Hexen,* 1922, 12 (Kat.-Nr. 47)

– *tanzende Hexe,* 1922, 224 (Kat.-Nr. 48)
– *Hexen-Schmiede,* 1936, 12 (Kat.-Nr. 79)
– *Erd-Hexen,* 1938, 108 (H 8) (Kat.-Nr. 83)
– *Wald-Hexen,* 1938, 145 (K 5) (Kat.-Nr. 85)

Homunkulus (lat.=kleiner Mensch) Wunschgebilde eines künstlich erzeugten Miniaturmenschen. Dem im 13. Jahrhundert aufkommenden Glauben an die Realisierungsmöglichkeit des Homunkulus liegt die alchimistische Dreiheitsidee der Geist, Seele und Körper symbolisierenden Prinzipien von Schwefel, Quecksilber und Salz im Androgyn (=Mannweib) als Einheit der Gegensätze zugrunde. Goethe läßt in »Faust II« den Famulus Wagner einen Homunkulus nach der alchimistischen Anleitung des Paracelsus erzeugen.
– *Die Pflege des Homunculus,* 1922, 46

Die Pflege des Homunculus, 1922, 46

Iphigenie Dem Namen und dem Wesen nach eine Geburts- und Fruchtbarkeitsgöttin, vermutlich chthonischer Natur, und zugleich eine verderbenbringende Todesgöttin. Im Laufe der Zeit wurde sie von Gottheiten verwandter Art, in erster Linie von Artemis, aufgesogen, indem sie ihr angeglichen oder zu ihrer Dienerin herabgestuft wurde. Iphigenie gilt als Tochter des Theseus und der Helena, wurde jedoch der Klytaimnestra und dem Agamemnon übergeben oder war Tochter des Agamemnon. Als Agamemnon sie der Artemis opfern wollte, wurde ihm von Artemis eine Hindin untergeschoben, Iphigenie selbst wurde von ihr zur Göttin erhoben. Häufiges Motiv der Kunst ist die Darstellung der Opferszene.
– *Eidola: weiland Iphigenie II,* 1940, 98 (V 18) (Kat.-Nr. 123)

Kakendämonisch Die griechische Vorsilbe »kako« bedeutet »schlecht, übel, miß-«. Der Kakodämon ist die *Schlange*. In ihrer Doppelnatur bedeutet die Schlange sowohl Heil, Genialität und Verjüngung wie auch den Tod. Daher gibt es neben den todbringenden Schlangen auch Heilschlangen. Der Höllenschlange

steht die Himmelsschlange gegenüber, der Schlangenstab des Aesculap ist das Organ der Wiedergeburt. Bei den Hellenen ist die Schlange der böse Geist der Unterwelt. Da die Schlange sich gern an Quellen aufhält, ist sie mit Symbolen des Meeres in Verbindung gebracht worden, entstanden aber glaubte man sie aus der Erde.
– *kakendaemonisch,* 1916, 73 (Abb. S. 98)

Kentauren Vierbeinige, aus Mensch und Pferd gebildete Wesen, die in Bergwäldern hausen. Die Kentauren Eurytion und Nessos sind als *Herakles*gegner individuell ausgebildet, ansonsten treten sie als wilde, menschenfeindliche Masse auf. Freundlich und wohltätig sind die beiden Kentauren Chiron und Pholos, aber allein Chiron wurde verehrt und damit aus der Masse herausgestellt. Die Kentauren sind wilde Waldwesen mit tierischen Gebärden, sie rauben Frauen und stellen den *Nymphen* nach, jagen aber auch Luchs und Eber. Als *Dämonen* des wilden Bergwaldes verschlingen sie roh das Fleisch erlegter Bergtiere und kämpfen mit ausgerissenen Bäumen und Steinen gegen die Menschen. Bisweilen werden die Kentauren auch ornamental dargestellt, oft mit Bäumen und Tieren und miteinander kämpfend. Die Kentauren sind vergleichbar mit den allerdings zweibeinigen Silenen.
– *barocker Kentaur,* 1939, 283 (V 3)

Kirke (lat. **Circe**) Sie gilt als göttliches Wesen. In der *Odyssee* wohnt sie auf der weltfernen Insel Aia und verwandelt die Menschen durch Zauberwein und Berührung ihres Stabes in Luchse und Löwen, die vorangeschickten Gefährten des Odysseus in Schweine. Er selbst überwindet ihren Zauber, zwingt sie, die Gefährten zurückzuverwandeln, und läßt sich von ihr seine weiteren Fahrten prophezeien. Ihr böses Wesen zeigt sich auch darin, daß sie mit den *Kentauren* den Töpferofen zerstört haben soll. Wahrscheinlich war Kirke eine Todesgöttin. Auch in der *Odyssee* wohnt sie nur eine Tagesfahrt vom Totenreich entfernt.
– *KIRKE,* 1938, 263 (R 3) (Kat.-Nr. 88)

Labyrinth Das bekannteste Labyrinth, das »Haus des Labrys«, das in der Sage der Sitz des Königs Minos von Kreta war, befand sich in der Nähe von Knossos. Der Bau bestand aus einem komplizierten System von ineinander verschlungenen Gängen und Kammern, aus denen man nie wieder herausfinden konnte. Die gewaltigen Trümmer des Königspalastes von Knossos mit der Weiträumigkeit der Anlage, der verwirrenden Menge von Wohnräumen, Gängen, Treppenhäusern und Magazinen glaubt man heute als das sagenumwobene Labyrinth identifizieren zu können. Es wurde von Daidalos errichtet, um den Minotauros darin gefangenzuhalten. Der Minotauros, halb Mensch, halb Stier, war als menschenfressendes Ungeheuer im Labyrinth ein-

barocker Kentaur, 1939, 283 (V 3)

Zerstörtes Labyrinth, 1939, 346 (Y 6)

gesperrt, bis ihn Theseus tötet und die ihm als Opfer bestimmten athenischen Jünglinge und Jungfrauen befreit. Theseus gelingt der Weg durch die verwirrenden Gänge des Labyrinths mit Hilfe des Fadens der Ariadne, Gattin des Dionysos *(Bacchus),* die der *Aphrodite* nahesteht. Nach einer anderen Überlieferung lag die Gefahr des Labyrinths nicht in den Irrgängen, sondern in der Dunkelheit, so daß Ariadne dem Theseus eine leuchtende Krone gab, die ihn leitete. Die Darstellung des Labyrinths in

Mäanderform wird auch auf den Reigentanz der von Theseus geretteten Mädchen und Knaben bezogen. Dieser »Kranichtanz«, dem Theseus voranschritt, bildet in seinen bald vorwärts, bald rückwärts laufenden Ringelbewegungen den mäandrischen Grundriß des Labyrinths nach. Das kretische Labyrinth des Daidalos soll auf das uralte Grabmal des Mendes in Ägypten, einen Kolossalbau mit zwölf bedeckten Höfen und 3000 Gemächern, zurückgehen.
– *Zerstörtes Labyrinth,* 1939, 346 (Y 6)

Leda Tochter des Königs Thestios und der Eurythemis. Mit ihrem Gemahl Tyndareos hat Leda Timandra, Klytaimnestra und Phylonoe sowie den Kastor gezeugt, mit *Zeus,* der sie in Gestalt eines Schwans aufgesucht hat, Polydeukes (Pollux) und Helena. Eine andere Version sagt, daß Zeus der Vater der beiden Dioskuren Kastor und Polydeukes sowie der Helena war. Auch Nemesis *(Adrastea)* wird als Mutter der Helena ausgegeben, später aber mit Leda gleichgesetzt. Leda flüchtet vor der Liebe des Zeus, der sie verfolgt und in Gestalt eines Schwans in ihren Schoß fliegt. Die Frucht ihrer Verbindung ist ein Ei, welches Leda entweder in einen Kasten steckt oder ausbrütet. Um die himmlische Herkunft der Dioskuren zu betonen, hat man auch gesagt, das Ei sei vom Mond herabgefallen (und Leda habe es dann gefunden) oder Zeus habe Leda als Stern aufgesucht. Häufig wird Ledas körperliche Schönheit, aber ebenso ihr Unterliegen betont, während vor ihr der gewaltige Schwan steht, der sie mit großen Flügeln bedrängt und mit dem Schnabel ihre Lippen zum Kuß sucht.
– *Leda und d. Schwan,* 1913, 76 (Kat.-Nr. 17)

Loki Die Etymologie des Namens des aus der altnordischen Überlieferung bekannten Gottes ist unsicher. Er war so etwas wie eine Feuer- oder Windgottheit. Seine komplexe Gestalt, die aus den Sagen der Edda bekannt ist, enthält jedoch auch die Komponente des Trickreichtums, da Loki schlau ist und sich viele Listen ausdenkt. Sein widersprüchliches Wesen zeigt sich darin, daß er sich auf seine Blutsbrüderschaft mit Odin beruft, aber den Tod des Gottes Balder (Gott des Lichtes und Verkörperung des Guten, Sohn des Odin) verursacht, wodurch sich das Geschick der Welt zum Untergang wendet. In der Snorra-Edda wird er »Verleumder der Götter« sowie »Urheber aller Falschheiten und Schandfleck unter allen Göttern und Menschen« genannt. Loki galt zwar als ansehnlich und schön, aber böse in seiner Sinnesart. In einigen Mythen ist er der Begleiter des Donnergottes Thor, mehrmals wird er mit Odin und Hönir zusammen in einer Trias genannt. Mit Heimdall (Wächter der Götter) kämpft er auf einer Insel um das Brisingengeschmeide, das er der Freyja gestohlen hat. Als Feuergottheit steht Loki dem Prometheus nahe.
– *Pop und Lok im Kampf,* 1930, 227 (F 7) (Kat.-Nr. 64)

Luna Römische Mondgöttin, gleichgesetzt mit der griechischen Selene. Im Laufe der Zeit haben Sonne (Sol) und Mond (Luna) Kultstätten in Rom erhalten, ohne daß bekannt wäre, woher der Anstoß zu ihrer Aufnahme in den Kreis römischer Staatsgottheiten rührt. Die Lage des Heiligtums beim Circus Maximus hat Luna zur Schutzgöttin desselben werden lassen. Luna ist Tochter oder Schwester des Sol. Die Typologie der griechischen Kunst, Luna auf einem Zweigespann fahrend darzustellen, während der Sonnengott auf einem Vierspänner zu sehen ist, wird von Rom übernommen. Bisweilen ist sie auch stehend mit Fackel, Halbmond oder über dem Kopf gebauschtem Schleier zu sehen. Luna wird wie Selene mit *Diana* oder *Hekate* vermischt. Die Phönizier haben sie unter dem Namen der Astarte verehrt.
– *Luna der Barbaren,* 1939, 284 (V 4) (Kat.-Nr. 99)

Maenaden sind als Priesterinnen, Gespielinnen und Dienerinnen die Begleiterinnen des jugendlichen Weingottes Dionysos (Bacchus). Sie sind gleichbedeutend mit den *Bacchantinnen* oder den rasenden Frauen des Bacchusfestes. Orpheus, der durch Eurydikes Entschwinden in den *Hades* zum Frauenverächter geworden ist, wird von thrakischen Maenaden zerrissen, die sich danach in Bäume verwandeln. Das Brausen, Stürmen und Tosen ihres dionysischen Taumels ruft die Wiedererweckung hervor, so daß die Maenaden auch als Vegetationsgeister gelten. Auf den Köpfen tragen sie Efeukränze, in der einen Hand einen Thyrsus oder einen kleinen Spieß, auf dem Rücken eine Reh- oder Hirschhaut und in der anderen Hand einen Schild, der den Klang einer Trommel abgibt, wenn er berührt wird. Bisweilen haben sie *Schlangen* im Haar oder sind mit Schlangen umgürtet, die ihnen die Wangen lecken. Sie nehmen die wilden Tiere des Waldes auf den Arm und säugen sie, sie schweben über der Erde, sind unverwundbar und können Bäume entwurzeln. Das Greifen des Wildes läßt die Maenaden als Jägerinnen erscheinen und setzt sie in Bezug zu den *Erinnyen*. Sie werden auch zu Führerinnen des schwärmenden Totenzuges. Ferner stehen sie den *Nymphen* und *Dryaden* nahe. Als Trägerinnen religiöser Ekstase sind die Maenaden häufig in schwärmerischer Begeisterung nach oben blickend dargestellt, den Kopf zurückgeworfen, der Umhang aus Fell über der Schulter herabflatternd.
– *maenadischer Schreck,* 1920, 141 (Kat.-Nr. 34)
– *Eidola: weiland MAENADE* 1940, 84 (V 4) (Abb. S. 151)

Mars Gleichgesetzt mit dem griechischen Kriegsgott Ares, ist Mars als Sohn des Jupiter und der Juno der Kriegsgott der Römer, in dem diese auch den Vater von Romulus und Remus, ihren Ahnherren, sahen. Er soll die Menschen angewiesen haben, Waffen zu schmieden und Krieg zu führen. Verehrt wurde er häufig zusammen mit Venus *(Aphrodite)*. In seiner ursprünglichen Bedeutung war Mars wahrscheinlich auch Vegetations- und Frühlingsgottheit. Heilig waren ihm Wolf, Specht, Stier und Pflanzen. In der keltischen Religion war Mars auch Heil-

Kriegs Gott, 1937, 25 (K 5)

tragische Metamorphose…, 1939, 74 (J 14)

gott. Dargestellt ist Mars zumeist bärtig, sein Attribut ist eine Lanze, seine Bewaffnung besteht außerdem aus einem Helm, einem Schild und einem Spieß.
– *Kleiner Mars,* 1937, 261 (X 1) (Kat.-Nr. 82)
– *Kriegs Gott,* 1937, 25 (K 5)

Mephisto, Mephistopheles Gestalt aus der Faustsage, im Volksbuch von 1587 »Mephostophiles« genannt; die etymologische Herkunft des Namens ist nicht geklärt. Goethe verleiht im »Faust« der volkstümlichen Gestalt eine psychologische Verfeinerung als intellektueller und zynischer Gegenspieler zu Faust.
Pallas Onkel des Theseus, war eine göttliche oder heroische Gestalt der griechischen Mythologie. Als Titan Gigant, wurde er möglicherweise im Gigantenkampf von Athena getötet oder versteinert. Athena streifte ihm die Haut ab und zog sie sich als Schutzkleid über. Danach wird sie selbst zu Pallas. Pallas wird aber auch als attischer, arkadischer sowie als römischer Heros genannt.
– *Mephisto als Pallas,* 1939, 855 (UU 15) (Kat.-Nr. 114)

Metamorphose Bezeichnung für die Verwandlung einer Gestalt in eine andere, etwa wenn sich ein Mensch in ein Tier oder eine Pflanze verwandelt. Entsprechend schildern die *Metamorphosen* des römischen Dichters Ovid die Verwandlungen mythischer Gestalten.

– *<metamorphose Vögel>,* 1915, 122 (Kat.-Nr. 20)
– *tragische Metamorphose…,* 1939, 74 (J 14)
– *METAMORPHOSE in der Not,* 1939, 166 (P 6) (Kat.-Nr. 95)

Nereiden Töchter des Meergottes Nereus. Sie werden auch als Wassernixen oder Meermädchen bezeichnet. Es gibt bis zu 50 verschiedene Nereiden, deren Namen sich größtenteils auf die Eigenschaften des Wassers beziehen. Als göttliche Wesen sind sie von menschlichen Sorgen verschont und widmen sich vor allem ihrer Schönheit sowie dem Gesang und Tanz. Da sie ehescheu sind, entfliehen sie dem Werben Poseidons, werden aber häufig als Teilnehmerinnen von Hochzeiten dargestellt. Die Nereiden treten vor allem als helfende oder rettende Begleiterinnen auf, so wie sie z. B. *Europa* auf ihrer Fahrt nach Kreta begleiten. Oreithyia, die, von Boreas, dem Nordwind, entführt, ein besonderes Schicksal hat, erscheint als die wildeste in der sonst sanften Schwesternschar und wird im Mythos von den anderen Nereiden gelöst. Auch Thetis, die Mutter des Achilleus, hat ein eigenes Schicksal, indem sie von Peleus geraubt wird und durch ihre Hochzeit mit ihm schließlich die einzige Nereide ist, die sich mit einem Sterblichen vermählt. Während die Nereiden im Altertum nur die Meernymphen bezeichneten, wurde ihr Name im Neugriechischen verallgemeinert und auf alle Nymphenarten ausgedehnt. Neben den Wassergeistern Nereus und Poseidon tritt vor allem *Aphrodite* in enge Beziehung zu den Nereiden als deren Vertraute und Spielgefährtin.
– *Schicksal einer Nereïde,* 1939, 140 (M 20) (Kat.-Nr. 94)

Nixe, Nix Weiblicher Wassergeist und der deutsche Begriff für die griechische Wasser*nymphe*. Die Bezeichnung Nix leitet sich von der Wurzel »nig« ab und bedeutet soviel wie waschen, da die Wassergeister gern aus den Wellen tauchend, im See oder im Fluß badend gedacht werden.
– *Sumpf wasser nixe,* 1924, 67 (Kat.-Nr. 54)
– *Teich-Nixe,* 1940, 302 (H 2) (Kat.-Nr. 132)

Mythologisches Glossar 277

Nornen Bezeichnung für die drei verschwisterten Schicksalsgöttinnen des nordischen Pantheons mit den Namen Urd, Werdandi und Skuld. Sie entstammen dem *Riesen*geschlecht und wohnen an der Wurzel des Weltbaums an einem Brunnen, aus dem sie die Weltesche begießen. Sie spinnen und weben die Fäden des Geschicks, ihrem Spruch kann niemand entgehen. Bisweilen treten die Nornen auch in Scharen auf.
– *streitende Nornen,* 1933, 97 (P 17) (Kat.-Nr. 72)

Odysseisch, 1924, 260

Nymphe im Gemüsegarten, 1939, 504 (AA 4)

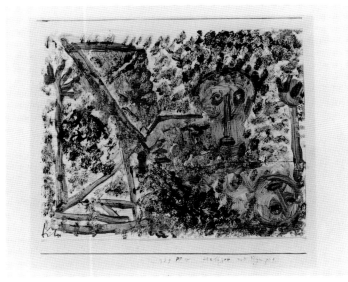

Halbgott und Nymphe, 1939, 770 (PP 10)

Nymphen Göttinnen der freien Natur. Man unterscheidet verschiedene Klassen von Nymphen, wie Naiaden, Oreaden, *Dryaden, Nereiden* und andere. Es gibt Berg-, Wald- und Baumnymphen, denn in ihnen gestaltet sich das lebendige Weben der freien Natur, so daß die Nymphen auch als Fruchtbarkeitsspenderinnen gelten. Sie fördern die Vegetation, lassen die Früchte reifen und wachen über den menschlichen Nachwuchs. Vor allem aber sind die Nymphen mit dem Wasser verbunden, das le-benweckend aus der Erde quillt und das sie unter ihrer Obhut halten. Als Wassergottheiten heißen sie Naiaden. Ursprünglich lebten die Nymphen in Grotten und Höhlen, oder aber sie hausten auf feuchten Wiesen und in blühenden Gärten. Die Bergnymphe bildete sich als eigene Klasse heraus, ebenso wie die Waldnymphe. Letztere ist identisch mit der Baumnymphe, besonders mit der Dryade. Die Nymphen sind in jedem Fall an ihre heimatliche Gegend gebunden und werden nicht auf den *Olymp* erhoben. In ihrer Erscheinung sind sie jung und schön, und zumeist bewegen sie sich tanzend und singend im Reigen, der nur im Schwarme des Dionysos ekstatische Formen annimmt. Sie sind ferner Begleiterinnen der Artemis *(Diana)* und tanzen den Reigen auch mit den *Grazien.* Außerdem stehen sie den Musen nahe und sind später mit ihnen verbunden worden.
– *Nymphe im Gemüsegarten,* 1939, 504 (AA 4)
– *Halbgott und Nymphe,* 1939, 770 (PP 10)
– *Bart-Nymphe,* 1940, 218 (P 18) (Kat.-Nr. 129)

Odyssee Abgeleitet von dem griechischen Sagenheld, berichtet die *Odyssee,* das Epos von Homer, über die zehnjährigen Irrfahrten des Odysseus nach dem Ende des Trojanischen Krieges. Erzählt werden viele Abenteuer, in denen sich Odysseus durch Ausdauer, Schlauheit und Unerschrockenheit sowie durch Liebe zur Heimat und durch Gattentreue auszeichnet. Mit seinen Schiffen gelangt Odysseus u. a. zur Insel Aia und begegnet dort der *Kirke,* die ihm seine weiteren Fahrten prophezeit. Danach begibt er sich in die Hölle hinab, vermag dem verführerischen Gesang der *Sirenen* zu entkommen, verliert aber sechs Gefährten durch die *Skylla.* Auf Sizilien begegnet er dem Kyklopen Polyphemus (s. *Riese*), aus dessen Höhle er durch eine List entfliehen kann. Das Schiff seiner Gefährten wird schließlich durch einen Donnerstrahl des *Zeus* zerschmettert, und am Ende kommt er allein in die Heimat Ithaka zurück.
– *Odysseeisch,* 1924, 260

Olymp, Olympos In Griechenland und Kleinasien war Olympos ein weitverbreiteter Bergname, das berühmteste und gewaltigste Gebirge dieses Namens ist der thessalische Olymp. Sein 2900 Meter übersteigendes Gipfelmassiv bildet den Eckpfeiler der griechischen Halbinsel am Ägäischen Meer. Nach Homer haben dort die Götter ihre Versammlungsorte und Wohnungen, insbesondere gilt das für den Palast des *Zeus*. Vom Himmel wie

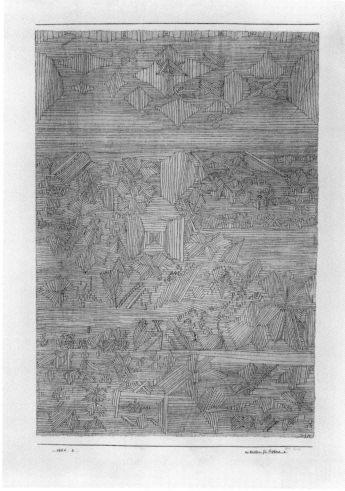

ein Garten für Orpheus, 1926, 3

vom wolkenumhangenen Olymp kommen Regen und Donner, und die Beziehung zum Wettergott Zeus, der im Himmel oder auf dem Olymp herrscht, war daher naheliegend. Später wurde die lichte Religion des Olymps in Gegensatz zum Walten der chthonischen Götter (im *Hades*) gesetzt, und der Olymp wurde mit dem Himmel identifiziert.
– *zerstörter Olymp,* 1926, 5 (Kat.-Nr. 58)

Omphalos Stein, der im Apollontempel in Delphi stand und als »Nabel« bezeichnet wurde, weil er als Mittelpunkt der Erde galt. Einem späten Zeugnis zufolge war sein Platz an der Seite der Cella. An der Südwand der Cella fand man einen Omphalos aus Poros, in der Mitte durch einen senkrechten Kanal durchbohrt, aus dem ein eiserner Stiel hervorragte. Vermutlich wurden daran die Binden befestigt, die den Omphalos umspannten. Der

Orpheus, 1929, 257 (Z 7)

Omphalos war das wesentliche Sinnbild Delphis, durch ihn vermittelte die Große Göttin (vgl. *Gaia*) das Orakel. Repliken des Omphalos gab es im Heiligtum von Eleusis, bezeugt durch eine Darstellung, auf der die Erdgöttin in Verbindung mit dem Omphalos in beredter Gebärdensprache ihr Orakel verkündet. Im letzten Teil der *Oresteia* von Aischylos, den »Eumeniden«, hält Athena ihren entscheidenden Vortrag am Omphalos.
– *omphalo-centrischer Vortrag,* 1939, 690 (KK 10) (Kat.-Nr. 111)

Orakel, 1922, 139

Orpheus wird genannt als ein König oder königlicher Prinz und als Sohn der Muse Kalliope. Im griechischen Mythos ist er der Vertreter der Musik, er spielt auf einer Leier oder Kithara, die ihm Apollon geschenkt hat, und singt dazu. Die Tiere werden von seinem Gesang herbeigerufen, sogar Bäume und Felsen bewegen sich zu ihm, die Flüsse hören auf zu fließen, und die Winde stehen still. Als seine Gattin Eurydike von einem Schlangenbiß getötet wird, versucht er sie mit seiner *Hades*fahrt aus der Unterwelt wieder heraufzuholen. Zwar kann er die Herrscher des Hades mit seinem Gesang und Saitenspiel erweichen, dennoch mißlingt das Unternehmen, da er die Bedingung, sich nicht nach Eurydike umzublicken, aus Sehnsucht nach ihr ignoriert. Nach dem endgültigen Verlust der Gattin wendet er sich der Einsamkeit oder der Knabenliebe zu. So erregt er den Zorn der thrakischen *Maenaden* und findet seinen Tod durch sie, indem sie ihn zerreißen. Das Wissen über die Unterwelt, das Orpheus bei seiner Hadesfahrt gewonnen hat, tritt in der orphischen Jenseitslehre auf. Die mythische Gestalt des Orpheus hängt eng mit Apollon, dem göttlichen Vertreter der Kithara-Musik, und mit Dionysos, der Zentralgestalt der orphischen Mysterien, zusammen.
– *ein Garten für Orpheus*, 1926, 3
– *Orpheus*, 1929, 257 (Z 7)
– *travestierte Orpheia*, 1940, 137 (T 17) (Kat.-Nr. 126)

Orakel Hinweis einer göttlichen Macht auf ein entferntes Geschehen oder einen göttlichen Willen. Erteilt wird das Orakel als Auskunft an einem bestimmten Ort auf eine konkrete Frage. Das bedeutendste Orakel der Griechen war das von Delphi. Delphi war seit mykenischer Zeit eine heilige Stätte, an der zuerst *Gaia* verehrt wurde, später Apollon. Die Pythia gab, vom

PALÉSIO-NUA, 1933, 236 (W 16)

Gott besessen, aber nicht in rasender Ekstase, auf schriftliche oder mündliche Fragen oder spontan im Beisein von Priestern Orakelauskünfte, die später von den Priestern schriftlich fixiert wurden.
– *Orakel*, 1922, 139

Pales Der Name leitet sich vielleicht von dem griechischen und römischen Wort »Phallus« ab. Pales war die römische Gottheit der Hirten und Herden, die über die Gesundheit und Fruchtbarkeit der Haustiere wachte. Das Fest der Pales, das Palilia-Fest, wurde von den Hirten am 20. April gefeiert. Ursprünglich war Pales eine Gottheit, die sowohl männlich als auch weiblich gedeutet wurde. Sie wird auch mit der Vesta oder mit der Kybele gleichgesetzt.
– *PALÉSIO-NUA*, 1933, 236 (W 16)

Pandora Als Mutter Erde und Erdgöttin ist sie die gütige Allgeberin und steht in engem Zusammenhang mit der Göttin *Gaia* bzw. wird sogar mit ihr gleichgesetzt. Mit allen Vorzügen einer Frau ausgestattet, ist sie als Mutter der ersten Menschen Deukalion, Prometheus und Epimetheus die Stammutter des Menschengeschlechts. *Zeus,* der die Menschen für den Raub des Feuers durch Prometheus strafen will, versieht Pandora mit einem alle Übel in sich bergenden Tonkrug und sendet sie zu Epimetheus (griechisch »den zu spät Bedenkenden«). Von Pandoras Reizen geblendet, nimmt dieser sie auf, Pandora öffnet auf Geheiß von Zeus das Gefäß, worauf sich Übel und Krankheiten über die Menschen ausbreiten.
– *Die Büchse der Pandora als Stilleben,* 1920, 158 (Kat.-Nr. 35)

Perseus Der griechische *Heros* ist Sohn der Danae und des *Zeus.* Er erhält von Polydektes den Auftrag, ihm das Haupt der Medusa, der einzig sterblichen der drei *Gorgonen*schwestern (Stheno, Euryale und Medusa), zu bringen. Um dem alles versteinernden Blick der Medusa nicht ausgesetzt zu sein, wendet Perseus bei ihrem Anblick sein Antlitz ab, betrachtet die schlafende Gorgo im Spiegel seines Schildes und kann sie so ungefährdet mit seinem Schwert enthaupten. Aus ihrem Haupt entspringen das Flügelpferd Pegasos und Chrysaor. Getarnt durch die *Hades*kappe und mit den Flügelschuhen des *Hermes* ausgestattet, kann Perseus den Schwestern der Medusa entkommen. Er benutzt daraufhin das Medusenhaupt, um seine Feinde mit ihrem Blick zu versteinern, bis er es schließlich Athena übergibt, die es auf ihren Schild setzt. Dargestellt wird Perseus häufig im Moment vor, während oder nach der Enthauptung der Medusa, indem er sich an die Schlafende heranschleicht oder bereits ihr Haupt, aus dem das Blut strömt, emporhält. Perseus erscheint bärtig und mit einem Hut (der Hadeskappe), er trägt ein Schwert und einen Beutel für das Medusenhaupt. Das Haupt der Medusa wird zumeist fratzenhaft häßlich, häufig mit herausgestreckter Zunge und von Schlangenhaar bekrönt wie eine Schreckensmaske ins Bild gesetzt.
– *Perseus. (der Witz hat über das Leid gesiegt.),* 1904, 12 (Kat.-Nr. 6)

Phönix Name des sogenannten »Wundervogels«, dessen enorme Lebensdauer Hinweis auf die Ewigkeit im Sinne der Unsterblichkeit ist. Die Sage des Phönix entstand in Indien oder Arabien, wo er als Symbol der Sonne verehrt wurde. Er begrüßt die Strahlen der aufgehenden Sonne und huldigt ihr noch einmal vor seinem Tod. Er entsteht sogar durch die Strahlen der Sonne ohne leibliche Eltern. Seine Gestalt gilt als Abbild der Sonne. Die Schönheit seines Federkleides wird in ausschweifenden Farben beschrieben, sein Hauptschmuck deutet auf die Sonnenscheibe. Als der König aller Vögel ist er einzigartig. Neben seiner Schönheit zeichnet ihn sein Gesang aus. In Verbindung mit einem ägyptischen bjnw-Vogel, der dort als Sonnengott verehrt wurde, entwickelte sich die Sage der Neuerstehung des Phönix, der, wenn er sein Ende nahen fühlt, zu der ägyptischen Stadt Heliopolis, der Stadt des Sonnengottes, fliegt, um sich dort zu verbrennen und dann aus seiner eigenen Asche neu zu erstehen. Da es dem Wunsch der Sterblichen entspricht, sich in einen Vogel zu verwandeln, um der Seele den Flug in den Himmel zu ermöglichen, wird der bjnw-Vogel mit dem ägyptischen Totengott Osiris gleichgesetzt. Der Phönix ist das einzige Wesen, das sich selbst zu erneuern vermag, und steht für das Prinzip der ewigen erneuernden Wandlung.
– *Greiser Phönix* (Inv. 9), 1905, 36 (Kat.-Nr. 10)
– *Phoenix coniugalis,* 1932, 57 (L 17) (Abb. S. 166)
– *Phoenix und die Kutsche,* 1939, 754 (NN 14) (Kat.-Nr. 112)

Pomona Römische Schutzgöttin des Obstes oder der kultivierten Bäume. Sie wird auch als keusche Baum*nymphe* genannt und erscheint überall dort, wo von Obstbäumen, Früchten und Herbst die Rede ist. Die Satyrn und andere Feldgötter stellen ihr nach, jedoch weiß sie sich zu wehren. Vor diesem Hintergrund wurde sie auch zu einem Inbild der Tugend. Dargestellt wird sie als eine junge, aber schon erwachsene Frau. Ihre Attribute sind verschiedene Früchte, vor allem Äpfel, ihr Haar ist häufig mit einer Fruchtschnur durchwirkt.
– *Pomona heranwachsend,* 1937, 33 (K 13)
– *Pomona, über-reif,* 1938, 134 (J 14) (Abb. S. 189)

Riese Die indogermanisch nachweisbare Bezeichnung für »hoch« ist möglicherweise aus dem Griechischen abgeleitet und

Pomona heranwachsend, 1937, 33 (K 13)

Mythologisches Glossar 281

bedeutet Felsenspitze, Berghöhe. Der Riese ist ein sich durch Körpergröße auszeichnendes Wesen der Mythologien und Heldensagen germanischer und anderer Völker. Häufig werden die *Zwerge* zu ihm in Gegensatz gestellt. Dem schlafenden Riesen werden bei Uhland »keck die Meilenstiefel von den Füßen gemauset«. Auch die Kyklopen, Söhne der Erde und des Himmels, waren Riesen. Unter ihnen ragte Polyphemus als der größte und stärkste hervor, auf der Stirn hatte er entweder nur ein Auge oder ein drittes Auge. Nachdem er einige von Odysseus' Gefährten gefressen hatte, die auf Sizilien angelandet waren, versetzte Odysseus den Kyklopen mit Wein in Trunkenheit, um dem Schlafenden anschließend im Rausch mit einem zugespitzten Stab das Auge auszustechen. Nachdem Polyphemus so sein Augenlicht verloren hatte, konnte Odysseus mit seinen restlichen Gefährten fliehen.

– *der schlafende Riese in Gefahr,* 1933, 314 (A 14) (Kat.-Nr. 74)
– *Ansturm des Kleinen,* 1939, 787 (Qu Qu 7) (Kat. Nr. 113)

Rübezahl Der Name bedeutet Rübenschwanz und ist in deutschen Urkunden aus dem 13. und 14. Jahrhundert (ruobezagel) als Beiname nachgewiesen. Möglicherweise wurde ein slawischer Ripzelu, der sich als Herr über das Gebirgswasser, die Nebel- und Wolkengebilde, über Wind und Sturm ausgab, aufgenommen. Der Rübezahl der Sage gehört zu den *Riesen,* und unter diesen zu den guten. Er ist der schlesische Wetterherr, der armen Leuten Wohltaten erweist, wenn sie es verdienen. Als Sturmriese kann er mit seinem Saitenspiel die Erde erzittern lassen, erhebt sich dann über die Gipfel der Bäume, um sein Saitenspiel mit Donnergetöse auf die Erde fallen zu lassen, und reißt Bäume aus. Im Gebirge erschallt sein Horn, und unscheinbare Gaben, die er reicht, verwandeln sich in Gold.

– *Rübezahls Sohn,* 1934, 70 (M 10) (Kat.-Nr. 76)

Schlange Die in der griechischen Mythologie bekannte Wasserschlange ist die Hydra. Von ungeheurer Größe und mit neun Köpfen ausgestattet, von denen der mittlere unsterblich war, verwüstete sie das ganze Land, indem sie Menschen und Vieh hinwegraubte. Herkules *(Herakles),* der den Auftrag erhielt, sie zu töten, kämpfte mit ihr. Doch jedesmal, wenn er ihr einen Kopf mit seiner Keule abschlug, kamen an dieser Stelle zwei neue zum Vorschein. Mit Hilfe seines Gefährten Iolaus, der die Wunden der abgeschlagenen Köpfe ausbrannte und dadurch verhinderte, daß neue Köpfe wachsen konnten, vermochte er die Schlange schließlich zu töten. Die Schlange findet sich in der Mythologie außerdem am Haupt der *Erinnyen,* um den Stab des Aesculap (s. auch *Kakendämonisch*), am Haupt der Medusa (s. *Perseus*) sowie als Attribut der *Eumeniden.*

– *Kampf mit der Seeschlange,* 1925, 243 (Y 3) (Kat.-Nr. 56)
– *die Schlangengöttin und ihr Feind,* 1940, 317 (H 17) (Kat.-Nr. 133)

Sibylle Der Name ist weder griechischen noch lateinischen Ursprungs, vielmehr scheint er aus dem Orient zu kommen und entweder »ergriffen von Gott«, »Großmütterchen« oder »alt« zu bedeuten. Die Sibyllen verkünden in einem Zustand der Ekstase zumeist unerfreuliche oder schreckensvolle Ereignisse als Ahnungen. Sie sind Seherinnen, an deren Weissagungen nicht gezweifelt wird. Zur Prophetie fühlen sie sich durch eine höhere Macht, die ihnen innewohnt, gedrängt. Sie antworten nicht auf Befragungen, sondern verkünden auf inneren Antrieb im Zustand der Raserei oder Entrückung. Sie sind nicht an einen festen Orakelsitz gebunden. Da sich durch ihren Mund die Gottheit verkündet, steht die Sibylle zwischen den Göttern und den Menschen. So wird die Sibylle übermenschlich, wenn auch nicht unsterblich, aber ihre Lebensdauer ist weit höher als die der Menschen. Die bekanntesten der Sibyllen waren die von Cumae, Delphi und Erythrai.

– *Sibylle.* 1934, 14 (14) (Kat.-Nr. 75)
– *Sibylle,* 1938, 149 (K 9) (Kat.-Nr. 86)

Sirenen sind in der griechischen Mythologie göttliche Mischwesen aus Vogel- und Mädchenleibern, die sich durch drei Merkmale auszeichnen: ihre Sangeskunst, die sie zum Verderben der Menschen ausüben, ihre Gabe, Wetter zu machen, und ihr übermenschliches Wissen. Als Himmelssirenen sind sie mit dem bezaubernden Gesang begabt, als Hadessirenen obliegen ihnen die Seelen der Verstorbenen. Während Homer nur zwei Sirenen kennt, werden später mit der Argonautensage und dem Raub der Persephone drei bis vier verbunden. Als chthonische Wesen weilen sie in der Unterwelt und singen dort die Lieder des Todes. Sie sind der Persephone (s. *Hades*) untergeordnet, passen als Begleiter des ursprünglichen Unterweltgottes Dionysos in den Kreis der tanzenden und zechenden Satyrschwärme oder tragen dionysische Embleme wie den Thyrsos. Am bekanntesten ist der Bericht der *Odyssee* über die Sirenen: Von ihrer Insel aus locken sie vorüberfahrende Seeleute durch ihren Gesang an, um sie zu töten und der Unterwelt zuzuführen. Odysseus entrinnt dieser Gefahr, indem er seinen Gefährten die Ohren mit Wachs verstopft und sich selbst an den Mast seines Schiffes binden läßt. Nach ihrem mißglückten Anschlag auf Odysseus verfallen die Sirenen dem Tod durch Selbstmord, der allerdings in der *Odyssee* selbst nicht erwähnt wird, und sie verwandeln sich in Felsen. Sie werden aber auch als Helena unterstützende Sängerinnen dargestellt oder als freundliche Geleiterinnen der Menschen zum Himmel. Als Seelenvogel erscheinen sie zumeist in Vorder- oder Seitenansicht, mit Flügeln und bisweilen bärtig. Mit der Zeit verstärkt sich ihre anthropomorphe Gestalt, sie bekommen Arme und weibliche Brüste und musizieren auf Instrumenten. Zu den musizierenden Sirenen treten die klagenden oder tanzenden Grab-Sirenen.

– *Sirene B, legen müsstend,* 1939, 559 (CC 19) (Kat.-Nr. 107)
– *Sirenen-Eier,* 1939, 600 (EE 20) (Kat.-Nr. 108)
– *SEIRENE vor dem Singen,* 1939, 682 (KK 2) (Kat.-Nr. 110)
– *Sirene zwei mit der Altstimme,* 1939, 1113 (Hi 13) (Kat.-Nr. 121)

Skylla Seeungetüm in der *Odyssee*. Dort wird es als die fürchterlich bellende Skylla beschrieben, die in der Mitte eines Felsens in einer Höhle sitzt. Sie hat zwölf unförmige Füße und sechs übermäßig lange Hälse; diese tragen jeweils einen Kopf mit je drei Reihen toddrohender Zähne. Bis zur Mitte des Leibes steckt Skylla in der Grotte, ihre Köpfe aber streckt sie aus dem Schlund hervor und greift nach allerlei Seegetier oder aber nach vorbeifahrenden Schiffen. Gegenüber von ihrem Felsen befindet sich ein anderer Fels, auf dem die Charybdis das Meerwasser hervorsprudelt und wieder einschlürft, also die Schiffer ebenfalls verschlingt. Odysseus bleibt vor der Meerenge durch den Schutz des *Zeus* verschont. Dargestellt wird Skylla wegen ihres Gebells häufig mit Körperteilen des Hundes. Sie ist ein Mischwesen aus menschlichem Oberkörper, Vorderteilen von Hunden oder Wölfen, Fischschwänzen, *Schlangen* und Seepferden. Bisweilen erhält sie einen Kopfschmuck, Flügel, den Dreizack, Ruder, Anker, Waffen und Fackeln.
– *Skylla*, 1938, 363 (W 3) (Kat.-Nr. 90)

Sphinx Der Sphinx-Typus geht auf den Orient zurück, wo er als Wächtermotiv und Verkörperung des Ägypten bewachenden und dessen Feinde niederwerfenden Königs stand. Von dort aus kommt er als phantastisches Mischwesen nach Griechenland und wird zur Darstellung raffender oder würgender Todesdämonen, ähnlich den *Sirenen,* Harpyien und Keren, eingesetzt. Als chthonisches Wesen ist die Sphinx vor allem sepulkral verwendet worden. Dargestellt wird die Sphinx zumeist als Unholdin: Ein weiblicher Kopf mit geflügeltem Löwenleib, manchmal mit einer *Schlange* als Schwanz. Sie sitzt entweder vor oder auf einer Säule. In den Ödipus-Mythos eingefügt, bedeutet sie das Ungeheuer, das durch die Auflösung des Rätsels überwunden werden muß: Auf dem Berg Phikion ruhend, stellt sie den Thebanern ihr Rätsel, und solange dieses nicht gelöst wird, rafft sie einen beliebigen von ihnen hinweg. Als Ödipus aber ihr Rätsel gelöst hat, versetzt er ihr einen Stoß, und sie stirbt durch den Sturz ins Meer. Die Sphinx wird häufig auch als Sängerin bezeichnet, die ihr Rätsel als ein dunkles *Orakel* faßt, wie es sonst nur aus dem Mund von Gott ergriffener Personen ertönt. Wegen ihrer rätselhaften Aussprüche wird sie häufig mit der *Sibylle*, mit Kassandra und den *Bacchantinnen* parallel gesetzt.
– *Sphinxartig*, 1919, 2 (Kat.-Nr. 25)
– *Gerüst f. den Kopf einer Monumentalplastik,* 1923, 122 (Kat.-Nr. 51)
– *Siesta der Sphinx*, 1932, 329 (Kat.-Nr. 69)
– *Ruhende Sphinx*, 1934, 210 (U 10)
– *Zeichnung zur »Katastrophe der Sphinx«*, 1935, 141 (R 1) (Kat.-Nr. 78)
– *Katastrophe der Sphinx,* 1937, 135 (Qu 15) (Kat.-Nr. 81)
– *entweihte Sphinx,* 1939, 305 (W 5) (Kat.-Nr. 100)
– *die Sphinx geht,* 1939, 508 (AA 8) (Kat.-Nr. 105)

Ur-Welt-Paar Als ein Urweltpaar kann das Paar Himmel und Erde, also Uranos und *Gaia*, gelten. Gaia, die aus dem Chaos entsteht, gebiert den ihr gleichen Himmel, Uranos, mit dem sie dann wiederum die Titanen, Kyklopen und Hekatoncheiren und viele weitere Götter erzeugt. Da Uranos versuchte, die mit Gaia gezeugten Kinder zu töten, ließ Gaia ihn von seinem Sohn Kronos entmannen. Aus dem Blut seiner Entmannung entsprangen *Aphrodite* und die *Erinnyen*. In der ältesten orphischen Theogonie werden nach den Reihen Nyx (=Nacht) – Weltei – Eros – Himmel und Erde als erstes wirkliches Elternpaar Okeanos und Tethys aufgestellt. In der jüngeren orphischen Theogonie werden an den Anfang aller Dinge Wasser und der Stoff, aus dessen Verdichtung die Erde hervorkam, gesetzt. Danach wäre aus Wasser (Okeanos) und Erde (Tethys) Kronos entstanden.

Als ein weiteres Urweltpaar können Sol und *Luna* gelten. Sol, die Sonne, wurde häufig mit Apollon vermengt. Als Sohn der Thia ist er der Bruder der Luna, während Thia selbst die Tochter der Erde ist, aber gleichzeitig das Chaos sein soll. Während das klassische Altertum die Gestirne nicht förmlich verehrte, wurde Sol mit der Zeit, unter dem Einfluß orientalischer Kulte, als allumfassende, welterhaltende Gottheit verehrt. Sol, auch Helios genannt, wurde in der römischen Kaiserzeit als »der größte und gegenwärtigste Gott und Weltschöpfer«, als der »Ursprung alles Guten«, zum Allgott.
– *Ur-Welt-Paar,* 1921, 135 (Abb. S. 108)
– *Zeichnung zum Urwelt Paar*, 1921, 165 (Kat.-Nr. 44)

Venus siehe Aphrodite

Waldgott Als ein im Wald hausendes göttliches Wesen wird Mime genannt, der eigentlich als urgermanischer Wasser*riese* bezeugt ist, der aber auch als Waffenschmied mit seinem Gesellen Hertrich im Wald zwölf Schwerter schmiedete. Im Flüßchen Mimling im Odenwald ist Mime im Namen enthalten.
– *Der Gott des nördlichen Waldes,* 1922, 32 (Abb. S. 119)

Waldteufel Der Begriff ist eine Verdeutschung von Satyr oder *Faun,* die wohl im 16. Jahrhundert aufkam. Häufig wird in der Literatur vor dem Waldteufel, der im Wald sein Unwesen treibt,

Ruhende Sphinx, 1934, 210 (U 10)

junger Waldteufel, 1937, 173 (S 13)

gewarnt. Bisweilen wird auch ein einsam im Walde lebender Mensch als Waldteufel bezeichnet.
– *junger Waldteufel,* 1937, 173 (S 13)

Walküre Schlachtjungfrau, eigentlich Totenwählerin, die nach der Edda die Aufgabe hat, die im Kampf gefallenen Krieger zu Odin zu geleiten. Ihr Name bedeutet, daß sie die Krieger, die im Kampf fallen sollen, kürt. Die Walküren durchbrausen in Gestalt der am Himmel dahinziehenden Wolken im Sturm die Luft und stehen im Dienste des Himmels- und Wettergottes Wodan (Odin). Als dieser zum Lenker der Schlachten wird, legen auch sie ihre kriegerische Rüstung an und bringen ihm die Seelen der gefallenen Krieger. Eine göttliche Walküre ist Brunhild aus dem Nibelungenlied. Sie weilt auf der meerumfluteten Veste Isenstein und zeigt ihre göttliche Natur vor allem in den Kampfspielen.
– *Walküre,* 1940, 134 (T 14) (Kat.-Nr. 125)

Walpurgisnacht Bezeichnung für die Nacht des 1. Mai, in der die *Hexen* ausreiten. Nach der in Norddeutschland verbreiteten Annahme reiten sie zum Blocksberg, wo sie sich versammeln und Tänze aufführen. Der Brauch, die Nacht des 1. Mai mit dem Anzünden von Feuern zu feiern, hat sich trotz polizeilicher Verbote vielfach gehalten, wobei die Teilnehmer mit Besen lärmend um die Feuer herumlaufen. Andere Bräuche beziehen sich auf das Vertreiben der Hexen. In Goethes *Faust* ist eine Szene mit »Walpurgisnacht« überschrieben, und auch hier treffen sich die Hexen auf dem Brocken und tanzen mit ihren Besen um das Feuer.
– *Walpurgisnacht,* 1935, 121 (Qu 1) (Abb. S. 179)

Wilder Mann Dieser findet im Zusammenhang mit den Waldgeistern Erwähnung. Die wilden Männer sind einerseits die Geister der ungezähmten Natur des Waldes und des Gebirges, die der Kultur trotzen, andererseits die Geister des Wachstums. Im ersten Fall werden sie als wilde Wesen gejagt und getötet, im zweiten Fall werden sie beim Nahen des Frühlings im Walde gesucht und begrüßt. Die Wildleute werden von Tacitus als Mischwesen beschrieben, denn sie haben tierische Leiber mit Menschengesichtern. Ihre Gestalt ist bisweilen riesig groß, bisweilen zwerghaft klein. In sumerischer Zeit wird der wilde Mann nackt und höchstens mit einem Gürtel versehen dargestellt. Er gilt als Beschützer der vom Löwen angegriffenen Tiere, des Wisent, des Urstiers und des Hirsches. Er trägt geringelte Locken auf dem Kopf, die auch seitlich herabfallen, und einen langen, breiten Kinnbart.
– *Der wilde Mann,* 1922, 43

Der wilde Mann, 1922, 43

284   Ann-Katrin Günzel

Zeus Höchster Gott der Griechen, dessen Name »hell Aufleuchtender«, »Glänzender«, »Wetterleuchtender« bedeutet. Als solcher ist er der Gott des himmlischen Lichts, des Tageslichts und heiteren Himmels sowie des nächtlichen Sternenhimmels und des Blitzes, also der Himmelsgott. Zeus ist Sohn des Kronos und der Rhea. Als höchster Gott, als König der Götter und Menschen, teilt er sich sein Reich mit seinen Brüdern Poseidon, dem Herrn des Meeres, und *Hades,* dem Herrn der Hölle und der Unterwelt. Als eines seiner Attribute gilt das »leuchtende Zeus-Auge«, gleichgesetzt mit dem Blitz, mit dem er seine Feinde erschlägt. Ein weiteres Attribut des Zeus ist der Adler. Der griechische Mythos verbindet Zeus mit einer großen Zahl von göttlichen und menschlichen Gemahlinnen. Metis verschlingt er während ihrer Schwangerschaft in der Furcht, sie werde ihm einen Sohn gebären, der ihm die Omnipotenz entreißen könnte. Seinem Haupt entspringt *Pallas* Athena. Mit Themis zeugt er die Horen, die Hesperiden und *Nymphen,* mit Dione *Aphrodite,* mit Mnemosyne die neun Musen, mit Demeter *Hekate* und Persephone, mit Keto Apollon und Artemis, seine jüngste göttliche Gemahlin gebiert ihm die Götter Ares, Hephaistos und Hebe.

Bei der Verbindung des Zeus mit sterblichen Frauen spielt die *Metamorphose* des Gottes oder der Frau in ein Tier oder in eine andere Gestalt eine große Rolle. Zeus entführt *Europa* in Gestalt eines Stieres, *Leda* nähert er sich als Schwan, Danae als Goldregen, Antiope als Satyr.

Als Hera, Poseidon und Athena gegen Zeus rebellieren, rettet ihn die *Nereide* Thetis unter Mithilfe des *Riesen* Briares, eines Hekatoncheiren.
– *Zeus sich in e. Schwan verwandelnd,* 1915, 95(Abb. S. 92)
– *Zeusersatz,* 1933, 330 (Abb. S. 172)

Zwerg Die Etymologie des Wortes ist unsicher. Vielleicht bedeutet es »verkrüppelt« oder »lahm« oder aber »verführen« bzw. »trügen«. Ursprünglich war Zwerg die Bezeichnung für kleine elbische Wesen in den germanischen Mythen, Heldensagen und Märchen. Die Zwerge spielten auch als *dämonische* Gestalten eine große Rolle. Im Vergleich werden die Zwerge als Sinnbild der Kleinheit gebraucht, oft stehen sie im Gegensatz zu *Riese.* Sie können niedlich bis häßlich sein; meist sind sie gutartig, manche können unterschiedliche Gestalt annehmen oder sich unter Tarnkappen verbergen; oft bewachen sie Schätze wie Alberich im Nibelungenlied, haben Zauberkräfte und hausen in Bergen, Höhlen oder Pflanzen- und Baumwurzeln. In den welschen Sagen heißt es, daß sie sehr kleine Menschen sind, die auf kleinen, weißen Pferden, die nicht größer als Hunde sind, reiten.
– *Zwergherold zu Pferde,* 1923, 186 (Kat.-Nr. 52)
– *Rosenzwerg,* 1927, 145 (E 5) (Abb. S. 133)
– *Rosenzwerg,* 1927, 161 (G 1) (Kat.-Nr. 62)

Benutzte Literatur

G. F. Creuzer, Symbolik und Mythologie der alten Völker besonders der Griechen, Hildesheim/New York, 1819–1821 (1973)

Etymologisch-symbolisch-mythologisches Realwörterbuch zum Handgebrauche, hrsg. von Friedrich Nork, Stuttgart 1844

Enzyklopädie des Märchens, Handwörterbuch zur historischen und vergleichenden Erzählforschung, hrsg. von Kurt Ranke, Berlin 1975 (Bd.1)–1996 (Bd.8)

J. und W. Grimm, Deutsches Wörterbuch, Leipzig 1873

B. Hederich, Gründliches Mythologisches Lexicon, Leipzig 1770 (1967)

P. Hermann, Deutsche Mythologie in gemeinverständlicher Darstellung, Leipzig 1906

H. Hunger, Lexikon der griechischen und römischen Mythologie, Reinbek 1985

Lexikon der Alten Welt, Zürich, Stuttgart 1965

Der Kleine Pauly, Lexikon der Antike, hrsg. von Konrad Ziegler, Stuttgart 1964 (Bd. 1)- 1975 (Bd. 5)

August Friedrich Paulys Realencyclopädie der classischen Altertumswissenschaft, neue Bearb. hrsg. von G. Wissowa, Stuttgart 1894–1972

J. Ritter, Historisches Wörterbuch der Philosophie, Darmstadt 1972

H. Usener, Götternamen, Bonn 1896

Verzeichnis der ausgestellten Werke/Exhibition catalogue

1
Selbst
Myself
1899, 1
Selbstportrait m. d. weissen Sportsmütze
Bleistift auf Papier auf Karton
Pencil on paper mounted on cardboard
13,7 x 11,3 cm
Schenkung LK, Klee-Museum, Bern
Abb. S. 39

2
Schwebende Grazie (im pompeianischen Stil)
Hovering Grace (in the Pompeian style)
1901, 2
Aquarell und Bleistift auf Papier auf Karton
Watercolour and pencil on paper mounted on cardboard
10,3 x 11,4 cm
Paul-Klee-Stiftung, Kunstmuseum Bern
Abb. S. 8

3
Der Komiker
The Comedian
Komiker (Versuch)
1903, 3
Radierung auf Zink
Etching on zinc
Plattenmaße: 11,8 x 16,1 cm
E. W. K., Bern
Abb. S. 53

4
Erste Fassung »Weib und Tier«
First version "Woman and beast"
1903
Radierung
Etching
Plattenmaße: 21,7 x 28,2 cm
Privatsammlung Schweiz
Abb. S. 57

5
Komiker
Comedian
1904, 10
Komiker I. Fassung
Radierung
Etching
Plattenmaße: 14,6 x 15,8 cm
Paul-Klee-Stiftung, Kunstmuseum Bern
Abb. S. 54

6
Perseus. (der Witz hat über das Leid gesiegt.)
Perseus (wit has triumphed over grief)
1904, 12
Der neue Perseus
Radierung auf Zink
Etching on zinc
Plattenmaße: 12,6 x 14 cm
Privatsammlung Schweiz
Abb. S. 56

7
Weib u. Tier
Woman and beast
1904, 13
Radierung auf Zink
Etching on zinc
Plattenmaße: 20 x 22,8 cm
Privatsammlung Schweiz
Abb. S. 57

8
Komiker. (Inv. 4.)
Comedian (Inv. 4)
1904, 14
Komiker II. Fassung
Radierung auf Zink
Etching on zinc
Plattenmaße: 15,3 x 16,8 cm
Privatsammlung Schweiz
Abb. S. 55

9
held m. flügel
Hero with wing
1905, 7
Held mit dem Flügel
Bleistift auf Papier auf Karton
Pencil on paper on mounted cardboard
22 x 11,5 cm
E. W. K., Bern
Abb. S. 58

10
Greiser Phönix (Inv. 9)
Aged phoenix (Inv. 9)
1905, 36
Radierung auf Zink
Etching on zinc
Plattenmaße: 27,1 x 19,8 cm
Privatsammlung Bern
Abb. S. 59

11
Drohendes Haupt
Menacing head
1905, 37
Radierung auf Zink
Etching on zinc
Plattenmaße: 19,7 x 14,5 cm
Privatsammlung Bern
Abb. S. 61

12
Der Held mit dem Flügel
Winged hero
1905, 38
Radierung auf Zink
Etching on zinc
Plattenmaße: 25,7 x 16 cm
Privatsammlung Bern
Abb. S. 60

13
Ungezogen
Naughty
1906, 5
Aphrodite u. der ungezogene Eros; Kompos.
Bleistift und Aquarell auf Papier auf Karton
Pencil and watercolour on paper mounted on cardboard
15,2 x 17,1 cm
Privatsammlung Schweiz
Abb. S. 91

14
Junger männlicher Kopf in Spitzbart, handgestützt
Young man with goatee, resting his head in his hand
1908, 42
Bleistift auf Papier auf Karton
Pencil on paper mounted on cardboard
22,1 x 16,9 cm
Schenkung LK, Klee-Museum, Bern
Abb. S. 40

15
Zchnng. zu e. Holzschnitt
Drawing for a woodcut
1909, 39
Selbst – Zeichnung zu einem Holzschnitt
Pinsel mit Tusche auf zweiteiligem Papier auf Karton
Brush and Indian ink on two sheets of paper mounted on cardboard
a) 13,3 x 14,5 cm b) 2,3 x 6,9 cm

Schenkung LK, Klee-Museum, Bern
Abb. S. 41

16
Denkender
Man thinking
1911, 46
Feder und Pinsel mit Tusche, naß in naß,
auf Papier auf Karton
Pen and brush and Indian ink, wet on wet,
on paper mounted on cardboard
17,2 x 12,5 cm
Privatsammlung Zürich
Abb. S. 42

17
Leda und d. Schwan
Leda and the swan
1913, 76
Feder mit Tusche und Rötel auf Papier
auf Karton
Pen and Indian ink and red chalk on paper
mounted on cardboard
14 x 15 cm
Privatsammlung
Abb. S. 93

18
<Venus in Convulsion>
<Venus in convulsion>
1915, 43
Feder mit Tusche auf Papier auf Karton
Pen and Indian ink on paper mounted on
cardboard
18,8 x 18,5 cm
Paul-Klee-Stiftung, Kunstmuseum Bern
Abb. S. 92

19
<Flügelstücke zu 1915 45>
<wings to 1915, 45>
1915, 48
Aquarell auf kreidegrundiertem Papier mit
Zeichnung in Feder mit Tusche und Bleistift,
zerschnitten und neu kombiniert, auf Karton
Watercolour on chalk primed paper with
drawing in pen and Indian ink and pencil,
cut up and re-combined, mounted on cardboard
23,3 x 19,4 cm
Privatsammlung Schweiz
Abb. S. 95

20
<metamorphose Vögel>
<metamorphosis of birds>
1915, 122
Feder mit Tusche auf Papier auf Karton
Pen and Indian ink on paper mounted on
cardboard
15,9 x 13,4 cm
Sammlung Jorge und Marion Helft
Abb. S. 96

21
Dämon über d. Schiffen
Demon above the ships
1916, 65
Aquarell und Feder mit Tusche auf Papier,
unten Randstreifen mit Feder mit Tusche,
auf Karton
Watercolour and pen and Indian ink on
paper, at the bottom marginal stripe in pen
and Indian ink, mounted on cardboard
23,7 x 20,7 cm
The Museum of Modern Art, New York,
Vermächtnis Lillie P. Bliss
Abb. S. 97

22
als ich Rekrut war
When I was a recruit
1916, 81
Feder mit Tinte auf Papier auf Karton
Pen and ink on paper mounted on cardboard
17,3 x 11 cm
Schenkung LK, Klee-Museum, Bern
Abb. S. 43

23
Blick des Dämons
Stare of the demon
1917, 1
Aquarell, Gouache und Bleistift auf kreide-
grundiertem Batist, unten Randstreifen mit
Aquarell und Feder mit Tusche, auf Karton
Watercolour, gouache and pencil on chalk
primed cambric, at the bottom marginal
stripe in watercolour and pen and Indian ink,
mounted on cardboard
25,2 x 11,5 cm
Privatsammlung
Abb. S. 99

24
Geist der Fruchtbarkeit
Spirit of fertility
1917, 78
Bleistift, Konturen mit einer Nadel durch-
gegriffen, auf Papier auf Karton
Pencil, outlines scratched with a needle, on
paper mounted on cardboard
19,4 x 14 cm
Paul-Klee-Stiftung, Kunstmuseum Bern
Abb. S. 104

25
Sphinxartig
Sphinx-like
1919, 2
Aquarell auf kreidegrundierter Gaze auf
Papier auf Karton
Watercolour on chalk primed gauze mounted
on paper mounted on cardboard
20 x 19,5 cm
Richard und Uli Seewald-Stiftung, Ascona
Abb. S. 100

26
das Auge des Eros
The eye of Eros
1919, 53
Der Blick des Eros
Eros des Auges
Feder mit Tinte auf Papier auf Karton
Pen and ink on paper mounted on cardboard
13,3 x 21,6 cm
Morton G. Neumann Family Collection
Abb. S. 102

27
Denkender Künstler
Thinking artist
1919, 71
Ölpause auf Papier auf Karton
Oil transfer drawing on paper mounted on
cardboard
26,1 x 17,9 cm
Kunstmuseum Bern, Steiger-Legat
Abb. S. 44

28
Empfindender Künstler
Feeling artist
1919, 72
Mann mit gestütztem Kopf
Ölpause auf Papier auf Karton
Oil transfer drawing on paper mounted on
cardboard
26,1 x 17,9 cm
Paul-Klee-Stiftung, Kunstmuseum Bern
Abb. S. 45

29
Abwägender Künstler
Pondering artist
1919, 73
Ölpause auf Papier auf Karton
Oil transfer drawing on paper mounted on
cardboard
19,7 x 16,6 cm
Schenkung LK, Klee-Museum, Bern
Abb. S. 46

30
Formender Künstler
Creating artist
1919, 74
Bleistift auf Papier auf Karton
Pencil on paper mounted on cardboard

27,2 x 19,5 cm
Schenkung LK, Klee-Museum, Bern
Abb. S. 47

31
Maske
Mask
1919, 77
Bleistift auf Papier auf Karton
Pencil on paper mounted on cardboard
22,5 x 17,8 cm
Morton G. Neumann Family Collection
Abb. S. 50

32
nach der Zeichnung 19/75
After the drawing 1919, 75
1919, 113
nach d. Zeichnung 1919/75 (Kopf)
Aquarellierte Lithographie
Watercoloured lithograph
23,6 x 16 cm
Schenkung LK, Klee-Museum, Bern
Abb. S. 6

33
Feuerbote
Fire-messenger
1920, 52
Bleistift auf Papier auf Karton
Pencil on paper mounted on cardboard
12 x 22 cm
Privatsammlung
Abb. S. 103

34
maenadischer Schreck
Maenadic terror
1920, 141
Feder mit Tinte auf Papier auf Karton
Pen and ink on paper mounted on cardboard
21,8 x 28,3 cm
Kunstsammlung Nordrhein-Westfalen, Düsseldorf
Abb. S. 105

35
Die Büchse der Pandora als Stilleben
Pandora's box as still life
1920, 158
Ölpause und Aquarell auf Papier auf Karton
Oil transfer drawing and watercolour on paper mounted on cardboard
16,8 x 24,1 cm
Staatliche Museen zu Berlin, Nationalgalerie, Leihgabe der Sammlung Berggruen
Abb. S. 106

36
Zeichnung zur Barbaren-Venus (21/132)
Drawing for Barbarian Venus (1921, 132)
1920, 212
Bleistift, Konturen mit einer Nadel durchgegriffen, auf Papier mit Leimtupfen auf Karton
Pencil, outlines scratched with a needle, on paper mounted on cardboard with spots of glue
27,7 x 21,7 cm
Paul-Klee-Stiftung, Kunstmuseum Bern
Abb. S. 51

37
Das Tor zum Hades
The gateway to Hades
1921, 29
Ölpause und Aquarell auf Papier auf Karton
Oil transfer drawing and watercolour on paper mounted on cardboard
27,3 x 39,2 cm
Norton Simon Museum, Pasadena, CA, The Blue Four Galka Scheyer Collection, 1953
Abb. S. 107

38
Weibsteufel, die Welt beherrschend
She-devil, dominating the world
1921, 73
Ölpause und Aquarell auf Papier auf Karton
Oil transfer drawing and watercolour on paper mounted on cardboard
44,4 x 27,5 cm
Privatsammlung Barcelona
Abb. S. 110

39
Goldfisch-Weib
Goldfish woman
1921, 93
Aquarell auf Papier, oben, rechts und unten mit Gouache und Feder mit Tusche eingefaßt, auf Karton
Watercolour on paper, bordered top, on the right and at the bottom in gouache and pen and Indian ink, mounted on cardboard
38,5 x 55,1 cm
Philadelphia Museum of Art, The Louise and Walter Arensberg Collection
Abb. S. 111

40
keramisch / erotisch / religiös
Ceramic / erotic / religious
1921, 97
die Gefässe der Aphrodite oder: keramisch / erotisch / religiös
Ölpause, Aquarell und Bleistift auf Papier, oben und unten Randstreifen mit Aquarell und Feder mit Tusche, auf Karton
Oil transfer drawing, watercolour and pencil on paper, top and at the bottom marginal stripes in watercolour and pen and Indian ink, mounted on cardboard
45,2 x 30,5 cm
Paul-Klee-Stiftung, Kunstmuseum Bern
Abb. S. 112

41
Die Posaune tönt
The trombone sounds
1921, 110
Ölpause auf Papier auf Karton
Oil transfer drawing on paper mounted on cardboard
45 x 30,5 cm
Honolulu Academy of Arts, Schenkung Geraldine P. und Henry B. Clark, Jr.
Abb. S. 115

42
Das Pathos der Fruchtbarkeit
The pathos of fertility
1921, 130
Pathos der Fruchtbarkeit
Ölpause und Aquarell auf Papier, oben und unten Randstreifen mit Aquarell und Feder mit Tinte, auf Karton
Oil transfer drawing and watercolour on paper, top and at the bottom marginal stripes in watercolour and pen and ink, mounted on cardboard
37,8 x 30,5 cm
The Metropolitan Museum of Art, New York, The Berggruen Klee Collection
Abb. S. 116

43
Barbaren-Venus
Barbarian Venus
1921, 132
Ölpause und Aquarell auf gipsgrundiertem Papierleinen, mit Aquarell und Feder mit Tusche eingefaßt, auf Karton
Oil transfer drawing and watercolour on plaster primed paper-linen, bordered in watercolour and pen and Indian ink, mounted on cardboard
41,2 x 26,9 cm
Norton Simon Museum, Pasadena, CA, The Blue Four Galka Scheyer Collection, 1953
Abb. Frontispiz

44
Zeichnung zum Urwelt Paar
Drawing for Primeval-world couple
1921, 165

Feder mit Tusche auf Papier mit Leimtupfen auf Karton
Pen and Indian ink on paper mounted on cardboard with spots of glue
28 x 21,8 cm
Privatsammlung
Abb. S. 109

45
verzückte Priesterin
Ecstatic priestess
1921, 201
Feder mit Tusche, Konturen teilweise mit einer Nadel durchgegriffen, auf Papier auf Karton
Pen and Indian ink, outlines partly scratched with a needle, on paper mounted on cardboard
30,1 x 22,9 cm
Kunstsammlung Nordrhein-Westfalen, Düsseldorf
Abb. S. 113

46
alternde Venus
Aging Venus
1921, 211
Bleistift auf Papier auf Karton
Pencil on paper mounted on cardboard
32,2/31,7 x 48,2 cm
Privatsammlung Schweiz
Abb. S. 117

47
brauende Hexen
Brewing witches
1922, 12
Ölpause und Aquarell auf Papier auf Karton
Oil transfer drawing and watercolour on paper mounted on cardboard
32 x 27,5/27,8 cm
Staatliche Museen zu Berlin, Nationalgalerie, Leihgabe der Sammlung Berggruen
Abb. S. 118

48
tanzende Hexe
Dancing witch
1922, 224
Feder mit Tusche auf Papier auf Karton
Pen and Indian ink on paper mounted on cardboard
30,5 x 13,5 cm
Privatsammlung
Abb. S. 120

49
Fortuna
1922, 229
Bleistift auf Papier auf Karton
Pencil on paper mounted on cardboard
29 x 21 cm
Malcove Collection, University Art Centre, University of Toronto
Abb. S. 121

50
Der Alte im Baum
Dryad
1923, 116
Geist im Baum
Öl und Feder mit Tusche auf kreidegrundierter Gaze auf Karton
Oil and pen and Indian ink on chalk primed gauze mounted on cardboard
38,1 x 28,8 cm
Sezon Museum of Modern Art, Tokyo
Abb. S. 123

51
Gerüst f. den Kopf einer Monumentalplastik
Scaffolding for the head of a monumental sculpture
1923, 122
Gerüst für den Kopf einer Monumentalplastik (Sphinx)
Ölpause und Aquarell auf Papier auf Karton
Oil transfer drawing and watercolour on paper mounted on cardboard
21,8 x 37,4 cm
Privatsammlung
Abb. S. 101

52
Zwergherold zu Pferd
Dwarf herald on horse
1923, 186
Öl, gefirnißt, und Goldpapier auf Papier, mit Gouache und Feder mit Tusche eingefaßt, unten Randstreifen mit Aquarell und Feder mit Tusche, auf Karton
Oil, varnished, and gold foil on paper, bordered in gouache and pen and Indian ink, at the bottom marginal stripe in watercolour and pen and Indian ink, mounted on cardboard
30,8 x 23 cm
The Solomon R. Guggenheim Museum, New York
Abb. S. 124

53
ein Paar Götter
A couple of Gods
1924, 11
Aquarell auf kreidegrundiertem Papier, mit Aquarell und Feder mit Tusche eingefaßt, auf Karton
Watercolour on chalk primed paper, bordered in watercolour and pen and Indian ink, mounted on cardboard
32,6 x 33,3 cm
Privatsammlung
Abb. S. 125

54
Sumpf wasser nixe
Swamp-nix
1924, 67
Ölpause und Aquarell auf Papier auf Karton
Oil transfer drawing and watercolour on paper mounted on cardboard
29,7 x 46,3 cm
Norton Simon Museum, Pasadena, CA, The Blue Four Galka Scheyer Collection, 1953
Abb. S. 122

55
Daemonie
Demonry
1925, 204 (U 4)
Feder mit Tusche auf Papier auf Karton
Pen and Indian ink on paper mounted on cardboard
24,7/25,1 x 55,4 cm
Paul-Klee-Stiftung, Kunstmuseum Bern
Abb. S. 126

56
Kampf mit der Seeschlange
Battle with the sea serpent
1925, 243 (Y 3)
Feder mit Tusche auf Papier auf Karton
Pen and Indian ink on paper mounted on cardboard
17,2 x 31,3 cm
Sammlung A. Rosengart
Abb. S. 127

57
Sturmgeist
Storm ghost
1925, 244 (Y 4)
Feder mit Tusche auf Papier auf Karton
Pen and Indian ink on paper mounted on cardboard
28,8 x 22,8 cm
Paul-Klee-Stiftung, Kunstmuseum Bern
Abb. S. 129

58
zerstörter Olÿmp
Olympus in ruins
1926, 5
Feder mit Tusche und Aquarell auf Papier auf Karton
Pen and Indian ink and watercolour on paper mounted on cardboard
26,2 x 30 cm

Exhibition Catalogue 289

Sammlung A. Rosengart
Abb. S. 128

59
Dämonen vor dem Eingang
Demons in front of the entrance
1926, 10
Feder mit Tusche auf Papier auf Karton
Pen and Indian ink on paper mounted on cardboard
13,8 x 31,4 cm
Paul-Klee-Stiftung, Kunstmuseum Bern
Abb. S. 129

60
im Flora Tempel
In the temple of Flora
1926, 37 (M 7)
Feder mit Tinte und Aquarell auf Papier, oben und unten Randstreifen mit Aquarell und Feder mit Tusche, auf Karton
Pen and ink and watercolour on paper, top and at the bottom marginal stripes in watercolour and pen and Indian ink, mounted on cardboard
28,9 x 15,6 cm
Von der Heydt-Museum, Wuppertal
Abb. S. 130

61
sie sinkt ins Grab!
She is sinking into the grave!
1926, 46 (N 6)
Feder mit Tusche und Aquarell, teilweise gespritzt, auf Papier auf Karton
Pen and Indian ink and watercolour, partly sprayed, on paper mounted on cardboard
48,5 x 34,5 cm
Paul-Klee-Stiftung, Kunstmuseum Bern
Abb. S. 131

62
Rosenzwerg
Dwarf of the roses
1927, 161 (G 1)
Rohrfeder mit Tusche auf Papier mit Leimtupfen auf Karton
Reed pen and Indian ink on paper mounted on cardboard with spots of glue
41,3 x 29,5 cm
Privatsammlung
Abb. S. 132

63
Mythos einer Insel
Myth of an island
1930, 23 (L 3)
Aquarell und Bleistift auf Papier
Watercolour and pencil on paper
46,4 x 61 cm
Los Angeles County Museum of Art, The Mira P. Hershey Memorial Collection
Abb. S. 134

64
Pop und Lok im Kampf
Pop and Lok in battle
1930, 227 (F 7)
Aquarell, Kleisterfarbe und Bleistift auf Papier auf Karton
Watercolour, paste and pencil on paper mounted on cardboard
19,2 x 33,4 cm
Paul-Klee-Stiftung, Kunstmuseum Bern
Abb. S. 163

65
beschwingt-Schreitende II
Woman elatedly striding II
1931, 243 (W 3)
Feder mit Tusche auf Papier auf Karton
Pen and Indian ink on paper mounted on cardboard
62,8 x 48,3 cm
Indiana University Art Museum, Jane and Roger Wolcutt Memorial
Abb. S. 164

66
Diana
1931, 287 (Y 7)
Öl auf Leinwand auf Keilrahmen
Oil on canvas mounted on stretcher
80 x 60 cm
Fondation Beyeler, Riehen/Basel
Abb. S. 165

67
Goetze im Fieberland
Idol in the land of fever
1932, 10 (10)
Wasserfarbe und Bleistift auf Papier mit Leimtupfen auf Karton
Watercolour and pencil on paper mounted on cardboard with spots of glue
59/59,5 x 45/45,5 cm
Privatsammlung Schweiz
Abb. S. 135

68
venus matrona
1932, 50 (L 10)
Feder mit Tinte auf Papier mit Leimtupfen auf Karton
Pen and ink on paper mounted on cardboard with spots of glue
16,2 x 48,7 cm
Paul-Klee-Stiftung, Kunstmuseum Bern
Abb. S. 174

69
Siesta der Sphinx
Siesta of the Sphinx
1932, 329 (A 9)
Aquarell auf Leinwand auf Keilrahmen
Watercolour on canvas mounted on a stretcher, 62,3 x 94,7 cm
Privatsammlung
Abb. S. 167

70
Europa
1933, 7 (K 7)
Wasserfarbe auf Papier auf Karton
Watercolour on paper mounted on cardboard
49 x 38,2 cm
Kunsthalle der Stadt Bielefeld
Abb. S. 168

71
(Versuch zu Antigone)
(Attempt at Antigone)
1933, 35 (L 15)
Aquarell auf Papier mit Leimtupfen auf Karton
Watercolour on paper mounted on cardboard with spots of glue
62,1 x 48,4 cm
Paul-Klee-Stiftung, Kunstmuseum Bern
Abb. S. 169

72
streitende Nornen
Quarrelling norns
1933, 97 (P 17)
Fettkreide auf Papier mit Leimtupfen auf Karton
Lithographic crayon on paper mounted on cardboard with spots of glue
20,3 x 32,2 cm
Schenkung LK, Klee-Museum, Bern
Abb. S. 170

73
der betrogene Faunus
The betrayed faun
1933, 296 (Z 16)
Fettkreide auf Papier mit Leimtupfen auf Karton
Lithographic crayon on paper mounted on cardboard with spots of glue
27,3 x 24,6 cm
Paul-Klee-Stiftung, Kunstmuseum Bern
Abb. S. 173

74
der schlafende Riese in Gefahr
The sleeping giant in danger
1933, 314 (A 14)

Fettkreide auf Papier mit Leimtupfen auf Karton
Lithographic crayon on paper mounted on cardboard with spots of glue
20,3 x 32,4 cm
Paul-Klee-Stiftung, Kunstmuseum Bern
Abb. S. 171

75
Sibylle
Sibyl
1934, 14 (14)
Farbstift auf braungrundiertem Papier
Coloured pencil on brown primed paper
37,4 x 49,4 cm
San Francisco Museum of Modern Art, Schenkung Djerassi Art Trust
Abb. S. 178

76
Rübezahls Sohn
Rübezahl's son
1934, 70 (M 10)
Aquarell auf temperaweißgrundiertem Papier auf Karton
Watercolour on temperawhite primed paper mounted on cardboard
26 x 18 cm
Privatsammlung Schweiz
Abb. S. 175

77
Diana im Herbstwind
Diana in the autumn wind
1934, 142 (R 2)
Aquarell auf Papier auf Karton
Watercolour on paper mounted on cardboard
62,6 x 47,8 cm
Paul-Klee-Stiftung, Kunstmuseum Bern
Abb. S. 177

78
Zeichnung zur »Katastrophe der Sphinx«
Drawing for "Catastrophe of the Sphinx"
1935, 141 (R 1)
Bleistift auf Papier mit Leimtupfen auf Karton
Pencil on paper mounted on cardboard with spots of glue
32,5 / 32,8 x 48 cm
Privatsammlung Schweiz
Abb. S. 182

79
Hexen-Schmiede
Forge of the witches
1936, 12 (12)
Pastell auf Papier mit Leimtupfen auf Karton
Pastel on paper mounted on cardboard with spots of glue
32,6 x 39,8 cm
Schenkung LK, Klee-Museum, Bern
Abb. S. 180

80
Bacchanal in Rotwein
Bacchanal with red wine
1937, 74 (M 14)
Kohle und Aquarell auf Baumwolle auf Karton
Charcoal and watercolour on cotton mounted on cardboard
49 x 31 cm
Privatsammlung
Abb. S. 184

81
Katastrophe der SPHINX
Catastrophe of the Sphinx
1937, 135 (Qu 15)
Öl auf Baumwolle auf Keilrahmen
Oil on cotton mounted on stretcher
50 x 60cm
Schenkung LK, Klee-Museum, Bern
Abb. S. 183

82
Kleiner Mars
Small Mars
1937, 261 (X 1)
Tempera und Bleistift auf Papier mit Leimtupfen auf Karton
Tempera and pencil on paper mounted on cardboard with spots of glue
27 x 21 cm
Schenkung LK, Klee-Museum, Bern
Abb. S. 191

83
Erd-Hexen
Earth witches
1938, 108 (H 8)
Öl und Aquarell auf Papier auf Karton
Oil and watercolour on paper mounted on cardboard
48,5 x 31,2 cm
Paul-Klee-Stiftung, Kunstmuseum Bern
Abb. S. 185

84
Feuer-Quelle
Fire source
1938, 132 (J 12)
Öl auf Zeitungspapier auf Jute auf Keilrahmen; originale Rahmenleisten
Oil on newspaper mounted on jute mounted on stretcher; original frame strips
70 x 150 cm
Privatsammlung Schweiz
Abb. S. 186/187

85
Wald-Hexen
Forest witches
1938, 145 (K 5)
Öl auf Papier auf Jute auf Keilrahmen
Oil on paper mounted on jute mounted on stretcher
100 x 74 cm
Fondation Beyeler, Riehen/Basel
Abb. S. 181

86
Sibylle
Sibyl
1938, 149 (K 9)
Fettkreide auf Papier mit Leimtupfen auf Karton
Lithographic crayon on paper mounted on cardboard with spots of glue
27 x 21 cm
Paul-Klee-Stiftung, Kunstmuseum Bern
Abb. S. 188

87
emancipierte Chimaera
Emancipated Chimaera
1938, 167 (L 7)
Farbstift auf Papier mit Leimtupfen auf Karton
Coloured pencil on paper mounted on cardboard with spots of glue
21 x 14,8 cm
Paul-Klee-Stiftung, Kunstmuseum Bern
Abb. S. 190

88
KIRKE
Circe
1938, 263 (R 3)
Aquarell auf kreide- und kleistergrundierter Jute auf Karton
Watercolour on chalk and paste primed jute mounted on cardboard
38,5 x 40,5 cm
Sammlung Ahlsdorf, Chicago
Abb. S. 193

89
ein Genius inspiriert zum Tanz
A genius inspires to dance
1938, 353 (V 13)
Bleistift auf Papier mit Leimtupfen auf Karton
Pencil on paper mounted on cardboard with spots of glue
14,7 x 21 cm
Privatsammlung Schweiz
Abb. S. 192

90
Skylla
Scylla
1938, 363 (W 3)
Feder mit Tinte auf Papier mit Leimtupfen auf Karton
Pen and ink on paper mounted on cardboard with spots of glue
21,5 x 27 cm
Paul-Klee-Stiftung, Kunstmuseum Bern
Abb. S. 190

91
Dryaden
Dryads
1939, 95 (K 15)
Öl auf Papier auf Karton
Oil on paper mounted on cardboard
50 x 32,5 cm
Privatsammlung Schweiz
Abb. S. 194

92
Mann-weib
Hermaphrodite
1939, 133 (M 13)
Mann-Weib (aus einem verschollenen antiken Roman)
Aquarell, Bleistift und Kleisterfarbe auf Papier mit Leimtupfen auf Karton
Watercolour, pencil and paste on paper mounted on cardboard with spots of glue
25,2 x 14,2 cm
Privatsammlung Schweiz
Abb. S. 195

93
Daemonie der Glut
Demonism of the fire
1939, 137 (M 17)
Aquarell auf kleistergrundiertem Papier auf Karton
Watercolour on paste primed paper mounted on cardboard
28,5 x 20,5 cm
Privatsammlung Zürich
Abb. S. 197

94
Schicksal einer Nereïde
Fate of a Nereid
1939, 140 (M 20)
Reißfeder mit Aquarell auf Papier mit Leimtupfen auf Karton
Drawing-pen and watercolour on paper mounted on cardboard with spots of glue
29,7 x 20,9 cm
Schenkung LK, Klee-Museum, Bern
Abb. S. 196

95
METAMORPHOSE in der Not
Metamorphosis in an emergency
1939, 166 (P 6)
Bleistift auf Papier mit Leimtupfen auf Karton
Pencil on paper mounted on cardboard with spots of glue
29,7 x 20,9 cm
Schenkung LK, Klee-Museum, Bern
Abb. S. 198

96
VENUS aetate provecta
1939, 214 (R 14)
bejahrte venus
Bleistift auf Papier mit Leimtupfen auf Karton
Pencil on paper mounted on cardboard with spots of glue
27 x 21,5 cm
Schenkung LK, Klee-Museum, Bern
Abb. S. 198

97
Amazone
Amazon
1939, 237 (S 17)
Bleistift auf Papier mit Leimtupfen auf Karton
Pencil on paper mounted on cardboard with spots of glue
27 x 21,5 cm
Paul-Klee-Stiftung, Kunstmuseum Bern
Abb. S. 199

98
Götzen-Park
Park of idols
1939, 282 (V 2)
Aquarell auf schwarzgrundiertem Papier mit Leimtupfen auf Karton
Watercolour on black primed paper mounted on cardboard with spots of glue
32,7 x 20,8 cm
Schenkung LK, Klee-Museum, Bern
Abb. S. 200

99
Luna der Barbaren
Luna of the barbarians
1939, 284 (V 4)
Aquarell auf schwarzgrundiertem Papier auf Karton
Watercolour on black primed paper mounted on cardboard
32,5 x 21 cm
Privatsammlung USA
Abb. S. 201

100
entweihte Sphinx
Desecrated Sphinx
1939, 305 (W 5)
Bleistift auf Papier mit Leimtupfen auf Karton
Pencil on paper mounted on cardboard with spots of glue
29,7 x 20,9 cm
Paul-Klee-Stiftung, Kunstmuseum Bern
Abb. S. 204

101
Zeichnung zur Gaia
Drawing for Gaïa
1939, 334 (X 14)
Bleistift auf Papier mit Leimtupfen auf Karton
Pencil on paper mounted on cardboard with spots of glue
29,5 x 21 cm
Privatsammlung Schweiz
Abb. S. 202

102
Brustbild der Gaia
Half-length portrait of Gaïa
1939, 343 (Y 3)
Öl auf Baumwolle auf Keilrahmen
Oil on cotton mounted on stretcher
97 x 69 cm
Privatsammlung Schweiz
Abb. S. 203

103
Berg-Geist
Mountain spirit
1939, 400 (A 20)
Bleistift auf Papier mit Leimtupfen auf Karton
Pencil on paper mounted on cardboard with spots of glue
29,7 x 20,9 cm
Privatsammlung Schweiz
Abb. S. 205

104
Fama
1939, 502 (AA 2)
Öl auf Leinwand auf Keilrahmen; originale Rahmenleisten
Oil on canvas mounted on stretcher; original frame strips
90 x 120 cm
Paul-Klee-Stiftung, Kunstmuseum Bern
Abb. S. 211

105
die Sphinx geht
Departing Sphinx

1939, 508 (AA 8)
Bleistift auf Papier mit Leimtupfen auf Karton
Pencil on paper mounted on cardboard with spots of glue
20,9 x 29,7 cm
Paul-Klee-Stiftung, Kunstmuseum Bern
Abb. S. 204

106
brennend
Burning
1939, 550 (CC 10)
Bleistift auf Papier mit Leimtupfen auf Karton
Pencil on paper mounted on cardboard with spots of glue
29,7 x 20,9 cm
Schenkung LK, Klee-Museum, Bern
Abb. S. 208

107
Sirene B, legen müsstend
Siren B has to lie down
1939, 559 (CC 19)
Bleistift auf Papier mit Leimtupfen auf Karton
Pencil on paper mounted on cardboard with spots of glue
20,9 x 29,7 cm
Paul-Klee-Stiftung, Kunstmuseum Bern
Abb. S. 210

108
Sirenen-Eier
The Siren's eggs
1939, 600 (EE 20)
Wasserfarbe auf kreide- und kleistergrundierter Jute auf Leinwand auf Keilrahmen
Watercolour on chalk and paste primed jute mounted on canvas mounted on stretcher
50 x 110 cm
Sezon Museum of Modern Art, Tokyo
Abb. S. 206/207

109
Venus geht und tritt zurück
Venus departs and retires
1939, 679 (JJ 19)
Endgültiger Verzicht
Bleistift auf Papier mit Leimtupfen auf Karton
Pencil on paper mounted on cardboard with spots of glue
27 x 21,5 cm
Privatsammlung Schweiz
Abb. S. 212

110
SEIRENE vor dem Singen
Siren before her song
1939, 682 (KK 2)
Bleistift auf Papier mit Leimtupfen auf Karton
Pencil on paper mounted on cardboard with spots of glue
27 x 21,5 cm
Paul-Klee-Stiftung, Kunstmuseum Bern
Abb. S. 210

111
omphalo-centrischer Vortrag
Omphalo-centric lecture
1939, 690 (KK 10)
Kreide und Kleisterfarbe auf Seide auf Jute auf Keilrahmen
Chalk and paste on silk mounted on jute mounted on stretcher
70 x 50 cm
Kunstsammlung Nordrhein-Westfalen, Düsseldorf
Abb. S. 209

112
Phoenix und die Kutsche
Phoenix and the coach
1939, 754 (NN 14)
Phönix und der Landauer
Bleistift auf Papier mit Leimtupfen auf Karton
Pencil on paper mounted on cardboard with spots of glue
21,5 x 27 cm
Paul-Klee-Stiftung, Kunstmuseum Bern
Abb. S. 214

113
Ansturm des Kleinen
Assault of the little one
1939, 787 (QuQu 7)
Bleistift auf Papier mit Leimtupfen auf Karton
Pencil on paper mounted on cardboard with spots of glue
20,9 x 29,7 cm
Schenkung LK, Klee-Museum, Bern
Abb. S. 171

114
Mephisto als Pallas
Mephisto as Pallas
1939, 855 (UU 15)
Aquarell und Tempera auf schwarzgrundiertem Papier auf Karton
Watercolour and tempera on black primed paper mounted on cardboard
48,5 x 30,9 cm
Ulmer Museum
Abb. S. 219

115
Daemonie
Demonry
1939, 897 (WW 17)
Aquarell, Tempera und Bleistift auf kleisterfarbegrundiertem Papier auf Karton
Watercolour, tempera and pencil on paste primed paper mounted on cardboard
20,9 x 32,8 cm
Paul-Klee-Stiftung, Kunstmuseum Bern
Abb. S. 221

116
Götzin
Idol
1939, 901 (XX 1)
Aquarell, Tempera und Kreide auf schwarzgrundiertem Papier mit Leimtupfen auf Karton
Watercolour, tempera and chalk on black primed paper mounted on cardboard with spots of glue
32,7 x 21 cm
Schenkung LK, Klee-Museum, Bern
Abb. S. 216

117
sie hütet die Flamme
She protects the flame
1939, 903 (XX 3)
Aquarell, Tempera und Kreide auf schwarzgrundiertem Papier auf Karton
Watercolour, tempera and chalk on black primed paper mounted on cardboard
31,5 x 17 cm
Privatsammlung
Abb. S. 217

118
Feuer-Geist
Fire spirit
1939, 912 (XX 12)
Aquarell, Tempera und Bleistift auf dunkelgraugrundiertem Papier mit Leimtupfen auf Karton
Watercolour, tempera and pencil on dark gray primed paper mounted on cardboard with spots of glue
32,9 x 20,8 cm
Columbus Museum of Art, Ohio, Schenkung von Howard D. and Babette L. Sirak
Abb. S. 218

119
Amazone erstmals im Helm
Amazon with a helmet for the first time
1939, 963 (AB 3)
Bleistift auf Papier mit Leimtupfen auf Karton
Pencil on paper mounted on cardboard with spots of glue
29,5 x 21 cm
Paul-Klee-Stiftung, Kunstmuseum Bern
Abb. S. 213

120
Götze
Idol
1939, 982 (BC 2)
Bleistift auf Papier mit Leimtupfen auf Karton
Pencil on paper mounted on cardboard with spots of glue
29,7 x 21 cm
Paul-Klee-Stiftung, Kunstmuseum Bern
Abb. S. 215

121
Sirene zwei mit der Altstime
The second Siren in alto
1939, 1113 (Hi 13)
Kleisterfarbe und Öl auf Papier mit Leimtupfen auf Karton
Paste and oil on paper mounted on cardboard with spots of glue
48 x 28 cm
Privatsammlung Schweiz
Abb. S. 220

122
Charon
1940, 58 (X 18)
Aquarell, Fettkreide und Rötel auf Papier mit Leimtupfen auf Karton
Watercolour, lithographic crayon and red chalk on paper mounted on cardboard with spots of glue
29,8 x 20,9 cm
Privatsammlung New York City
Abb. S. 225

123
Eidola: weiland Iphigenie II
Eidola: formerly Iphigenie II
1940, 98 (V 18)
Iphigenie II als Idol
Fettkreide auf Papier mit Leimtupfen auf Karton
Lithographic crayon on paper mounted on cardboard with spots of glue
29,7 x 21,5 cm
Paul-Klee-Stiftung, Kunstmuseum Bern
Abb. S. 222

124
»H-D«-Amazone
"H-D" Amazon
1940, 129 (T 9)
Amazone HD
Feder mit Tinte auf Papier mit Leimtupfen auf Karton
Pen and ink on paper mounted on cardboard with spots of glue
26,9 x 21,4 cm
Paul-Klee-Stiftung, Kunstmuseum Bern
Abb. S. 223

125
Walküre
Valkyrie
1940, 134 (T 14)
Fettkreide auf Papier mit Leimtupfen auf Karton
Lithographic crayon on paper mounted on cardboard with spots of glue
29,7 x 21 cm
Paul-Klee-Stiftung, Kunstmuseum Bern
Abb. S. 222

126
travestierte Orpheia
Transvestied Orpheia
1940, 137 (T 17)
Fettkreide auf Papier mit Leimtupfen auf Karton
Lithographic crayon on paper mounted on cardboard with spots of glue
29,7 x 20,5 cm
Paul-Klee-Stiftung, Kunstmuseum Bern
Abb. S. 223

127
Flucht vor dem Hades
Escape from Hades
1940, 147 (S 7)
Flucht
Fettkreide auf Papier mit Leimtupfen auf Karton
Lithographic crayon on paper mounted on cardboard with spots of glue
29,7 x 21,1 cm
Paul-Klee-Stiftung, Kunstmuseum Bern
Abb. S. 224

128
Daemon
Demon
1940, 188 (Qu 8)
Dämon
Fettkreide auf Papier mit Leimtupfen auf Karton
Lithographic crayon on paper mounted on cardboard with spots of glue
29,6 x 21 cm
Paul-Klee-Stiftung, Kunstmuseum Bern
Abb. S. 227

129
Bart-Nymphe
Bearded nymph
1940, 218 (P 18)
Fettkreide und Farbstift auf Papier mit Leimtupfen auf Karton
Lithographic crayon and coloured pencil on paper mounted on cardboard with spots of glue
29,6 x 21 cm
Paul-Klee-Stiftung, Kunstmuseum Bern
Abb. S. 226

130
EUMENIDE vom CHOR
Eumenide from the Choir
1940, 220 (P 20)
Kielfeder mit Tusche auf Papier mit Leimtupfen auf Karton
Quill-pen and Indian ink on paper mounted on cardboard with spots of glue
29,6 x 19,5 cm
Paul-Klee-Stiftung, Kunstmuseum Bern
Abb. S. 230

131
Herakles als Kind
Hercules as a child
1940, 229 (N 9)
Fettkreide auf Papier mit Leimtupfen auf Karton
Lithographic crayon on paper mounted on cardboard with spots of glue
29,6 x 21 cm
Paul-Klee-Stiftung, Kunstmuseum Bern
Abb. S. 231

132
Teich-Nixe
Pond nymph
1940, 302 (H 2)
Kleisterfarbe auf Papier mit Leimtupfen auf Karton
Paste on paper mounted on cardboard with spots of glue
21 x 29,5 cm
Schenkung LK, Klee-Museum, Bern
Abb. S. 228

133
die Schlangengöttin und ihr Feind
The Snake goddess and her foe
1940, 317 (H 17)
Kleisterfarbe auf Papier mit Leimtupfen auf Karton
Paste on paper mounted on cardboard with spots of glue
29,6 x 42 cm
Privatsammlung Schweiz
Abb. S. 229

Verzeichnis weiterer Abbildungen von Werken Paul Klees/List of further Illustrations of Works of Paul Klee

Mythologisch/Mythological

Fitzli Putzli, WODAN, Mohamed, INRI, ISIS
1897
Feder mit Tusche auf bedrucktem Papier
Pen and Indian ink on printed paper
20,4 x 13,4 cm
Privatsammlung Schweiz
Abb. S. 74

Götzen
Idols
1913, 89
Feder mit Tusche auf Papier auf Karton
Pen and Indian ink on paper mounted on cardboard
12,5 x 10 cm
Verbleib unbekannt
Abb. S. 271

Anatomie der Aphrodite
Anatomy of Aphrodite
1915, 45
Anatomie der Venus
Aquarell auf kreidegrundiertem Papier auf Karton
Watercolour on chalk primed paper mounted on cardboard
20,1 x 13,7 cm
The Miyagi Museum of Art, Sendai
Abb. S. 94

Zeus sich in e. Schwan verwandelnd
Zeus changing himself into a swan
1915, 95
Feder mit Tusche auf Papier auf Karton
Pen and Indian ink on paper mounted on cardboard
10 x 8,7 cm
Graphische Sammlung Albertina, Wien, Nachlaß Alfred Kubin
Abb. S. 92

(kakendaemonisch)
(cacodemonic)
1916, 73
Aquarell auf gipsgrundierter Baumwolle auf Karton
Watercolour on plaster primed cotton mounted on cardboard
18,5 x 25,5 cm
Paul-Klee-Stiftung, Kunstmuseum Bern
Abb. S. 98

Blumenmythos
Flower myth
1918, 82
Aquarell auf kreidegrundierter Gaze auf Zeitungspapier auf Silberbronzepapier auf Karton
Watercolour on chalk primed gauze mounted on newspaper mounted on silver-bronze foil mounted on cardboard
29 x 15,8 cm
Sprengel Museum Hannover, Sammlung Sprengel
Abb. S. 77

Versunkenheit
Absorption
1919, 75
Bleistift auf Papier auf Karton
Pencil on paper mounted on cardboard
27 x 19,5 cm
Norton Simon Museum, Pasadena, CA, The Blue Four Galka Scheyer Collection, 1953
Abb. S. 48

Maske
Mask
1919, 76
Mann mit Seemannsbart
Ölpause auf Papier auf Karton
Oil transfer drawing on paper mounted on cardboard
19 x 15,2 cm
Verbleib unbekannt
Abb. S. 49

Botschaft des Luftgeistes
Message of the spirit of the air
1920, 7
Ölpause und Aquarell auf kreidegrundiertem Papier auf Karton
Oil transfer drawing and watercolour on chalk primed paper mounted on cardboard
23,5 x 32 cm
Privatsammlung Deutschland
Abb. S. 271

Waldbeere
Woodland berry
1921, 92
Aquarell und Bleistift auf Papier, zerschnitten und neu kombiniert, mit Gouache und Feder mit Tusche eingefaßt, auf Karton
Watercolour and pencil on paper, cut up and re-combined, bordered in gouache and pen and Indian ink, mounted on cardboard
32 x 25,1 cm
Städtische Galerie im Lenbachhaus, München
Abb. S. 114

Ur-Welt-Paar
Primeval-world couple
1921, 135
Ölpause und Aquarell auf Papier, unten Randstreifen mit Feder mit Tusche, mit Leimtupfen auf Karton
Oil tranfer drawing and watercolour on paper, at the bottom marginal stripe in pen and Indian ink, mounted on cardboard with spots of glue
31,5 x 48 cm
Bayerische Staatsgemäldesammlungen/ Staatsgalerie moderner Kunst, München
Abb. S. 108

Die alternde Venus
The aging Venus
1922, 8
Ölpause und Aquarell, teilweise gespritzt, auf Papier, oben und unten Randstreifen mit Aquarell, auf Karton
Oil transfer drawing and watercolour, partly sprayed, on paper, top and at the bottom marginal stripes in watercolour, mounted on cardboard
The Solomon R. Guggenheim Museum, New York
Abb. S. 117

Der Gott des nördlichen Waldes
God of the northern forest
1922, 32
Öl und Feder mit Tusche auf Leinwand, mit Aquarell eingefaßt, auf Karton
Oil and pen and Indian ink on canvas, bordered in watercolour, mounted on cardboard
53,5 x 41,4 cm
Paul-Klee-Stiftung, Kunstmuseum Bern
Abb. S. 119

Der wilde Mann
The wild man
1922, 43
Bleistift, Ölpause, Aquarell und Gouache auf gipsgrundierter Gaze auf Papier, mit Gouache und Feder mit Tusche eingefaßt, auf Karton
Pencil, oil transfer drawing, watercolour and gouache on plaster primed gauze mounted on paper, bordered in gouache and pen and Indian ink, mounted on cardboard
50,2 x 32,1/32,6 cm
Städtische Galerie im Lenbachhaus, München, Dauerleihgabe der Gabriele Münter- und Johannes Eichner-Stiftung
Abb. S. 284

Die Pflege des Homunculus
Tending of the homunculus
1922, 46
Ölpause und Aquarell auf Papier auf Karton
Oil transfer drawing and watercolour on paper mounted on cardboard
39 x 55,5 cm
Privatsammlung
Abb. S. 274

Orakel
Oracle
1922, 139
Öl auf Karton auf Sperrholz; originaler Rahmen
Oil on cardboard mounted on plywood; original frame
52 x 53 cm
Staatsgalerie Stuttgart
Abb. S. 280

Odysseisch
Odyssey
1924, 260
Ölpause und Aquarell, gespritzt, auf kreide- und kleistergrundiertem Papier auf Karton
Oil transfer drawing and watercolour, sprayed, on chalk and paste primed paper mounted on cardboard
32,5 x 50,2 cm
Verbleib unbekannt
Abb. S. 278

Hexenmutter
Witch mother
1925, 21 (L 1)
Pinsel mit Tusche auf Papier auf Karton
Brush and Indian ink on paper mounted on cardboard
23,5 x 14 cm
Verbleib unbekannt
Abb. S. 274

ein Garten für Orpheus
A Garden for Orpheus
1926, 3
Feder mit Tusche und Aquarell auf Papier auf Karton
Pen and Indian ink and watercolour on paper mounted on cardboard
47 x 32 / 32,5 cm
Paul-Klee-Stiftung, Kunstmuseum Bern
Abb. S. 279

Adrasteapolis
1926, 16 (K 6)
Feder mit Tusche und Aquarell auf Papier auf Karton
Pen and Indian ink and watercolour on paper mounted on cardboard
47 x 30,5 cm
Verbleib unbekannt
Abb. S. 264

Rosenzwerg
Dwarf of the roses
1927, 145 (E 5)
Öl auf Nesseltuch auf Karton
Oil on muslin mounted on cardboard
49,5 x 32,5 cm
Verbleib unbekannt
Abb. S. 133

Orpheus
1929, 257 (Z 7)
Wasserfarbe auf Baumwolle auf Sperrholz
Watercolour on cotton mounted on plywood
50,2 x 24,2 cm
Privatsammlung USA
Abb. S. 280

Schwestern vom Stamme der Gorgo
Sisters from the clan of Gorgo
1930, 118 (V 8)
Feder mit Tinte auf Papier mit Leimtupfen auf Karton
Pen and ink on paper mounted on cardboard with spots of glue
29,7 x 51,3 cm
Privatsammlung USA
Abb. S. 271

Phoenix coniugalis
1932, 57 (L 17)
Wasserfarbe auf Papier auf Karton
Watercolour on paper mounted on cardboard
32,5 x 20,8 cm
Musée national d'art moderne, Centre Georges Pompidou, Paris, Schenkung Heinz Berggruen
Abb. S. 166

Sturm-Geister
Storm ghosts
1933, 98 (P 18)
Bleistift auf Papier mit Leimtupfen auf Karton
Pencil on paper mounted on cardboard with spots of glue
21,8 / 22,2 x 32,7 cm
Paul-Klee-Stiftung, Kunstmuseum Bern
Abb. S. 270

PALÉSIO-NUA
1933, 236 (W 16)
Wasserfarbe auf weißgrundierter Baumwolle auf Karton
Watercolour on white primed cotton mounted on cardboard
50 x 27 cm
The Miyagi Museum of Art, Sendai
Abb. S. 281

Zeusersatz
Substitute for Zeus
1933, 330 (B 10)
Bleistift auf Papier mit Leimtupfen auf Karton
Pencil on paper mounted on cardboard with spots of glue
27,3 x 17,3 cm
Paul-Klee-Stiftung, Kunstmuseum Bern
Abb. S. 172

anatomische Venus
Anatomical Venus
1933, 441 (H 1)
Kreide auf braungrundierter Leinwand mit Leimtupfen auf Karton
Chalk on brown primed canvas mounted on cardboard with spots of glue
52 x 18,5 / 19,3 cm
Städtische Galerie im Lenbachhaus, München, Dauerleihgabe der Gabriele Münter- und Johannes Eichner-Stiftung
Abb. S. 176

Ruhende Sphinx
Sphinx resting
1934, 210 (U 10)
Öl auf Leinwand auf Keilrahmen; originaler, farbig gefaßter Rahmen
Oil on canvas mounted on stretcher; original, coloured painted frame
90 x 120 cm
Paul-Klee-Stiftung, Kunstmuseum Bern
Abb. S. 283

Walpurgisnacht
Walpurgis night
1935, 121 (Qu 1)
Kleisterfarbe auf Nesseltuch auf Karton

Paste on muslin mounted on cardboard
50,8 x 47 cm
Tate Gallery, London
Abb. S. 179

Kriegs Gott
God of war
1937, 25 (K 5)
Öl und Kleisterfarbe auf Zeitungspapier auf Karton
Oil and paste on newspaper mounted on cardboard
35,1 x 28,8 cm
The Cleveland Museum of Art, Vermächtnis Lockwood Thompson, Cleveland
Abb. S. 277

Flora
1937, 28 (K 8)
Öl auf Papier auf Karton
Oil on paper mounted on cardboard
39,4 x 28,9 cm
Paul-Klee-Stiftung, Kunstmuseum Bern
Abb. S. 269

Pomona heranwachsend
Pomona growing up
1937, 33 (K 13)
Öl auf Papier, oben und unten Stoffstreifen angestückt, mit Leimtupfen auf Karton
Oil on paper, top and at the bottom strips of cotton added, mounted on cardboard with spots of glue
55,5 x 37,5 cm
The Solomon R. Guggenheim Museum, New York
Abb. S. 281

ein Bakchant
A bacchant
1937, 147 (R 7)
Öl auf Leinwand auf Keilrahmen
Oil on canvas mounted on stretcher
44 x 33 cm
Privatsammlung USA
Abb. S. 266

junger Waldteufel
Young wood demon
1937, 173 (S 13)
Pastell auf Papier auf Karton
Pastel on paper mounted on cardboard
29 x 21 cm
Verbleib unbekannt
Abb. S. 284

Erdgeister
Earth spirits
1938, 131 (J 11)
Kleisterfarbe und Öl auf Zeitungspapier auf Jute
Paste and oil on newspaper mounted on jute
36 x 72 cm
Harvard University Art Museums, Fogg Art Museum, Cambridge, Schenkung Mr. & Mrs. Joseph Pulitzer
Abb. S. 270

Pomona, über-reif
Pomona, overripe
1938, 134 (J 14)
Pomona leicht geneigt
Öl, teilweise mit dem Spachtel bearbeitet, auf Zeitungspapier auf Jute auf Keilrahmen; originale Rahmenleisten
Oil, partly worked with palette knife, on newspaper mounted on jute mounted on stretcher; original frame strips
68 x 52 cm
Paul-Klee-Stiftung, Kunstmuseum Bern
Abb. S. 189

AEOlisches
Aeolian
1938, 137 (J 17)
Öl und Kleisterfarbe auf Zeitungspapier auf Jute auf Keilrahmen
Oil and paste on newspaper mounted on jute mounted on stretcher
52 x 68 cm
Kunstmuseum Bern, Hermann-und-Margrit-Rupf-Stiftung
Abb. S.

figur aus dem Hades
Figure from Hades
1938, 296 (S 16)
Kreide auf Papier mit Leimtupfen auf Karton
Chalk on paper mounted on cardboard with spots of glue
Verbleib unbekannt
Abb. S. 272

Fragmenta Veneris
1938, 381 (X 1)
Wasserfarbe, gewachst, auf gipsgrundierter Jute auf Keilrahmen
Watercolour, waxed, on plaster primed jute mounted on stretcher
30 x 21 cm
Privatsammlung Schweiz
Abb. S. 266

tragische Metamorphose ....
Tragic metamorphosis ....
1939, 74 (J 14)
Feder mit Tusche und Aquarell auf Papier mit Leimtupfen auf Karton
Pen and Indian ink and watercolour on paper mounted on cardboard with spots of glue
21,5 x 29,4 cm
The Collection of David M. Solinger
Abb. S. 277

barocker Kentaur
Baroque centaur
1939, 283 (V 3)
Aquarell auf schwarzgrundiertem Papier auf Karton
Watercolour on black primed paper mounted on cardboard
32,4 x 23,5 cm
Privatsammlung USA
Abb. S. 275

Zerstörtes Labyrinth
Destroyed labyrinth
1939, 346 (Y 6)
Öl und Wasserfarbe auf Papier auf Jute auf Keilrahmen; originale Rahmenleisten
Oil and watercolour on paper mounted on jute mounted on stretcher; original frame strips
54 x 70 cm
Paul-Klee-Stiftung, Kunstmuseum Bern
Abb. S. 275

Flora noctis
1939, 391 (A 11)
Aquarell auf Papier auf Karton
Watercolour on paper mounted on cardboard
29,5 x 21 cm
Verbleib unbekannt
Abb. S. 269

Nymphe im Gemüsegarten
Nymph in a vegetable garden
1939, 504 (AA 4)
Aquarell, Gouache und Fettkreide auf kreide- und kleistergrundierter Jute auf Karton
Watercolour, gouache and lithographic crayon on chalk and paste primed jute mounted on cardboard
34 x 52,5 cm
Paul-Klee-Stiftung, Kunstmuseum Bern
Abb. S. 278

Halbgott und Nymphe
Demi-god and nymph
1939, 770 (PP 10)
Kleisterfarbe und Bleistift auf Papier mit Leimtupfen auf Karton
Paste and pencil on paper mounted on cardboard with spots of glue
21,5 x 27 cm
Privatsammlung New York City
Abb. S. 278

weiland schön wie Aphrodite
Formerly beautiful like Aphrodite
1939, 872 (VV 12)
Bleistift auf Papier mit Leimtupfen auf Karton
Pencil on paper mounted on cardboard with spots of glue
29,5 x 21 cm
Paul-Klee-Stiftung, Kunstmuseum Bern
Abb. S. 266

Chindlifrässer
Child gobbler
1939, 1027 (DE 7)
Fettkreide auf Packpapier mit Leimtupfen auf Karton
Lithographic crayon on wrapping paper mounted on cardboard with spots of glue
44,5 x 30 cm
Paul-Klee-Stiftung, Kunstmuseum Bern
Abb. S. 144

Eidola: weiland MAENADE
Eidola: formerly Maenad
1940, 84 (V 4)
Fettkreide auf Papier mit Leimtupfen auf Karton
Lithographic crayon on paper mounted on cardboard with spots of glue
29,9 x 21 cm
The Menil Collection, Houston
Abb. S. 151

Nichtmythologisch/Non-Mythological

Zusammenbruch
Breakdown
1938, 165
Kreide auf Papier mit Leimtupfen auf Karton
Chalk on paper mounted on cardboard with spots of glue
27,1 x 21 cm
Schenkung LK, Klee-Museum, Bern
Abb. S. 153

letztes Wort im Drama
Last word in the drama
1938, 359 (V 19)
Feder mit Tinte auf Papier mit Leimtupfen auf Karton
Pen and ink on paper mounted on cardboard with spots of glue
21,5 x 27 cm
Schenkung LK, Klee-Museum, Bern
Abb. S. 138

Kinder spielen Tragödie
Children playing tragedy
1939, 1207 (NO 7)
Fettkreide auf Papier mit Leimtupfen auf Karton
Lithographic crayon on paper mounted on cardboard with spots of glue
20,9 x 29,6 cm
Paul-Klee-Stiftung, Kunstmuseum Bern
Abb. S. 138

Woher? Wo? Wohin?
Whence? Where? Where to?
1940, 60 (X 20)
Woher? Wo? Wohin? Eidola
Aquarell, Fettkreide und Rötel auf Papier mit Leimtupfen auf Karton
Watercolour, lithographic crayon and red chalk on paper mounted on cardboard with spots of glue
29,7 x 20,8 cm
Privatsammlung Zürich
Abb. S. 150

Eidola: ΚΝΑΥΗΡΟΣ, weiland Pauker
Eidola: ΚΝΑΥΗΡΟΣ, Formerly kettledrummer
1940, 102 (U 2)
Fettkreide auf Papier mit Leimtupfen auf Karton
Lithographic crayon on paper mounted on cardboard with spots of glue
29,7 x 21 cm
Paul-Klee-Stiftung, Kunstmuseum Bern
Abb. S. 151

Eidola: weiland Lampenfieber
Eidola: Formerly stage fright
1940, 103 (U 3)
Lampenfieber
Fettkreide auf Papier mit Leimtupfen auf Karton
Lithographic crayon on paper mounted on cardboard with spots of glue
29,7 x 21,1 cm
Schenkung LK, Klee-Museum, Bern
Abb. S. 153

Paukenspieler
Kettledrummer
1940, 270 (L 10)
Kleisterfarbe auf Papier mit Leimtupfen auf Karton
Paste on paper mounted on cardboard with spots of glue
34,6 x 21,2 cm
Paul-Klee-Stiftung, Kunstmuseum Bern
Abb. S. 156

Bibliographie/Bibliography

Paul Klee: Primärliteratur/Primary Literature

Klee, Paul, Pädagogisches Skizzenbuch, Bauhausbücher 2, München 1925.

—, Pedagogical Sketchbook, transl. by Sibyl Moholy-Nagy, New York 1953.

—, Das bildnerische Denken, hrsg. von Jürg Spiller, Basel/Stuttgart 1956.

—, The Thinking Eye. The Notebooks of Paul Klee, ed. by Jürg Spiller, transl. by Ralph Manheim, London 1961.

—, The Diaries of Paul Klee 1898–1918, ed. by Felix Klee, transl. by B. Schneider, R. Y. Zachary and Max Knight, Berkeley/Los Angeles 1964.

—, Unendliche Naturgeschichte, hrsg. von Jürg Spiller, Basel/Stuttgart 1970.

—, Schriften, hrsg. von Christian Geelhaar, Köln 1976

—, Beiträge zur bildnerischen Formlehre (1921/22), hrsg. von Jürgen Glaesemer, Faksimileausgabe, Basel/Stuttgart 1979.

—, Briefe an die Familie 1893–1940, hrsg. von Felix Klee, 2 Bde., Köln 1979.

—, Briefe an Alfred Kubin, in: Paul Klee. Das Frühwerk 1883–1922, hrsg. von Armin Zweite, Ausst.-Kat. Städtische Galerie im Lenbachhaus, München, 1979.

—, Tagebücher 1898–1918, hrsg. von der Paul-Klee-Stiftung, Kunstmuseum Bern, bearb. von Wolfgang Kersten, Stuttgart 1988.

—, The Nature of Nature, ed. by Jürg Spiller, transl. by Heinz Norden, Woodstock 1992

—, On Modern Art, University of Reading, 1992.

—, Vortrag Jena, 26. Januar 1924, in: Paul Klee in Jena 1924. Der Vortrag, Ausst.-Kat. Jena, Stadtmuseum Göhre, Gera 1999.

**Sekundärliteratur: Paul Klee und der Mythos/
Secondary Literature: Paul Klee and Myth**

Aichele, K. Porter, Paul Klee's *Flower Myth*: Themes from German Romanticism Reinterpreted, in: Source. Notes in the History of Art, vol. VIII, no. 3 (Spring) 1989.

Chapeaurouge, Donat de, Paul Klee und der christliche Himmel, Stuttgart 1990.

Comini, Alessandra, All Roads Lead (Reluctantly) to Bern: Style and Source in Paul Klee's Early 'Sour' Prints, in: Arts Magazine 1 (1977).

De Lamater, Peg, Some Indian Sources in the Art of Paul Klee, in: The Art Bulletin, vol. LXVI, no. 4 (December), 1984.

—, Klee and India: Krishna Themes in the Art of Paul Klee, Ph.D. Dissertation, University of Texas at Austin, 1991.

Einstein, Carl, Die Kunst des 20. Jahrhunderts, Propyläen Kunstgeschichte, Bd. XVI, Berlin, 1. Aufl. 1926, 2. Aufl. 1928, 3. Aufl. 1931.

Franciscono, Marcel, Paul Klee's Italian Journey and the Classical Tradition, in: Pantheon 32, no. 1 (1974).

Frontisi, Claude, Klee: Anatomie d'Aphrodite: le polyptyque démembré, Paris 1990.

Hartlaub, Gustav Friedrich, Die Kunst und die neue Gnosis, in: Das Kunstblatt, 1. Jg., H. 6, 1917.

Haynes, H. G., Mythology of the Soul, Baltimore 1940.

Hübner, Kurt, Paul Klee und der Mythos, in: Die Wahrheit des Mythos, hrsg. von Kurt Hübner, München 1985.

Jezler-Hübner, Elke, Eros in Theorie und Werk Paul Klees, Lizentiatsarbeit, Kunstgeschichtliches Seminar der Universität Zürich, 1983.

Kessler, Charles S., Science and Mysticism in Paul Klee's 'Around the Fish', in: The Journal of Aesthetics and Art Criticism, vol. XVI, no. 1 (September), 1957.

Knott, Robert, Paul Klee and the Mystic Center, in: Art Journal, vol. XXXVIII, no. 2 (Winter), 1978.

Kort, Pamela, Classical Tragedy and Mythology in Paul Klee's Work: 1932–1940, Master's thesis, University of California at Los Angeles, 1986.

—, The Ugly Face of Beauty: Paul Klee's Images of Aphrodite. Ph.D. Dissertation, University of California at Los Angeles, 1994.

Kramer, Kathryn Elaine, Mythopoetic Politics and the Transformation of the Classical Underworld Myth in the Late Work of Paul Klee, Ph.D. Dissertation, Ann Arbor, U.M.I., 1993.

Küppers, Paul Erich, Die neue Religion der künstlerischen Jugend, in: Jahrbuch der Jungen Kunst, Bd. 3, Leipzig 1922.

Lichtenstern, Christa, Metamorphose in der Kunst des 19. und 20. Jahrhunderts. Bd. 1: Die Wirkungsgeschichte der Metamorphosenlehre Goethes, Berlin 1990. Bd. 2: Vom Mythos zum Prozeßdenken, Berlin 1992.

Nahrwold, Regine, Paul Klee – ›Pomona, überreif – leicht geneigt‹: Kunst als Schöpfungsgleichnis, in: Augen-Blicke. Kunstgeschichtliche Aufsätze für Martin Gosebruch zu seiner Emeritierung, hrsg. von Anne Mueller von der Haegen und Michael Schauder, Göttingen 1986.

Rosenthal, Mark, The Myth of Flight in the Art of Paul Klee, in: Arts Magazine, vol. 55, no. 1 (September) 1980.

Sekundärliteratur: Paul Klee (allg.)/
Secondary Literature: Paul Klee (general)

Burnett, David R., Klee as Senecio: Self-Portraits 1908–1922, in: Art International, vol. 21, no. 5, 1977.

Crone, Rainer, Joseph Leo Koerner, Paul Klee. Legends of the Sign, New York 1991

Franciscono, Marcel, Paul Klee: His Work and Thought. Chicago and London 1991.

Frey, Stefan, und Wolfgang Kersten, Paul Klees geschäftliche Verbindung zur Galerie Alfred Flechtheim, in: Alfred Flechtheim: Sammler Kunsthändler Verleger, Ausst.-Kat. Kunstmuseum Düsseldorf, 1987.

Geelhaar, Christian, Paul Klee und das Bauhaus, Köln 1972.

—, Paul Klee and the Bauhaus, New York 1973.

—, Journal intime oder Autobiographie? Über Paul Klees Tagebücher, in: Paul Klee: Das Frühwerk 1883–1922, hrsg. von Armin Zweite, Ausst.-Kat. Städtische Galerie im Lenbachhaus, München, 1979.

Gerlach-Laxner, Uta, und Ellen Schwinzer (Hrsg.), Paul Klee: Reisen in den Süden, Ausst.-Kat. Gustav-Lübcke-Museum, Hamm, 1997.

Giedion-Welcker, Carola, Paul Klee, London 1952.

—, Paul Klee, Stuttgart 1954.

Glaesemer, Jürgen, Paul Klee: Handzeichnungen I. Kindheit bis 1920, Bern 1973.

—, Paul Klees persönliche und künstlerische Begegnung mit Alfred Kubin, in: Pantheon, 32. Jg., Heft 2, 1974.

—, Paul Klee. Die farbigen Werke im Kunstmuseum Bern. Gemälde, farbige Blätter, Hinterglasbilder und Plastiken, Bern 1976

—, Paul Klee: The Colored Works in the Kunstmuseum Bern, transl. by Renate Franciscono, Bern 1979.

—, Paul Klee: Handzeichnungen III, Bern 1979.

—, Paul Klee: Handzeichnungen II, Bern 1984.

—, Klee and German Romanticism/Paul Klee und die Deutsche Romantik, in: Paul Klee, exhibition cat. Museum of Modern Art, New York/Kunstmuseum Bern, 1987.

Gohr, Siegfried, Symbolische Grundlagen der Kunst Paul Klees, in: Paul Klee. Das Werk der Jahre 1919–1933, Ausst.-Kat. Kunsthalle Köln, 1979.

Grohmann, Will, Paul Klee. Handzeichnungen, Wiesbaden 1951.

Grohmann, Will, Paul Klee, Genf/Stuttgart 1954.

—, Paul Klee, New York 1954.

Haxthausen, Charles Werner, Paul Klee: The Formative Years, New York 1981.

Helfenstein, Josef, Das Spätwerk als »Vermächtnis«. Klees Schaffen im Todesjahr, in: Paul Klee. Das Schaffen im Todesjahr, hrsg. von Josef Helfenstein und Stefan Frey, Ausst.-Kat. Kunstmuseum Bern, 1990.

Henry, Sara Lynn, Paul Klee. Nature and Modern Science, the 1920s. Vol. I: Text, vol. II: Illustrations, 1976.

Hopfengart, Christine, Klee. Vom Sonderfall zum Publikumsliebling. Stationen seiner öffentlichen Resonanz in Deutschland 1905–1960, Mainz 1989.

Kersten, Wolfgang. Paul Klee: »Zerstörung, der Konstruktion zuliebe?«, Marburg 1987.

—, Paul Klees Beziehung zum »Blauen Reiter«, in: Der Blaue Reiter, Ausst.-Kat. Kunstmuseum Bern, 1986.

—, Paul Klee, Übermut. Allegorie der künstlerischen Existenz, Frankfurt/M. 1990.

—, Textetüden über Paul Klees Postur – »Elan vital« aus der Gießkanne, in: Elan Vital, Ausst.-Kat. Haus der Kunst, München, 1994.

Kersten, Wolfgang, und Osamu Okuda, Paul Klee: Im Zeichen der Teilung, Ausst.-Kat. Kunstsammlung Nordrhein-Westfalen, Düsseldorf, 1995.

Klee aus New York. Hauptwerke der Sammlung Berggruen im Metropolitan Museum of Art, Berlin 1998.

Kornfeld, Eberhard W., Verzeichnis des graphischen Werkes von Paul Klee, Bern 1963.

Kröll, Christina, Die Bildtitel Paul Klees. Eine Studie zur Beziehung von Bild und Sprache in der Kunst des Zwanzigsten Jahrhunderts, Diss. Bonn 1968.

Okuda, Osamu, Reflektierender Blick auf Bern. Paul Klee und seine Heimatstadt, in: Georges-Bloch-Jahrbuch des Kunstgeschichtlichen Seminars der Universität Zürich, Bd. 2, 1995.

—, Paul Klee. Buchhaltung, Werkbezeichnung und Werkprozess, in: Radical Art History: Internationale Anthologie, Subject O. K. Werckmeister, hrsg. von Wolfgang Kersten, Zürich 1997.

Osterwold, Tilman, Paul Klee: Spätwerk, Ausst.-Kat. Württembergischer Kunstverein Stuttgart, Stuttgart 1990.

Paul-Klee-Stiftung, Kunstmuseum Bern, Catalogue Raisonné Paul Klee, Bd. 1, 1883–1912, Bern 1998, Bd. 3, 1919–1922, Bern 1999.

Prange, Regine, Das Kristalline als Kunstsymbol – Bruno Taut und Paul Klee. Zur Reflexion des Abstrakten in Kunst und Kunsttheorie der Moderne, Hildesheim 1991.

Rewald, Sabine, Paul Klee: The Berggruen Collection in The Metropolitan Museum of Art, New York 1988.

—, Paul Klee. Die Sammlung Berggruen im Metropolitan Museum of Art, New York, und im Musée National d'Art Moderne, Paris, Stuttgart 1989.

Schmalenbach, Werner, Paul Klee. Die Düsseldorfer Sammlung, München 1986.

—, Paul Klee. The Düsseldorf Collection, München 1986.

Teuber, Dirk, Intuition und Genie. Aspekte des Transzendenten bei Paul Klee, in: Paul Klee. Konstruktion – Intuition, Ausst.-Kat. Städtische Kunsthalle Mannheim, 1990.

Temkin, Ann, Klee and the Avant-Garde 1912–1940/Klee und die Avant-Garde 1912–1940, in: Paul Klee, exhibition cat.

New York, Museum of Modern Art, Bern, Kunstmuseum, 1987.

Vishny, Michele, Paul Klee's Self-Images, in: Psychoanalytic Perspectives on Art, ed. by Mary Mathews Credo, Hillsdale, New Jersey, 1985.

Wedekind, Gregor, Geschlecht und Autonomie. Über die allmähliche Verfertigung der Abstraktion aus dem Geist des Mannes bei Paul Klee, in: Die weibliche und die männliche Linie, hrsg. von Susanne Deicher, Berlin 1993.

—, Paul Klee. Inventionen, Berlin 1996.

Werckmeister, Otto Karl, The Issue of Childhood in the Art of Paul Klee, in: Arts Magazine, vol. 52, no. 1 (September), 1977.

—, Versuche über Paul Klee, Frankfurt/M. 1981.

—, From Revolution to Exile, in: Paul Klee, ed. by Carolyn Lanchner, exhibition cat. Museum of Modern Art, New York, 1987.

—, Kairuan: Wilhelm Hausensteins Buch über Paul Klee, in: Die Tunisreise, hrsg. von Ernst-Gerhard Güse, Ausst.-Kat. Westfälisches Landesmuseum für Kunst und Kulturgeschichte, Münster, 1982.

—, The Making of Paul Klee's Career 1914–1920, Chicago 1989.

Werckmeister, Otto Karl, Die Porträtfotografien der Zürcher Agentur Fotopress aus Anlass des 60. Geburtstages von Paul Klee am 18. Dezember 1939, in: Paul Klee: Das Schaffen im Todesjahr, hrsg. von Josef Helfenstein und Stefan Frey, Ausst.-Kat. Kunstmuseum Bern, 1990.

Allgemeine Literatur zu mythologischen Fragen/ General Literature on the theme of mythology

Blumenberg, Hans, Arbeit am Mythos, Frankfurt/M. 1984.

—, Work on Myth, transl. by Robert M. Wallace, Cambridge, Massachusetts, 1985.

Bohrer, Karl Heinz (Hrsg.), Mythos und Moderne. Begriff und Bild einer Rekonstruktion, Frankfurt/M. 1983.

Frank, Manfred, Der kommende Gott. Vorlesungen über die Neue Mythologie. I. Teil, Frankfurt/M. 1982.

—, Gott im Exil. Vorlesungen über die Neue Mythologie. II. Teil, Frankfurt/M. 1988.

—, Kaltes Herz. Unendliche Fahrt. Neue Mythologie. Motiv-Untersuchungen zur Pathogenese der Moderne, Frankfurt/M. 1989.

Klages, Ludwig, Vom Kosmogonischen Eros (1922), 9. Aufl. Bonn 1988.

Pacht, Georg, Kunst und Mythos, Stuttgart 1986.

Plumpe, Gerhard, und Alfred Schuler, Chaos und Neubeginn. Zur Funktion des Mythos in der Moderne, Berlin 1978.

Sonnenburg, Hubert Falkner von, Die antike Mythologie in der Malerei des 19. Jahrhunderts, Diss. München 1952.

Strich, Fritz, Die Mythologie in der deutschen Literatur von Klopstock bis Wagner, 2 Bde., Halle 1910.

Register

Ackermann, Hans Christoph   36
Adorno, Theodor W.   155, 159
Agricola   239
Aichinger, Franz   255
Aischylos   137, 156, 161, 249, 251, 253, 254, 257, 279
Albers, Josef   248
Alkiphon   258
Allemann, Beda   87
Allert, Beate   158
Anton, Herbert   85
Aragon, Louis   153, 159
Archimedes   251
Ariosto, Ludovico   258, 263
Aristophanes   25, 27, 34, 238, 241, 243, 261
Aristoteles   21
Arnim, Achim von   248

Bach, Rudolf   249, 252, 262
Bachofen, Johann Jakob   69, 70
Baedeker, Karl   251, 252, 253
Basler, Alfred   262
Baßler, Moritz   88
Bataille, Georges   147
Bätschmann, Oskar   38
Baudelaire, Charles   16, 27, 28, 36, 37, 140
Baumgartner, Marcel   144, 158
Bayersdorfer, Adolph   242, 261
Becker, Hans J.   90
Behler, Ernst   84
Benjamin, Walter   155, 159
Benson, J.-L.   159
Berger, Max   250, 262
Berlioz, Hector   245
Betz, Werner   84
Bezold, Carl   258
Bienert, Ida   88, 251, 252, 262
Blake, William   242
Bloesch, Hans   235, 239, 241, 243, 244, 245, 246, 248, 250, 260, 262
Blumenberg, Hans   34, 35, 75, 81, 89
Boardman, John   36
Boccaccio, Giovanni di   241, 244
Böcklin, Arnold   234, 235, 243, 251
Boeck, Oliver   37
Bohrer, Karl Heinz   159
Bolz, Norbert   37
Borchmeyer, Dieter   85
Bossert, Helmuth Th.   252
Botticelli   240, 242
Bouchard, Henri   146
Bourdelle, Emile-Antoine   140, 141
Braested, J.H.   257
Braque, Georges   258
Brassaï   153, 154, 155, 159, 162

Brentano, Clemens   248
Breton, André   147, 154, 155
Breuer, Stefan   87
Briegleb, Klaus   36
Brun, Fritz   242
Brüschweiler, Jura   38
Bubner, Rüdiger   85
Buderer, Hans-Jürgen   159
Burckhardt, Jacob   24, 37, 237, 240, 244
Bürgi, Rolf   255
Bürgi-Bigler, Hannah   255
Burkert, Walter   88
Buschor, Ernst   249

Canova, Antonio   237
Carstens, Asmus Jacob   89
Caspar, Karl   240
Cellini, Benvenuto   240
Chapple, Gerald   88
Cicero   234
Colli, Giorgio   86
Colpe, Carsten   37
Corneille, Pierre   234
Creuzer, G. F.   285
Crevel, René   252
Curtius, Ludwig   37, 86

Daber, Alfred   250
Dahme, Heinz-Jürgen   90
Dalí, Salvador   148
Dante Alighieri   234, 235, 256
Däubler, Theodor   71, 72, 82, 248, 251, 252
Daumier, Honoré   23
Delacroix, Eugène   245
Deonna, W.   258
Derain, André   148
Derleth, Ludwig   69, 86
Dix, Otto   84
Droste, Magdalena   89, 157
Druich, Douglas W.   157
Duchamp, Marcel   148
Dürer, Albrecht   26, 29, 30, 31, 32, 38

Eckermann, Johann Peter   38
Edschmid, Kasimir   158, 248
Eichner, Hans   84
Einstein, Carl   12, 35, 147, 158, 160, 250, 253
El Greco   246
Elias, Norbert   66, 86
Ernst, Max   143, 148, 156, 256
Eschenbach, Wolfram von   249, 254
Euripides   235, 254, 262

Faber, Richard   86, 87
Falkner von Sonnenburg, Hubert   37

Farner, Konrad   147, 156, 160
Fechheimer, Hedwig   249
Feuerbach, Anselm   67, 239, 240, 244, 260
Fichte, Johann Gottlieb   67
Flacke, Monika   85
Flaubert, Gustave   248
Flechtheim, Alfred   38, 254
Fontainas, André   158
Förster, Elisabeth   68
Forster, Kurt   159
Franciscono, Marcel   35, 36, 89
Franck, Maria   85, 86, 246
Fränkel, Jonas   245
Freier, Hans   159
Freud, Sigmund   84
Frey, Stefan   38, 157, 158, 259
Frick, Wilhelm   252
Friedmann, Hermann   36
Friedrich, Caspar David   69
Frisby, David P.   90

Gauguin, Paul   150, 158
Geelhaar, Christian   35, 37, 88, 89, 158, 259, 262
George, Stefan   69, 70, 72, 86, 87, 246, 254
Germer, Stefan   85
Gillard, Fréd.   258
Giovanni da Bologna   240
Gisler, Jean-Robert   36
Glaesemer, Jürgen   19, 36, 37, 90, 157, 261
Gleisberg, Dieter   157
Gluck, Christoph Willibald   235
Goethe, Johann Wolfgang von   14, 17, 21, 24, 29, 34, 35, 38, 81, 82, 90, 140, 160, 237, 260, 274, 277, 284
Goltz, Hans   248, 261
Götzke, Alfred   159
Graevenitz, Antje von   159
Grandville, Jean Ignace Isidore Gérard   23
Greschowa, Euphrosyne   254
Grillparzer, Franz   234, 242
Grimm, Jakob   67, 159, 285
Grimm, Wilhelm   159, 285
Groblewski, Michael   38
Grohmann, Gertrud   258, 262, 263
Grohmann, Will   34, 137, 139, 142, 149, 150, 155, 160, 252, 254, 255, 257, 258, 259, 262, 263
Gropius, Walter   72, 73, 74, 89
Grosch, Karla   255, 256, 262
Grosch, Paula (genannt: Ju)   256
Grote, Gertrud   253, 262, 263
Grote, Ludwig   252, 253
Gründer, Karlfried   34, 85

Gruppe, Otto 244
Guérin, Daniel 158
Güse, Ernst-Gerhard 90
Gutbrod, Karl 34, 262

Hagen, Friedrich Heinrich von der 259
Haller, Hermann 236, 237, 238, 244, 248
Hannoosh, Michele 37
Hartwig, Kurt 254
Hausenstein, Wilhelm 23, 32, 34, 35, 36, 37, 38, 90, 157, 246, 247, 248, 262
Haxthausen, Charles Werner 37
Hebbel, Friedrich 29, 234, 241, 242, 243
Hederich, B. 285
Hegel, Georg Wilhelm Friedrich 67
Heiden, Konrad 161
Heilmeyer, Alexander 240
Heine, Heinrich 16, 17, 27, 28, 36, 37, 235, 254
Heinse, Wilhelm 243
Helfenstein, Josef 143, 155, 157, 158, 159
Henggeler, Walter 258
Herder, Johann Gottfried von 12, 65, 248
Herding, Klaus 37
Hermann, P. 285
Hesiod 256
Hildebrand, Adolf 240
Hitler, Adolf 84, 86, 87, 140, 156, 160, 161, 255
Hodler, Ferdinand 26, 27, 31, 32, 33, 38+
Hofmann, Werner 19, 36
Höhn, Gerhard 36
Hölderlin, Friedrich 255, 262
Hölty, Ludwig Heinrich Christoph 234
Homer 234, 265, 267, 278, 279, 282
Honegger, Arthur 256
Hopfengart, Christine 88
Horaz (Quintus Horatius Flaccus) 234, 239, 257
Horkheimer, Max 155
Horstmann, A. 34, 85
Hübner, Kurt 35, 75, 81, 84, 89, 90
Hunger, H. 285

Jahn, Carl 233
Jatho, Carl Oskar 251
Jeziorkowski, Klaus 88
Jordan, Jim M. 90
Joyce, James 249

Kahnweiler, Daniel-Henry 147, 154, 155, 158, 255, 256
Kain, Thomas 159, 259, 262
Kallai, Ernst 253
Kaltenbrunner, Gerd-Klaus 86, 87
Kandinsky, Nina 263
Kandinsky, Wassily 30, 70, 72, 88, 245, 246, 251, 263
Kant, Immanuel 66, 86
Kasdorf, Hans 158, 159
Katz, Jakob 86

Kemp, Friedhelm 88
Kerenyi, Karl 159
Kersten, Wolfgang 34, 35, 38, 157, 159, 259
Kiefer, Klaus H. 158
Kingsley, Charles 251
Klages, Ludwig 69, 70, 71, 86, 87, 88, 147, 149, 150, 152, 153, 155, 156, 158, 159
Klee geb. Frick, Marie Ida 36, 37, 233
Klee geb. Stumpf, Lily 10, 15, 16, 17, 18, 19, 21, 25, 26, 29, 34, 35, 36, 37, 38, 71, 89, 236, 240, 241, 244–246, 248–258, 260–263
Klee, Felix 34, 245, 250, 251, 252, 254, 255, 257, 259, 262
Klee, Hans Wilhelm 36, 37, 233
Klee, Mathilde 36, 233
Klein, Richard 141, 142
Kleist, J. 242
Klinger, Max 139, 140, 157
Klussmann, Paul Gerhard 87
Knauer, Lehrer und Paukenspieler 151
Knirr, Heinrich 235, 236
Koella, Rudolf 37, 38
Koerner, Joseph Leo 38
Koopmann, Helmut 85, 86
Kornmann, Heinrich 17
Kort, Pamela 36
Kramer, Kathryn Elaine 35, 147, 158
Krauss, Rosalind 159
Kreuzer, Helmut 88
Kubin, Alfred 245, 246, 254, 261
Küppers, Markus 36

Labba, Julius 236
Lanckoronski, Leo Maria 256
Leibl, Wilhelm 244
Leonardo da Vinci 30
Lessing, Gotthold Ephraim 20, 21, 23, 24, 36
Lichtenstern, Christa 158, 159
Liebermann, Max 244
Linke, Hansjürgen 87
Lipchitz, J. 156
Livingston, Jane 159
Livius, Titus 234
Löffler, Fritz 88
Lortzing, Albert 242
Ludwig I. von Bayern 260
Lukian 243
Lurker, Manfred 36
Luther, Martin 271

Macke, August 245, 247
Mackowsky, Hans 261
Magritte, René 148
Makela, Maria 158
Malingue, Maurice 158
Mallarmé, Stephan 147
Mann, Thomas 140, 159
Marc, Franz 30, 246
Marées, Hans von 244, 245, 247
Martini, Arturo 140, 145
Masson, André 143, 148, 155, 156

Matisse, Henri 147, 148
Meier-Graefe, Julius 243, 247, 251
Meister, Mona 259, 262
Mendelssohn, Peter de 159
Menzel, Adolph 244
Michaud, Louis 234, 236, 237, 259
Miró, Joan 148, 156
Mitchell, Claudine 158
Moilliet, Louis 241, 243, 245, 247
Mommsen, Theodor 255, 262
Monfreid, Daniel de 158
Montinari, Mazzini 86
Moore, Henry 156
Moos, Max von 256
Moos, Xaver von 256, 263
Morgenstern, Christian 245
Mühlestein, Hans 38
Müller, Baal 87
Münter, Gabriele 70, 246
Musäus, J. K. A. 245

Napoleon Bonaparte 17
Nero 69
Neumeyer, Alfred 159
Nienhaus, Stefan 88
Nietzsche, Friedrich 67, 68, 69, 78, 86, 88, 147, 161, 233, 248
Nork, Friedrich 285
Novalis 86

Offenbach, Jacques 245
Okuda, Osamu 38
Ostini, Fritz von 242
Otto, Günther 37
Otto, Walter Friedrich 256
Ovid (Publius Ovidius Naso) 137, 147, 148f., 158, 239, 243, 277

Panofsky, Erwin 30, 38
Parry-Hausenstein, Renée-Marie 35
Pauly, August Friedrich 261, 285
Petronius (Gaius Petronius Arbiter) 241, 247
Pfäfflin, Friedrich 88
Philoctet 234
Piacentini, Marcello 140
Picasso, Pablo 143, 147, 148, 156, 255, 257, 258
Pindar 150, 162
Platon 24, 29, 38, 240, 253, 267, 268
Plautus, Titus Maccius 238
Plotin 267
Plumpe, Gerhard 86, 87
Plutarch 267
Poliakov, Léon 85
Pommier, Albert 145, 146
Poser, Hans 86
Praxiteles 237
Propertius, Sextus 235
Pütz, Peter 86
Puvis de Chavannes, Pierre-Cécile 243

Rabelais, François 244
Racine 235, 259, 263
Raffael Santi 238
Ralf, Otto 250
Rang, Bernhard 88
Ranke, Kurt 285
Ransmayr, Christoph 158
Raynal, Maurice 147, 148, 156, 161
Redon, Odilon 139, 140, 158
Rembrandt van Rijn 26, 242
Reventlow, Franziska Gräfin zu 86, 87
Ricci, Corrado 251
Richter, Karl 90
Rietzschel, Thomas 88
Rilke, Rainer Maria 69, 72, 86, 88, 249, 255
Ritter, Joachim 34, 85, 285
Rivera, Diego 148
Rode, Erwin 252
Rodenwalt, Gerhart 251
Rodin, Auguste 23, 240
Rohde, Erwin 233
Rohls, Jan 85
Roloff, D. 158
Rosenberg, Alfred 62, 84, 150, 256
Rosenkranz, Karl 37
Rothe, Wolfgang 88
Rümann, Wilhelm von 236
Rupf, Hermann 155, 156, 256, 259, 262, 263
Rupf, Margrit 262, 263

Sacher-Stehlin, Maya 258, 263
Salaquarda, Jörg 86
Salin, Edgar 87
Scheffler, Karl 31, 38
Schefold, K. 159
Schelling, Friedrich Wilhelm Josef von 67, 86
Scheyer, Emmy 262
Schieb, Roswitha 86
Schiller, Friedrich 16, 17, 21
Schiller, Friedrich 88
Schlegel, Friedrich 12, 62, 63, 65, 74, 84, 85, 86
Schlemmer, Oskar 153, 159
Schmidt, Franz 236
Schmidt, Georg 38
Schmidt-Biggemann, Wilhelm 37
Schmitt, Carl 88

Schmoll von Eisenwerth, Karl 238
Schoeck, Othmar 256
Scholz, Robert 255
Schröder, Hans Eggert 87, 88
Schuler, Alfred 69, 70, 86, 87
Schulte, Hans H. 88
Schuré, Édouard 249
Schuster, Peter-Klaus 158
Shakespeare, William 244, 245
Siegrist, Walter 234, 236, 260
Siemens, Kurt Hartwig 262
Simmel, Georg 78, 90
Sinnen, Sascha von 33
Skira, Albert 147
Sokrates 78, 136, 240
Sonderegger, Jacques Ernst 244, 247, 261
Sophokles 234, 235, 241, 254, 255, 260, 261
Sotomayor, F.A. 258
Spengler, Oswald 248, 249
Steffen, Hans 85
Stein, Konrad 89
Steiner, Rudolf 71
Stendhal 255
Stewart, Andrew F. 159
Stockert, Franz-Karl von 87
Strasser, Hans 241
Strauss, Richard 251, 255
Strich, Fritz 17, 85, 36, 245
Struc-Oppenberg, Ursula 85
Stubenvoll, Fritz 236
Stuck, Franz von 16, 139, 140, 141, 236, 242
Stumpf, Lily siehe Klee
Székely, Johannes 87

Tacitus 239, 267, 268, 284
Taine, Hyppolyte Adolphe 244
Tériade, E. 147, 148
Thiessing, René 235
Thorvaldsen, Bertel 241
Tiedemann, Rolf 159
Troost, Paul Ludwig 141

Uhland, Ludwig 234, 282
Usener, H. 285
Uxkull-Gyllenband, Woldemar Graf von 248

Valentin, Curt 256, 263
Valéry, Paul 252
Vasari, Giorgio 29

Verdi, Giuseppe 242
Verdi, Richard 90
Verspohl, Franz 259, 262
Virgil 234
Vogelweide, Walther von der 249
Voltaire 249

Wagner, Carola 249
Wagner, Richard 67, 68, 85, 86, 234, 235, 236, 241, 242, 243, 244, 245, 254, 255
Walden, Herwarth 80, 248
Warehime, Marja 159
Wartmann, Wilhelm 259
Wedderkop, Hans von 248
Wedekind, Frank 245
Wedekind, Gregor 35, 37, 136, 157, 158
Weigand, Wilhelm 261
Weininger, Otto 71, 242
Weischedel, Wilhelm 86
Wellesz, Egon 251
Welti, Albert 245, 246
Werckmeister, Otto Karl 35, 38, 80, 81, 90, 157, 158, 159
Werner, Dieter 88
Wieland, Christoph Martin 235
Wiggershaus, Rolf 159
Wilamowitz-Moellendorf, Ulrich von 254
Wildenbruch, Ernst von 234
Wilhelm, Hermann 86, 87
Willrich, Wolfgang 257
Winckelmann, Johann Joachim 24, 37
Wissowa, G. 285
Woermann, Karl 241, 246
Wolfskehl, Karl 69, 70, 72, 86, 87, 88, 246
Wolters, Friedrich 87
Woolley, C. Leonard 252
Wünsche, Konrad 89

Xenophanes 10, 34
Xenophon 238, 242

Zahn, Leopold 14, 34, 35, 38, 157, 248
Zaytz, Giovanni de 242
Zervos, Christian 255, 256
Ziegler, Konrad 285
Ziegler, Leopold 248
Ziegler, Walter 236
Zoff, Otto 35
Zola, Émile 239, 243
Zweite, Armin 37

Index

Ackermann, Hans Christoph 36, 37
Adorno, Theodor W. 154, 159
Aeschylus 138, 157, 161, 249, 251, 253, 254, 257, 279
Agricola 239
Aichinger, Franz 255
Albers, Josef 248
Alkiphon 258
Allemann, Beda 87
Allert, Beate 158
Anton, Herbert 85
Aragon, Louis 152, 159
Archimedes 251
Ariosto, Ludovico 258, 263
Aristophanes 24, 26, 34, 238, 241, 243, 261
Aristotle 20
Arnim, Achim von 248

Bach, Rudolf 249, 252, 262
Bachofen, Johann Jakob 68, 69
Baedeker, Karl 251, 252, 253
Basler, Alfred 262
Baßler, Moritz 88
Bataille, Georges 146
Bätschmann, Oskar 38
Baudelaire, Charles 15, 26, 27, 36, 140
Baumgartner, Marcel 144, 158
Bayersdorfer, Adolph 242, 261
Becker, Hans J. 90
Behler, Ernst 84
Benjamin, Walter 154, 159
Benson, J.-L. 159
Berger, Max 250, 262
Berlioz, Hector 245
Betz, Werner 84
Bezold, Carl 258
Bienert, Ida 88, 251, 252, 262
Blake, William 242
Bloesch, Hans 235, 239, 241, 243, 244, 245, 246, 248, 250, 260, 262
Blumenberg, Hans 34, 35, 73, 74, 80, 89
Boardman, John 36, 37
Boccaccio, Giovanni di 241, 244
Böcklin, Arnold 234, 235, 243, 251
Boeck, Oliver 37
Bohrer, Karl Heinz 159
Bolz, Norbert 37
Borchmeyer, Dieter 85
Bossert, Helmuth Th. 252
Botticelli 240, 242
Bouchard, Henri 145
Bourdelle, Emile-Antoine 140, 141
Braested, J. H. 257
Braque, Georges 258
Brassaï 152, 153, 154, 159, 162

Brentano, Clemens 248
Breton, André 146, 153, 154
Breuer, Stefan 87
Briegleb, Klaus 36
Brun, Fritz 242
Brüschweiler, Jura 38
Bubner, Rüdiger 85
Buderer, Hans-Jürgen 159
Burckhardt, Jacob 23, 37, 237, 240, 244
Bürgi, Rolf 255
Bürgi-Bigler, Hannah 255
Burkert, Walter 88
Buschor, Ernst 249

Canova, Antonio 237
Carstens, Asmus Jacob 89
Caspar, Karl 240
Cellini, Benvenuto 240
Chapple, Gerald 88
Cicero 234
Colli, Giorgio 86
Colpe, Carsten 37
Corneille, Pierre 234
Creuzer, G. F. 285
Crevel, René 252
Curtius, Ludwig 37, 86

Daber, Alfred 250
Dahme, Heinz-Jürgen 90
Dalí, Salvador 147
Dante Alighieri 234, 235, 256
Däubler, Theodor 70, 71, 88, 248, 251, 252
Daumier, Honoré 22
Delacroix, Eugène 245
Deonna, W. 258
Derain, André 147
Derleth, Ludwig 68, 86
Dix, Otto 82
Droste, Magdalena 89, 157
Druich, Douglas W. 157
Duchamp, Marcel 147
Dürer, Albrecht 26, 29, 30, 31, 32, 38

Eckermann, Johann Peter 37
Edschmid, Kasimir 158, 248
Eichner, Hans 84
Einstein, Carl 11, 35, 146, 158, 160, 250, 253
El Greco 246
Elias, Norbert 66, 86
Ernst, Max 143, 147, 155, 256
Eschenbach, Wolfram von 249, 254
Euripides 235, 254, 262

Faber, Richard 86, 87
Falkner von Sonnenburg, Hubert 36

Farner, Konrad 146, 156, 160
Fechheimer, Hedwig 249
Feuerbach, Anselm 66, 239, 240, 244, 260
Fichte, Johann Gottlieb 66
Flacke, Monika 85
Flaubert, Gustave 248
Flechtheim, Alfred 38, 254
Fontainas, André 158
Förster, Elizabeth 67
Forster, Kurt 159
Franciscono, Marcel 35, 36, 89
Franciscono, Renate 36
Franck, Maria 85, 86, 246
Fränkel, Jonas 245
Freier, Hans 159
Freud, Sigmund 82
Frey, Stefan 38, 157, 158, 259
Frick, Wilhelm 252
Friedmann, Hermann 36
Friedrich, Caspar David 66, 68
Frisby, David P. 90

Gauguin, Paul 149, 158
Geelhaar, Christian 35, 37, 88, 89, 158, 259, 262
George, Stefan 68, 69, 70, 71, 86, 87, 246, 254
Germer, Stefan 85
Gillard, Fréd. 258
Giovanni da Bologna 240
Gisler, Jean-Robert 36, 37
Glaesemer, Jürgen 18, 36, 37, 89, 90, 157, 261
Gleisberg, Dieter 157
Gluck, Christoph Willibald 235
Goethe, Johann Wolfgang von 13, 16, 20, 24, 27, 28, 34, 35, 37, 80, 90, 140, 160, 237, 260, 274, 277, 284
Goltz, Hans 248, 261
Götzke, Alfred 159
Graevenitz, Antje von 159
Grandville, Jean Ignace Isidore Gérard 22
Greschowa, Euphrosyne 254
Grillparzer, Franz 234, 242
Grimm, Jakob 66, 159, 285
Grimm, Wilhelm 159, 285
Groblewski, Michael 38
Grohmann, Gertrud 258, 262, 263
Grohmann, Will 34, 137, 139, 142, 147, 149, 154, 160, 252, 254, 255, 257, 258, 259, 262, 263
Gropius, Walter 71, 73, 89
Grosch, Karla 255, 256, 262
Grosch, Paula (genannt: Ju) 256

Grote, Gertrud 253, 262, 263
Grote, Ludwig 252, 253
Gründer, Karlfried 34, 85
Gruppe, Otto 244
Guérin, Daniel 158
Güse, Ernst-Gerhard 90
Gutbrod, Karl 34, 262

Hagen, Friedrich Heinrich von der 259
Haller, Hermann 236, 237, 238, 244, 248
Hannoosh, Michele 37
Hartwig, Kurt 254
Hausenstein, Wilhelm 22, 33, 34, 35, 37, 38, 90, 137, 157, 246, 247, 248, 262
Haxthausen, Charles Werner 37
Hebbel, Friedrich 28, 234, 241, 242, 243
Hederich, B. 285
Hegel, Georg Wilhelm Friedrich 66
Heiden, Konrad 161
Heilmeyer, Alexander 240
Heine, Heinrich 15, 16, 26, 27, 36, 37, 235, 254
Heinse, Wilhelm 243
Helfenstein, Josef 143, 155, 157, 158, 159
Henggeler, Walter 258
Herder, Johann Gottfried 11, 64, 248
Herding, Klaus 36
Hermann, P. 285
Hesiod 256
Hildebrand, Adolf 240
Hitler, Adolf 86, 140, 156, 160, 161, 255
Hodler, Ferdinand 25, 26, 30, 31, 32, 33, 38
Hofmann, Werner 19, 36
Höhn, Gerhard 36
Hölderlin, Friedrich 255, 262
Hölty, Ludwig Heinrich Christoph 234
Homer 234, 265, 267, 278, 279, 282
Honegger, Arthur 256
Hopfengart, Christine 88
Horaz (Quintus Horatius Flaccus) 234, 239, 257
Horkheimer, Max 154
Horstmann, A. 34, 85
Hübner, Kurt 35, 73, 74, 80, 82, 90
Hunger, H. 285

Jahn, Carl 233
Jatho, Carl Oskar 251
Jeziorkowski, Klaus 88
Jordan, Jim M. 90
Joyce, James 249

Kahnweiler, Daniel-Henry 146, 147, 155, 158, 255, 256
Kain, Thomas 159, 259, 262
Kallai, Ernst 253
Kaltenbrunner, Gerd-Klaus 86, 87
Kandinsky, Nina 263
Kandinsky, Wassily 29, 70, 71, 88, 245, 246, 251, 263
Kant, Immanuel 65, 86

Kasdorf, Hans 158, 159
Katz, Jakob 86
Kemp, Friedhelm 88
Kerenyi, Karl 159
Kersten, Wolfgang 34, 35, 38, 157, 159, 259
Kiefer, Klaus H. 158
Kingsley, Charles 251
Klages, Ludwig 68, 69, 70, 86, 87, 88, 146, 149, 150, 152, 154, 156, 158, 159
Klee geb. Frick, Marie Ida 36, 233
Klee geb. Stumpf, Lily 10, 14, 15, 16, 18, 20, 24, 25, 27, 34, 35, 36, 37, 38, 70, 89, 236, 240, 241, 244–246, 248–258, 260–263
Klee, Felix 34, 245, 250, 251, 252, 254, 255, 257, 259, 262
Klee, Hans Wilhelm 36, 233
Klee, Mathilde 36, 233
Klein, Richard 142
Kleist, J. 242
Klinger, Max 139, 140, 157
Klussmann, Paul Gerhard 87
Knauer, teacher and cettledrummer 152
Knirr, Heinrich 235, 236
Koella, Rudolf 37, 38
Koerner, Joseph Leo 38
Koopmann, Helmut 85, 86
Kornmann, Heinrich 16
Kort, Pamela 36
Kramer, Kathryn Elaine 35, 146, 158
Krauss, Rosalind 159
Kreuzer, Helmut 87
Kubin, Alfred 245, 246, 254, 261
Küppers, Markus 36

Labba, Julius 236
Lanckoronski, Leo Maria 256
Leibl, Wilhelm 244
Leonardo da Vinci 29
Lessing, Gotthold Ephraim 20, 23, 24, 36
Lichtenstern, Christa 158, 159
Liebermann, Max 244
Linke, Hansjürgen 87
Lipchitz, J. 155
Livingston, Jane 159
Livius, Titus 234
Löffler, Fritz 88
Lortzing, Albert 242
Ludwig I. von Bayern 260
Lukian 243
Lurker, Manfred 36
Luther, Martin 271

Macke, August 245, 247
Mackowsky, Hans 261
Magritte, René 147
Makela, Maria 158
Malingue, Maurice 158
Mallarmé, Stephan 147
Mann, Thomas 140, 156, 159
Marc, Franz 29, 246
Marées, Hans von 244, 245, 247

Martini, Arturo 140, 141, 144, 145
Masson, André 143, 147, 148, 155
Matisse, Henri 147
Mayne, Jonathan 36
McCormick, Edward Allen 36
Meier-Graefe, Julius 243, 247, 251
Meister, Mona 259, 262
Mendelssohn, Peter de 159
Menzel, Adolph 244
Michaud, Louis 234, 236, 237, 259
Miró, Joan 147, 155
Mitchell, Claudine 158
Moilliet, Louis 241, 243, 245, 247
Mommsen, Theodor 255, 262
Monfreid, Daniel de 158
Montinari, Mazzini 86
Moore, Henry 155
Moos, Max von 256
Moos, Xaver von 256, 263
Morgenstern, Christian 245
Mühlestein, Hans 38
Müller, Baal 87
Münter, Gabriele 70, 246
Musäus, J. K. A. 245

Napoleon Bonaparte 15
Nero 68
Neumeyer, Alfred 159
Nienhaus, Stefan 88
Nietzsche, Friedrich 67, 68, 70, 76, 82, 86, 88, 147, 161, 233, 248
Nork, Friedrich 285
Novalis 86

Offenbach, Jacques 245
Okuda, Osamu 38
Ostini, Fritz von 242
Otto, Günther 36
Otto, Walter Friedrich 256
Ovid (Publius Ovidius Naso) 137, 147, 148, 149, 158, 239, 243, 277

Panofsky, Erwin 29, 38
Parry-Hausenstein, Renée-Marie 35
Pauly, August Friedrich 261, 285
Petronius (Gaius Petronius Arbiter) 241, 247
Pfäfflin, Friedrich 88
Philoctet 234
Piacentini, Marcello 140
Picasso, Pablo 143, 147, 148, 155, 255, 257, 258
Pindar 150, 162
Plato 23, 28, 37, 240, 253, 267, 268
Plautus, Titus Maccius 238
Plotin 267
Plumpe, Gerhard 86, 87
Plutarch 267
Poliakov, Léon 85
Pommier, Albert 145
Poser, Hans 86
Praxiteles 237

Index 307

Propertius, Sextus 235
Pütz, Peter 86
Puvis de Chavannes, Pierre-Cécile 243

Rabelais, François 244
Racine 235, 259, 263
Raffael Santi 238
Ralf, Otto 250
Rang, Bernhard 88
Ranke, Kurt 285
Ransmayr, Christoph 158
Raynal, Maurice 147, 148, 156, 161
Redon, Odilon 139, 140, 157, 158
Rembrandt van Rijn 25, 242
Reventlow, Franziska Gräfin zu 86, 87
Ricci, Corrado 251
Richter, Karl 90
Rietzschel, Thomas 88
Rilke, Rainer Maria 69, 71, 86, 88, 249, 255
Ritter, Joachim 34, 85, 285
Rivera, Diego 147
Rode, Erwin 252
Rodenwalt, Gerhart 251
Rodin, Auguste 22, 240
Rohde, Erwin 233
Rohls, Jan 85
Roloff, D. 158
Rosenberg, Alfred 62, 83, 150, 256
Rosenkranz, Karl 37
Rothe, Wolfgang 88
Rümann, Wilhelm von 236
Rupf, Hermann 155, 256, 259, 262, 263
Rupf, Margrit 262, 263

Sacher-Stehlin, Maya 258, 263
Salaquarda, Jörg 86
Salin, Edgar 87
Scheffler, Karl 31, 38
Schefold, K. 159
Schelling, Friedrich Wilhelm 66, 86
Scheyer, Emmy 262
Schieb, Roswitha 86
Schiller, Friedrich 15, 16, 20
Schlegel, Friedrich 11, 62, 65, 68, 73, 84, 85, 86
Schlemmer, Oskar 152, 159
Schmidt, Franz 236
Schmidt, Georg 38
Schmidt-Biggemann, Wilhelm 37
Schmitt, Carl 88

Schmoll von Eisenwerth, Karl 238
Schoeck, Othmar 256
Scholz, Robert 255
Schröder, Hans Eggert 87, 88
Schuler, Alfred 68, 69, 86, 87
Schulte, Hans H. 88
Schuré, Édouard 249
Schuster, Peter-Klaus 158
Shakespeare, William 244, 245
Siegrist, Walter 234, 236, 260
Siemens, Kurt Hartwig 262
Simmel, Georg 76, 90
Sinnen, Sascha von 33
Skira, Albert 147
Socrates 76, 136, 240
Sonderegger, Jacques Ernst 244, 247, 261
Sophocles 234, 235, 241, 254, 255, 260, 261
Sotomayor, F.A. 258
Spengler, Oswald 248, 249
Steffen, Hans 85
Stein, Konrad 89
Steiner, Rudolf 70
Stendhal 255
Stewart, Andrew F. 159
Stockert, Franz-Karl von 87
Strasser, Hans 241
Strauss, Richard 251, 255
Strich, Fritz 15, 85, 245
Struc-Oppenberg, Ursula 85
Stubenvoll, Fritz 236
Stuck, Franz von 16, 139, 141, 236, 242
Stumpf, Lily see Klee
Székely, Johannes 87

Tacitus 239, 267, 268, 284
Taine, Hyppolyte Adolphe 244
Tériade, E. 147
Thiessing, René 235
Thorvaldsen, Bertel 241
Tiedemann, Rolf 159
Troost, Paul Ludwig 140

Uhland, Ludwig 234, 282
Usener, H. 285
Uxkull-Gyllenband, Woldemar Graf von 248

Valentin, Curt 256, 263
Valéry, Paul 252
Vasari, Giorgio 28
Verdi, Giuseppe 242

Verdi, Richard 90
Verspohl, Franz 259, 262
Virgil 234
Vogelweide, Walther von der 249
Voltaire 249

Wagner, Carola 249
Wagner, Richard 66, 67, 85, 86, 234, 235, 236, 241, 242, 243, 244, 245, 254, 255
Walden, Herwarth 79, 248
Warehime, Marja 159
Wartmann, Wilhelm 259
Wedderkop, Hans von 248
Wedekind, Frank 245
Wedekind, Gregor 35, 37, 136, 157, 158
Weigand, Wilhelm 261
Weininger, Otto 70, 242
Weischedel, Wilhelm 86
Wellesz, Egon 251
Welti, Albert 245, 246
Werckmeister, Otto Karl 35, 38, 79, 90, 157, 158, 159,
Werner, Dieter 88
Wieland, Christoph Martin 235
Wiggershaus, Rolf 159
Wilamowitz-Moellendorf, Ulrich von 254
Wildenbruch, Ernst von 234
Wilhelm, Hermann 86, 87
Willrich, Wolfgang 257
Winckelmann, Johann Joachim 23, 37
Wissowa, G. 285
Woermann, Karl 241, 246
Wolfskehl, Karl 68, 69, 70, 71, 86, 87, 88, 246
Wolters, Friedrich 87
Woolley, C. Leonard 252
Wünsche, Konrad 89

Xenophanes 9, 34
Xenophon 238, 242

Zahn, Leopold 14, 34, 35, 38, 137, 157, 248
Zaytz, Giovanni de 242
Zervos, Christian 255, 256
Ziegler, Konrad 285
Ziegler, Leopold 248
Ziegler, Walter 236
Zoff, Otto 35
Zola, Émile 239, 243
Zweite, Armin 37

Fotonachweis/Photographic Credits

Hier nicht aufgeführte Abbildungsvorlagen wurden uns von den Sammlern direkt zur Verfügung gestellt.

Archiv DuMont Buchverlag, Köln   29, 30, 251 links
Archiv Otto Karl Werckmeister   140, 141, 142, 145, 147, 152, 154, 270 unten
Archiv Pamela Kort   18, 23, 27 links, 31, 33
Archiv Stefan Frey   237 rechts, 238 links, 241, 242 links, 246 links und unten rechts,
Bayerische Staatsgemäldesammlungen, München   108, 235 rechts, 239 oben links
Bildarchiv Felix Klee, Bern   52, 74, 233, 234 links, 235, 236, 237 links, 238 rechts, 239 unten links und oben rechts, 240, 242 rechts, 244 rechts, 245, 247 unten rechts, 249, 250 oben rechts, 251 rechts, 252, 253 oben Mitte und rechts, 254, 255, 258 rechts, 271 links
Bildarchiv Preußischer Kulturbesitz, Berlin   106, 118
Ben Blackwell   178
Joan Broderick   201
Cleveland Museum of Art   277 links
Columbus Museum of Art   218
Fogg Art Museum, Harvard University Art Museums, Cambridge, photographic services   270 oben
Fondation Beyeler, Riehen/Basel   165, 181
Gabriele Münter- und Johannes Eichner-Stiftung, Städtische Galerie im Lenbachhaus, München   176, 246 oben rechts, 284 rechts

Mario Gastinger, München   219
Gasull Fotografia, Barcelona   110
Patrick Goetelen, Genf   120
Paul Hester, Houston   151 links
Honolulu Academy of Arts   115
Walter Klein, Düsseldorf   105, 113, 209
Kunsthalle Bielefeld   168
Kunsthalle Mannheim (Foto Margita Wickenhäuser)   175
Kunstmuseum Basel   234 rechts
Peter Lauri, Bern   8, 21 rechts, 27 rechts, 39, 40, 46, 47, 57 oben, 59, 60, 61, 91, 95, 98, 112, 119, 131, 135, 144, 153 links, 163, 177, 180, 183, 185, 189, 195, 200, 203, 211, 216, 220, 221, 264 rechts, 269 links
Los Angeles County Museum of Art   134
The Metropolitan Museum of Art, New York   116
The Miyagi Museum of Art, Sendai   94, 280 rechts
Musée national d'art moderne, Centre Georges Pompidou, Paris (Foto Jean-Claude Planchet)   166
Museo Nazionale, Napoli   19, 21 links
The Museum of Modern Art, New York/Mali Olatunji   97
Volker Naumann, Fellbach   280 links
Norton Simon Museum, Pasadena   32, 48, 107, 122
R. Paltrinieri, Cadro/Schweiz   103, 132
Paul-Klee-Stiftung, Kunstmuseum Bern   41, 43, 44, 45, 49, 51, 54, 55, 56, 57 unten, 58, 92, 104, 126, 129, 133, 138, 150, 151 rechts, 153 rechts, 156, 164, 169, 170, 171, 172, 173, 174, 182, 188, 190, 191, 192, 196, 198, 199, 202, 204, 205, 208, 210, 212, 213, 214, 215, 222, 223, 224, 226, 227, 228, 230, 231, 247 oben links, 250 unten links, 253 oben links und unten, 257, 258 links, 264 links, 265, 266, 271 oben rechts, 272, 274, 275, 277 rechts, 278, 279, 283, 284 links
Philadelphia Museum of Art   111
Sezon Museum of Modern Art, Tokyo   123, 206/207
The Solomon R. Guggenheim Foundation, New York   124, (Foto David Heald) 117 unten, (Foto Lee B. Ewing) 281
Sprengel Museum Hannover   77
Staatliche Kunsthalle, Karlsruhe   244 links
Städtische Galerie im Lenbachhaus, München   114
Tate Picture Library, London   179
Michael Tropea   102
University of Toronto, Canada   121
Villa Grisebach Auktionen, Berlin   109
Von der Heydt-Museum, Wuppertal   130
Wolfgang Wittrock Kunsthandel, Düsseldorf   117 oben

Haus der Kunst München
1. Oktober 1999 – 9. Januar 2000
Museum Boijmans Van Beuningen, Rotterdam
19. Februar – 21. Mai 2000

HAUS DER KUNST MÜNCHEN

Ausstellung im Haus der Kunst München

Leitung:
Christoph Vitali

Ausstellungskonzeption und Gestaltung:
Pamela Kort, Christoph Vitali

Organisation:
Tina Köhler
mit Sylvia Clasen und Karin Dotzer

Ausstellungssekretariat:
Margit Eberhardt,
Antje Longhi

Direktionsassistenz:
Claus-Christian Vogel

Katalogredaktion:
Pamela Kort
Stefan Frey

Öffentlichkeitsarbeit:
Andrea Springer

Ausstellungsarchitektur:
Holger Wallat

Technische Leitung:
Anton Köttl

Restauratorische Betreuung:
Jesús del Pozo

Haus der Kunst
Prinzregentenstraße 1
D-80538 München
Telefon (089) 211 27 0
Telefax (089) 211 27 157

e-mail: mail@hausderkunst.de
http://www.hausderkunst.de

Öffnungszeiten: jeden Tag 10–22 Uhr

Ausstellung im Museum
Boijmans Van Beuningen, Rotterdam

Leitung:
Chris Dercon

Organisation:
Karel Schampers

Ausstellungssekretariat:
Marion Busch

Öffentlichkeitsarbeit:
Ernst van Alphen

Technische Leitung:
Wout Braber

Museum Boijmans Van Beuningen
Museumpark 18–20
NL-3015 CX Rotterdam
Telefon +31-10-44 19 400
Telefax +31-10-43 60 500

e-mail: info@boijmans.rotterdam.nl

Öffnungszeiten:
Dienstag–Samstag 10–17 Uhr
Sonn- und Feiertage 11–17 Uhr

Umschlagabbildung: Paul Klee, Wald-Hexen
Forest witches, 1938, 145 (K 5) (Kat.-Nr. 85)
Fondation Beyeler, Riehen/Basel

Übersetzung aus dem Englischen:
Bram Opstelten (Pamela Kort)

Übersetzung aus dem Deutschen:
David Britt (Gregor Wedekind)

Verlagsredaktion:
Karin Thomas

Lektorat:
Vera Udodenko

Gestaltung und Produktion:
Peter Dreesen und Matias Möller

Die Deutsche Bibliothek – CIP-Einheitsaufnahme
[Paul Klee – in der Maske des Mythos] Paul Klee – in der Maske des Mythos, in the mask of myth : [Haus der Kunst, München, 1. Oktober 1999 – 9. Januar 2000, Museum Boijmans Van Beuningen, Rotterdam, 19. Februar – 21. Mai 2000] / hrsg. von Pamela Kort. Mit Texten von Stefan Frey ... [Übers. aus dem Engl.: Bram Opstelten. Übers. aus dem Dt.: David Britt]. – Köln : DuMont, 1999
ISBN 3-7701-5236-0 (Buchh.-Ausg.)
ISBN 3-7701-5237-9 (Katalog-Ausg.)

Reproduktion: Eichhorn, Frankfurt/M.
Satz und Druck: Rasch, Bramsche
Buchbinderische Verarbeitung:
Bramscher Buchbinder Betriebe

© 1999 Haus der Kunst München
Museum Boijmans Van Beuningen, Rotterdam
DuMont Buchverlag, Köln
und Autoren

© VG Bild-Kunst, Bonn 1999: Paul Klee

Printed in Germany

Katalogausgabe: ISBN 3-7701-5237-9
Buchhandelsausgabe: ISBN 3-7701-5236-0